Edith Binderhofer

Der Himmel in meinem Land hat eine andere Farbe

- LebensGeschichten -

Gespräche mit asiatischen Frauen in Wien

Titelbild: Aus der Foto-Kollektion von Edith Binderhofer, 2003

Gedruckt mit Unterstützung des
Bundesministeriums für Bildung,
Wissenschaft und Kultur
in Wien.

Erste Auflage
© 2005 by EDITION ROESNER, Maria Enzersdorf
Alle Rechte vorbehalten
Lektorat: Irene Apfalter
Druck: Börsedruck, Wien
Printed in Austria
ISBN 3-902300-15-9

www.edition-roesner.at

"Ich habe nicht nach äußerer Dramatik gesucht oder nach persönlicher Übereinstimmung. Ich halte jedes Leben für hinreichend interessant, um anderen mitgeteilt zu werden. Repräsentativen Querschnitt habe ich nicht angestrebt. Entscheidend war für mich, ob eine Frau die Lust oder den Mut hatte, über sich zu erzählen. Mich interessiert, wie Frauen ihre Geschichte erleben, wie sie sich ihre Geschichte vorstellen. Man lernt dabei, das Einmalige und Unwiederholbare jedes Menschenlebens zu achten und die eigenen Tiefs in Beziehung zu anderen zu bringen. Künftig wird man genauer hinhören und weniger zu Klischeemeinungen und Vorurteilen neigen. Vielleicht ist dieses Buch nur zustande gekommen, weil ich zuhören wollte."*

Maxie Wander

(In: Maxie Wander: Guten Morgen, du Schöne. Frauen in der DDR. Protokolle. Mit einem Vorwort von Christa Wolf, Darmstadt 1983, S. 8)

---

* Ich möchte an dieser Stelle festhalten, dass mich Maxie Wanders Buch über Frauen in der DDR nachhaltig beeindruckte und mir bei der vorliegenden Veröffentlichung als Vorbild diente. Besser als sie im obigen Zitat könnte ich meine eigenen Intentionen nicht ausdrücken.

Für die finanzielle Förderung danke ich
dem Kulturamt der Stadt Wien und
dem Frauenbüro der Stadt Wien.

Inhalt

9   Einleitung

13   Freunde sind jetzt für mich genauso wertvoll wie die Familie in Indien – *Gespräch mit Anita Sahni*

27   Der Himmel hat in Armenien eine andere Farbe – *Gespräch mit Anna Varosyan*

42   Nach Wien zu kommen, hat für mich das Fenster zur Welt geöffnet – *Gespräch mit Banu Yener*

56   Ich kann es nicht genau erklären, wie glücklich ich war, als ich die Paula bekommen habe – *Gespräch mit Bernadette Acas Subido*

65   Ich war immer gleichzeitig für viele Sachen engagiert – *Gespräch mit Chunah Urban-Chao*

79   Wenn du mich fragst, wohin ich gehöre – ich gehöre der ganzen Welt - *Gespräch mit Gülay Olt-Sahiner*

95   Ich denke immer noch daran, was mein Vater geleistet hat für uns alle – *Gespräch mit Inday Eva Pozsogar*

107   Mein Ziel ist, meine Gefühle in meiner Arbeit umzusetzen, und wenn ich das schaffe, ist das wie eine Entdeckung von mir selber – *Gespräch mit Kyoko Adaniya-Baier*

121   Musik ist immer mein Leben gewesen – *Gespräch mit Mariam Djiwa Jenie*

135   Malerei und Kunst sind eine andere Welt, eine offene Welt – *Gespräch mit Mitra Shahmoradi-Strohmaier*

149 Ich wollte immer gleichberechtigt sein, die gleiche Chance haben – *Gespräch mit Reema Bista*

160 Ich bin ein sehr positiver Mensch – *Gespräch mit Rita Patell*

173 In orientalischen Ländern liebe ich besonders die Herzenswärme – *Gespräch mit Rosina-Fawzia Al-Rawi*

188 Ich bin fast süchtig nach Freiheit – *Gespräch mit Shams Asadi*

204 Ich finde, das ist sehr schade, diese Trennung nur wegen der Religion – *Gespräch mit Uzzala Martha Rosario*

216 Es gibt sehr wenige Leute in Europa, die wirklich wissen, wer wir sind, wie wir sind, welche Wünsche wir haben, wie wir uns selbst sehen – *Gespräch mit Viola Raheb*

232 Resümee

232 Probleme beim Aufbau des Lebens in Wien

237 Wien als multikulturelle Stadt? Eine zeithistorische Bestandsaufnahme

240 Klischeebilder von asiatischen Frauen in Wien

244 Klischeebilder von westlichen Frauen in Asien

247 Frauenleben in Asien, vermittelt von asiatischen Frauen

258 Vorteile des Frauenlebens in Österreich und in asiatischen Ländern

266 Frauenprobleme als globale Probleme und Klischeebilder als Ablenkungsmanöver

268 Alte und neue Werte

Einleitung

Ich traf die sechzehn Frauen, deren Lebensgeschichten ich in diesem Buch aufgezeichnet habe, oft für mehrere Gespräche im Zeitraum von Mai bis Juli 2003. Sie stammen aus allen großen asiatischen Regionen – aus Ostasien, Südasien, Südostasien, dem Nahen und Mittleren Osten und Zentralasien. Sie leben unterschiedlich lange in Wien, gehören unterschiedlichen Altersgruppen an und üben die verschiedensten Berufe aus. Ich erhebe aber keineswegs den Anspruch, mit den hier vorgestellten Biographien so etwas wie einen im statistischen Sinne repräsentativen Überblick über alle in Wien lebenden asiatischen Frauen zu geben. (Zu dem Thema Statistik sei nur kurz gesagt, dass gemäß den Ergebnissen der Volkszählung aus dem Jahr 2003 in Wien rund 40.000 eingebürgerte und nicht eingebürgerte Frauen asiatischer Herkunft leben. Die Hälfte von ihnen sind Türkinnen, die in dieser Statistik gesondert angeführt werden, weil die Türkei geopolitisch zu Europa und nicht zu Asien zählt.) Es ging mir vielmehr darum, einen möglichst authentischen, unmittelbaren und auch emotionalen Zugang zu einer bestimmten Gruppe von Frauen aus einer anderen Kultur möglich zu machen. Ich entschied mich daher als Zeithistorikerin für die in meinem Fachbereich verankerte Methode von Oralhistory, bei der Zeitzeuginnen selbst zu Wort kommen. Inhaltlich geht es um die Schwierigkeiten beim Aufbau des Lebens in einer neuen Kultur; um die Hinterfragung der Qualitäten Wiens als multikulturelle Stadt; um Klischeevorstellungen gegenüber asiatischen Frauen in Wien und gegenüber westlichen Frauen in asiatischen Ländern; um Informationen über Frauenleben in Asien sozusagen aus erster Hand; um Vorteile und Nachteile des Frauenlebens in Österreich und in asiatischen Ländern; um die Einsicht, dass Frauenprobleme vielfach globale Probleme und eben nicht länderspezifisch, kulturspezifisch oder rein persönlicher Natur sind; und um die Werte zweier Kulturen aus dem Blickwinkel von Frauen, die beide von innen her kennen gelernt haben.

Alle Biographiekapitel sind in fünf Abschnitte unterteilt, die jeweils mit einem Symbol (➤) gekennzeichnet sind:

Der erste umfasst die jeweilige Lebensgeschichte in den Herkunftsländern. Ich fragte meine Gesprächspartnerinnen nach den wichtigsten Stationen und prägendsten Erfahrungen in ihrer Kindheit und Jugend.

Im zweiten Abschnitt geht es um die Fragen, welche Erwartungshaltungen die Gesellschaft in ihren Herkunftsländern an die Rolle der Frau hat; was ihre eigenen Familien von den Töchtern erwarteten; welche Rollenaufteilung es zwischen Söhnen und Töchtern im Haushalt gab; welche Rollenaufteilung es zwischen den Eltern gab, und ob sich die Väter an der Kindererziehung beteiligten; darum, ob sie durch eine bestimmte Person als Mädchen besonders gefördert wurden; ob sie ein bestimmtes Vorbild hatten und ob sie eine bestimmte Vorstellung von einem erfüllten Leben als Frau vor ihrer Ankunft in Wien hatten.

Der dritte Abschnitt umfasst die Fragen nach den Vorstellungen vom Leben als Frau in Österreich; nach den wichtigsten Lebensstationen in Wien und dem, was sie als die Erfolge ihres Lebens in Wien sehen.

Im vierten Abschnitt geht es um die Fragen, inwieweit sie sich in ihrem Denken und Handeln durch ihr Leben in Wien veränderten; ob sie hier Dinge verwirklichen konnten, die in den Herkunftsländern schwieriger oder auch unmöglich gewesen wären; ob es Bereiche in Wien gibt, bei denen sie sich als asiatische Frauen benachteiligt fühlen; ob sie als asiatische Frauen in Wien mit bestimmten Klischeebildern konfrontiert sind; ob es in ihren Herkunftsländern Klischeebilder von westlichen Frauen gibt; und es geht darum, was sie als Vorteile und Nachteile für Frauen in Österreich und in ihren Herkunftsländern sehen.

Der fünfte Abschnitt behandelt die Fragen danach, was sie in ihren Herkunftsländern als Frauen und Menschen besonders schätzen und ob sie das in ihrem Leben in Wien integrieren können. Er schließt mit der Frage nach den persönlichen Wünschen für die Zukunft.

Ich habe in den einzelnen Biographiekapiteln so weit wie möglich darauf verzichtet, diese Fragen auszuformulieren, da es ermüdend wäre, bei sechzehn Lebensgeschichten immer wieder auf sie zu stoßen. Sie bilden aber das Grundgerüst für die einzelnen Kapitel. Manchmal ergab es sich auch, dass aus dem Verlauf des Gesprächs Fragen, die einem bestimmten Abschnitt zugeordnet sind, an einer anderen Stelle beantwortet wurden und dort einfach besser hinpassen.

Beim Niederschreiben der Gespräche war mir wichtig, die ganz individuelle Ausdrucksform jeder Interviewpartnerin so weit wie möglich zu wahren. Gleichzeitig habe ich sie so gekürzt und umstrukturiert, dass daraus erzählende, lesbare *LebensGeschichten* wurden. Auch wenn es „nur" sechzehn Interviewpartnerinnen waren, kommen weitaus mehr Ausschnitte aus Frauenbiographien zur Sprache, weil die Frauen auch ihre Beziehungen zu anderen Frauen darlegen und deren *LebensGeschichten* miterzählen.

Ich selbst hatte während meiner rund fünfjährigen Tätigkeit als Bildungs- und Kulturreferentin für Asien im Afro-Asiatischen Institut in Wien (einer NGO im entwicklungspolitischen Umfeld) das Glück, mit zahlreichen asiatischen Frauen zusammenzuarbeiten und sie näher kennen zu lernen. Mehrere von ihnen konnte ich in dem vorliegenden Biographieband vorstellen. Für die Vermittlung des Kontakts zu den anderen Gesprächspartnerinnen bedanke ich mich bei folgenden Personen ganz herzlich: bei Frau Christina Kundu, die gemeinsam mit ihrem Mann, Herrn Dr. Bimal Kundu, einen im Afro-Asiatischen Institut beheimateten Hindutempel betreut und zahlreiche Aktivitäten in Wien zum Thema Hinduismus initiiert; bei Herrn Mag. Markus Pleschko, meinem ehemaligen Kollegen im Afro-Asiatischen Institut; und bei Herrn Univ.-Prof. Dr. Richard Trappl, dem stellvertretenden Leiter des Instituts für Sinologie der Universität Wien. Besonders bedanken möchte ich mich bei Herrn Univ.-Lekt. Dr. Erwin Ebermann, ebenfalls einem ehemaligen Kollegen und ausgewiesenen Fachmann für interkulturelle Fragen. Er stand mir seit der Anfangsphase dieses Buches mit seiner Unterstützung zur Seite.

Mein größter Dank aber gilt meinen sechzehn Gesprächspartnerinnen, die den Mut hatten, mir ihre Biographien mit allen Höhen und Tiefen anzuvertrauen.

Das vorliegende Buch ist das Resultat ihrer Offenheit und ihrer Bereitschaft, ihr Leben mit einer größeren Öffentlichkeit zu teilen.

Freunde sind jetzt für mich genauso wertvoll wie die Familie in Indien

Gespräch mit
Anita Sahni
*geb. 1953 in Neu Delhi/Indien,
Anästhesiekrankenschwester, lebt seit 1974 in Wien*

Ich bin in Neu Delhi geboren und aufgewachsen, und ich habe das Glück gehabt, in eine Familie zu kommen, wo mein Vater sich immer ein Mädchen gewünscht hat. Ich war auch das erste Mädchen nach drei Brüdern, und das wird für Sie wahrscheinlich merkwürdig klingen, aber mein Vater ist vor meiner Geburt zu einem Wallfahrtsort gegangen und hat richtig gebetet, daß eine Tochter geboren wird. Mit zwölf Jahren Altersunterschied zu meinem ältesten Bruder bin ich dann zur Welt gekommen. Das war ein großes Ereignis in unserer Familie, und ich bin bis heute der Mittelpunkt der Familie geblieben. Wir sind insgesamt fünf Kinder. Gott war nämlich so gütig, er hat dann noch eine Schwester zu uns geschickt.

Unser Haus ist ein sehr großes Haus, nachdem wir so eine große Familie waren – die Eltern, Tante, Großmutter und fünf Geschwister haben dort gelebt. Mein Vater hat vier Brüder und eine Schwester gehabt, und drei Brüder haben in einer anderen Stadt gewohnt, in Bombay, und die hatten jeweils wieder drei, vier Kinder. Es war ständig irgendwer da, um die Oma zu besuchen oder die Tante zu besuchen, oder auch den Onkel, die Cousins und Cousinen. Ich glaube, wir hatten im Haus acht Zimmer. Unten gab es einen großen Garten, wo wir auch einen Badmintoncourt hatten. Und das war wirklich ideal für so eine große Familie. Ich bin mit diesen Einladungen und einem vollen Haus aufgewachsen und habe das genossen. Es gab wirklich sehr, sehr wenige Tage – ich kann das an meinen Fingern abzählen –, wo kein Besuch zum Mittagessen oder Abendessen bei uns gewesen ist.

Meine schönsten Erinnerungen sind die Familienfeste. Ich habe vierundzwanzig Cousins und Cousinen, dann waren die Tanten und Onkeln – die Mindestzahl bei Familienfeiern waren sicher fünfzig bis hundert Leute bei uns. Bei der Hochzeit von meinem ältesten Bruder war ich zwölf Jahre alt. Diese Hochzeit habe ich heute noch in Erinnerung, weil das ein Fest war, das über zehn Tage gegangen ist. Und ich hatte bis dahin sehr darunter gelitten, dass ich keine ältere Schwester hatte und ich war überglücklich – jetzt kommt eine Frau zu uns, und mit ihr habe ich dann Kontakt wie mit einer Schwester, und sie wird mit mir überall hingehen. Meine Brüder haben nämlich immer zu mir gesagt: „Nein, wir wollen keine Mädchen mitnehmen. Wir wollen nur mit den Buben zusammen sein. Du bist klein, du störst, du fragst so viel Fragen." Der Altersunterschied war groß, und ich muss auch sagen, ich bin in einer traditionellen Familie aufgewachsen, und es war bei uns nicht gern gesehen, dass die Buben und Mädchen gemeinsam spielen. Damals war das noch gang und gäbe, heute nicht mehr.

Ich habe drei Schwägerinnen, aber diese erste ist heute noch meine beste Freundin. Sie ist sieben Jahre älter als ich. Wir haben sehr viel gemeinsam unternommen – Einkäufe und Kinobesuche, Restaurantbesuche, oder wir sind am Abend weggegangen, was bei uns damals auch nicht gern gesehen war. Meine Großmutter hat bei uns gewohnt, und sie hat wirklich die Oberhand gehabt. Es ist heute noch so, dass die Großmutter die letzte Instanz ist, das ist interessant. Jetzt ist das meine Mama. Wenn die Neffen oder Nichten zu einer wichtigen Entscheidung kommen – sicher haben sie die Entscheidung selbst schon getroffen –, aber sie fragen die Mama: „Mutti, was meinst du?" Und natürlich, meine Mama ist schon so weit, dass sie sagt: „Ihr wisst es viel besser." Aber damals hat die Oma gesagt: „Das ist so und bleibt so." Ihr Wort war das letzte Wort. Mein Vater hat das immer respektiert. Und die Oma hat das nicht gern gehabt, dass die Mädchen nach dem Sonnenuntergang alleine auf der Straße sind. Und nachdem die Schwägerin gekommen ist – obwohl sie in meinen Augen auch ein Kind war, aber sie war schon verheiratet –, durften wir beide alles machen. Ich bin dann Teenager geworden, und mit ihr habe ich die schönste Teenagerzeit gehabt. Ich habe ihr alle meine Geheimnisse erzählt, die ich meiner Mutter auch erzählt habe, aber sie war die Erste. Wenn ich das College nicht besucht habe, von der Schule ferngeblieben und mit den Freundinnen ins Kino gegangen bin – sie war die Erste, die das erfahren hat. Oder wenn wir irgendwo einkaufen gehen wollten oder in ein bestimmtes Restaurant, habe ich ihr immer gesagt: „Komm, du sagst der Oma, wir gehen dorthin. Du möchtest dorthin gehen." Und sie hat das auch mitgespielt. Ich glaube, es war auch bei ihr ein Hintergedanke dabei, weil mein Vater hat ein Geschäft, ein Autoersatzteilgeschäft, gehabt, und dort war auch mein Bruder den ganzen Tag. Sie wäre sonst mit den drei alten Frauen – meiner Tante, der Schwester von meinem

Vater, der Oma und meiner Mutter, also ihrer Schwiegermutter – den ganzen Tag alleine gewesen. Und so hat sie eine Freundin gehabt. Und wir beide, oder besser gesagt auch teilweise meine Schwester, wir haben zu dritt unser Leben genossen. Wir haben das Auto bekommen, einen Chauffeur bekommen, und wir waren frei, freie Vögel, wenn man es so bezeichnen möchte.

Sehr schön waren auch die religiösen Feste. Das wichtigste Fest ist Diwali, das Fest des Lichtes, das im Winter gefeiert wird. Ein, zwei Tage vorher hat mein Vater mit mir und meiner Schwester Feuerwerke gekauft. Die Brüder waren schon älter, die sind selbstständig einkaufen gegangen. Wir haben immer mit den Nachbarskindern und mit den Cousins und Cousinen gezählt: „Du hast fünfzig Feuerwerke, ich habe sechzig Stück!" Und je länger dein Feuerwerk gebrannt hat, um so bessere Qualität hattest du – das war eine Konkurrenz! Dann haben wir Kerzen gekauft und spezielle Süßigkeiten. In der Früh sind wir zum Tempel gegangen, und zu Mittag haben wir alle unsere Bekannten und Freunde besucht. Das ist mit Weihnachten zu vergleichen. Zu Weihnachten geht man vor dem 24. Dezember Freunde und Verwandte besuchen und hinterlässt ein Geschenk. Bei uns haben wir damals noch – weil die Entfernung nicht so groß war – am selben Tag die Leute besucht. Die Geschenke waren nur Süßigkeiten, und die haben wir verteilt. Am Nachmittag sind die Leute zu uns gekommen, und am Abend sind wir zu unserem Geschäft gegangen. Die ganze Familie hat dort Kerzen angezündet und Lakshmi Puja gemacht. (Puja ist eine religiöse Feier. E.B.) Die Göttin Lakshmi ist für die Wirtschaft und das Wachstum zuständig. Man betet zu ihr, dass das Jahr für die Familie Wohlstand bringt, und alles noch besser sein wird, als es bis jetzt gelaufen ist. Und dann am Abend war es in meiner Familie ein Muss, dass es Safranreis, süßen Reis – vergleichbar mit Kastanienreis – gibt. Das gab es meistens nur einmal im Jahr, nur zu Diwali, und wir haben alle auf diesen Safranreis gewartet. Dann haben wir mit der Tante, der Mutter, den Cousins und Cousinen das ganze Haus mit Kerzen beleuchtet und Lakshmi Puja zu Hause gemacht. Und nach dieser Zeremonie sind wir im Garten gewesen und haben bis spät abends mit dem Feuerwerk und den Krachern gespielt. Das war ein Erlebnis!

Für Hindus ist Diwali das größte und das schönste Fest. Für die Geschäftsleute geht es um Erfolg und Wohlstand für das nächste Jahr. Und bei Diwali sagt man auch, die ganzen Unstimmigkeiten in der Familie und unter den Freunden sollen beigelegt werden. Das bringt wieder näher, weil man vergisst, was vor Wochen oder Monaten passiert ist. Zusammenkommen der Familie, der Freunde, Zusammengehörigkeit, Wohlstand – darum geht es.

Das traurigste Erlebnis in meiner Kindheit war der Tod meiner Großmutter – ich war fünfzehn, sechzehn, wie sie starb. Ich weiß es heute noch, sie starb um elf Uhr am Abend. Sie hat sich schwer getan beim Atmen, und der Papa hat dann unseren Hausarzt gerufen. Und wie der gekommen ist und ihr eine Spritze geben wollte, hat sie gesagt, wortwörtlich: „Heute wird keine Spritze von dir helfen." Und dieses Bild ist heute noch da, obwohl das fast fünfunddreißig Jahre her ist. Kurz danach hat sie dann die Augen zugemacht und ist von uns gegangen.

Meine Großmutter war sehr wichtig als Bezugsperson. Sie müssen das so sehen, nicht nur ich und meine Schwägerin haben so engen, so freundschaftlichen Kontakt gehabt. Meine Tante, die Schwester von meinem Vater, und meine Mutter, die waren genauso Freundinnen. Die Tante ist sehr früh Witwe geworden und so ist sie dann zu meinem Vater gekommen. Ich habe ihren Mann, meinen Onkel, gar nicht gesehen. Bevor ich zur Welt kam, war er schon gestorben. Und egal, ob das Familienverpflichtungen gewesen sind oder Haushaltseinkäufe, meine Mutter und die Tante waren immer zusammen weg. Und die Oma, die war da, wenn wir von der Schule gekommen sind, oder wenn wir irgendwelche Probleme gehabt haben. Das ist unbeschreiblich, wie wichtig sie für uns alle war. Es gab eine große Veranda, und sie hatte ihre Couch an einem Platz, wo sie sehen konnte, was überall passiert, weil sie wenig beweglich war. Sie ist immer dort gesessen und hat genau gewusst, was passiert im dritten Zimmer, was passiert im vierten Zimmer. Sie war streng, aber sie war lieb streng, sagen wir so. Und sie hat wunderbar zuhören können. Diese Beziehung zur Religion und zu den ganzen Märchen und zur Mythologie, das habe ich von ihr. Sie hat sich sehr mit solchen Sachen beschäftigt, und sie hat das uns Kindern weitergegeben. Wie sie gestorben ist, war sie über neunzig.

Ihr Tod war das einzige Mal, wo ich Trauer in unserer Familie persönlich erlebt habe. Es gab schon viele Trauerfälle, aber da war ich dann nicht mehr in Indien. Wie mein Vater starb, war ich auch nicht dort. Mein Vater ist jetzt schon vor sechsundzwanzig Jahren gestorben. Damals gab es nicht fünf Mal in der Woche einen Flug nach Indien, sondern nur zwei Mal, Dienstag und Freitag. Mein Vater starb am Samstag, und ich konnte erst am Dienstag einen Flug nehmen und am Mittwoch ankommen. Ich habe das nicht unmittelbar erlebt. Es war sehr traurig für mich, dass ich meinen Vater nie mehr sehen konnte. Er ist immer einen halben Kilometer vor dem Haus aus dem Auto ausgestiegen, und er ist zu Fuß gegangen, einfach aus dem Grund, weil er den ganzen Tag im Geschäft gesessen ist, und er brauchte ein bisschen Bewegung. Die restliche Familie war schon vorher da, und wir haben gewusst, dass der Papa ungefähr zwanzig Minuten später bei uns ist.

Heute noch, wenn ich in Indien bin, und wenn die Brüder nach Hause kommen, erwarte ich irgendwie unterbewusst, dass der Papa auch nach zwanzig Minuten kommt.

➤ Ich kann Ihnen wenig darüber erzählen, was die indische Gesellschaft von den Frauen erwartet, weil ich neunzehn war, wie ich weggegangen bin. Aber ich fahre in letzter Zeit sehr häufig nach Indien, immer ein Mal im Jahr, und manchmal gibt es die Möglichkeit, dass ich sogar zwei Mal im Jahr dort bin. Ich kann meine Jugendzeit und die von meinen Nichten vergleichen. Das fängt damit an – ich durfte nicht ins Coeducation-College gehen. Das gab es damals auch, aber ich musste das Frauencollege besuchen. Jetzt wird darauf nicht mehr so viel Wert gelegt. Meine Nichten und Neffen sind schon gemeinsam aufgewachsen, von der Schule an, und die Nichten durften auch Klassenkameraden nach Hause bringen.

Der größte Unterschied, den ich jetzt gesehen habe, ist der: Hätte ich damals meiner Oma oder meiner Mutter oder meinem Vater gesagt: „Ich möchte arbeiten gehen", wäre das indirekt eine Schande gewesen, und die hätten das nie erlaubt. Aber heute wird viel Wert darauf gelegt, dass die Mädchen genauso selbstständig sind und auch einen Beruf erlernen. Zum Beispiel, eine von meinen Nichten ist Rechtsanwältin, sie arbeitet in einer Kanzlei, und die jüngere hilft der Mutter – meine Schwägerin leitet eine Schule. Meine Nichte ist dort Geschäftsführerin und sie wird auch die Schule von der Mutter übernehmen.

Wenn die Töchter in einer sehr wohlhabenden Familie verheiratet sind, brauchen sie nicht zu arbeiten, aber man weiß nicht, was die Zukunft bringt. Früher wurde uns Mädchen gesagt: „Du heiratest in diese Familie, leb oder stirb dort. Aber das ist deine Familie." Heute wird das genauso gesagt, aber wenn man erfährt, dass das Mädchen todunglücklich ist oder misshandelt in der Schwiegerfamilie lebt, wird nicht zwei Mal ein Auge zugemacht. Wenn es wirklich so extrem ist, dass das Mädchen dort nicht leben kann, oder irgendwie die Ehepartner nicht miteinander zurecht kommen, wird sie bei der Scheidung oder bei der Trennung von den Eltern unterstützt. Scheidung ist natürlich immer noch der letzte Schritt, aber wenn es wirklich nicht mehr geht, dann wird sie gern wieder aufgenommen. Deswegen ist die Einstellung auch ganz anders geworden, und zwar in Richtung Selbstständigkeit. Und das ist schon ein sehr, sehr großer Fortschritt.

Die Mädchen gehen jetzt in den Großstädten fast zu 100 Prozent in die Schule, viele studieren, und dadurch sind sie auch erweckt. Nirgends auf der ganzen Welt ist es so, dass die Frauen weniger intelligent oder weniger fähig sind als die Männer. Und wenn sie studiert haben, haben sie genauso die Möglichkeiten, dass sie weiterkommen können, denn ich glaube, es ist überall so: Wenn eine Frau oder eine Person – egal ob Mann oder Frau – studiert hat und eine Fähigkeit hat, etwas zu machen, will sie wahrscheinlich nicht mehr zu Hause bleiben. Sie will ihre Fähigkeiten auch nützen. Und wenn man Filme sieht oder Indien besucht, werden Sie in jedem Bereich genauso viele Mädchen sehen – auch im öffentlichen Bereich –, was vor dreißig Jahren nicht der Fall war.

In meiner Familie war Studieren überhaupt kein Problem. Meine Mutter und mein Vater und auch meine Großmutter haben darauf Wert gelegt. In der Großstadt, in meiner Umgebung, in meiner Blickweite sind alle Mädchen auf die Universität gegangen. Niemand hat gesagt: „Du bist ein Mädchen, du bleibst zu Hause, du musst nur kochen und waschen und nähen." Ich kenne keinen einzigen Fall. Ich habe Psychologie studiert. Ich habe in Indien mit der Universität – das heißt bei uns College – begonnen, und ich habe es absolviert und das Baccalaureat gemacht. Das war auch absolut meine freie Entscheidung. Es gibt heute noch ein anerkanntes College bei uns für Mädchen mit Schwerpunkt auf Haushaltsführung. Meine Mutter hat sehr gewünscht, dass ich dorthin gehe. Aber ich habe gesagt: „Nein, ich will Psychologie studieren, weil mich dieses Fach interessiert." Und dann haben sie mir freie Wahl gegeben. Der Hintergedanke von der ganzen Familie war bestimmt: Studieren schon, aber arbeiten wird sie nicht gehen.

Es war gewünscht, dass ich heirate, und es ergab sich zufällig. Ich war im zweiten Jahr im College – drei Jahre hat das Baccalaureat gedauert. Mein späterer Mann kam aus Deutschland zu Besuch. Wir sind Nachbarn und sind zusammen aufgewachsen. Er ist der beste Freund von meinem mittleren Bruder. Ich habe nie erwartet, dass wir heiraten. Ich habe aber meiner Schwägerin davor ein paar Mal gesagt: „Wie du von Bombay in ein ganz fremdes Haus gekommen bist, ganz ehrlich gesagt, das möchte ich nicht so. Ich möchte wissen, wohin ich gehe, und wie mein Mann ist." Seine Eltern hatten schon ein Auge auf mich gehabt, und meine Eltern und seine Eltern kannten einander auch sehr gut, eben weil wir Nachbarn sind. Während eines Gesprächs, eines Zusammenseins eines Abends ist dieses Thema aufgekommen, und da hat mein Vater gesagt: „Ich muss aber die Anita fragen." Er hat mich dann gefragt: „Bist du damit einverstanden?" – Die Schwägerin hatte ihm meinen Wunsch schon ohne mein Wissen ins Ohr geflüstert. Es war damals nicht üblich, dass die Mädchen vom Vater gefragt wurden, eher von der Mutter oder den weiblichen Personen der Familie. Ich habe gesagt: „Ich muss ihn einmal treffen, alleine, ohne die ganze Familie." Wir sind dann zusammen in einem Kaffeehaus gesessen und haben lange miteinander geplaudert. Und dann habe ich gesagt: „Okay!" - Und er natürlich auch. So sind wir zusammengekommen.

Wir haben uns im Dezember verlobt – natürlich mit der Zustimmung von beiden Elternteilen. Er hat sehr viel Wert darauf gelegt, dass ich mein College abschließe, und meine Eltern und seine Eltern wollten auch nicht, dass ich schon im zweiten Jahr heirate. Er ist wieder nach Deutschland zurückgegangen und wir haben nur brieflich Kontakt gehabt. Ich habe mein College dann im Juli abgeschlossen, und im Oktober haben wir geheiratet.

In Indien ist das Einverständnis der Eltern zur Ehe heute noch wichtig, denn wenn der Sohn heiratet, und wenn es keinen Platzmangel gibt, und die Jobmöglichkeit im selben Ort ist, kommt die Schwiegertochter in seine Familie. Es kommt sehr, sehr selten vor, dass sie sofort ausziehen und ihren eigenen Haushalt führen.

Wie die Rollenaufteilung in der Familie zwischen Söhnen und Töchtern war? Ich habe nie gesehen – auch heute nicht –, dass ein Bub zum Beispiel das Bett macht oder in der Küche der Mutter hilft. Das wurde eher von den Mädchen verlangt. Es gab Hausangestellte, die Mama hatte viele helfende Hände, aber es wurde gerne gesehen, dass ich als Mädchen zum Beispiel kochen lerne. Wenn meine Brüder jetzt auf Besuch nach Wien kommen, und mein Mann hilft gern – er macht die Betten, oder er geht den Müllkübel entleeren –, schauen meine Brüder schon. Die brauchen gar nicht mitzuhelfen. Die Lebensumstände sind ganz, ganz anders als in Europa. Das kann man nicht vergleichen.

Meine Mutter hat sich um die ganze Familie – fünf Kinder, Tante, Oma, zig Gäste – gekümmert. In ihrer Generation war es völlig unüblich, dass Frauen berufstätig sind. Meine Schwiegermutter ist damals sogar schon Hochschulprofessorin gewesen, aber nach ihrer Heirat ist sie nicht einmal einen Tag arbeiten gegangen. Es war finanziell nicht notwendig, aber es wäre auch nie erlaubt worden. In meiner Generation begann sich das zu ändern.

Die Kindererziehung ist in der Hand von den drei Frauen gewesen - einfach aus dem Grund, weil mein Vater nicht zu Hause war. Er verließ das Haus um neun Uhr in der Früh und kam erst um halb neun Uhr am Abend wieder zurück. Sonntag war der einzige Tag, an dem unser Geschäft zu war, und gesetzlicher Feiertag, und an dem Tag hat mein Vater viele Picknicks mit der Familie und Freunden arrangiert. Wir haben außerhalb von Neu Delhi heute noch diese Landwirtschaft, und dorthin sind wir häufig gefahren. Wir haben den ganzen Tag dort verbracht oder auch Ausflüge gemacht. Und wir haben meinen Vater am Abend gesehen – das Abendessen ist bei uns sehr wichtig gewesen. Wir haben so einen großen Tisch gehabt, und wir sind alle gemeinsam gesessen, auf der Kopfseite ist die

Oma, auf der anderen Seite ist der Papa gesessen. Und der Papa hat uns auch gefragt, wie es in der Schule geht. Mein ältester Bruder war zum Beispiel nicht so gut in der Schule, und der Papa war traurig darüber, dass der nicht so gut lernt. Er hat das genauso gewusst oder bei Elternsprechtagen ist er genauso mitgegangen. Aber es war ebenso wichtig für ihn, dass Geld nach Hause kommt, sodass diese neun Familienmitglieder gut leben können. Er hat seine Rolle bestens erfüllt, und die Mama und die Tante und die Oma haben ihre Rolle auch bestens erfüllt. Das war Rollenaufteilung – ich würde es so sehen.

Gefördert hat mich meine Mutter. Ich war sehr musikalisch und ich habe auch sehr gut klassisch indisch tanzen können. Meine Mutter wollte wirklich, dass ich das mache, und sie hat deshalb auch viele Lehrer und Lehrerinnen engagiert. Sie hat das sehr gefördert. Ich habe mit fünf, sechs damit angefangen, ganz klein. Ich habe viel Kathak getanzt, das ist der nordindische klassische Tanz, und Volkstänze. Bei jedem Schulfest war ich immer im Mittelpunkt, weil ich die Opening Show gemacht habe. Und ich habe sehr gut gesungen. Anfang der Pubertät musste ich dann aufhören – Anfang der Pubertät ist übertrieben, mit fünfzehn, sechzehn, mit dem Jugendalter –, weil Tanzen von meiner Großmutter nicht gern gesehen wurde. Sie hat das immer mit den Tempeltänzerinnen verglichen, und sie hat gesagt: „Nein, unsere Töchter machen das nicht." Meine Mutter wollte, dass ich weitermache, aber wie ich Ihnen schon erzählt habe – die Oma hat das letzte Wort gehabt. Und der Papa musste dann auch nachgeben. Ich war sehr traurig darüber, dass ich mit dem Tanzen aufhören musste.

Mein Vorbild war meine Cousine. Sie war hübsch und groß und konnte sich durchsetzen. Ich wollte immer so kämpferisch sein wie sie. Sie war sicher zwanzig Jahre älter als ich und hat Kinder gehabt, die nur zwei oder drei Jahre jünger waren als ich. Sie hat in Hyderabad gelebt, das ist ein Teil von Südindien, und ihre Eltern waren in Delhi. Sie ist im Sommer gekommen, wenn die Kinder Schulferien hatten, oder zu besonderen Anlässen. Da habe ich sie dann immer erlebt, wie sie auch zu uns, den Kindern, gesagt hat: „Warum hört ihr auf eure Oma? Sie ist so alt und altmodisch." Sie hat sogar einmal zu ihr gesagt: „Oma, du wirst zu alt. Du musst dich abschirmen vom Familienleben und nur an Gott denken." Und stellen Sie sich vor, vor vierzig Jahren so etwas zu sagen! Das hat mich so fasziniert, wie sie sich durchsetzt gegen die Oma.

Bevor ich mit neunzehn von Indien weggegangen bin, habe ich in erster Linie eine Vorstellung gehabt: Ich wollte wirklich gut harmonieren mit meinem Mann. Ich bin heute noch die Einzige, die abseits von der Familie lebt, ich bin die Einzige, die im Ausland ist. Das war der erste Gedanke, dass ich hier wirklich glücklich sein soll, mit meinem Mann natürlich, weil ich von ihm abhängig gewesen bin. Ich habe die Sprache nicht gekannt, ich habe das Land nicht gekannt, ich war noch nie im Ausland, ich war nie weg von meinen Eltern. Und sonst habe ich keine Vorstellungen von einem erfüllten Leben gehabt. Mit neunzehn kann man, glaube ich, keine Vorstellungen haben.

➢ Europa habe ich nur von Filmen gekannt. Da war der Reiz – ich gehe nach Europa, ich werde jetzt in einer ganz anderen Welt leben. Aber es war auch nicht geplant, dass wir hier für immer leben würden oder für so lange hier bleiben würden. Es war nur für ein Jahr vorgesehen. Ich habe gedacht: Ein Jahr muss ich jetzt genießen, und dann komme ich wieder zurück. Es war für mich wie ein etwas längerer Urlaub. Ich bin dann zuerst zweieinhalb Monate in Mainz gewesen. Ich habe dort die schönsten Ausflüge gemacht und sehr nette Leute kennen gelernt. Die haben sich so bemüht, mit mir englisch zu sprechen, weil sie genau gewusst haben, ich bin neu gekommen und kann nicht Deutsch. Mein Mann hat viele Leute gekannt, die waren Nachbarn von ihm, Arbeitskollegen – und die sind teilweise immer noch gute Freunde von uns.

Und dann hat mein Mann ein besseres Angebot von Unilever bekommen. Mir hat es in Deutschland sehr gut gefallen, und ich habe gesagt: „Na ja, ein Jahr in Wien wird auch nicht schlecht sein. Inzwischen kann ich vielleicht auch Deutsch lernen, das wird eine Zusatzqualifikation. Gehen wir doch nach Wien." So sind wir nach Wien gekommen und bis jetzt da geblieben, und aus einem Jahr sind so viele Jahre geworden.

Die ersten sechs Monate waren schrecklich. Mein Mann konnte sich nicht frei nehmen, er hat genauso kämpfen müssen wie ich. Ich habe nicht Deutsch gekonnt, wir beide haben in der ganzen Stadt niemanden gekannt. Und ich bin in einer Ecke vom Sofa gesessen und habe fast jeden Tag geweint: Oje, was habe ich mir angetan! Wir sind in Wien am 28. Dezember 1974 angekommen, und im Juli habe ich dann einen Deutschkurs gemacht. Und seitdem bin ich wieder glücklich gewesen. Inzwischen hatte ich schon Kontakte geknüpft und mit Händen und Füßen und ein paar Wörtern angefangen, deutsch zu sprechen. Und dann habe ich begonnen, das Leben zu leben. Aber noch heute, nach achtundzwanzig Jahren, ist es manchmal schwer, allein zu sein, ohne Familie. Solange das Leben im normalen Rhythmus geht, ist man so beschäftigt mit dem Alltag. So wie man sagt, solange das Wasser sich ganz ruhig bewegt, gibt es keine Probleme. Aber wenn irgendetwas passiert – sprechen wir zum Beispiel von einem Unfall –, da denkt man: Die Familie ist doch wichtig. Die Familie fehlt mir. Oder wenn irgendetwas ist back home, zu Hause, dann denke ich: Warum bin ich so weit weg? Und dann kommen doch wieder die Freunde, und sie geben den Halt und unterstützen dich. Aber es gibt auch diese Momente, wo man denkt: Ist das wirklich die richtige Entscheidung gewesen, oder ist sie es immer noch, so weit weg von der Familie zu sein? Meine Deutschlehrerin war hier dann die wichtigste Person, das finde ich heute noch. Leider habe ich den Kontakt zu ihr verloren. In der zweiten Stufe vom Deutschkurs bin ich in der Pause mit ihr gestanden. Sie rauchte, wir haben angefangen zu plaudern, und sie sagte zu mir, meine Aussprache wäre nicht so schlecht, nur fehle mir der Wortschatz. Und es wäre wichtig für mich, dass ich rausgehe und mit Menschen spreche – dadurch könnte ich viel Selbstvertrauen gewinnen und auch glücklicher sein. Ich habe gesagt: „Ich kenne niemanden, was soll ich machen?" Sie hat vorgeschlagen: „Warum gehst du nicht arbeiten?" Während dieses Gesprächs hat sie dann erfahren, was ich alles gemacht habe, und sie hat zu mir gesagt: „Mit deiner Psychologie kannst du im Spital arbeiten. Das wäre doch etwas." – damals war akuter Mangel an Krankenhauspersonal. Und dann habe ich meine Augen offen gehabt, Ohren offen gehabt. Kein Mensch auf der Welt wird am neunzehnten Tag des Monats anfangen, zu arbeiten. Ich habe am 19. August angefangen und ich war überglücklich, dass ich einen Job in einer psychosomatischen Abteilung für Kinder bekommen habe. Diese Abteilung gibt es heute noch im Wilheminenspital, damals war das im Karolinenkinderspital. Das war die erste psychosomatische Kinderabteilung in ganz Österreich, aufgebaut von Professor Zemprich. Er war kurz davor in Indien – das hat auch eine Rolle gespielt. Ich denke, wäre er nicht in Indien gewesen, hätte er nicht Beziehungen zu Inderinnen oder Indern gehabt, hätte er mich mit meinem damaligen Deutsch nicht aufnehmen können. Aber er hat mich genommen und hat mir auch dabei geholfen, deutsch zu sprechen. Er ist auch ein sehr guter Freund von uns geworden. Ich habe dann auf dieser psychosomatischen Abteilung sieben Jahre gearbeitet, bevor ich die Kinder bekam. Ich war als Krankenschwester und Betreuerin von den Kindern angestellt. Meine Aufgabe war, den Kindern einen Halt zu geben, als Bezugsperson für sie da zu sein, und das war eine Vollzeitbeschäftigung. Deutsch habe ich nebenbei und hauptsächlich von den Kindern dieser Abteilung gelernt. Wenn ich falsch gesprochen habe, haben sie zu mir gesagt: „Du wirst nie Deutsch lernen." Die Kinder sind so ehrlich. Und das habe ich auch geschätzt, diese Ehrlichkeit.

Nach sieben Jahren bin ich schwanger geworden, ich habe ein Kind, dann nach drei Jahren das zweite Kind bekommen. Dann war ich zwölf Jahre zu Hause. Und irgendwann sind die Kinder groß, sie brauchen dich nicht mehr. Und nur Wäsche waschen und Fenster putzen, das war für mich nicht wirklich befriedigend. Ich habe den Professor Zemprich noch einmal angerufen, das war im Februar 1994. Ich habe gefragt: „Hans, brauchst du noch eine Schwester?" Er hat gesagt: „Dich brauche ich immer." Und so habe ich wieder angefangen und ich habe gesehen, die Zeiten haben sich geändert. Ich war ohne Qualifikation eine Hilfsschwester - früher war das nicht so gewesen. Im Februar habe ich zu arbeiten begonnen und im September habe ich dann angefangen, nebenbei auf dem zweiten Bildungsweg Diplomkrankenpflege zu versuchen. Ohne die Unterstützung von meinem Mann und meinen Kindern hätte ich die Schule nie absolvieren können, denn gleich am Anfang – ich war nicht einmal drei Wochen in der Schule – hat mein Sohn einen schweren Unfall gehabt und eine Operation und eine Schiene und alles Mögliche. Ich habe wirklich überlegt, ob ich die Schule verlassen soll, aber mein Mann hat gesagt: „Nein, auf keinen Fall. Ich bin auch da." Und wir haben eine sehr nette Nachbarin gehabt. Sie ist dann regelmäßig zu uns gekommen und sie hat uns mit den Kindern geholfen. Die Melanie war damals noch klein, und sie hat sie von der Schule abgeholt und ihr Mittagessen gegeben. 1997 hatte ich das allgemeine Krankenpflegediplom. Seither arbeite ich auf der Anästhesie und habe jetzt vor drei Wochen die Sonderausbildung für die Anästhesie abgeschlossen. In meinem Bekanntenkreis haben nicht einige, sondern sehr viele gesagt: „Warum bist du so ehrgeizig, mit fünfzig Jahren?" Ich denke immer, ich habe zwei Ohren, um mit einem zu hören, beim zweiten geht es wieder raus, aber in der Mitte ist meine Seele, und da höre ich wirklich. Die gesetzliche Lage ist so, du darfst in den Zusatzbereichen nur dann arbeiten, wenn du auch eine effiziente Ausbildung hast. Ich bin jetzt so glücklich, und es wäre wirklich sehr schade und sehr traurig für mich gewesen, müsste ich aus dem Grund, dass ich keine Zusatzausbildung habe, die Anästhesie verlassen. Das Team ist ganz nett bei uns, es ist wie eine Großfamilie, und in der Anästhesie ist man mit allen Bereichen konfrontiert. Es kann ein schönes Geburtserlebnis, aber auch ein aufregender Unfallpatient sein, und das mag ich sehr.

Stolz bin ich auf meine Kinder, ich bin stolz auf meine Familie – und auf meine Freunde. Ich habe so viele Freunde. Stellen Sie sich vor, ich bin gekommen, mit keinem einzigen Freund, und jetzt habe ich einen großen Freundeskreis. Und immer, wenn ich jemanden gebraucht habe, war jemand da. Es konnte sein, dass an einem Tag der eine nicht konnte, aber dafür ist der andere gekommen und hat mir zweifach mehr geholfen, als ich von dem Ersten erwartet habe.

➤ Teilweise ist meine Entwicklung als Frau schon von der österreichischen Gesellschaft beeinflusst. Ich betrachte es so: Ich habe Indien mit neunzehn verlassen. Davor war ich immer unter der Obhut von meiner Familie. Alle Entscheidungen sind mit oder teilweise von der Familie getroffen worden. Und hier bin ich allein gewesen und habe selbst entschieden. Achtundzwanzig Jahre sind eine lange Zeit. Mehr Zeit, als ich in Indien verbracht habe, habe ich in Wien verbracht. Und das hat schon zu meiner Entwicklung geführt, und sogar im Positiven, denke ich – in Richtung Selbstständigkeit, Entscheidungen selbst zu treffen und schnell zu treffen. Der Horizont ist auch ganz weit entwickelt, das würde ich schon sagen. Es gibt auch so viele positive Sachen, die ich von jedem mitnehmen kann oder lerne – jeden Tag lerne ich etwas.

Ob ich hier Dinge verwirklichen konnte, die in Indien nicht so leicht gewesen wären, kann ich sehr schwer beantworten, wirklich. Wahrscheinlich wäre es so gewesen: Fünf, sechs Jahre hätte ich nach der Heirat so leben müssen, wie meine Familie es haben wollte. Dann, irgendwann, hätte ich mich in eine andere Richtung bewegt. Meine Schwiegereltern sind genauso gebildet oder sogar mehr gebildet, und die hätten damit sicher keine Probleme gehabt. Der Vater meiner Schwiegermutter war Schulinspektor von der ganzen Stadt, und er hat in Bewegung gesetzt, dass die Mädchen auch in die Schule gehen und genauso gebildet sein sollen. Da können Sie sich dann schon denken, wenn die Schwiegermutter von einer solchen Familie kommt – es war eine ganz andere Atmosphäre. Mein Mann ist der älteste Sohn in seiner Familie, und die sind zu dritt. Wir haben 1973 geheiratet, sein jüngster Bruder 1985. Und seine Frau hat auch zufälligerweise Psychologie studiert und sie unterrichtet an der Uni als Professorin, und die Schwiegereltern haben nichts dagegen gehabt. Aber ob sie 1973 zugestimmt hätten, das kann ich heute nicht beantworten. Vielleicht wäre ich nicht ins Krankenhaus gegangen, aber in einen anderen Bereich wäre ich schon gegangen.

Ich fühle mich als indische Frau gegenüber österreichischen Frauen beruflich überhaupt nicht benachteiligt – im Gegenteil. Ich habe immer das Gefühl, weil ich etwas anders bin, habe ich eine Sonderstellung. Zum Beispiel jetzt bei der Anästhesieausbildung, wir waren siebzehn in der Klasse, und ich war die einzige Inderin. Es gab eine Kollegin aus Polen und eine aus dem ehemaligen Jugoslawien, aber die sind beide hier zur Welt gekommen. Ich war – unter Anführungszeichen – die einzige Ausländerin. Ich war in der Gruppe genauso integriert oder sogar mehr integriert. Wenn ich von den Mitschülern oder Mitkollegen etwas brauchte, habe ich es sofort gehabt. Wenn ich etwas nicht konnte – ich hatte wahnsinnige Schwierigkeiten in Physik –, brauchte ich nur einen von der Klasse anzusprechen. Jeder hat sich bereit erklärt: „Komm, ich sitze mit dir, und wir lernen gemeinsam." Und bei jedem Schritt und Tritt mache ich solche Erfahrungen.

Aber ich hatte hier auch einmal ein Erlebnis mit Ausländerfeindlichkeit. Während meiner Schulzeit habe ich einmal am Neujahrstag Dienst gehabt. Damals, wenn Sie sich noch erinnern, ist die Aktion „Nachbar in Not" gelaufen. Wir sind am 1. Jänner so gegen acht Uhr oder noch früher ins Patientenzimmer hineingegangen. Die Kollegin war Serbin. Wir kommen mit dem Frühstückswagerl, und ein Patient sagt: „Der ganze Nachbar in Not ist heute da." Und ich frage: „Wie bitte? Was haben Sie gesagt?" Und er: „Ja, ganz Sarajewo ist heute da." Ich habe ihm gesagt: „Seien Sie froh, dass Sarajewo da ist, sonst hätten Sie kein Frühstück bekommen." Das hat mir sehr weh getan, und ich habe dann auch dem diensthabenden Arzt gesagt: „Schau, der soll froh sein, weil gestern ging es ihm so schlecht, und ich war diejenige, die ihm bei seinem schmutzigen Geschäft geholfen hat und sauber gemacht hat, und nach nur zehn Stunden sagt er das zu mir." Der Arzt hat dann mit ihm ein ernsthaftes Wort gesprochen, und der Patient hat sich bei mir entschuldigt. Ich habe zu ihm gesagt: „Am 1. Jänner kommt kein anderer arbeiten. Ich wäre auch gestern gerne weg gewesen, aber ich habe Dienst machen müssen. Und stellen Sie sich vor, wenn niemand da gewesen wäre."

Leider hat sich die Situation diesbezüglich in den letzten Jahren sehr negativ entwickelt. Es war früher nicht so. Vor zehn Jahren haben sie sich nicht getraut, dir so etwas ins Gesicht zu sagen, und jetzt trauen sie sich. Die Leute sind viel mutiger geworden, so etwas zu sagen. Es könnte auch sein, dass früher nicht so viele Leute mit farbiger Haut hier waren. Und die Eigenfrustration ist jetzt auch stark. Die Arbeitslosigkeit ist gestiegen, die Leute sind viel unsicherer geworden. So viele Jugendliche sind arbeitslos oder kriegen nicht, was sie wirklich haben möchten. Dann gibt man die Schuld immer dem Schwächeren, und die Schwächeren sind in meinen Augen die Ausländer.

Ich habe hier als Inderin auch sehr stark mit Klischeebildern zu tun, wie zum Beispiel: „Bei euch werden doch die Frauen als letzter Dreck behandelt." Ich habe das Gefühl, die Leute wollen das nicht akzeptieren, dass ein Mädchen in Indien genauso herzlich angenommen werden kann oder eine anerkannte Persönlichkeit ist wie in anderen Teilen der Erde. Und dann diese – Entschuldigung, wenn ich das sage –, diese blöden Dokumentationen im Fernsehen, dass die Mädchen umgebracht und verbrannt werden, wenn sie nicht genügend Mitgift mitnehmen. Ich sage nicht, dass es das nicht gibt, das gibt es sehr wohl. Aber es gibt auch Mädchen, wo von der Seite des Bräutigams etwas verlangt wird, und sie sagt: „Entweder ich oder diese ganze Wunschliste", und dann wird die Hochzeit annulliert. Diese Seite gibt es auch. Und da muss ich wirklich kämpfen. Vor kurzem war eine Dokumentation im Fernsehen über Frauenerfolg in der IT-Branche in Indien, und ein Kollege sagt im OP-Saal zu mir: „Du, Anita, hast du das angeschaut?" Ich sage: "Ja!", und wir reden, und er meint: „Aber das kann doch nur ein Teil sein." Ich sage: „Na und, es ist ja auch hier nicht jede Krankenschwester oder Flugbegleiterin." Und er: „Ja, aber die Brautverbrennungen!" Ganz ehrlich gesagt, das ärgert mich schon. Das tut irgendwie weh, das ist nicht die Wahrheit, das ist nur ein Teil von der Wahrheit. Einige haben gesagt: „Wenn man über das eigene Land spricht, dann ist man sehr empfindlich." Vielleicht bin ich wirklich empfindlich, wenn es um meine Heimat geht, aber es gibt die anderen Seiten auch. Ich versuche jetzt, es ganz leicht zu nehmen. Meistens sind es die Leute, die noch nie außerhalb Österreichs waren – weil sie Angst haben, ins Flugzeug zu steigen, weil sie Angst haben vor dem Unbekannten –, die so etwas sagen.

Ich persönlich hatte kein bestimmtes Klischeebild von europäischen Frauen, aber ganz allgemein gibt es in Indien auch Klischeevorstellungen. Die Inder glauben, dass die europäischen Frauen ihre Partner sehr schnell wechseln, und dass sie diese Werte wie Familie und Zusammengehörigkeit und diesen Respekt für die erwachsenen Mitglieder der Familie nicht haben. Die europäischen Frauen sind zu selbstständig – das ist die Vorstellung. Sie schaffen alles, sie können alles machen. Das ist weit verbreitet, auch in den Hauptstädten, auch in Delhi ist dieses Gefühl da – bis sie dann die Frauen besser kennen lernen, dann ändern sich die Meinungen. Aber so allgemein, wenn man von einer europäischen Frau spricht – ah, sie hat es so leicht und sie ist so locker!

Ich persönlich habe das Gefühl – vielleicht irre ich mich –, die Frau im Innenbereich hat mehr Respekt in Indien als hier. Und die Frau als Frau wird respektiert im ganzen Orient. Es mag sein, dass sie in der Öffentlichkeit nicht so viel schafft wie eine europäische Frau, aber im Haus, im Innenbereich hat sie mehr Macht. Das macht sie so ruhig, mit ihrer Anwesenheit, mit ihrer Aura. Und hier, die Frauen sind viel in Bewegung, aber dadurch schaden sie sich auch. Diese ganze Frauenbewegung, was haben sie erreicht? Jetzt müssen die Frauen genauso viel kämpfen, jetzt ist die Frau genauso Konkurrentin. Früher hat man gesagt: „Na ja, sie ist Frau. Lassen wir das." Aber jetzt nicht mehr.

Die Nachteile für Frauen in Indien? In den Großstädten nicht, aber am Land wird die Frau nach wie vor vom Mann unterdrückt. Der Mann hat das letzte Wort, und sie muss machen, was er will. In den Großstädten sind die Frauen genauso gebildet wie die Männer. Alles hängt sehr von der Bildung ab. Je gebildeter du bist, desto weniger lässt du dir gefallen.

➤ In Indien liebe ich besonders den Familienzusammenhalt. Dass die gesamte Familie wie eine breite Schulter zusammenkommt, wenn irgendetwas ist. Meine Schwiegermutter hat zum Beispiel vor vier Jahren einen Schlaganfall gehabt. Die ganze Familie ist zusammengekommen, und mein Schwager und meine Schwägerin haben nie das Gefühl gehabt, dass sie alleine für sie da sind. Jeder hat sich spontan bereit erklärt, zu helfen. Hier in Wien sind die Freunde da zur Unterstützung. Freunde sind jetzt für mich genauso wertvoll wie die Familie in Indien. Ich vergleiche meine Freunde in Wien mit meinen Familienangehörigen. Es hat sich so ergeben, dass ich hier geblieben bin, und ich genieße jeden Tag hier und ich genieße auch jeden Tag, den ich dort bin. Eigentlich esse ich den Kuchen von beiden Seiten.

Für die Zukunft wünsche ich mir Gesundheit, Gesundheit, Gesundheit, das ist das Einzige. Und ich soll so bleiben, wie ich bin, und meine Familie soll auch gesund und glücklich sein, und meine Freunde genauso. Ich bin vollkommen glücklich, und es soll so weitergehen. Das Leben ist bis jetzt wunderschön gewesen, und ich bin dankbar dafür.

Der Himmel hat in Armenien eine andere Farbe

Gespräch mit
Anna Varosyan
geb. 1971 in Jerewan/Armenien, macht seit 2002 ihr Doktorat in Philosophie in Wien

Ich denke, die allerwichtigste Station in meinem Leben ist meine Kindheit. Ich habe zwar keinen Vater gehabt, nachdem ich vier Jahre alt war. Meine Eltern waren geschieden. Aber ich glaube, ich und meine Schwester, wir waren die glücklichsten Kinder der Welt, weil wir so eine Mutter gehabt haben, die uns dieses Glück geben konnte. Wir haben alles gehabt, was ein Kind braucht, um glücklich zu sein. Und das waren nicht nur Spielzeuge, die wir auch genug hatten, sondern diese Liebe, die wir von meiner Mutter und ihrer Familie, von ihren Schwestern, von ihrem Bruder bekommen haben. Wenn du rundherum geliebt bist, unterstützt das einfach. Wir haben zu dritt gelebt, ich, Mama und meine Schwester, und ich hatte zwei Tanten in Jerewan, die nur zwei Stationen weit weg von uns gewohnt haben. Dorthin konnte man auch zu Fuß spazieren. Meine Tanten, die waren immer für uns da. Wenn meine Mama sehr früh unterrichten musste, dann sind sie gekommen und haben uns zum Kindergarten gebracht. Meine Mama war berufstätig, und sie hat irrsinnig viel gearbeitet, weil erstens hat sie ihren Job geliebt – sie hat Deutsch unterrichtet –, und zweitens haben wir ihre Arbeit gebraucht, um zu leben. Und meine Tanten, die haben beide unglückliche Ehen gehabt und dann haben sie einfach in einer Wohnung zusammen gelebt.

Wenn ich an meine Kindheit zurückdenke, habe ich zuerst eine ganz herrliche Erinnerung an einen Moment, wo ich in den Armen von meiner Oma bin. Wir sind im Hof, und wir warten auf meine Mutter, die in ein paar Minuten von der Arbeit kommen wird. Und daran erinnere ich mich sehr gut, obwohl ich noch sehr, sehr klein war – vielleicht ein Jahr alt oder sogar noch weniger. Aber diesen Moment werde ich nicht vergessen. Die zweite Erinnerung ist – ich war circa fünf Jahre alt – und wir waren schon zu dritt, mein Papa war schon weg, und ich bin im Pyjama vor dem Fernseher gesessen und musste warten, weil sich meine Mama mit meiner Schwester beschäftigt hat, und im Fernsehen lief Schwanensee. Und das wurde dann vielleicht die wichtigste und faszinierendste Sache in meinem Leben – Ballett. Ich wollte nachher immer Balletttänzerin werden. Mama hat erzählt, sie war erstaunt, dass ein fünfjähriges Kind es bis zum Ende des Balletts aushalten kann. Das hat zwei, drei Stunden gedauert – bis circa zwölf Uhr nachts. Ich bin gesessen und ich wollte einfach nicht schlafen gehen. Das ist auch so ein Moment, den ich nicht vergessen kann. Ich habe später Tanzunterricht genommen, das waren Volkstänze. Ich habe das auch genossen, das ist sehr schön, aber trotzdem – Ballett bleibt für mich bis heute noch etwas ganz Besonderes. Ich habe nie Ballettunterricht gehabt, weil meine Mutter dagegen war. Ich habe sie immer sehr darum gebeten, aber sie war überzeugt davon, dass Balletttänzerinnen so vieles aufgeben müssen. Sie müssen auf vieles verzichten – sogar auf Familienleben und Kinder –, und das hat sie für mich nicht gewünscht.

Als ich nachher angefangen habe, zu malen, wollte ich immer Ballerinen zeichnen. Das ist die zweite Sache, in die ich ab meiner frühen Kindheit verliebt war – Zeichnen. Solange ich mich erinnern kann, habe ich immer und überall gemalt und gezeichnet. Ich habe heute noch Zeichenblöcke mit den Porträts von fast allen meinen Mitschülerinnen. Ich habe den Schulunterricht für Malstudien verwendet. Und ehrlich gesagt, als ich nachher zu einem Lehrer gegangen bin, um Zeichenunterricht zu nehmen, war das für mich ziemlich langweilig, weil dort alle das erst gelernt haben, womit ich mich jeden Tag beschäftigt habe. Und ich habe eben immer wieder tanzende Menschen gezeichnet – Ballett, Ballett, Ballett. Und noch jetzt, beim Malen, denke ich mir, ich muss versuchen, diese wunderschöne Leichtigkeit von perfektem Tanz in Malen, in Zeichnen zu übertragen.

Aber die beste Erinnerung aus meiner Kindheit ist – das ist mir jetzt gerade eingefallen –, dass meine Mutter sehr geduldig war. Sie hat mit uns zum Beispiel mit Puppen gespielt. Sie hat uns zwei kleine Mädchen genommen, und wir sind auf der Straße zu Fuß zu unseren Tanten gegangen. Wir haben unsere Puppen mitgenommen, mit Puppenwagen, mit allem Gewand, hundert Puppenkleidern, mit unseren Taschen – mit allem, was Mädchen so gehört. So viel Geduld muss man haben, nicht nur mit einem Mädchen, sondern mit zweien gleichzeitig auf der Straße so ganz angenehm spazieren und sie nicht anschreien und nicht verärgert sein, sondern sie das genießen lassen. Das werde ich nie vergessen. Und meine Tante hat für unsere Puppen die Bettsachen extra genäht, das heißt die Matratzen mit Wolle – in Armenien muss echte Wolle darin sein –, die Polster, die Decken. Die hat auch so viel Geduld gehabt.

Die Erinnerungen an Familienfeiern sind mit den Tanten verbunden, weil diese ältere Tante, die hat an einem Feiertag immer das Kochen übernommen. Wir waren eigentlich an allen Wochenenden dort. Sie hat mit meiner Mama und mit dem Bruder und seiner Familie telefoniert und hat gesagt: „Für Sonntag oder für Samstag, bitte kocht nichts, weil ich koche, und wir essen gemeinsam." Sie war eine gute Köchin. Wir sind hingegangen, und mein Onkel mit seinen drei Kindern und seiner Frau ist auch gekommen. Wir haben viel gespielt und viel Lärm gemacht, aber niemand hat uns angeschrien oder gesagt: „Was macht denn ihr?", denn die waren einfach miteinander so beschäftigt, die Geschwister, und die haben uns alle geliebt. Fast jedes Wochenende war so, und das war wunderbar. Ich habe es immer geliebt – meine Mama hat mich in den letzten Jahren deswegen ausgelacht, und meine Schwester auch –, bei meinen Tanten zu bleiben. In der letzten Stunde, wenn ich wusste, dass wir jetzt in ein paar Minuten alle nach Hause gehen müssen, dann habe ich mich irgendwo hingelegt und habe gespielt, dass ich eingeschlafen bin. Und ich habe gewusst, dass meine Tante zu meiner Mutter sagen wird: „Ach, Mariam Liebling, lass Anna. Das Kind schläft doch. Lass sie, und du gehst bitte mit Hasmik." Und das war Glück für mich! Das war das Beste, was mir passieren konnte, weil ich gewusst habe, am nächsten Tag, also am Sonntag, wenn ich aufwache, ist alles ganz schön und anders. Es ist nicht so wie zu Hause, aber du bist dort auch so geliebt wie zu Hause. Und eigentlich, weil uns die die ganze Woche vermisst haben, durftest du ein bisschen mehr als zu Hause. Das war interessant für mich, das vergleichen zu dürfen. Und ich wusste, es gibt so ein schönes Frühstück mit den Tanten, und dann – weil Mama mich nicht für immer da lassen kann –, kommen sie und meine Schwester noch einmal, und wir haben nochmals eine schöne Zeit alle gemeinsam. Ich habe das immer sehr geliebt, meine Schwester dagegen hat das nie gemocht. Die Tanten wollten immer, dass Hasmik bleibt, wenigstens einmal, und sie wollte immer zu Hause schlafen.

Zu meinem Vater habe ich keinen Kontakt gehabt. Er hat eine andere Frau kennen gelernt und ist mit ihr zusammengezogen, und er wollte dann nicht mehr mit uns in Kontakt sein. Ich erinnere mich, ich bin einfach mit meiner Schwester gesessen, und wir haben geträumt: Wie wäre es, wenn wir einen Vater hätten? Die Kinder können das immer sehr leicht. Du kannst davon abstrahieren, was jetzt ist, und dich in diese Welt denken, wo du ebenso wie eine Mama auch einen Papa hast. Wir haben das immer nur gespielt, wenn meine Mutter nicht da war, weil wir ihr nicht weh tun wollten. Ich habe auch die anderen Mädchen beneidet, die mit dem Vater in die Schule gegangen sind. Die haben einfach die Hand von ihrem Vater gehalten und haben irgendetwas mit ihm gesprochen. Ich erinnere mich sehr gut. Aber wenn du Kind bist, denkst du nicht ständig über diese Sachen nach – dass du keinen Papa hast, oder was du hast, oder was du nicht hast. Du genießt einfach das, was du hast. Nur manchmal kommen diese Gedanken und erschrecken dich.

Und dann erinnere ich mich daran, dass wir am 24. April nie in die Schule, sondern zum Denkmal des Völkermords gehen wollten. Meine Haare stellen sich auf, wenn ich daran denke. (Der 24. April 1915 ist der eigentliche Beginn der systematischen Verfolgungen der ArmenierInnen: Auf Befehl des jungtürkischen Innenministers wurden ihre politischen und gesellschaftlichen Führer zu Tausenden verhaftet und in der Regel ohne Prozess hingerichtet. Zwischen 1915 und 1918 kam es zum Genozid an rund 1,5 Millionen ArmenierInnen, was von der Türkei bis heute verleugnet wird. E.B.) Genau an dem Tag haben alle Lehrer und Direktoren einen Befehl vom Ministerium gehabt, dass sie ganz wachsam sein müssen, dass kein Kind in der Schulzeit aus der Schule in den Park hinausgeht. Und die sind auch überall gestanden, bei den Türen und bei den Fenstern im ersten Stock.

Jetzt ist das frei, und Millionen von Menschen kommen am 24. April – an anderen Tagen natürlich auch – mit Blumen zu dem Denkmal und stehen dort und weinen. An dem Tag sind so viele Blumen dort, dass du dieses ewige Feuer gar nicht mehr sehen kannst, das in einem Kreis am Boden brennt. Die Leute kommen einfach, weil jede armenische Familie hat jemanden an diesem Tag und in den Tagen, die nach dem 24. April 1915 gekommen sind, verloren. Und jeder hat irgendetwas zu betrauern. Zum Beispiel weiß ich von meiner Mutter, dass die Schwester ihrer Oma getötet wurde, als sie auf der Flucht war. Sie hat drei Kinder gehabt, und eines war ein Baby, und das hat ihre Brust im Mund gehabt, als die Mörder mit Bajonetten gekommen sind und ihren Kopf abgeschlagen haben. Das haben die Nachbarn, die mit auf der Flucht waren, der Oma meiner Mama erzählt – und dass das Kind nachher noch lange Zeit geschrieen und an der Brust gesaugt hat. Sie ist krank geworden und kurz danach gestorben, als sie erfahren hat, dass ihre Schwester auf so schreckliche Weise gestorben ist. Meine Mutter und mein Onkel haben ihr ganzes Leben die Kinder von dieser Frau gesucht, aber sie haben sie nicht gefunden.

Zu Hause durfte man über Armenisches nicht reden. Unsere Eltern haben über den Völkermord Bescheid gewusst, ganz genau, aber wir nicht. Es war immer so ein vermischtes, halb unausgesprochenes Etwas, worüber du als Kind nicht so viel mitgekriegt hast. Du hast schon gewusst, dass der Genozid passiert ist, aber das ist jetzt schon vorbei, und jetzt ist alles in Ordnung und Punkt. Du hast nicht gewusst, dass so viele Leute umgebracht wurden, und dass die ganze Menschheit davon so wenig weiß, weil darüber kaum gesprochen wird. Es wurde ganz kurz, ganz lakonisch, ganz schnell erwähnt, aber du durftest darüber nicht mit deinen Freunden reden, weil deine Eltern ins Gefängnis kommen konnten. Das war auch ein Teil meiner Kindheit.

Dann hat die Perestroika angefangen. Man durfte über vieles reden, du hast so viele Informationen bekommen, und plötzlich hast du gemerkt, du hast so eine rosarote Kindheit gehabt, und auf einmal kommt das alles weg. Das heißt, es war in Wirklichkeit nicht so rosarot. Als wir über die Geschichte der Sowjetunion erfahren haben – wie zum Beispiel die Familie des Zaren ermordet wurde –, haben wir alle Mitleid gehabt mit den Leuten, die umgebracht wurden, oder die in Lagern gestorben sind, nur weil sie anders gedacht haben als die Kommunisten. Das war auch auf einmal so ein Bruch. Und dann denkst du, dass alles, was du gehabt hast, eigentlich auf so einem Grund steht, der überhaupt nicht richtig ist und blutig ist und schmerzhaft ist. Bis zu diesem Moment hast du geglaubt, dass dein Land das beste Land auf der Erde ist, und alle anderen sind böse, und wir sind gut. Und auf einmal bricht das alles zusammen, und du siehst, dass das gar nicht so ist. Das war schon schwer, das alles zu verarbeiten.

Und nach dem Anfang des Umbruchs in der ganzen Sowjetunion gab es ein Erdbeben in Armenien. (Am 7. 12. 1988, mindestens 25.000 Menschen starben. E.B.) Das Erdbeben war tagsüber, und dann wurden alle Telefonleitungen, Fernsehapparate, Radios, alles wurde abgeschaltet. Du schaltest den Fernseher ein, um zu wissen, was los ist – dort ist überhaupt kein Programm. Im Radio kein Programm und kein Telefon. Und dann kam am Abend des Tages die Nachricht –

nicht durch das Fernsehen oder öffentliche Informationsmittel, sondern durch Berichte der Leute –, es gibt Leninakan nicht mehr, es gibt Spitak nicht mehr. Alle haben mitgekriegt, dass etwas sehr Schreckliches passiert ist. Und dann war wirklich das schönste Erlebnis – obwohl alles so furchtbar war –, aber Menschen in ganz Armenien haben Nahrungsmittel und Decken eingepackt und haben einfach das Auto genommen und sind in das Erdbebengebiet gefahren. Viele sind dort geblieben, um zu helfen, Überlebende aus den Ruinen herauszuholen. Ein paar Tage später sind sie wieder zurück gefahren, haben Verwandte mitgebracht, die überlebt haben, oder haben auch ganz unbekannte Menschen zu sich nach Hause genommen, die keine Wohnungen mehr hatten. Das Schlimmste war – wenn wir das ganze Ausmaß der Katastrophe um zwei Tage früher gewusst hätten, hätten viele gerettet werden können, aber die Regierung von Gorbatschow hat das nicht rechtzeitig zugelassen. Ich konnte danach nicht schlafen, weil ich Angst gehabt habe, dass das noch einmal passiert. Es wurde gesagt, dass das Erdbeben von der Sowjetregierung künstlich gemacht wurde, weil wir angefangen hatten, für die Unabhängigkeit zu kämpfen. Alles hat mit der Karabakhfrage begonnen. Die Leute in Karabakh wollten nicht mehr unter aserbaidschanischer Regierung leben. (Berg-Karabakh ist eine armenische Exklave innerhalb der Staatsgrenzen Aserbeidschans. E.B.) Wir haben viele Demonstrationen gehabt, fast jeden Tag. Die Menschen haben Hungerstreiks gemacht. Dann plötzlich kam dieses Erdbeben, und es war so stark, dass die Leute gesagt haben, dass das absichtlich gemacht war. Es gibt so eine Kampfbombe, mit der man künstlich Erdbeben hervorrufen kann. Das war diese Zeit, wo du denkst, es ist alles möglich, man kann auch künstlich ein Erdbeben machen. Deine Kindheit ist zu Ende gegangen, auf einmal gibt es keine Sowjetunion mehr, in Armenien ist so viel passiert, und dann kommt das Erdbeben. Ich denke, es war wirklich auch ein Erdbeben in den Seelen der Menschen, weil du nicht gewusst hast, was danach kommt.

Ich habe in diesem Jahr versucht, in die Uni einzutreten und durfte nicht, weil es um viel Schmiergeld ging in dieser Fakultät, an der ich Philosophie studieren wollte, und das hat meine Mutter nicht gezahlt. Ich habe zwei Examen mit „sehr gut" gemacht, und auf das dritte haben sie mir einfach „befriedigend" gegeben. In der Sowjetzeit war die Fakultät für Philosophie sehr wichtig, weil dorthin gingen nur die Leute, die weiter Karriere in der Partei machen wollten, oder die Kinder dieser Leute. Deshalb ging es um viel Schmiergeld. Und das war für mich auch schrecklich deprimierend, weil ich gehört habe, dass fast alle von meiner Klasse in irgendwelche Hochschulen eingetreten sind. Ich war nicht schlecht in der Schule, ich konnte eigentlich auch Studentin werden, aber ich durfte es nicht, weil meine Mutter nicht genügend Geld hatte. Aber im nächsten Jahr hat es geklappt, denn die haben im Examen auch Mathematik geprüft, und das hat mich sehr gefreut. Entweder hast du da die Lösung, oder du hast sie nicht. Meine Freundin hat mir später gesagt: „Du musst wissen, dass du die Einzige in unserem Kurs warst, die niemanden gehabt hat, die keine Protektion gehabt hat und kein Geld bezahlt hat, aber trotzdem mit uns studiert hat." Das war für mich auch eine Neuigkeit, weil ich gedacht habe, dass fast alle dort so waren wie ich.

Ich bin dann Studentin geworden. Sehr viel interessante, ganz neue Literatur ist in Philosophie gekommen, in Psychoanalyse, und das war auch so ein neues Ton. Die Sachen von Freud zum Beispiel wurden neu auf Russisch übersetzt, und die haben irrsinnig viel gekostet, fast ein Studentenstipendium. Ich habe immer ein Stipendium bekommen, weil ich eine gute Studentin war. Ein niedriges Gehalt in der Sowjetunion waren achtzig Rubel, und damit haben auch viele Leute gelebt und nicht schlecht gelebt. Ein guter Student hat sechzig oder siebzig Rubel bekommen, fast ein Gehalt, und die Bücher waren genauso teuer. Die waren ganz neu, es gab sie nicht in den Buchläden. Du musstest sie bei irgendjemandem finden und bezahlen. Wenn sie jemand gekauft hat, dann haben wir sie alle durchgeschaut oder Kopien gemacht. Mein Studium war sehr interessant, denn in Wirklichkeit habe ich wenig von Philosophie gewusst, bevor ich angefangen habe, zu studieren. Aber dass das eine ganz besondere, wunderbare Welt ist, das habe ich dann beim Studium erfahren. Du hast jeden Tag eine neue Möglichkeit entdeckt, auf die Welt zu schauen.

Ich habe viele, viele unterschiedliche Leute kennen gelernt, viele Freunde, die du sonst vielleicht nicht kennen lernen könntest. Auch die Freunde meiner Schwester sind meine Freunde geworden und umgekehrt. Sie hat in einer internationalen Gruppe studiert, mit Studenten aus der ganzen Welt – aus Indien, aus Nepal, aus vielen verschiedenen Ländern –, und die sind auch zu uns nach Hause gekommen, weil meine Mutter immer gesagt hat: „Ladet die ein. Die sind doch Kinder und die haben niemanden hier. Die können mit uns etwas Gescheites essen." Und das hat diesen Freunden sehr gefallen, weil man ja die Familie immer vermisst, wenn man im Ausland ist. Jetzt verstehe ich das so gut. Mir hat das auch viel bedeutet, mit Leuten aus anderen Ländern, aus unterschiedlichen Kulturen kommunizieren zu dürfen. Das war wirklich neu, anders, interessant.

Und dann habe ich den zukünftigen Papa von meinem Sohn kennen gelernt. Wir haben zusammen studiert, im gleichen Kurs. Das war auch ganz neu für mich, so verliebt zu sein und geliebt zu sein und immer überall zusammen hinzugehen. Und dann bin ich schwanger geworden. Ich war noch sehr, sehr jung, und wir haben beschlossen, mit seinen Eltern zusammenzuziehen. Und ehrlich gesagt, das war eine der schlimmsten Erfahrungen, die ich je in meinem Leben gemacht habe. So wie ich erzählt habe, ich habe die Liebe überall in meiner Familie genossen, und auf einmal habe ich da verstehen müssen, du kannst auch überhaupt nicht geliebt sein. Ich war wirklich nicht darauf vorbereitet, überhaupt nicht. Meine Schwiegermutter hat mir einfach gesagt: „Ich wollte dich nicht als Schwiegertochter. Warum hat dir mein Sohn das nicht gesagt? Du passt doch nicht zu ihm." Sie war auch dagegen, dass wir offiziell heiraten. Wir hatten fast jeden Tag einen Konflikt. Ich habe ständige Angst gehabt, jetzt kommt ein Streit. Ich habe das weniger als ein Jahr ausgehalten. Es ging einfach nicht. Nach einem Jahr bin ich weggelaufen. Das war 1992, ein sehr schwerer Winter, und wir haben bei meiner Mutter kein Gas, keine Elektrizität, nichts gehabt. Damals war der Atomreaktor abgeschaltet. (Nach dem Erdbeben von 1988 ging das armenische Atomkraftwerk vom Netz. Im November 1991 hob die Volksvertretung der unabhängig gewordenen Republik Aserbeidschan den Autonomiestatus von Berg-Karabakh auf, was einen blutigen Krieg mit Armenien nach sich zog – erst 1993/94 beruhigten sich die Kämpfe durch Vermittlung der OSZE und Russlands. Aserbeidschan und die Türkei kappten wegen dieses Kriegs ihre Strom- und Gasleitungen nach Armenien und schlossen ihre Grenzen, was der armenischen Bevölkerung fünf Winter in Kälte und Dunkelheit bescherte. Zigtausende Menschen erfroren. Die Energiesituation hat sich durch den Bau einer Erdgas-Pipeline aus dem Iran und die Wiederinbetriebnahme des umstrittenen Atomkraftwerks im November 1995 etwas entspannt. Vorher erhielten die Haushalte nur etwa eine Stunde Strom pro Tag. E.B.) Meine Mutter hat gesagt: „Es ist egal, was los war. Es ist egal, ob die Recht haben oder du. Du hast ein Kind, und dein Kind wird bei uns zu Hause sterben, weil wir nichts für es machen können, nicht einmal eine Tasse Tee wärmen für ein neun Monate altes Kind." Und sie hat gesagt: „Du nimmst dein Kind, und du gehst zurück, und du sagst: ‚Ich entschuldige mich, ich bitte um Verzeihung.' Sag, was du möchtest, nur, du musst zurück, weil die Möglichkeiten haben." Denen ist es finanziell besser gegangen, die haben einen Ofen gehabt, die haben Holz gehabt. Ich habe gewusst, ich kann nicht mit diesen Menschen zusammenleben, aber ich habe auch gewusst, dass Mama Recht hat. Wenn mein Kind vor Kälte stirbt – was werde ich dann machen? Und wir haben uns einfach gesagt: Heute, am 6. Januar, feiern wir Armenier Weihnachten, die Geburt Christi. Wir haben mein Söhnchen genommen, in ein Tuch gepackt, ich und meine Schwester, und sind zum Haus von meinem Mann gegangen. Meine Schwester ist nicht hereingekommen. Sie ist einen Stock tiefer gestanden und hat gewartet, bis die die Türe öffnen, und ich mit dem Kind hineingehe, und dann ist sie nach Hause gegangen. Ich habe zu meiner Schwiegermutter gesagt, ich bin schuld, und ich werde mich ändern, und ich werde versuchen, so zu sein, wie sie sich das wünscht. Dann ist auf einmal der Vater von meinem Sohn gekommen, und eine sehr schlimme Streiterei hat angefangen. Sie haben mich vor die Tür gesetzt und haben gemeint: „Du kannst gehen. Dein Kind kannst du hier lassen. Wir wollen dich nicht, aber das Kind werden wir weiter aufziehen." Ich habe gesagt: „Das geht doch nicht. Ich werde auf dieser Stufe sitzend eher sterben als mein Kind bei euch zu lassen." Ich bin ungefähr eine Stunde draußen gesessen, bevor sie sich entschieden haben, was sie machen. Dann hat sich der Vater von meinem Sohn angezogen, hat das Kind genommen und uns zur Haltestelle gebracht. Es war schon spät, die Dämmerung hat schon angefangen. Eine Straßenbahn ist gekommen, er hat uns hineingesetzt und ist nach Hause gegangen. Die Straßenbahn ist nach ein paar Stationen stehen geblieben, und der Fahrer hat gesagt: „Ich fahre nicht mehr weiter. Schluss für heute." Es war noch ein langer Weg bis zu mir nach Hause. Mein Kind hat angefangen, so sehr zu weinen und zu schreien, und ich konnte nichts machen. Es war wirklich alles wie in einem Alptraum. Ein Paar saß vor mir, ein Paar mittleren Alters. Die Frau hat immer zu meinem Sohn geschaut und mit ihm gesprochen: „Warum weinst du, Söhnchen? Was möchtest du, Söhnchen?" Sie hat ein kleines Keks gehabt, und das hat sie ihm gegeben, aber er wollte es nicht und hat nicht aufgehört, zu schreien. Als diese Straßenbahn stand, musste ich ihn auf die Arme nehmen und zu Fuß weitergehen. Es war niemand auf der Straße, weil zu dieser Zeit sind die Leute nach sechs, sieben Uhr abends einfach zu Hause geblieben, weil es keine Transportmittel gab. Es gab auch zu Hause nichts. Entweder sind die Leute ins Bett gegangen, weil man sich mit der Decke ein bisschen wärmen konnte, oder manche, die einen Ofen hatten, sind daneben gesessen. Es gab kein Leben draußen. Es gab natürlich auch keine Straßenbeleuchtung. Ich habe gedacht, okay, weiter, wir kommen nach Hause, am Morgen vielleicht. Mein Kind ist schon ganz nass, deshalb ist ihm vielleicht noch kälter. Und ich gehe, und dieses Paar mit einem elfjährigen oder zwölfjährigen Kind, die gehen auch zwanzig Meter vor mir. Und die sind auf einmal langsamer geworden und haben gewartet, bis ich komme, und die Frau hat gefragt: „Kindchen, es ist so spät. Wo wohnst du? Wohin gehst du?" Ich habe nichts gesagt, ich wollte nicht. Die haben gespürt, dass ich nur langsam gehen kann, weil das Kind schwer ist.

Der Mann hat gesagt: „Gib mir doch dein Kind." Er hat den Mantel geöffnet und hat mein Söhnchen einfach hineingesteckt, und so sind wir schnell weiter gegangen. Ich habe erzählt, wo ich wohne, und sie haben gesagt: „Wir kommen zuerst zu uns nach Hause. Du kommst mit uns. Wir haben einen Ofen, wir haben ein bisschen Holz. Du wärmst dich, du wechselst die Sachen von deinem Kind. Wir haben auch Milch, du kannst sie dem Kind geben, damit es nicht mehr weint. Und dann bringen wir dich nach Hause." Weil sie sehr viel gefragt haben, warum ich in der Nacht alleine gehe, und ob ich niemanden habe, habe ich erzählt, und die waren auch erschrocken. Dann sind wir zu ihnen gekommen, und ich habe zu Hause angerufen. Meine Mutter konnte das nicht glauben, dass so etwas passieren kann. Diese Leute haben ihr Enkelkind einfach weggeworfen oder den Sohn weggeworfen und nicht daran gedacht, dass er vielleicht gar nicht nach Hause kommen kann in dieser Nacht. Dann sind meine Mutter und meine Schwester gekommen, um mich abzuholen, und der Mann hat mein Söhnchen wieder in seinen Mantel gesteckt, und gemeinsam haben wir ihn nach Hause gebracht. Ich denke, Gott hat mir diese Leute gesendet.

Dann haben alle unsere Nachbarn geholfen. Die haben von irgendwoher immer ein bisschen Holz oder Papier oder irgendetwas gekriegt und die sind am Abend gekommen und haben geklopft und gesagt, dass wir mit dem Kind hinunter gehen müssen, um uns aufzuwärmen. Oder ich habe eine Freundin gehabt – wir sind bis heute noch befreundet und haben gemeinsam studiert –, die ist manchmal einfach gekommen und hat gesagt: „Egal ob du willst oder nicht, wir gehen jetzt zu mir nach Hause." Die haben auch einen Ofen gehabt, und sie hat gemeint: „Nimm alle nasse Wäsche, die du gewaschen hast und komm!", weil die Wäsche konnte auch nicht trocken werden. Es war Winter, es war auch draußen sehr nass, die Wäsche wurde nicht trocken, und das Kind musste das anziehen. Jetzt ist das vorbei, Gott sei Dank.

Ich habe dann mein Studium fertig gemacht. Nach dem Abschluss habe ich in einem soziologischen Zentrum gearbeitet, das interessante Untersuchungen für die neue Regierung gemacht hat. Das war eine unabhängige Firma, die von Auftragsuntersuchungen lebte, und wir haben manchmal monatelang keinen Auftrag gehabt. Ich hatte nicht so ein festes Gehalt, aber trotzdem war es irgendetwas. Ich habe auch sonst vieles gemacht, ganz Unterschiedliches, was mit meinem Beruf überhaupt nichts zu tun hat. Unsere wirtschaftliche Situation war sehr schlecht. Wir haben manche Sachen von zu Hause einfach verkauft, wenn es möglich war – für wenig Geld, aber trotzdem.

Viele Fachleute, die ganz hoch qualifiziert sind, gehen weg aus Armenien, weil sie die eigene Familie nicht ernähren können. Warum soll es so sein? Warum soll mein Land sie verlieren? Es ist, als ob es sein Blut verliert. Es verliert die Kraft, um weiterzuleben. Es ist wirklich schmerzlich, dass sich niemand dafür interessiert, diese Kräfte zu behalten. Warum bin ich heute in Wien? Okay, ich wünsche mir, in ein paar Jahren zurückzugehen und vielleicht in der Universität eine Stelle zu bekommen und zu unterrichten. Ich wünsche mir sehr, meinem Land zu helfen, aber ich bin nicht mehr sicher, ob das klappen wird.

Ich wollte weiterstudieren, weil ich verstanden habe, mit Philosophie hast du in Jerewan ohne Doktorat nicht viele Möglichkeiten, weil es eine große Arbeitslosigkeit gibt. Und ich wollte in Europa studieren, weil hier geht das Leben auch in der Philosophie weiter, es gibt neue Entwicklungen, neue Konzepte. Ich habe dann voriges Jahr ein Semester an der Frankfurter Universität als Gaststudentin studiert. Meine Freundin hat gesagt, dass ich an unterschiedliche deutschsprachige Universitäten schreiben muss, und genau von Wien wurde mein Diplom anerkannt. Deshalb bin ich nach Wien gekommen, weil ich hier das Doktorat machen kann.

▶ In Armenien erwartet man von den Frauen, eine Schule zu absolvieren, eine gute Ausbildung zu machen – nicht unbedingt an der Hochschule – und dann eine Familie zu gründen, eine gute Mutter zu sein. Das ist sehr, sehr wichtig. Heutzutage ist es wirtschaftlich unmöglich, dass viele Frauen arbeiten. Meistens werden nur ganz junge Frauen von zwanzig bis dreißig Jahren gebraucht. Die anderen können meistens keinen Job bekommen. In der Generation meiner Mutter haben viele gearbeitet. Es war möglich, eine Berufsausbildung zu bekommen und zu arbeiten. Obwohl, es ist in der armenischen Mentalität auch so, dass manchmal der Ehemann dagegen ist, dass die Frau arbeitet. Die denken, dass sie die Zeit mit den Kindern verbringen muss und eine gute Ehefrau und zu Hause sein muss, weil sie eben wie ein Feuer im Ofen ist. Meine Mutter hat auch immer gesagt: „Das Wichtigste für eine Frau ist, eine Familie zu gründen und einmal eine Mama werden zu dürfen." Ich denke zwar auch so – die Familie ist das Wichtigste –, aber trotzdem möchte ich dazu noch mein eigenes Leben als Frau haben.

Meine Mutter war sicher der Mensch, der mich und meine Schwester am meisten gefördert hat: Ich habe zwölf Jahre lang in einem Volkstanzensemble getanzt, meine Schwester und ich haben beide eine Musikschule besucht und ich habe ja auch Zeichenunterricht genommen. Mama hat uns bei all dem immer unterstützt, mit Geld und Interesse und allem, was ihr möglich war.

Und auch meine Lehrerinnen in der Schule haben mich gefördert. Meine Lehrerin in russischer Literatur, die war wirklich ganz stolz auf mich. Zuletzt, während des Examens, als ich schon alle Fragen beantwortet hatte und schon mein „sehr gut" bekommen hatte, ist sie gekommen und hat sich neben mich gesetzt und hat zu ihrer Kollegin gesagt: „Fragen Sie sie noch über Rubzow, über Wisoczky, über andere..." Die Frau hat geantwortet: „Ich habe ihr doch schon ´sehr gut´ gegeben!" Und meine Lehrerin hat gemeint: „Nein, fragen Sie sie, das ist doch schön, wenn sie das beantworten wird." Das habe ich immer gespürt, diese Liebe. Meine Chemielehrerin war auch so anders zu mir. Oder die Armenischlehrerin, die hat auch immer gemocht, wenn ich geantwortet habe.

Meine Vorbilder? Für mich gab es zu unterschiedlichen Zeiten unterschiedliche Vorbilder. Zuerst, als ich neun, zehn Jahre alt war, war das Sappho, die griechische Dichterin. Ich war fasziniert, weil ich gelesen habe, dass sie sogar die zehnte Muse genannt wurde – so eine wunderbare Frau! Sie war auch so hübsch, und ihr Porträt auf diesem Fresko ist bei mir zu Hause auf der Wand. Ich habe gedacht, sie ist etwas Anderes. Und dann, als ich ein bisschen älter geworden bin, in den letzten Klassen, habe ich mich sehr mit der Poesie von Wisoczky beschäftigt. Ich kenne auch bis jetzt manche von seinen Liedern oder Gedichten auswendig, und er war für mich ein Vorbild. Er war ein russischer Dichter, und nach seinem Tode wurde er vergöttert. Es hat mich fasziniert, dass er in Sowjetrussland nicht anerkannt wurde – manchmal waren seine Lieder sogar verboten –, und er musste sich durchsetzen. Diese Stärke hat mich fasziniert. Wie stark kann ein Mensch sein, um durch das alles durchzugehen. Ich habe bis heute noch alle möglichen Plakate mit seinen Photos darauf und Artikel aus Zeitschriften und Zeitungen über ihn. Manchmal, wenn ich traurig bin, auch hier in Wien, singe ich seine Lieder.

➢ Am 20. November 2002 bin ich nach Wien gekommen. Ich habe schon eine Vorstellung vom Leben als Frau in Europa gehabt, weil meine Schwester für eineinhalb Jahre in Darmstadt war, noch bevor ich nach Frankfurt gegangen bin. Sie hat beschrieben, wie das Leben hier ist. Als ich hierher gekommen bin, habe ich nur eines gedacht: Es ist doch unmöglich, dass ich keine Arbeit finde. Ich werde doch irgendetwas Kleines finden, um leben zu können und um meine Studiengebühren zu bezahlen. Ich muss sehr fleißig sein, ich bin doch nur dafür da, um mein Studium zu machen. Wenn es klappen wird, kann ich danach einen guten Job bekommen – egal in welchem Gebiet. Und das ist sehr wichtig für mich.

Der Anfang war schwer, denn du hast niemanden. Ich habe manche Freunde vom vorigen Jahr gehabt, ich war ein paar Mal in Wien. Aber du bist trotzdem ganz alleine. Du musst alles für dich selbst machen. Ich bin im Januar krank geworden, mit sehr hohem Fieber, und es hat aus meiner Nase geblutet und aus dem Ohr, weil ich Grippe hatte. Ich habe niemanden gehabt, der sich um mich kümmern könnte. Ich bin einfach im Bett gelegen und habe geweint, weil ich gedacht habe: Mein Gott, meine ganze Familie ist dort. Mein Söhnchen hätte zu mir kommen und sagen können: „Was möchtest du? Was kann ich für dich tun?" Oder meine Tante oder meine Schwester hätten tausend Mal angerufen und hätten gefragt: „Anna, Liebling, was soll ich bringen?" Ein paar Tage ging es mir sehr, sehr schlecht, und auf einmal habe ich einen Anruf von meiner Schwester bekommen. Das war unerwartet, denn sie hat mich bis zu dem Tag nie angerufen. Aber irgendwie hat sie wahrscheinlich etwas gespürt. Das hat mich so sehr gefreut. Das sind die Schwierigkeiten, die ich gehabt habe, und noch immer habe – man hat die einfach. Es ist jeden Tag so, als ob ich gestern gekommen wäre, und ich vermisse meine Familie sehr, und ich wünsche mir, so schnell wie möglich nach Armenien zu fahren und meinen Sohn, meine Schwester, meine Tante und meinen Neffen zu treffen.

Meine Erfolge? Hier sehe ich vielleicht diese Ausstellung meiner Bilder (in der Bezirksvorstehung im sechsten Bezirk in der Mariahilfer Straße im Rahmen der Mariahilfer Festwochen. E.B.) als Erfolg. Meine Bilder sind, wie bei jedem Maler, meine Welt. Die sprechen manchmal von Gott, von der Liebe, von der Trauer, von allem, was es im Leben gibt. Meine Erfolge in Armenien? Mein Studium, das ich trotz allem gemacht habe. Mein Söhnchen. Ich habe einen wunderbaren Sohn, der ist für mich auch ein ganz besonderer Mensch, mein guter Freund. Ich versuche zumindest, dass er lernt, die Welt anders zu sehen, mit anderen Augen, sich die gewöhnlichen Sachen einfach auch anders vorzustellen. Ich erziehe ihn nicht ganz so, wie es im Wort Erziehung gesagt wird: Wir sind meistens Freunde. Es passiert vieles, wenn wir gemeinsam sind – wir spielen gemeinsam, wir schreiben gemeinsam. Er hat ein bisschen eine Begabung in sich, sich schön auszudrücken – wie ein Schriftsteller. Das sind meine Erfolge, glaube ich. Andererseits denke ich, das ist auch der Erfolg meiner Mutter und meiner Tante. Meine Tante macht jetzt alles für ihn. (Seitdem Anna Varosyans Mutter gestorben ist. E.B.) Ich bin jetzt hier, und ich habe mich auf meine Tante verlassen.

➤ Ob ich mich durch den Aufenthalt in Österreich ändere, mein Frauenbild geändert habe? Vielleicht doch. Hier habe ich, weil ich jetzt allein bin, mehr Zeit, mit mir selbst klarzukommen. Ich möchte mich ein bisschen mehr tolerieren. Mich lieben, trotz all der Fehler in meinem Leben, oder trotz allem, was ich nicht richtig machen konnte. Ich lerne das, ich übe das, mich einfach so zu nehmen, wie ich bin. Ich bin gewohnt, dass ich mich noch verbessern muss. Das hat mit meiner Erziehung zu tun. Ich war immer irgendwie unvollkommen. Meine Mutter war mit mir nie zufrieden, wobei – in Wirklichkeit war das ihre Art, mich zu lieben. Sie hat nie zu mir gesagt, dass ich begabt bin, aber ihren Freundinnen hat sie immer stolz von meinen Erfolgen erzählt – im Studium oder beim Tanz oder beim Zeichnen. Es war auch ein bisschen Sowjet-Mentalität und eine Vorstellung von Eltern in der Sowjetunion, dass sie das Kind nicht loben dürfen, sondern immer zeigen müssen, dass es noch etwas gibt, was man verbessern soll. Und jetzt lerne ich eben, mit meinen Fehlern umzugehen.

In diesen letzten Wochen habe ich in einem sehr interessanten Buch das Wort Göttin gelesen – im Gegensatz zu Gott, zu den Männern, die ja doch allmächtig sind, fast Götter. Das hilft mir jetzt auch in meinem Leben. In mir selbst war auch wirklich oftmals dieser Gedanke, alles, was von Frauen gemacht wurde, das kann nicht ganz gut sein. Ich habe immer geglaubt, dass die Männer alles besser machen als die Frauen – die besten Gelehrten sind Männer, die besten Poeten, Maler, Bildhauer, Architekten sind Männer. Und jetzt denke ich, die Männer sind nicht besser als die Frauen – aber uns wurde dieses Bild vermittelt. Und das nehmen wir und leben einfach damit. Und dieses eine Wort – Göttin – hat mir so viel gegeben.

Ob ich hier als Frau Dinge verwirklichen kann, die in Armenien unmöglich wären? Ich habe keine Ahnung, ich hoffe es, aber ich kann es nicht sagen. Ich war zum Beispiel mit meinen Bildern bei einem österreichischen Geschäftsmann, der wollte eine Ausstellung unterstützen, und zuerst sagt er: „Sie haben einen sehr guten Strich, und wenn Sie in die richtigen Hände kommen, werden Sie wirklich sehr viel erreichen." Und dann auf einmal meint er: „Aber wissen Sie, so können Sie einfach nicht weiterkommen. Sie müssen Geld verdienen. Sie können Reisen nach Armenien leiten und damit Geld verdienen." Die Leute denken, wahrscheinlich wird dir irgendjemand bei deiner Ausstellung helfen, oder irgendjemand wird dir einen Job geben, aber es ist besser, wenn nicht ich das bin. Und bei uns ist das Gegenteil der Fall. Wenn du Ausländer bist, möchten die Leute dir mit allem, was sie können und nicht können, helfen.

Gegenüber österreichischen Frauen – aber nicht nur gegenüber Frauen, sondern auch gegenüber Männern und ganz insgesamt gegenüber EU-Bürgern – fühle ich mich unbedingt benachteiligt. Ich habe mich bei so vielen Arbeitsplätzen vorgestellt, aber nur, weil ich nicht EU-Bürgerin und Studentin bin, hat es nicht geklappt. Die Leute sagen mir zwar: „Nein, Anna, es ist nicht so." Ich weiß aber, dass es so ist. Die denken, wenn du Ausländerin bist und Arbeit suchst, bist du Asylantin, und die Asylanten dürfen nicht arbeiten. Ich weiß nicht, wo alle meine Bewerbungspapiere hingehen.

Von mir als Armenierin hat man natürlich auch Klischeebilder, hundertprozentig! Ich habe gemerkt, dass die Frauen mit dunklen Haaren und dunklerer Haut für die europäischen Männer ein bisschen interessant sind – sie bekommen ein bisschen mehr Aufmerksamkeit. Aber das ist nicht das Wichtigste. Das zweite Klischee ist, dass die Leute – egal ob Männer oder Frauen, Junge oder Alte – denken, dass diese Ausländer gar nichts Anderes als Asylanten sein können und irgendwie ein ganz niedriges Lebensniveau haben. Du spürst das, dass sie so denken. Das wird dir nicht gesagt, aber du weißt das. Zum Beispiel bin ich vor ein paar Tagen bei einer Haltestelle gestanden, und eine alte Frau hat gefragt, ob der O-Wagen von hier fährt oder nicht. Ich habe gesagt: „Ja, natürlich", und dann hat sie mich gefragt: „Sie sind eine Türkin oder Jugoslawin, gelt?" Ich habe gesagt: „Nein, ich bin Armenierin." Und dann meint sie: „Aber Sie sind Moslemin?" Und ich sage: „Nein, ich bin Christin." Und sie fragt: „Und was machen Sie?" Ich sage: „Ich studiere." „Sie studieren? Was studieren Sie?" Ich sage: „Philosophie." „Oh, Philosophie!" Und dann kommt: „In welchem Semester studieren Sie?" Ich antworte: „Ich mache mein Doktoratsstudium." Und dann war sie, glaube ich, total erschöpft. Ihre ganzen Vorstellungen über Jugoslawinnen und Asylantinnen und Ausländerinnen waren auf einmal zerbrochen.

In Armenien gibt es auch Klischeevorstellungen von europäischen Frauen. Armenische Frauen und nicht nur armenische, ich denke, asiatische oder vielleicht auch afrikanische sind überzeugt davon – und vielleicht ist das auch so in manchen Fällen –, dass sie wärmer, warmherziger sind als Europäerinnen. Sie können der Familie, dem Ehemann, den Kindern ein bisschen mehr Wärme geben als die europäischen Frauen. So denken die Armenierinnen.

Die Vorteile europäischer Frauen? Manchmal denke ich, vielleicht sind die Frauen in Europa mehr geliebt. Ich denke, die machen mehr, um von sich selbst und von anderen geliebt zu sein, weil die Zeit finden für sich – etwas für sich auszudrücken. Das gefällt mir. Sie haben mehr Möglichkeiten, sich zu entwickeln, ein bisschen mehr Freiheit, und die lernen auch mehr, für sich ein Leben zu haben. Sie können sich ganz gut vom reinen Familienleben trennen. Ich habe eine sehr interessante Frau in der Uni Wien kennen gelernt. Sie ist knapp siebzig, und sie studiert Philosophie. Sie hat Kinder, sie hat Enkelkinder, aber sie ist jetzt Studentin, und das gefällt mir. Natürlich gibt es auch viele Künstlerinnen in Armenien und viele Wissenschaftlerinnen, aber die sind so geprägt von diesen Ideen Familie und Kinder. Aber nachdem du Familie und Kinder hast, bist du meistens nur Ehefrau und nur Mutter, natürlich eine gute Mutter, und dann nur Oma – aber irgendwo bleibt das auf der Strecke, was du selbst bist.

Der Vorteil für Frauen in Armenien ist die Wärme, die die Familie ihnen geben kann. Ich denke, es muss auch in Europa solche Familien geben, aber ganz wenige.

➤ In Armenien liebe ich diese Wärme besonders. Ich habe so vieles vermisst. Das Wasser schmeckt in Armenien anders. Ich habe dieses Bild vermisst, dass du überall stehen kannst und den Ararat siehst. Ich habe das vermisst, weil das für mich etwas Besonderes ist, und ich glaube für viele Armenier. Der Himmel hat in Armenien eine andere Farbe. Die Leute sind anders in Armenien. Aber ich habe schon seit langem eine Sache sehr gut verstanden und gelernt: Egal, wo du bist, das Gute ist überall gut, und das Böse ist überall böse, sogar in meinem so geliebten Land. Es waren auch Armenier zu mir böse, und es waren auch Österreicher zu mir sehr gut. Ich glaube, so allgemein genommen, das Menschliche ist überall menschlich. Gutes, Liebes wurde hier gut genannt und dort auch. Die Leute verstehen unter diesem Begriff das Gleiche, hier und dort.

Meine Wünsche für die Zukunft? Zuerst meinen Sohn bei mir zu haben, das ist sehr wichtig für mich. Vielleicht, irgendwann, nicht jetzt, unterrichten zu dürfen. Wenn ich so weit bin, alles, was ich in Philosophie weiß, auch weitergeben zu dürfen, egal wo, in welchem Land, in Armenien, in Europa, in Amerika, auf einem anderen Planeten. Ein Leben mit meinem Kind, ein für mich interessanter Job. Meine Bilder, Malen und Philosophie und vielleicht noch, wenn es möglich wäre, jemanden kennen zu lernen, der versucht, mich zu verstehen, und ich werde das auch versuchen. Ganz normale Sachen.

Nach Wien zu kommen, hat für mich das Fenster zur Welt geöffnet

Gespräch mit
Banu Yener
geb.1967 in Istanbul/Türkei, Archäologin, lebt seit 1991 in Wien

Als wir in Istanbul waren, als ich noch klein war, habe ich so eine starke Erinnerung an die Sommerabende bei meiner Großmutter in Üsküdar. Das ist einer der ältesten Bezirke auf der anatolischen Seite, der war voll mit Holzhäusern. Meine Großmutter konnte sehr gut Oud (orientalische Laute. E.B.) spielen, unsere Nachbarin hat Geige gespielt, und ihr Mann, meine Tante und meine Mutter haben gute Stimmen, und sie haben immer miteinander musiziert. Ich habe in Erinnerung, es war Sommer, und jede Woche sind sie zusammengekommen und haben dann gesungen und Spaß gemacht – ich weiß nicht, wie oft es wirklich war. Meine Tante hat einen Schöpfer als Mikrophon verwendet, und als Kinder haben wir uns irrsinnig amüsiert. Mein Bruder war auch dabei – er ist acht Jahre älter als ich – und meine Cousine. Wir sind gleich alt, und sie war wie meine Schwester in dieser Zeit.

Dann erinnere ich mich, dass wir oft den Ort gewechselt haben – mein Vater war Offizier. Bei uns hat die Grundschule damals fünf Jahre gedauert, und in diesen fünf Jahren war ich in sechs verschiedenen Städten oder Orten. Als ich neun Jahre alt war, sind wir in eine sehr kleine Ortschaft in der Osttürkei in der Nähe von Erzurum gegangen. In der Gegend gab es nur Militär und Dörfer. Dort war mein Lehrer für mich eine ganz wichtige Person. Er war ein relativ alter Mann und ist dann nach zwei Jahren in Pension gegangen. Er war sehr reif und wie ein Vater für mich. Nebenbei war er ein richtiger Bauer, er hat große, dicke Hände gehabt, ganz hart. Ich erinnere mich immer noch, ich habe ihn geliebt – vielleicht weil er dort hingehört hat. Er hat Honig gemacht, den mein Vater von ihm gekauft hat – ich habe damals viel Honig gegessen. Ich war ein kräftiges Mädchen. In dem Jahr und auch nachher war ich fast immer das größte Kind in der Klasse. Bei uns gibt es einen Anführer in der Klasse, und ich war dieser Anführer, da ich so kräftig war. Ich habe auch mit den Buben Wettkämpfe gemacht und gewonnen. Schau mich jetzt an!

Dieses Jahr in Kandilli in der Nähe von Erzurum war für mich sehr wichtig, es war prägend, weil das Leben dort total anders war. Ich bin in Istanbul geboren, und das Leben in dieser kleinen Ortschaft in der Osttürkei hat mich irgendwie beeindruckt. Erstens war die Natur anders für mich, das Klima – es hat so viel geschneit. Die Straße wurde vom Schnee befreit, und wenn man dann gefahren ist, war beidseitig eine mindestens drei Meter hohe Schneewand. Es war sehr kalt, aber ich erinnere mich nicht, dass ich jemals wirklich gefroren habe. Im Frühjahr haben wir dann so genug gehabt vom Schnee, dass wir unbedingt etwas Grünes sehen wollten. Ich glaube, es war Mai, der Schnee war schon weg, aber es gab immer noch so eine dünne Eisschicht auf der Erde, und wir Kinder in der Schule haben in der Pause diese Eisschicht weggekratzt. Darunter wuchs Gras, und wir haben es herausgeholt.

Und dann haben wir immer wieder Ausflüge in die Nachbardörfer gemacht und dort gesehen, wie die Menschen leben. Ich war klein, aber trotzdem konnte ich den Unterschied irgendwie merken. Die Leute haben zum Beispiel in nur einem Raum gewohnt, geteilt durch Stoffvorhänge, und auf der einen Seite waren die Menschen, auf der anderen Seite waren die Tiere. Das hat natürlich in dem Klima auch

Vorteile gehabt. Ich war dauernd im Freien, Ski gefahren bin ich zum ersten Mal in meinem Leben mit Militärskiern, die waren sehr schwer.

Nach nur einem Jahr mussten wir dann wieder für ein Jahr nach Istanbul. Dort waren wir in einem reichen Bezirk, wo die Tante von meiner Mutter gelebt hat. Sie hatte dort eine kleine Wohnung, in der haben wir gewohnt, und ich bin dort in die Schule gegangen. Unsere Lehrerin war eine komische Frau, sie hat mich nicht wirklich gemocht – ich glaube, da ich aus Erzurum gekommen bin. Ich habe schon Freundinnen gefunden, aber ich habe mich irgendwie immer so draußen gefühlt in der Klasse, nicht zugehörig, da ich von einer total anderen Welt gekommen bin. Es war keine schöne Zeit für mich, und es war lustig, dass ich dann – von Erzurum kommend – in dieser gepflegten, reichen Schule Flöhe bekommen habe. Dieses Jahr war also auch prägend, eher negativ prägend.

Danach sind wir wieder nach Erzurum zurückgegangen und noch für drei Jahre dort geblieben und dann endgültig nach Istanbul zurückgekehrt – ich war damals dreizehn. Ich habe – wie man in der Türkei sagt – ein Fremdsprachen-College in einem der besten Viertel in Istanbul besucht. Das ist eine staatliche Schule mit einer Aufnahmeprüfung, wo auch gescheite Kinder aus der Mittelschicht hingegangen sind. In dieser Schule ist das Gefühl des Fremdseins wieder gekommen. Das ist dann verloren gegangen, aber ich glaube, diese Zeit, die ich in der Osttürkei verbracht habe, war sehr wichtig für mich. Ich kam aus einer Istanbuler Familie, aber nach dieser Zeit, nach dieser Phase im Osten, bin ich nie wirklich eine – wie soll ich sagen – so eine verwöhnte Istanbulerin geworden, niemals. Das war eine Änderung in meinem Leben und auch im Charakter.

Den Rest der Schule und die Universität – ich habe Archäologie studiert – habe ich in Istanbul gemacht. Und nach den Jahren in der Osttürkei war die Archäologie wichtig, ich meine nicht die Archäologie selbst, aber der Anfang in der Südtürkei. Nach dem Studium habe ich mit Deutschen ein Survey, eine Feldforschung, in der Südtürkei gemacht, das hat mein Leben auch völlig geändert. Der Professor hat in Lykien ein Gebiet von 120 Quadratkilometern gehabt. Wir waren vier, fünf Gruppen von jeweils fünf Leuten und wir sind durch das Gelände gegangen und haben Oberflächenforschung gemacht – wir haben nicht ausgegraben. Das ist eine ganz felsige, gebirgige Gegend, sehr zugewachsen. Es war überhaupt nicht einfach, sich dort zu bewegen, und es war irgendwie die deutsche Art und Weise, etwas zu machen. Wir hatten einen Kompass und eine bestimmte Route, und da mussten wir durch – egal ob Gebüsch dort war oder Fels. Du bist allein in der Natur, und du denkst dir, wer kann hier gelebt haben, oder was soll es hier geben – und dann plötzlich stehst du zum Beispiel vor einem hellenistischen Turm, der drei Meter hoch aufragt. Wir waren auf Hügeln, wo nicht einmal Ziegen oder Hirten waren, zwar fünf Leute, aber ungefähr zwanzig Meter entfernt voneinander. Wenn ein Hang dazwischen war, haben wir uns überhaupt nicht gehört und gewartet, dass wir uns wieder draußen auf der Ebene treffen. Physisch war es sehr anstrengend, aber wenn ich jetzt im Nachhinein daran denke, war es wirklich beeindruckend.

Und dann sind wir natürlich immer wieder in Dörfer gekommen, wo wir zum Essen eingeladen waren, und es war auch interessant zu sehen, wie unterschiedlich das Bild von der Türkei sein konnte. Diese Küstenlinie von Antalya bis Fethiye ist total touristisch, und wenn man vielleicht zwanzig Kilometer hinein fährt in das Landesinnere, in Richtung Gebirge, hast du dann wirklich eine völlig andere Welt. Diese Dörfer sind ganz arm und fast verlassen, nur noch alte Leute leben dort, da die Jungen sich nicht mehr ernähren können und an die Küste ziehen – dort gibt es Tourismus oder Glashäuser, wo sie Tomaten pflanzen.

Das war eine intensive Zeit und schöne Zeit für mich – und natürlich auch deshalb, weil ich bei diesem Survey meinen Mann kennen gelernt habe. Das war im Sommer 1990, ich war damals dreiundzwanzig.

➤ Es ist schwer zu sagen, welche Erwartungen die türkische Gesellschaft an die Frau stellt. Das ist ganz unterschiedlich, je nachdem wo man lebt, und ich kann nur von meiner Familie und persönlichen Beobachtungen reden. Meine Mutter hat irgendwann, als ich vier oder fünf war, angefangen, sich für´s Malen zu interessieren. Sie hat Kurse besucht, dann war sie an der Akademie als Gaststudentin und hat angefangen, intensiv zu malen. Sie hat immer versucht, dass sie in der Früh für den Abend das Essen macht – das war zum Beispiel eine Erwartung von meinem Vater und ist es immer noch, in unserer Familie hat sich da nichts geändert. Sie hat das meist am Vormittag erledigt, damit sie am Nachmittag arbeiten kann. Sie hat zu Hause gearbeitet, und der Geruch von Terpentin, mit dem sie ihre Pinsel gereinigt hat, ist für mich bis jetzt noch etwas, was ich liebe. Sie hat sich ihr Atelier entweder im eigenen Zimmer in einer Ecke gemacht, oder in einer unserer Wohnungen haben wir den Balkon sozusagen hinein genommen, zugemacht, und dort hat sie gemalt. Sie hat also immer wieder für sich Plätze geschaffen, aber niemals einen eigenen Raum als Atelier gehabt. Sie malt immer noch, sie macht Ausstellungen, verkauft ihre Bilder.

In unserer Familie hatten wir viele Frauen – das war eine frauenreiche Familie –, und ich habe persönlich nie erlebt, dass sie unterdrückt waren. Ganz im Gegenteil, meine Großmutter war zum Beispiel eine sehr starke Frau, sie hatte eine starke Persönlichkeit, und ich erinnere mich eher, dass mein Großvater derjenige war, der sich ein bisschen zurückgehalten hat. Mein Vater als Offizier war natürlich ein strenger Vater und auch Ehemann, aber ich habe nie das Gefühl gehabt, dass meine Mutter unterdrückt war. Die Erwartung an sie war, dass sie sich um das Essen, um den Haushalt und um die Kinder kümmert.

Mein Bruder war in Erzurum nicht dabei, er ist bei meinen Großeltern in Istanbul geblieben. Als ich danach in Istanbul in die Schule gegangen bin, war er schon an der Uni. Wir haben vier Jahre zusammengelebt, und danach ist er mit einem Staatsstipendium nach Amerika gegangen. In dieser Zeit hat er eine zweite Vaterrolle gehabt – die hat er immer noch –, also mich zu schützen, zu schauen, dass es mir gut geht. Ich musste im Haushalt überhaupt nicht helfen, ich habe nie gekocht oder geputzt, und mein Bruder sowieso nicht. Als ich nach Wien gekommen bin, habe ich nicht kochen können, außer Suppen oder Sachen, die ich total geliebt habe und für mich hin und wieder auch zu Hause gemacht habe, wenn meine Eltern nicht da waren. Aber ich habe zum Beispiel als Mädchen versucht, mein Zimmer aufzuräumen. Mein Bruder hat nicht einmal das gemacht.

Als ich fünfzehn war, hatte ich meinen ersten Freund – das war sozusagen die große Liebe. Er war von der Nebenschule, St. Joseph, das ist eine französische Schule, und wir haben uns in einem Café kennen gelernt, wo die Schüler von beiden Schulen hingegangen sind. Als mein Vater das erfahren hat, war das sehr anstrengend. Er hat mich dann nie in Ruhe gelassen, aber ich muss sagen, seine Versuche, mich zu kontrollieren, haben mich nicht davon abgehalten, dass ich alles gemacht habe, was ich wollte – wie das immer der Fall ist. Aber abgesehen davon hat er sich in mein Leben nicht eingemischt, auch meine Mutter eigentlich nicht. Wenn ich im Nachhinein daran denke, habe ich immer eine nette Freiheit gehabt. Wie gesagt, ich war dreizehn, als ich nach Istanbul zurückgekommen bin. Damals haben wir auf der europäischen Seite gewohnt, und ich bin auf der anatolischen Seite in die Schule gegangen. Deshalb musste ich so früh aufstehen – um sechs Uhr musste ich schon den Bus nehmen. Und nur an einem Tag hat meine Mutter mich hingeführt, um mir zu zeigen, von wo der Bus wegfährt, und ab dem zweiten Tag war ich immer allein. Ich bin allein mit öffentlichen Verkehrsmitteln in die Schule gefahren und wieder zurückgekommen, während fast alle anderen aus meiner Klasse mit einem Schulbus abgeholt und nach Hause gebracht worden sind. Ich musste zu einer bestimmten Zeit zu Hause sein, bevor mein Vater kam – das war sieben Uhr, glaube ich –, aber was ich dazwischen gemacht habe, da haben sie sich nicht eingemischt. Ich erinnere mich überhaupt nicht, dass sie mir auch nur einmal gesagt haben, dass ich mich in mein Zimmer zurückziehen und meine Aufgaben machen soll. Mein Vater hat sich auch nie eingemischt, wie ich mich kleide, ob ich ein kurzes Kleid anhabe oder Tausende Ohrringe trage. Er hat nicht einmal etwas gesagt, wenn ich mich geschminkt habe. Auch bei der Wahl von meinem Studium haben mich meine Eltern überhaupt nicht beeinflusst. Ich glaube, sie haben sich gewünscht, dass ich studiere und dass ich berufstätig bin. Als ich nach Wien kommen wollte, haben sie das auch unterstützt, dass ich ins Ausland gehe und weiterstudiere. Wenn ich jetzt daran denke – sie hätten das zum Beispiel verhindern können oder mühsam sein können, aber sie haben mich unterstützt.

Es hat niemanden gegeben, der mich als Mädchen besonders gefördert hat, aber meine Großmutter war für mich später, als ich schon studiert habe, ein Vorbild. Ich konnte dann wirklich sehen, was für eine Frau sie war. Sie war schon achtzig, als ich angefangen habe, zu studieren. Sie hat sich zum Beispiel für meine Bücher interessiert, archäologische Bücher, sie hat sie gelesen. Das hat mich fasziniert, dass ein Mensch so offen sein kann und so interessiert. Und sie wollte immer mit jungen Leuten zusammen sein, und nicht mit den eigenen Freunden, die nur von Krankheiten reden. Sie war sehr vif und auch musikalisch talentiert. Wie schon gesagt, sie war wirklich wichtig für mich und auch für meinen Bruder. Ich habe schon damals gedacht, dass sie irgendwie zu früh auf die Welt gekommen ist.

Welche Vorstellungen ich in der Türkei von einem erfüllten Leben als Frau hatte? Eine gute Frage, die kann ich mir immer noch stellen! Ich habe immer Schwierigkeiten gehabt, mein Leben so langfristig zu planen – und ich habe das noch. Jetzt bin ich zum Beispiel schwanger, und ich kann mir ein Leben mit einem Baby nicht vorstellen. Ich wollte das irgendwie, ich habe immer wieder Phasen gehabt, aber ich habe auch nicht davon geträumt. Ich kann also nicht sagen, dass ich als Frau unbedingt Kinder haben und sie erziehen wollte. Ich wollte in der Archäologie halbwegs erfolgreich sein. Und als ich jung war und studiert habe, wollte ich immer reisen. Ich war neugierig, weltneugierig – neue Menschen, neue Kulturen, das hat mich sehr interessiert.

➤ Ich bin '91 nach Wien gekommen, um weiterzustudieren. Ich wollte weg aus der Türkei. Ich hatte eigentlich keine bestimmten Vorstellungen vom Leben als Frau in Österreich. Ich wollte mein Leben haben, das heißt, dass ich irgendwie allein bin, also nicht mit meinen Eltern bin, allein lebe. Als ich mit den Deutschen gearbeitet habe, habe ich auch meinen jetzigen Professor kennen gelernt. Er ist Deutscher, aber lehrt an der Universität Wien. Er hat mir gesagt, wie wichtig die deutsche Sprache in der klassischen Archäologie ist. Und dann habe ich ja auch Thomas bei dem Survey kennen gelernt, das war natürlich die eigentliche Motivation.

Mein Vater war am Anfang nicht begeistert, dass ich einen österreichischen Freund habe. Er hat gewusst, dass er existiert. Ich habe mit Thomas zusammengelebt. Meine Mutter, mein Bruder, sie haben das gewusst, aber mein Vater hat es offiziell nicht gewusst. Er hat auch nicht gefragt, nichts geprüft, ist der Sache nicht nachgegangen. Und als ich Thomas heiraten wollte, wollte er eigentlich nicht, dass ich einen ausländischen Mann habe. Mein Bruder war nämlich damals schon mit einer Amerikanerin verheiratet – sie haben auch vier Jahre zusammengelebt und dann geheiratet. Mein Vater war davon überzeugt, dass diese Ehe nicht funktionieren kann – zu große kulturelle Unterschiede und dieses und jenes. Ich weiß, dass er sich nicht gewünscht hat, dass ich das auch mache, also meinem Bruder folge, und das hat mich ein bisschen bedrückt. Als ich erzählt habe, was ich will und was ich machen werde – es war abends, nach dem Abendessen –, hat er nur mit saurem Gesicht zugehört und ist schlafen gegangen. Und dann, am nächsten Tag nach dem Frühstück, hat er mir gesagt, dass er ein gläubiger Mensch ist und deshalb auch ans Schicksal glaubt und daran, dass das mein Schicksal ist, und dass er hofft, dass es irgendwie für mich gut wird. Das habe ich sehr respektiert. Jetzt mag er Thomas wirklich gerne, sie haben eine gute Beziehung, aber ich habe gewusst, dass das für ihn nicht leicht war. Das war 1995.

Der deutsche Professor hat mir geholfen, hierher zu kommen. Er hat mir einen Referenzbrief geschrieben, und ich habe so mit seiner Unterstützung vom Afro-Asiatischen Institut ein Stipendium bekommen und dann Archäologie weiterstudiert. Das „Afro" war für mich in Wien wirklich eine sehr wichtige Station. Ich habe dort so viele Leute aus unterschiedlichen Ländern kennen gelernt, Stipendiaten und auch Mitarbeiter, wirklich tolle Menschen. Es war irgendwie eine geschützte Welt für uns alle, denke ich mir persönlich, wir haben überhaupt nichts gespürt von der Ausländerfeindlichkeit draußen. Ich hatte so viele Freunde, die dort gewohnt haben, und ich habe mich immer zu Hause gefühlt. Ich fühle immer noch ein bisschen so, ich gehe bis jetzt gerne ins Café. Ich freue mich, dass ich das Stipendium bekommen habe und so in diese Welt hineinrutschen konnte. Meine Multikulturalität hat so angefangen. Durch das Stipendium war eine bestimmte finanzielle Unterstützung da, das war total angenehm, und dann diese Offenheit. Ich war entweder im „Afro" oder in unserem Institut, und die Archäologen sind auch Leute, die in der Türkei oder in Ägypten bei Ausgrabungen arbeiten, und die sind auch offene Menschen, viele können Türkisch.

Und dann die Neugier auf andere Kulturen. Mein Mann – mein damaliger Freund – ist sowieso so ein reiselustiger Mensch, und wir haben angefangen, im Winter möglichst billige Flüge zu finden und zu reisen. 1993 – das war das erste Mal – war ich im Jemen. Wir waren zu viert und sind herumgereist, und das war sehr, sehr interessant. Ich wollte am Anfang gar nicht in den Jemen. Ich habe gedacht, ich weiß nicht, ob ich mir so ein islamisches Land antun möchte. Aber ich war dann wirklich begeistert. Und so haben wir das dann immer wiederholt im Winter. Es war so billig, damals hat zum Beispiel ein Ticket Wien-Djakarta genauso viel gekostet wie ein Flug Wien-Ankara. Die Zeit war einfach toll. Wir sind nach Indonesien geflogen – fünf Wochen sind wir dort geblieben. Es war auch sehr beeindruckend für mich, zum ersten Mal in Südostasien zu reisen – alles war neu. So gesehen – nach Wien zu kommen, hat für mich das Fenster zur Welt geöffnet. Ich denke mir, dass es eine gute Entscheidung war, dass ich gekommen bin.

Was sonst noch wichtig war? Ich habe mein Studium hier nochmals beendet, natürlich eine Sprache gelernt – und wie man bei uns sagt: Eine Sprache, ein Mensch. Ich habe hier eine total andere Denkweise und Mentalität kennen gelernt, das ist auch sehr wichtig. Am Anfang war die Passivierung durch die Sprache schwierig, obwohl ich Englisch konnte. Die Sonnenlosigkeit war für mich auch schwierig, also das Klima und die dadurch kommende Mentalität der Menschen. Das spielt eine große Rolle, glaube ich. Ich habe mir jetzt in den letzten Wochen, als es so heiß war, gedacht, wenn es ein halbes Jahr so wäre – vielleicht würden die Menschen dann ganz anders sein, sie würden sich anders bewegen, anders denken. Mit den Menschen habe ich am Anfang auch ein bisschen Probleme gehabt, mit der Art und Weise, wie sie denken. Aber ich glaube, teilweise bin ich jetzt selbst so geworden. Ich habe einige Sachen übernommen - die sind aber nicht unbedingt negativ. Ich habe also nicht Schwierigkeiten gehabt mit Dingen, die negativ sind, sondern die anders sind. Zum Beispiel ist es in unserer Gesellschaft so, dass jeder total freundlich ist, überfreundlich. Wenn du einen Gast hast, stellst du alles auf den Tisch und du insistierst tausend Mal, dass er das isst, und wenn er nein sagt, sagst du: „Bitte, iss!" Solche Spiele. Sie sind freundlich, im Grunde genommen, aber es gibt dann erwartete Übertreibungen, die unnötig sind, und das muss man mitmachen. Wenn du das nicht mitmachst, dann werden die Leute beleidigt. Da merke ich jetzt bei mir, dass ich mit meiner Familie oder mit Freunden anders geworden bin. Ich schlage etwas vor, was ich für sie tun kann, sie sagen: „Nein", und dann sage ich nichts mehr. Aber dann spüre ich da irgendetwas Feines – ein leises Unbehagen. Diese Beispiele kann man natürlich erweitern, und das macht schon eine bestimmte Mentalität aus. Mit solchen Sachen habe ich am Anfang Schwierigkeiten gehabt, auch mit meinem Mann. Ich habe immer gedacht, er mag mich nicht, oder er nimmt mich nicht ernst. Ich war sehr oft beleidigt von den Menschen. Ich nehme das jetzt nicht mehr persönlich und habe auch weniger Erwartungen. Ich finde, das ist sowieso gut, dass man die Erwartungen reduziert, wenn man glücklich oder glücklicher sein möchte.

Seit drei Jahren bin ich richtig angestellt im Institut für Numismatik und Geldgeschichte in einem Projekt über neuzeitliche Münzprägung. Das ist ein Halbtagsjob, für mich sehr angenehm – mein Dissertationsthema ist nämlich auch über Münzen. Davor habe ich auch in der Archäologie gearbeitet, aber per Werkvertrag. Bis November habe ich Mutterschutz. Ab 1. Jänner werden sie mich vielleicht als Mutter in dieses neue Projekt hinein nehmen. Ich habe damit Schwierigkeiten gehabt. Das hat mich ein bisschen enttäuscht – und mein Boss ist eine Frau. Sie hat gemeint, dass ich das nicht schaffe. Ich hatte eine andere Erwartung, ich habe gedacht, dass sie hinter mir stehen und mich unterstützen wird. Das hat sie nicht gemacht, ganz im Gegenteil. Sie hat mir immer die Schwierigkeiten, die negativen Seiten gezeigt. In diesem Monat oder im nächsten müssen sie einen neuen Antrag stellen - das ist ein Forschungsfondsprojekt – und ob sie mich hinein nehmen oder nicht, das weiß ich immer noch nicht. Es ist meine Hoffnung, dass ich dort weiterarbeite. Wenn nicht, werde ich etwas Anderes probieren – mit Werkvertrag kann ich in der Archäologie sowieso immer etwas finden. Aber ich möchte nicht wegen dem Kind zu Hause bleiben. Ich weiß nicht, ob ich diesbezüglich ein schlechtes Gewissen haben soll. Ich möchte nicht nur Mutter und Hausfrau werden. Ich möchte schon auch für mich etwas tun. Das war mir immer wichtig, und das wird sicher so bleiben.

Meine Erfolge? Habe ich Erfolge? Ich bin ein unzufriedener Mensch. Mit mir bin ich am wenigsten zufrieden. Aber im Ernst: Eigentlich bin ich zufrieden mit allem, was ich geschafft habe. Ich habe es zwar immer noch nicht geschafft, mein Doktorat fertig zu machen, das ist ärgerlich, aber sonst – also ich glaube, beruflich habe ich etwas geschafft. Ich habe einen netten Job, ich publiziere, und das macht mir Spaß. Wie ich mich sonst entwickelt habe, finde ich auch nicht schlecht. Mein Vater sagt immer, dass er mich bewundert, dass ich mir mein Leben in einem fremden Land aufgebaut habe, aber wenn man es selber macht, ist es wahrscheinlich nichts so Besonderes. Ich meine, natürlich, es ist nicht einfach. Wenn ich jetzt zum Beispiel daran denke, dass ich nach Frankreich gehe und dort lebe und die Sprache lerne und dann studiere, ein Leben dort aufbaue – das kommt mir wie ein Riesenberg vor.

➢ Sicher hat mein Leben in Wien meine Entwicklung als Frau beeinflusst. Ich habe in Wien angefangen - sowohl als Mensch, als auch als Frau – mich richtig zu finden. Also, so gesehen, ist dieses Jahrzehnt schon eine wichtige Zeit für mich gewesen. Erstens spielt da eine Rolle, dass ich älter geworden bin. Ich bin nicht mehr dreiundzwanzig oder vierundzwanzig wie zu dem Zeitpunkt, als ich gekommen bin. Ich habe mich selbst kennen gelernt – das ist natürlich ein Prozess, den jeder Mensch durchmacht. Andererseits habe ich die Freiheit als Frau hier sehr genossen. In Istanbul ist es heute schon möglich, in der Nacht als Frau unterwegs zu sein. Die Türkei hat sich da auch geändert, Istanbul vor allem, es ist offener geworden. Zum Beispiel gibt es eine Straße mit einem Kultur- und Einkaufszentrum, und als ich in Istanbul gelebt habe, war diese Gegend vor allem in der Nacht unbetretbar. Man hat nur so düstere Bars gehabt, wo sich unglaubliche Sachen abgespielt haben – kein Mensch hat sich damals hin getraut. Die Kinos haben nur Sexfilme gezeigt. Und jetzt zum Beispiel hat meine jüngere Cousine in diesem Viertel gewohnt, und dort gibt es jetzt so viele Lokale, und diese Straße ist bis vier Uhr total wach, und du kannst dich auch als Frau bis um vier Uhr bewegen, und angeblich passiert nichts. Aber das ist in Istanbul und in den großen Städten so, aber wenn man die Türkei ganz allgemein betrachtet, ist es natürlich nicht so einfach, als Frau in der Nacht ungestört auf der Straße unterwegs zu sein, und das habe ich in Wien dann sehr genossen – und das ist immer noch so. Du weißt, ich war so gerne tanzen, und um zwei oder drei Uhr bin ich meistens zu Fuß durch die Stadt nach Hause gegangen. Das hat mir ein Selbstsicherheitsgefühl gegeben – obwohl ich eine schlechte Erfahrung gemacht habe. Vor eineinhalb Jahren bin ich auf der Straße geschlagen worden. Das ist im Oktober oder Ende September passiert – auf jeden Fall kurz nach dem 11. September, wo die Medien die Leute so aufgehetzt haben. Nach einer Veranstaltung war ich mit einer Freundin und einem Freund so um neun Uhr am Abend unterwegs, und wir haben uns unterhalten, gelacht. Wir haben türkisch geredet, wir waren eine türkische Gruppe, und der Freund schaut wirklich arabisch aus. Und dann plötzlich habe ich einen Mann bemerkt, der ganz schnell auf uns zu gekommen ist – er hatte so eine komische, hektische Schnelligkeit, die hat mich irritiert. Ich war diejenige, die außen gegangen ist, und so im Vorbeigehen hat er mir ins Gesicht geschlagen, aber sehr kräftig. Bevor er mich geschlagen hat, hat er uns beschimpft und hat geschrien: „Genug mit euch, genug mit dem Terror!" Ich bin umgefallen, und meine Lippe war offen, hat geblutet – ich war danach im AKH. Der Freund, der dabei war, hat ihn gefasst. Der Mann wollte weglaufen, aber er hat ihn erwischt und gehalten, und dann haben wir die Polizei angerufen. Er hat über die Türken geschimpft, also er hat gewusst, dass wir Ausländer sind, Türken sind. Er war alkoholisiert, hatte keinen Ausweis, und die Polizisten haben gemeint, dass sie ihn kennen, und ihn frei gelassen. Und dann ist nichts mehr geschehen. Es hat keine Verhandlung vor Gericht gegeben, obwohl er insgesamt sieben oder acht Frauen auf der Straße geschlagen hat. Ich war total aufgeregt – ich meine, das gibt's doch nicht, dass dich jemand einfach auf der Straße schlägt, mit solchen Wörtern noch dazu. Da nichts mit ihm passiert ist, haben wir einen Freund, der Richter ist, gefragt. Der Freund hat gemeint, er muss einen Rapport von einem Mediziner haben, dass er geistig nicht in Ordnung ist. Aber ein Verrückter war er sicher nicht.

Ich war damals über zehn Jahre in Wien. Ich war natürlich irgendwie beleidigt. Was mich sehr, sehr irritiert ist erstens, das als Frau erlebt zu haben. Männer sind anders, wenn sie fünf sind, fangen sie an, miteinander zu kämpfen, und auch wenn sie älter sind, schlagen sie einander auf der Straße. Aber ich hatte bis dahin überhaupt keine körperliche Gewalt erlebt. Diesen Zorn und diese Gewalt körperlich zu erleben, hat mich ziemlich erschüttert, wirklich. Es war ein guter Schlag, mein Gesicht hat tagelang gebrannt. Man sieht's immer wieder, wenn man sich im Fernsehen Filme anschaut, Gewalt, Gewalt, alle schlagen einander und töten einander. Aber wenn man das selber erlebt, was das für ein Gefühl ist, das ist schrecklich. Böse war ich auf den Mann eigentlich nicht wirklich, böse war ich auf diese Stimmung machenden Medien, und böse war ich dann, oder enttäuscht war ich vom Gesetz, vom Rechtssystem, dass er überhaupt nicht bestraft wurde.

Ich habe einen Brief geschrieben – das hat mir sehr gut getan. Der „Standard" hat nicht einmal geantwortet. Der „Falter" hat mir gesagt, dass der Brief erscheinen wird. Ich habe den „Falter" gekauft, und das war auch eine Enttäuschung für mich. Ich habe ein kleines Photo von einer Türkin mit Kopftuch gefunden, und darunter stand: „Türkin wurde auf der Straße geschlagen." Und dann kam meine Geschichte. Ich weiß nicht, warum dieser Mensch sofort überzeugt war, dass ich eine Kopftuchträgerin bin. Das hat mich wirklich ziemlich sauer gemacht. Entweder hat er als Journalist gefunden, das macht mehr Sensation, oder er hat tatsächlich geglaubt, wenn eine Türkin auf der Straße geschlagen wird mit Wörtern wie: „Genug mit euch!", muss sie irgendwie etwas dabei haben, was den Islam zeigt. Ich habe jetzt ein bisschen Angst, am Anfang hatte ich das nicht. Nach acht Monaten hat es angefangen. Es hindert mich nicht daran, dass ich wieder in der Nacht hinausgehe und spät zurückkomme, aber wenn ich zum Beispiel auf der Straße einen Mann sehe, das irritiert mich, ich versuche, einen Umweg zu machen. Und ich träumte immer wieder von einer großen Hand, die ich auf dem Gesicht spüre, das ist ein Alptraum. Immer wieder habe ich so komische Träume gehabt.

Ich konnte hier sicher einerseits Dinge verwirklichen, die in der Türkei schwerer gewesen wären. Reisen wäre zum Beispiel von der Türkei aus sehr schwer gewesen, das ist mit Sicherheit von hier aus einfacher gegangen. Und auch mit einem Mann unverheiratet zu leben. Jetzt hat sich in der Türkei vieles geändert. Meine jüngere Cousine hat das gemacht, ich kenne viele Leute, die auch so leben. Es ist immer noch nicht einfach, aber es kommt jetzt vor, aber damals wäre es noch schwieriger gewesen. Von meinem Vater her gesehen wäre es für mich persönlich sehr schwierig gewesen, aber abgesehen davon war auch die Gesellschaft damals nicht so wie heute.

Ich muss andererseits ehrlich sagen, dass ich das zwar nicht eins zu eins erlebt habe, aber das Gefühl habe ich schon, dass es Bereiche gibt, in denen ich als Frau aus der Türkei hier benachteiligt bin. Ich weiß nicht, warum. Ich habe kein schlechtes Erlebnis diesbezüglich gehabt. Wie gesagt, ich war immer irgendwie in geschützten Räumen in Österreich, oder ich habe mich bemüht, mich in diesen Räumen zu bewegen. Was mir nicht gut getan hat in diesen zwölf oder dreizehn Jahren – ich bin ein bisschen passiviert, also ich fühle mich passiviert. In der Türkei bin ich anders. Obwohl ich die Sprache jetzt nicht schlecht kann, irgendwie fühle ich mich in der Türkei anders. Hier bin ich zurückgezogener, ein bisschen vorsichtiger, ich zeige nicht sofort eine Reaktion. Das kann ich zum Beispiel sagen. Vielleicht war das die Schwierigkeit mit der Sprache am Anfang, und das ist so geblieben. Vielleicht habe ich das Gefühl selber entwickelt, aber es kann nicht nur das sein.

Ob es in der Türkei Klischeevorstellungen von österreichischen oder westlichen Frauen gibt? Ich selbst hatte zwar keine Klischeebilder, aber ganz allgemein gibt es die in der Türkei sicher und zwar, dass westliche Frauen blond und irgendwie schön sind. Und dass sie auf jeden Fall in jeder Hinsicht lockerer sind als türkische Frauen – vor allem sexuell. Das ist zwar eher Männersicht, aber die Frauen übernehmen das vielleicht auch. Bei uns kannst du jeden Tag in jeder Zeitung – vor allem im Sommer – Photos von Annas und Sonjas sehen, und dann steht, dass sie in der Türkei sind, und dass sie so glücklich sind, weil sie türkische Männer so toll finden. Vor allem die türkischen Medien prägen also dieses Bild, und dadurch kriegt man solche Klischees oder blöde Gedanken.

Ich habe das Gefühl, dass die österreichische Gesellschaft von mir als türkischer Frau auch Klischeebilder hat, und abgesehen vom Gefühl weiß ich es. Manchmal sagen die Menschen ganz offen, dass sie auf eine bestimmte Art denken. Demnach ist die Türkei ein islamisches Land, und die Frauen, die in einer islamischen Gesellschaft leben, müssen unterdrückt sein. Entweder hört man das so direkt, oder man hat das Gefühl, dass die Leute so denken. Und ich bin darauf gekommen, dass sogar die Leute, die sehr offen sind, und du denkst, sie oder er kann nicht so denken – sie haben diese Gedanken leise schon, diese Klischeevorstellungen über Frauen. Es ist auch nicht ganz unrichtig, muss ich sagen. In traditionellen Gesellschaften gibt es immer Rollenverteilungen, und es hängt davon ab, wie man das sieht. Was gewinnen die Frauen dadurch und was verlieren sie – das muss man vergleichen. Darüber soll man nachdenken.

Ich glaube auch nicht, dass man als Frau hier nur Vorteile hat. Frauen haben hier natürlich viele Vorteile – dass sie in gewisser Hinsicht selbstständiger sein können. Wie man heute so schön sagt, sie sind hier emanzipiert. Aber dieser Vergleich ist eigentlich total schwierig. Wenn ich über mich selbst nachdenke, also wie ich mit meinem Mann bin, und wie ich in der Türkei mit meinem Vater bin, und wie ich mich benehme, und wie ich behandelt werde, das ist ganz unterschiedlich. Ich versuche für mich in meiner Beziehung selbstständig zu sein, frei zu sein, also, meine eigenen Entscheidungen zu treffen, eine emanzipierte Frau zu sein. Dadurch aber erlebe ich einige angenehme Sachen als Frau nicht mehr, da mein Mann denkt, dass ich das allein schaffe, oder dass sich das so gehört. Das wird nicht mehr in Frage gestellt. Mit meinem Vater ist das anders, oder mit Gökhan, einem türkischen Freund hier, ist es auch anders. Ein total einfaches Beispiel: Es ist spät in der Nacht, du möchtest nach Hause gehen, oder du möchtest hinausgehen. Mein Mann würde nie daran denken, dass er mich bis zu meiner Wohnung begleitet. Ich bin selbstständig, ich kann aufstehen, es gibt die U-Bahn oder Nachtbusse oder ein Taxi, also denkt er nicht darüber nach, wie ich nach Hause komme. In unserer Gesellschaft ist das undenkbar, dass eine Frau in der Nacht, noch dazu wenn sie Gast ist, einfach so vor die Tür gestellt wird. Sie wird begleitet. Ob das wichtig ist, ob das ein Gewinn oder ein Verlust ist, das ist natürlich die Frage. Das ist ein Beispiel, das wahrscheinlich nicht so oberflächlich und einfach ist, wenn man nachdenkt.

Ich finde auch, dass in den traditionellen Gesellschaften die Frauen weiblicher sind. Sie tragen ihre Weiblichkeit sehr selbstverständlich, während die Österreicherinnen – ich kenne nicht so viele westliche Gesellschaften, da muss ich wirklich Österreicherinnen sagen – mit dieser Weiblichkeit irgendwie nicht zurecht kommen, habe ich das Gefühl. Ich habe das auch von Männern gehört, sowohl von österreichischen, als auch von türkischen Männern, dass die Frauen, die vom Orient kommen, etwas anderes haben. Und ich glaube, es ist diese selbstverständliche Weiblichkeit.

➤ Was ich in der Türkei als Frau und als Mensch besonders liebe? Als Frau fühle ich mich in der Türkei nicht so wohl, das schätze ich nicht unbedingt, aber als Mensch fühle ich mich dort wohler. Ich ärgere mich zwar auch jedes Mal – vor allem in Istanbul. Ich habe mich geändert, auch die Leute dort sind kritisch, und für jemanden, der so lange im Ausland gelebt hat, ist es noch schlimmer, du siehst die Sachen noch kritischer. Aber trotzdem gibt es irgendetwas, was es hier nicht gibt. Das ist nicht die Sonne, das ist nicht das Meer – die gibt es hier zwar auch nicht –, aber es ist etwas Anderes. So eine bestimmte Art von – ich weiß nicht was, ein gewisses Etwas, eine Seele – das mag ich.

Und trotz der erwähnten Übertreibungen mag ich im Großen und Ganzen die Menschen, wie sie sind, und ich mag die runden Ecken in dieser Gesellschaft. Zum Beispiel, du fragst, ob etwas geht, und jeder sagt: „Warum soll das nicht gehen?" Und dann findet man wirklich irgendeinen Weg, das möglich zu machen. Das hat natürlich auch Nachteile für eine Gesellschaft, darunter leidet die Türkei vielleicht auch, aber trotzdem, es ist unkompliziert, das Leben und der Alltag. Man hat das Gefühl, dass das total chaotisch ist, aber irgendwie funktioniert es, und es gibt immer Möglichkeiten, wie man nach rechts und links schalten kann und trotzdem das Ziel erreicht. Das mag ich. Das war für mich zum Beispiel auch hier am Anfang schwierig zu kapieren, wenn jemand sagt: „Das geht nicht", geht es nicht. Ich habe immer gedacht, es muss irgendwie einen Weg geben, dass man das ermöglichen kann.

Tief innen habe ich mir diese Flexibilität irgendwo schon erhalten, sicherlich. Ich habe das Gefühl, dass ich mich auch ändere, je nachdem, wo ich lebe. In Österreich bin ich anders als in der Türkei. Wenn ich dort bin, erwarte ich zum Beispiel sofort mehr Flexibilität, und ich bin wahrscheinlich auch flexibler und hier umgekehrt. Das ist wirklich schwierig, wenn man in so unterschiedliche Gesellschaften kommt und lang im Ausland, in einer anderen Gesellschaft lebt – es ist so eine Zwischenlage. Ich rede darüber öfters mit meinen Freunden, sie sind auch der Meinung: Wir sind irgendwo, wir wissen nicht, wo wir wirklich sind, und wir ändern uns, je nachdem, wo wir sind. Ich bin mir auch sicher, dass ich einige Sachen mit mir mitnehme und dort integriere. Umgekehrt ist das sowieso sehr offensichtlich, zum Beispiel in unserer Zweierbeziehung. Thomas kann das besser sehen, was sich in unserem Leben oder was sich in seinem Leben durch mich geändert hat – familiär zu sein, gastfreundlich zu sein, offen und warm, solche Sachen. Ich konnte zum Beispiel jahrelang nicht verstehen, wenn ein Freund oder eine Freundin uns besuchen möchte, warum sie oder er uns von der Ecke anrufen soll. Ich mag, wenn die Leute einfach klopfen und da sind und mit uns essen und trinken. Ja, wahrscheinlich solche Flexibilitäten im Zusammenleben habe ich mir erhalten.

Natürlich habe ich einen Wunsch und eine Pflicht für die Zukunft. Ich möchte unbedingt mein Doktoratsstudium fertig machen. Ich muss meine Dissertation fertig schreiben. Was werde ich dadurch gewinnen? Eigentlich gar nichts. Das ist nur eine persönliche Sache. Ich habe das mal angefangen, eigentlich viel Energie und Zeit investiert, und ich möchte das unbedingt fertig machen. Und was ich noch fertig machen möchte, sind einige Publikationen, die ich vor mir habe. Ich habe Material übernommen, und das muss ich publizieren, das ist auch eine Verantwortung. Das sind Pläne für die sehr nahe Zukunft, die ich unbedingt machen möchte. Und sonst wollte ich immer Französisch lernen, mein Französisch verbessern will ich nicht sagen, ich möchte Französisch lernen. Wie ich das dann mit einem Baby schaffen werde, werden wir sehen.

Ich kann es nicht genau erklären, wie glücklich ich war, als ich die Paula bekommen habe

Gespräch mit
Bernadette Acas Subido
geb. 1966 in Manila/Philippinen, Sekretärin und Montessorilehrerin, lebt seit 1983 in Wien

Am wichtigsten für mich auf den Philippinen war meine Schulzeit. Ich bin in eine reine Mädchenschule gegangen und wir hatten Nonnen als Lehrerinnen. Sie waren streng, aber draußen, mit meinen Freundinnen, waren wir frei, haben wir alles unternommen. Meine Freundinnen waren für mich meine ganze Welt. Ich bin eigentlich bei meiner Tante aufgewachsen, sie hat mich aufgezogen. Sie hat selber vier Kinder, die waren schon groß, und ich hatte fast nie mit meinen Cousinen zu tun. Deswegen sage ich dir, die Schule, meine Freundinnen waren wichtig. Mit ihnen war ich glücklich. Und meine Biologielehrerin habe ich geliebt. Sie war mein Vorbild. Biologie war mein Lieblingsfach, und diese Lehrerin war in der Schule die Einzige, die nicht mit uns geschimpft hat. Sie war immer nett zu uns, und ich glaube, sie hat ihren Job geliebt.

Damals hat die philippinische Gesellschaft erwartet, dass die Frauen zu Hause bleiben und sich um die Kinder kümmern sollen – die meisten Familien hatten vier oder fünf Kinder –, und die Männer haben gearbeitet. Das war die Norm. In den letzten zwanzig Jahren hat sich natürlich viel geändert, und viele Frauen sind jetzt berufstätig. Bei uns war es aber ganz anders als in anderen Familien, weil meine Mutter immer reisen wollte. Sie ist das erste Mal weggegangen, als ich drei Jahre alt war. Sie war dann drei Jahre bei meiner Tante, ihrer Schwester, in Amerika. Meine Tante hat einen Kindergarten, und sie wollte mit meiner Mutter zusammen diesen Kindergarten führen. Mein Vater hat meine Mutter unterstützt und sie verstanden – sonst hätte er nicht akzeptiert, dass sie ins Ausland geht. Er ist mit uns alleine geblieben und hat sich um uns gekümmert. Ich habe zwei Brüder und eine Schwester. Ich bin die Jüngste in der Familie. Vor mir war ein Bruder, der jetzt in Amerika lebt. Er ist drei Jahre älter als ich. Dann kommt meine Schwester, sie ist sechs Jahre älter, und der Älteste ist acht Jahre älter als ich.

Ein Kindermädchen hat auf uns aufgepasst, weil mein Vater gearbeitet hat. Er war Röntgentechniker und davor Reservepilot bei der philippinischen Armee. In der Nacht ist das Kindermädchen nach Hause gegangen, und mein Vater ist gekommen. Sie hat auch die Hausarbeit gemacht, sonst hätte er das nie geschafft. Ich kann mich noch erinnern, er war der beste Vater. Als Kind war ich sehr oft krank, und er hat sich um mich gekümmert. Er war ganz müde von der Arbeit, aber er war immer bei mir. Es war sehr schwer für meinen Vater. Ich glaube, er hat darunter gelitten, dass meine Mutter weggegangen ist. Ich kann mich noch erinnern, er war immer traurig. Er hat uns nichts davon erzählt, vielleicht meinem ältesten Bruder und meiner Schwester, aber mir hat er nichts gesagt. Aber ich konnte in seinen Augen lesen. Als Kind kannst du eigentlich schon mehr verstehen, als die Erwachsenen denken. Dann war er krank, er hatte einen Herzinfarkt. Er war fünfundvierzig, als er gestorben ist, und es war ganz unerwartet. Ich war damals sechs Jahre alt.

Meine Mutter ist dann zu uns zurückgekommen und gleich wieder weggegangen. Sie hat einen Job in der Schweiz gefunden, und seitdem hat sie im Ausland gearbeitet. Sie hätte auf den Philippinen auch eine Arbeit finden können, aber weißt du, meine Mutter war Turnlehrerin und auch Tänzerin. Sie wollte immer Tanzlehrerin sein, aber sie hatte dazu auf den Philippinen keine Gelegenheit, und darum hat sie es im Ausland versucht. Zuerst in Spanien, aber es hat dort nicht geklappt und danach auch in Italien nicht. Dann hat sie in der Schweiz für den ehemaligen österreichischen Botschafter gearbeitet und danach war sie in Wien. Hier hat sie zuletzt in einem Spital gearbeitet, bis sie in Pension gegangen ist. Sie hat uns dann Geld geschickt, als sie im Ausland war – auch für die Schule. Ich bin in eine private Schule gegangen und meine Geschwister auch. Meine Schwester und ich waren in derselben Schule, und meine Brüder sind in private katholische Bubenschulen gegangen.

Ich habe dann ab sechs bei meiner Tante gewohnt. Das war für mich ganz traurig, weil ich immer mit meiner Mutter sein wollte. Meine Tante war nett zu mir, aber sehr streng. Sie war nicht meine Mutter, verstehst du? Sie hatte selber vier Kinder. Meine Schwester war auch bei meiner Tante, und mein jüngerer Bruder hat bei meinem Onkel – einem Priester – außerhalb Manilas gelebt. Wir haben aber regelmäßig Kontakt gehabt, weil er am Wochenende zu uns nach Manila gefahren ist. Mein älterer Bruder hat zuerst auch mit meiner Tante gewohnt, und dann ist er zu meiner Mutter nach Wien gekommen. Ich habe mit ihm eigentlich nur ganz kurz zusammengelebt. Aber meine Brüder haben mich immer beschützt. Und wenn ich in der Schule bei einer Aufgabe Schwierigkeiten hatte, hat mir mein ältester Bruder geholfen, solange er dort war – daran kann ich mich noch erinnern. Sonst hat mich niemand besonders gefördert.

Ich hatte schon bestimmte Vorstellungen davon, wie ich später leben möchte. Ich wusste, dass ich irgendwann einmal im Ausland lebe werde – wegen meiner Mutter, weil sie immer gereist ist. Ich wollte nicht reich werden, ein ganz einfaches Leben haben. Und ich habe mir auch gedacht, irgendwann einmal werde ich heiraten und Kinder haben. Eigentlich habe ich mir ein Leben vorgestellt, wie ich es jetzt habe. Bei uns auf den Philippinen ist aber auch das Studium sehr wichtig, das hat erste Priorität für die Leute. Und deswegen habe ich auch gedacht, dass es für Frauen wichtig ist, eine gute Ausbildung zu haben, zu arbeiten, nicht nur zu Hause zu bleiben und sich um das Kind zu kümmern. Das ist wichtig für das Selbstwertgefühl.

➤ Mein ältester Bruder ist zuerst nach Österreich gekommen. 1981 wurde meine Schwester nachgeholt, und zuletzt, 1983, sind dann ich und mein jüngerer Bruder zusammen nach Wien geflogen. Meine Mutter war schon seit 1975 oder 1976 hier. Bevor sie uns alle geholt hat, wollte sie, dass ihr Aufenthalt in Österreich stabil ist, und dass sie einen richtigen Job hat.

Ich bin mit sechzehn hierher gekommen, als ich mit meiner Schule fertig war. Ich habe keine Vorstellung gehabt, wie ich hier leben werde, weil das die erste Erfahrung für mich ist, in einem anderen Land zu leben. Aber nach zwei, drei Jahren hier in Österreich habe ich mir gedacht, es ist schwer, eine Frau zu sein. Nicht nur wegen der Arbeit, sondern weil die Frauen in der Gesellschaft keine Priorität haben.

Ich, meine Schwester und mein Bruder, wir haben dann zusammen in einer Wohnung gewohnt. Meine Mutter hatte einen Partner und sie hat mit ihm gelebt. Er war Österreicher und ist vor drei Jahren gestorben. Meine Mutter wollte nicht, dass wir alle zusammen mit ihm in einer Wohnung bleiben. Am Anfang war das für mich schwer, weil ich mir gesagt habe: Mein Gott, ich habe meine Mutter so viele Jahre lang nicht gesehen. Aber irgendwie konnte ich sie auch verstehen. Ihr Partner konnte sich das nicht vorstellen, auf einmal zusammen mit drei Kindern in einer Wohnung zu sein, verstehst du? Ich habe mich von ihm distanziert. Er war nett, aber irgendwie habe ich gefühlt, er hat nicht verstanden, wieso meine Mutter so viele Kinder hat.

➤ Ich habe zuerst wirklich eine harte Zeit gehabt. Ich konnte die Sprache nicht, ich war total hilflos und frustriert. Ich habe dann zuerst einmal Deutsch gelernt – das war wirklich wichtig für mich. Ich habe nur die ersten beiden Deutschkurse auf der Uni gemacht. Wir waren dort alle Ausländer, und wir haben englisch oder französisch miteinander gesprochen. Ich selbst habe vom Kindergarten an englisch gesprochen. Ich habe mir gedacht: „Nein, das geht nicht. Ich muss mit jemandem deutsch reden." Und dann habe ich angefangen, mich zum Beispiel mit den alten Leuten im Park zu unterhalten. Ich habe mir gesagt, es ist mir egal, ob ich Fehler mache oder nicht, ich möchte die Sprache lernen.

Ich war zuerst nicht sicher, was ich machen wollte. Meine Mutter hat zu mir gesagt: „Es ist egal, was du machst, aber mach irgendwas. Später, wenn du selbstständig bist, dann kannst du weiterlernen, was du wirklich willst." Ich habe mich dann für die Commercial School entschieden, das ist eine internationale Handelsschule. Sie hat zwei Jahre gedauert, und meine Mutter hat dafür bezahlt. Der Unterricht war auf Englisch, und ich habe auch sehr viele Leute aus verschiedenen Ländern kennen gelernt. Ich war das erste Mal in so einem multikulturellen Umfeld, und das ist für mich so eine gute Erfahrung gewesen! Und dann habe ich in der UNO einen Job als Temporary Assistant gekriegt. Für mich war das der Anfangspunkt meines Lebens, weil ich mein erstes eigenes Gehalt hatte. Da habe ich gedacht: Jetzt bin ich richtig erwachsen. Ich habe dann mit einer Freundin zusammengewohnt, und wir haben die Miete geteilt. Danach habe ich einen Job bei der OPEC bekommen, und dann habe ich zwei Jahre in der indonesischen Botschaft gearbeitet.

1989 habe ich meinen Mann Larry kennen gelernt. Ich war in einer philippinischen Gruppe, und wir haben „Jesus Christ Superstar" aufgeführt. Ich war die Maria Magdalena, und Larry war Herodes. Nach drei Jahren haben wir geheiratet, und dann wurde unsere Tochter geboren. Ich kann es nicht genau erklären, wie glücklich ich war, als ich die Paula bekommen habe. Eines kann ich dir sagen: Das, was ich in meiner Kindheit erlebt habe, würde ich nie meiner Tochter antun. Das habe ich ihr auch gesagt – ich möchte nicht, dass sie meine Kindheit erfährt. Ich war traurig, weil meine Mutter weg war, und ich möchte immer mit meiner Tochter sein, egal was passiert. Für mich ist das Wichtigste, dass unsere Beziehung intakt ist. Ich habe sie nie allein gelassen, wir reisen auch zusammen. Das ist meine Philosophie, weil ich das so vermisst habe. Meine Mutter hatte ihre Gründe, warum sie die Philippinen verlassen hat, aber deswegen haben wir keine richtige Beziehung zu ihr aufgebaut. Aber was soll ich sagen, es ist jetzt schon lange her, und ich versuche, alles hinter mir zu lassen, zu vergessen. Es ist manchmal schwer, zu vergessen, aber meine Philosophie ist, das Leben ist so kurz, verstehst du, und ich möchte den Rest von meinem Leben glücklich sein, weil ich als Kind nicht glücklich war. Und ich versuche, den Rest meines Lebens und auch Paulas Leben schön und positiv zu machen. Es hat keinen Sinn, wenn du über dein vergangenes Leben bitter bist. Andere Menschen haben früher schlechte Erfahrungen gehabt, und die sind immer noch böse und sehr negativ. Ich glaube, das ist nicht richtig. Ich habe eine andere Sicht auf das Leben: Die Vergangenheit ist vergangen, obwohl sie immer noch da tief im Herzen begraben ist. Ich habe eigentlich begonnen, das so zu sehen, als ich meine Tochter bekommen habe. Weißt du, was komisch ist, jetzt versteht die Paula alles, und ich habe ihr von meinem Leben erzählt, wie ich klein war. Weißt du, sie hat geweint! Und sie hat mir gesagt: „Wirklich, Mama, das hast du erlebt? Oh, ich bin das glücklichste Kind, weil ich alles bekomme – also vor allem Liebe."

Manchmal habe ich ein schlechtes Gewissen, weil ich unter der Woche nicht so viel Zeit für sie habe. Es ist so schwer, weil ich Vollzeit arbeite. Ich komme erst zwischen 17.30 und 18 Uhr nach Hause und habe dann nur noch zwei Stunden am Abend mit ihr. Aber am Wochenende sind wir immer zusammen.

Ich wollte dann beruflich etwas verändern. Irgendwann hat mir die Arbeit in der indonesischen Botschaft nicht mehr gefallen, aber ich habe gedacht, ich kann jetzt nicht meinen Job aufgeben, ich habe meine Verantwortungen, ich habe ein Kind. Und ich habe mir gesagt, ich arbeite weiter, aber vielleicht mache ich einen Kurs. Ich habe mich dann für Kinderentwicklung interessiert und zufällig ein Buch über Montessoripädagogik gelesen. Das hat mich so fasziniert, dass ich mit einem Fernkurs als Montessorilehrerin begonnen habe, und den habe ich nach drei Jahren abgeschlossen.

Die Montessori-Pädagogik hat meine Meinung über Kindererziehung geändert, und ich verwende sie zu Hause mit Paula. Die Montessori-Philosophie ist: „Folge dem Kind." Wenn ich mit Paula rede, hat sie ja ihre eigene Meinung, und wenn ich finde, das ist nicht richtig, erkläre ich meine Meinung, aber ich höre auch zu. Das ist eine zweiseitige Beziehung, nicht einseitig. Es funktioniert, wenn ich nicht nur meine Meinung durchsetze. Weißt du, auf den Philippinen wird die Disziplin mit Schlagen durchgesetzt. Die Kinder haben kein Recht, ihre Meinung zu sagen. Ich wurde als Kind von meiner Tante und von meiner Mutter geschlagen. Daran kann ich mich bis jetzt erinnern, und das hat einen Fleck in meiner Seele hinterlassen, verstehst du, das ist so zerstörerisch. Und das ist noch immer hier im Gehirn, das wurde nicht gelöscht.

Und dann habe ich mir auch gedacht, der Kurs alleine ist nicht genug, ich muss mit Kindern arbeiten. Ich habe zwei Jahre in einem Montessori-Kindergarten unterrichtet und seit drei Jahren arbeite ich jetzt als Sekretärin an einer amerikanischen Schule. Meine Hauptaufgabe ist es, den Kindern zu helfen. Ich bin dort sehr glücklich. Ich arbeite in einer multikulturellen Umgebung, und die Leute sind freundlich. Wir verstehen uns ganz gut, weil wir dort fast alle Ausländer sind. Ich fühle mich dort auch nicht benachteiligt gegenüber österreichischen Frauen. Ich glaube, ich habe die gleichen Möglichkeiten als asiatische Frau. Natürlich, wenn du keine Ausbildung hast, hast du es schwer – egal ob du eine Filipina oder Chinesin oder Amerikanerin bist. Aber wenn man eine richtige Ausbildung hat, dann gibt es eine Chance. Ich habe mich als Filipina in Österreich beruflich nie benachteiligt gefühlt.

Meine Erfolge? Ich bin zum Beispiel stolz darauf, dass ich eine kleine Tochter habe, das ist vor allem am wichtigsten für mich. Abgesehen davon ist es ein Erfolg für mich, dass ich hier die österreichische Kultur und auch andere Kulturen kennen gelernt habe, und dass ich auch die Gelegenheit gehabt habe, dass ich andere Länder sehe. Viele Filipinos haben keine Chance, eine andere Kultur kennen zu lernen, weißt du. Deswegen bin ich auch dankbar, sehr dankbar dafür, dass ich solche Erfahrungen gemacht habe. Ich glaube, wenn ich auf den Philippinen geblieben wäre, hätte ich nie so viele Erlebnisse mit Leuten aus verschiedenen Nationalitäten gehabt.

▶ Meine Entwicklung als Frau ist sehr von der österreichischen Gesellschaft beeinflusst. Obwohl ich die philippinischen Werte und die Mentalität noch immer bei mir im Herzen habe, ist es jetzt schwer für mich, wenn ich auf die Philippinen zurückkehre, mit meiner eigenen Kultur und mit meinen Landsleuten zu leben. Früher, ich kann mich noch erinnern, wenn ich einen Termin hatte, bin ich eine Stunde später gekommen. Aber jetzt, wenn du mir sagst, du kommst um elf Uhr, dann komme ich um elf Uhr. Meine Vorstellungen sind jetzt anders, meine Gedanken. Weißt du, manchmal frage ich mich, ob ich eine Identitätskrise habe, weil außen bin ich eine Filipina, aber ich denke nicht mehr wie eine Filipina, verstehst du? Ich denke jetzt wie eine Europäerin. Es ist irgendwie schade. Ich bin keine Europäerin, ich bin keine Österreicherin, obwohl ich die österreichische Staatsbürgerschaft habe. Ich wünschte, ich denke noch wie eine Filipina, aber ich glaube, ich kann nicht mehr wie meine eigenen Leute denken. Manche von ihnen haben zum Beispiel immer noch diese Vorstellung, dass die Frauen zu Hause bleiben sollen, dass sie nur für die Kinder da sein sollen. Für mich sind Selbstständigkeit und Berufstätigkeit ganz selbstverständlich geworden. Ich bin froh über meine Unabhängigkeit, und ich glaube, wenn ich auf den Philippinen geblieben wäre, hätte ich vielleicht meine Selbstständigkeit als Frau nicht gekriegt. Es ist auch kein Geheimnis, dass die meisten Filipinos Machos sind. Ich spreche nicht über alle asiatischen Männer, sondern über die Filipinos, und das basiert auf meiner persönlichen Erfahrung.

Ich glaube aber, dass Filipinas auch bestimmte Vorteile gegenüber österreichischen Frauen haben. Bei uns in der Familie, wir helfen einander – zum Beispiel finanziell. Wenn man in einer schwierigen Situation ist, kümmern wir uns um die anderen Familienmitglieder, und ich glaube, dass das hier in Österreich den Frauen fehlt. Natürlich, die helfen einander auch, aber nicht so intensiv wie in unserer Kultur. Es gibt hier zum Beispiel viele philippinische Frauen, die Vollzeit beschäftigt sind, und die kleine Kinder haben, und die nicht zu Hause bleiben können, weil sie Geld verdienen müssen. Und meistens kommen dann entweder die Mutter oder die Schwester oder die Cousine hierher, um auf die Kinder aufzupassen. In Österreich gibt es das ganz selten, dass zum Beispiel eine Frau, die ein Baby hat, arbeitet, und ihre Schwester passt die ganze Zeit auf das Kind auf. Ich habe das noch nicht erlebt. Wie kann ich das erklären? Auf den Philippinen opfern wir mehr für die anderen Familienmitglieder, aber hier nicht. Ich weiß nicht, ob ich Recht habe, aber ich glaube, dass das hier ganz selten passiert.

Ob es bei uns Klischeebilder von europäischen Frauen gibt? Die philippinischen Männer – ich kann das eigentlich nicht nur von den Filipinos sagen, sondern im Allgemeinen ist das so in Asien – schauen zu einer weißen Frau auf. Aber Europäer oder Amerikaner haben eine andere Meinung über asiatische Frauen. Negative Klischees über westliche Frauen gibt es bei uns nicht, weil wir sehr von den Amerikanern beeinflusst sind. Wenn die Filipinos eine blonde Frau mit blauen Augen auf der Straße sehen, ist die erste Reaktion: „Wow – Hollywood Superstar!" So billig, verstehst du. Es ist aber nicht negativ. Und ich – bevor ich hergekommen bin, habe ich gedacht, dass alle österreichischen Frauen freundlich sind, und dass sie alle englisch sprechen. Ich habe eine Geschichte gelesen über Österreicher, nicht nur über Frauen, und darin stand das und auch, dass sie sehr religiös sind. Da habe ich mich ganz beruhigt gefühlt, dass ich in ein katholisches Land auswandern werde, denn ich war sehr katholisch. Die Philippinen sind das einzige katholische Land in Asien, und für mich hat die Religion auch eine wichtige Rolle gespielt. Ich bin jeden Mittwoch und jeden Sonntag in die Kirche gegangen, und ich habe den Rosenkranz gebetet. Die Nonnen in der Schule waren sehr fanatisch, und sie hatten keine Toleranz für eine andere Religion oder einen anderen Glauben. Wir haben zehn Prozent Moslems auf den Philippinen im Süden, und ich kann mich noch erinnern, eine Nonne hat gesagt, dass die Moslems die schlechtesten Menschen sind. Als Kind habe ich das geglaubt. Jetzt denke ich mir, es ist eigentlich egal, ob jemand katholisch oder moslemisch oder hinduistisch oder buddhistisch ist – wir sind alle die gleichen Frauen, die gleichen Menschen. Ich bin sehr dankbar dafür, dass ich jetzt eine offene Meinung habe. Das hat sich durch meine Freunde entwickelt. Zum Beispiel meine Kollegin im Büro, sie kommt aus der Türkei und sie ist Moslemin. Ich finde sie sehr nett, und sie ist so tolerant. Jetzt ist es für mich nur wichtig, dass die Person menschlich ist – egal was sie glaubt. Das vermittle ich auch meiner Tochter so. Sie hat mich über Religionen gefragt, den Islam zum Beispiel. Sie hat gesagt: „Die Naeemeh kommt aus der Türkei. Sie geht nicht in die Kirche und sie kommt jeden Mittwoch immer später, weil sie keinen Religionsunterricht hat." Und dann haben wir über Religion gesprochen. Ich habe gesagt, es macht keinen großen Unterschied, woran man glaubt, ob man katholisch oder moslemisch ist.

In Österreich erlebe ich immer wieder Klischeevorstellungen über asiatische Frauen. Die Leute hier denken sicher, dass ich schwächer bin, aber nicht nur, weil ich Asiatin bin, sondern weil ich eine Frau bin. Und sie denken auch, dass alle Filipinas nur im Haushalt arbeiten, oder dass alle Asiatinnen Prostituierte sind. Über die thailändischen Frauen habe ich das sehr oft gehört, besonders von Männern. Mich sieht man automatisch auch so, und das macht mich manchmal fertig. Ich war zum Beispiel mit einer Freundin in einer Bar in der Stadt, und wir haben Wein getrunken. Und dann ist ein gut aussehender Mann – der war nicht so ein primitiver Typ, aber er war schon betrunken - zu uns gekommen, und er hat auf Englisch gefragt: „Arbeitet ihr zwei als Tänzerinnen in einer Bar? Kommt ihr aus Thailand?" Meine Freundin hat zu ihm gesagt: „Lassen Sie uns in Ruhe." Und ich habe zu ihr in unserer Sprache gesagt: „Ignorier es. Das ist besser." Oder die kommen einfach und fragen: „Woher kommen Sie? Aus Thailand?" Und Thailand bedeutet nur eines. Wenn ich in so einer Konfrontation bin, gehe ich einfach weg. Ich habe keine Lust, mit solchen Leuten zu diskutieren, weil die so enge Vorstellungen, so einen begrenzten Horizont haben. Unser Nachbar hat einen Freund, der mehrmals auf den Philippinen war, und der hat zu mir gesagt: „Auf den Philippinen kann man alles kaufen, nein, in Asien kann man alles kaufen, sogar Frauen." Meine erste Reaktion ist natürlich defensiv: Das ist ja nicht wahr! Aber ich habe nicht geantwortet. Ich ignoriere das, weil ich meinen Tag nicht kaputt machen möchte. Aber es tut weh. Es tut noch immer weh, wenn jemand zu mir etwas Negatives über Asiaten sagt – nicht nur über Filipinos. Zum Beispiel jetzt wegen SARS – sie glauben, alle Asiaten haben SARS. Oder jemand hat zu mir gesagt: „Die Philippinen sind nur eine große Müllhalde." Weil die Medien übertreiben und nur die schlimmste Seite zeigen, denken die Leute, das ist alles, was wir haben. Manchmal stört mich das. Aber ich denke mir auch immer, ich verstehe es, diese Leute haben nur in Österreich gelebt und keine Erfahrungen woanders gemacht. Und nicht alle denken so. Es gibt auch viele Österreicher, die etwas Positives über unser Land sagen. Die alten Leute, die lächeln, wenn ich sage, dass ich aus den Philippinen komme: „Ah, mein Sohn war im Spital, und Filipinos haben ihn betreut, nette Leute!"

Am Anfang haben mich alle angestarrt, nach dem Motto: „Was macht diese Asiatin da bei uns?" Vor zwanzig Jahren hat es noch nicht so viel Asiaten in Wien gegeben. Jetzt ist das normal geworden. Ich habe mir damals gedacht: Wieso schauen mich alle Leute an? Aber vor zwanzig Jahren habe ich nicht erlebt, dass die Leute in der Straßenbahn geschimpft haben. Sie haben mich angeschaut, aber sie haben nicht gesagt: „Ausländer raus!" Das macht mir wirklich Angst, auch für meine Tochter. Aber bis jetzt ist nichts passiert. Ich passe auf, ich versuche zum Beispiel einen Streit oder eine Diskussion mit einem Betrunkenen zu vermeiden, denn das erste Wort, das sie sagen, ist: „Ausländer!" Und wenn jemand in der Straßenbahn oder in der U-Bahn eine Bemerkung macht, versuche ich, nichts zu sagen. Einmal bin ich in den Autobus eingestiegen und ich war ganz hinten. Dann ist eine Lehrerin mit einer Klasse gekommen. Vorne waren alle Plätze besetzt, und die Lehrerin hat zu einem Mädchen gesagt: „Du kannst dich dort hinten hinsetzen." Und sie hat geantwortet: „Ich möchte nicht neben einer Ausländerin sitzen." Ich habe das ignoriert. Mein erster Gedanke war: Sie ist nur ein Kind, und sie hat das vielleicht von ihren Eltern übernommen. Es ist nicht ihre Schuld, dass sie so denkt.

▶ Auf den Philippinen schätze ich das Essen ganz besonders. Die Früchte, die tropischen Früchte, das habe ich immer vermisst. Oder eine große Fiesta in einem Stadtviertel, wo alle auf der Straße tanzen. Das gibt's hier nicht. Oder zum Beispiel ein Dorffest, wo alle irgendetwas mitbringen und gemeinsam mit Musik feiern. Das habe ich auch vermisst. Und die Inseln, die schönen Strände. Menschliches vermisse ich von dort nicht. Es ist so schwer, ich bin keine typische Filipina mehr. Vielleicht ist das so, weil ich von meinem Land so lange weg bin – seit zwanzig Jahren. Und ich habe es verlassen, als ich erst sechzehn war. Und was wusste ich damals vom Leben? Ich war seit 1983 auch nur ein einziges Mal auf den Philippinen. Ich persönlich kann an keinen Aspekt von dort denken, den ich hier integrieren kann.

Meine Wünsche? Ich wünsche mir, dass meine Tochter glücklich und zufrieden mit ihrem Leben ist, wie ich. Dass sie erfolgreich ist mit dem, was sie sich vornimmt, und glücklich. Mein zweiter Wunsch ist, dass endlich Frieden auf der Welt ist. Ich hoffe, es gibt keinen Krieg mehr wie zwischen den USA und dem Irak.

Ich war immer gleichzeitig für viele Sachen engagiert

Gespräch mit
Chunah Urban-Chao
geb. 1953 in Chengdu/China, Restaurantbesitzerin, Dolmetscherin und Pianistin, lebt seit 1972 in Wien

Ich wurde in der Heimatstadt meiner Mutter, in Chengdu, der Hauptstadt von Sichuan geboren. Mein Onkel hat dort ein Spital geleitet. Durch diese Verbindung bin ich auch zu dem Namen meines Restaurants gekommen – Sichuan. Ich bin aber gleich nach der Geburt nach Hongkong gebracht worden, und dort habe ich die ersten neunzehn Jahre verbracht. Natürlich ist die Kindheit das Wichtigste im ganzen Leben. Meine Kindheit war sehr warm, ich habe viel Liebe von der Familie bekommen. Ich wurde aber auch durch die politischen Ereignisse in Hongkong – anders als viele gleichaltrige Mädchen – stark geprägt. Wenn ich meine Entwicklung beobachte und zu den Wurzeln zurückverfolge, dann kann ich sagen, meine Kindheit und Jugend in Hongkong waren sehr wichtig für meine spätere Entwicklung in Wien.

Ich bin '53 geboren, und bereits in den 50er Jahren hat es in Hongkong – es war damals britische Kronkolonie – politische Unruhen gegeben. Mit drei bin ich daher von meiner Mutter wegen der unsicheren Lage zu entfernten Verwandten gebracht worden. Ich wurde dort alleine versteckt. Meine Mutter – sie selber war hochschwanger – ist mit meinem älteren Bruder zu einer Freundin geflüchtet. Diese Szenen sind meine ersten, noch dunklen Erinnerungen. Mein Leben hat also so begonnen. Meine Eltern waren beide Journalisten. Sie haben für eine Zeitung geschrieben, die für China sprach, und China war in diesen Zeiten der größte Feind Hongkongs. Denn damals herrschte Kalter Krieg, und Hongkong war eine sich entwickelnde Großstadt nahe der Grenze, die die chinesische Volksarmee nicht erobern – beziehungsweise je nach Sichtweise – nicht befreien hatte können.

Dann kamen die 60er Jahre. Auch in diesem Jahrzehnt hat es starke Unruhen in Hongkong gegeben – und daran war ich selber beteiligt. 1967 war ich mit dreizehn Jahren die jüngste politische Gefangene und über sieben Monate lang in britischer Isolationshaft. Weil ich so jung war, haben auch die Zeitungen über mich geschrieben. Ich hatte dafür gekämpft, wofür sich auch meine Eltern eingesetzt haben – für die Freiheit von Hongkong. Ich betrachte solche Erlebnisse aber heute nicht nur als die negative Seite meines Lebens – sie haben mir auch viel gebracht. Ich habe zum Beispiel nähen gelernt und hatte noch Jahre später freundschaftliche Kontakte zu meinen Mitgefangenen. Sie haben mir eine bis dahin völlig unbekannte Seite des Lebens in Hongkong gezeigt, nämlich Armut und den Kampf ums tägliche Überleben. Spätfolgen der Haft, wie zum Beispiel Probleme mit dem Magen, habe ich noch viele Jahre lang gespürt.

Die Zeit nach der Haft war eigentlich die entscheidende Prägung für mich. Ich bin mit vierzehn aus dem Gefängnis entlassen worden und habe dann nicht mehr zu Hause gewohnt, sondern im Internat der Schule. Die Schule war pro-kommunistisch – es gab damals in Hongkong nur wenige solcher Schulen –, und ich war an der Spitze der Schülerschaft. Ich war politisch tätig, sehr selbstständig. Das war für viele chinesische Frauen und auch meine Mitschülerinnen nicht so selbstverständlich. Damals waren in der politischen Bewegung viel mehr Männer als Frauen. Ich war immer gemeinsam mit anderen Schulkollegen aktiv, immer unterwegs. Durch den Beruf meiner Eltern hat mich das politische Geschehen in der Welt auch sehr fasziniert. Ich habe in der Schule soziale Aufgaben übernommen, auf meine Initiative hin haben wir die ärmsten Leute in Hongkong besucht, und ich habe auch Veranstaltungen organisiert, um Geld für sie zu sammeln. Das hat mein Leben sehr geprägt. Daneben habe ich auch weiter Klavier gespielt – damit hatte ich schon mit sieben angefangen – und einige Wettbewerbe in Hongkong gewonnen. Ich war immer gleichzeitig für viele Sachen engagiert. Ich glaube, deswegen bin ich heute noch so aktiv.

Meine Eltern waren auch beide immer sehr beschäftigt. Mein Vater hat mit dreißig Japanisch und mit vierzig noch Französisch gelernt. Meine Mutter war genauso engagiert. Sie war beim Chor und sie hatte viele Projekte, aber obwohl sie selten zu Hause war, hat sie sich auch sehr um uns gekümmert. Meine Eltern waren so fleißig, sie haben immer Kurse besucht – das hat mich auch geprägt. Deswegen ist es für mich noch heute ein Hobby, einen Kurs zu machen, eine Prüfung abzulegen – durch die Eltern, alles durch die Eltern. Meine Erinnerungen an die Kindheit und an die Jugend sind insgesamt sehr schön. Ich habe nichts vermisst; ein schönes Leben gehabt.

➤ Ich weiß nicht, wie damals ganz allgemein die Rollenvorstellung von einer Frau in Hongkong war. Ich habe durch die Schule und den Freundes- und Kollegenkreis meiner Eltern vor allem Linke getroffen. Ich war wie gesagt sozial engagiert, und ich habe daher gesehen, dass die Frauen in der Unterschicht sehr stark waren. Sie mussten arbeiten, die Familie ernähren, Stärke zeigen. Viele haben neben ihrer Arbeit noch Heimarbeiten von Fabriken übernommen – zum Beispiel Plastikblumen oder Kokosschalen zusammengesetzt. Einmal in der Woche haben sie die fertigen Produkte wieder zur Fabrik zurückgebracht, und das wurde dann nach Einheit bezahlt. Krankenstände oder Urlaub waren für sie unbekannt. Daneben haben sie auch noch ihren Haushalt geführt, die Kinder und die Alten versorgt. Auch Frauen aus reicheren Familien haben gearbeitet – in meiner Kindheit war es schon selbstverständlich, dass Frauen arbeiten. Man hat es einer Frau zwar nicht vorgeworfen, wenn sie nicht arbeiten wollte und sich in erster Linie um den Haushalt und die Kindererziehung gekümmert hat, aber es hat wenige solcher Frauen gegeben. Hongkong war bereits damals eine sehr kapitalistische Stadt, und daher hatten auch fast alle Frauen immer eine Arbeit nebenbei.

Ich selbst wurde von meinen Eltern dahin erzogen, selbstständig irgendetwas zu machen. Ich sollte eine junge Frau mit eigenem Denken werden und meine eigenen Ziele verfolgen. Im Mittelpunkt stand immer: „Du sollst selbstständig etwas machen, ohne auf deinen Mann zu warten." Das hat mich – bis heute – sehr, sehr stark geprägt. Meine Eltern vertraten aber auch eine konventionelle Philosophie. Zum Beispiel hat meine Mutter immer forciert: „Du musst bei deinem Mann bleiben, egal welche Probleme du bekommst. Ihr dürft nicht auseinander gehen."

Ich kann mich nicht erinnern, dass ich zu Hause im Haushalt irgendetwas helfen musste. Meine Mutter hat mich immer von der

Haushaltsarbeit befreit. Sie hat gemeint, die Frauen müssen das später sowieso machen. In der Kindheit konnte ich mich daher nur auf die Schule konzentrieren, und dann konnte ich hingehen, wohin ich wollte. Aber meine zwei Brüder mussten im Haushalt helfen – sie mussten zum Beispiel den Kühlschrank putzen, den Boden kehren, Geschirr abwaschen. Wir hatten, als wir klein waren, eine Köchin und ein Kindermädchen und später, als wir schon in der Pubertät waren, nur mehr eine Köchin. Und dann mussten die Brüder viele Arbeiten übernehmen. Ich glaube zwar nicht, dass mich irgendjemand besonders gefördert hat, aber meine Mutter hat mich wirklich bevorzugt behandelt. Wenn ich zurückblicke, war das schon der Fall. Sie hat mich auch zuerst ins Ausland geschickt – ohne auf ein Stipendium zu warten. Mein Bruder hat auf ein Stipendium warten müssen, ich nicht.

Klassische Rollenbilder habe ich erst in Wien kennen gelernt. Ich war hier am Anfang eine Zeit lang bei einer religiösen Sekte, weil ich eine seelische Stütze gesucht habe. Ich habe aber bald bemerkt, dass sie dort die Frauen benachteiligen oder auslachen – das war für mich total fremd. Zum Beispiel haben sie gesagt, es ist nicht normal, dass Männer ihre Hemden selber bügeln müssen. Für mich war das damals, Anfang der 70er Jahre, ganz normal. „Heute habe ich ein Hemd gebügelt", hat ein Mann erzählt, und das war ein großes Theater. Für mich war das ein Schock. Ein anderes Mal hat ein Mann erzählt, er ist mit dem Kinderwagen im Stadtpark spazieren gegangen, und das war nicht normal und selbstverständlich – jeder hat ihn angeschaut. Das war für mich auch ein Schock. In Hongkong hat es erstens nicht so viele Kinderwagen gegeben – chinesische Frauen und Männer tragen das Baby meistens am Körper, um ihm so Wärme und Geborgenheit zu geben. Und zweitens, dass es so eine Rollenverteilung gibt – dass ein Mann diese Arbeit nicht machen soll, sondern eine Frau, das war für mich ein doppelter Schock. Über so viele Kleinigkeiten war ich fassungslos. Ich passe überhaupt nicht hierher, habe ich gedacht. Die Leute von dieser Sekte haben mich auch ausgelacht, weil ich nicht kochen konnte, und damit in ihren Augen keine Ahnung vom Leben hatte. Für mich war das normal, weil ich mich nie damit beschäftigt habe, und weil das nicht von mir verlangt worden ist.

Meine Mutter war – ich glaube auch für die chinesische Gesellschaft – eine Ausnahme. Schon ihre Mutter, meine Großmutter, war eine der ersten Universitätsabsolventinnen in China. Das war Anfang des 20. Jahrhunderts, und das hat meine Mutter sicherlich sehr geprägt – auch sie wurde bereits in Richtung Selbstständigkeit erzogen. Sie hat dann Landwirtschaft studiert, ein für Frauen ganz unübliches Fach, und zuerst eine Zeit lang Biologie in einer Mittelschule unterrichtet. Erst später, durch den Kontakt mit meinem Vater, wurde sie Journalistin, und danach hat sie als Dolmetscherin für Englisch und Japanisch gearbeitet. Das hat mich wieder sehr geprägt, sodass ich mich immer mit Sprachen beschäftigen wollte.

Mein Vater hatte sozusagen ein verdrehtes Leben. Er war Chefredakteur der „Ta-Kung-Pao" und der „New Evening Post", der erste und letzte, der das Pressehaus betreten und verlassen musste. Um fünf Uhr in der Früh erschien die Zeitung, und um drei Uhr war Deadline. Davor musste er noch den Leitartikel schreiben und dann für die Druckfreigabe für alles die Verantwortung übernehmen. Er ist erst nach drei Uhr in der Nacht nach Hause gekommen – der Chauffeur hat ihn nach Hause gebracht. In meiner Pubertät hat's in Hongkong schon Farbfernsehen gegeben, und wir – meine Brüder und ich – haben immer Fernsehen geschaut, bis wir das Auto gehört haben, und dann erst sind wir rasch ins Bett geschlüpft. Trotzdem hat sich mein Vater an der Kindererziehung beteiligt. Ich kann mich erinnern, er hat stundenlange Gespräche mit jedem von uns geführt, wenn wir Probleme hatten – aber nur wenn wir Probleme hatten. Mein älterer Bruder war sehr fesch, er hatte oft Mädchenprobleme, und dann hat mein Vater mit ihm zum Beispiel darüber geredet. Auch über die Berufsentscheidung hat er lange mit uns gesprochen. In diesem Sinn war mein Vater schon an der Erziehung beteiligt.

Mein Vater war auch mein Vorbild, sicher. Ich habe an ihm bewundert, dass er so fleißig war, sehr diszipliniert. Er hat viele Sachen dulden können, ertragen können, er ist immer höflich geblieben – ein klassischer chinesischer Intellektueller. Viele Leute, die meinen Vater bewundert haben, haben gesagt: „Er ist der letzte klassische chinesische Intellektuelle, der noch lebt." Er hat für eine sehr bekannte Zeitung, die älteste chinesische Zeitung in der Welt, gearbeitet. Praktisch jeder Chinese kennt diese Zeitung. Und diese Sorte von Journalisten gibt's jetzt kaum mehr – die sehr enthaltsam sind, sehr bescheiden. Sie sagen nie etwas, aber sie wissen viel. Sie protzen nicht und sind auch im Leben sehr bescheiden – mein Vater hat nie viel gebraucht. Und es war ihm immer bewusst, dass er weiterlernen, sich weiter fortbilden muss. Ich schaffe es nicht, so zu leben wie er, aber ich versuche es zumindest.

Bevor ich aus Hongkong weggegangen bin, war mein Bild von meinem Leben als Frau, dass ich selbstständig etwas mache – unabhängig von meinem Mann. Das war mir auch bei der Wahl meines Ehemanns wichtig: Ich muss mein Revier haben, meinen Bereich haben. Deswegen habe ich mich auch für meinen Mann entschieden – weil er mich da immer unterstützt hat, immer. Dass ich einmal heiraten werde, war mir also schon klar – deshalb habe ich mich schon mit zwanzig auf eine Beziehung eingelassen. Aber vor einem Kind habe ich lange gescheut, weil ich zu sehr mit meinen eigenen Sachen beschäftigt war.

➤ Ich bin mit neunzehn – wenige Tage nach meiner Matura – nach Wien gekommen. Ich hatte damals überhaupt keine Vorstellung vom Leben als Frau in Österreich. Ich habe nur gewusst, dass ich das Studium erfolgreich abschließen muss. Während der letzten Schuljahre haben meine Eltern uns immer dahin geführt, dass wir weiterstudieren müssen. Ich habe gedacht, wenn ich studiere, dann mache ich das, was ich am besten kann. In Musik hatte ich immer die besten Noten – natürlich, weil ich mit sieben schon mit Klavier angefangen habe. Ich habe daher das Musikstudium gewählt – aber ohne zu überlegen, ob ich das liebe oder nicht liebe. Meine Mutter hatte auch eine besondere Beziehung zu Wien, weil ihr Bruder hier in den 30er Jahren eine Facharztausbildung gemacht hat, und das eine schöne Zeit für ihn war. Er hat immer wieder davon erzählt, und das hat dann meine Mutter sehr geprägt. Schon in der Mittelschule hat sie mich für ein Studium in Wien vorbereitet – das war ihr Traum für ihre Tochter. Ich habe dann in der Oberstufe am Goethe-Institut angefangen, Deutsch zu lernen, damit ich hier keine Schwierigkeiten mit der Sprache habe.

Der Anfang hier war sehr schwierig, weil ich in Hongkong – außer in der Haft – nie allein war, und dann war ich hier sehr allein. Ich war wirklich einsam, muss ich sagen. Ich war einmal sogar bei einem Psychologen, und der hat mir empfohlen, ich soll nach Hause gehen, wenn ich so starkes Heimweh habe. Ein Ehepaar aus Deutschland hat mich dann als Pflegetochter aufgenommen. Sie sind wegen der Liebe zur Musik in der Pensionierung nach Wien gezogen. Sie hatten eine etwa gleich alte Tochter, und die Schwester meiner Pflegemutter war eine Kollegin meiner Mutter in Hongkong. Ich habe sie regelmäßig am Sonntag besucht, und sie haben mich immer gefragt, ob ich Probleme habe, ob sie mir helfen können. Sie haben mir viel Wärme, viel Liebe gegeben. Und sie haben mich dann auch in das Musikleben in Wien eingeführt – ich habe viel von ihnen gelernt. Sie haben mich so oft in Konzerte mitgenommen, und ich hatte dann sogar einen Sitzplatz! Normalerweise konnte ich mir als Studentin natürlich nur einen Stehplatz leisten.

Nach eineinhalb Jahren, im November 1974, habe ich meinen jetzigen Mann kennen gelernt – er hat kurz danach Ur- und Frühgeschichte studiert –, und dann war's besser mit der Einsamkeit. Er war immer bei mir, und er hat mir auch beim Studium geholfen – zum Beispiel in Musikgeschichte und natürlich auch mit Deutsch.

Mit dem Studium lief alles reibungslos. Ich habe sofort die Aufnahmeprüfung geschafft und einen Studienplatz bei einem guten

Ordinarius auf der Hochschule für Musik bekommen – bei Professor Fleischmann –, das war sehr einfach. Während des Musikstudiums habe ich schon ein zweites Studium begonnen, ein Dolmetschstudium, und war dann auch als Gerichtsdolmetscherin tätig. Ich hatte nicht so eine fanatische Liebe zur Musik, dass ich das Leben nur ihr widmen wollte – diesen Gedanken habe ich eigentlich nie gehabt. Deswegen habe ich immer versucht, parallel dazu irgendetwas anderes zu machen. Professor Fleischmann war sehr freundlich zu mir, er hat mich immer unterstützt, viel mehr als andere Studenten. Wir haben jetzt noch einen sehr guten Kontakt. Er hat dann meine Unterrichtsstunde auf Samstag verlegt, weil ich schon im Berufsleben war. Am Samstag um sieben Uhr in der Früh hat er mich regelmäßig angerufen und aufgeweckt: „Aufstehen, aufstehen, du hast heute Unterricht!" Ich hatte eigentlich wenig Zeit für Musik, und er hat immer so viel verlangt, man musste viel üben. Doch ich konnte nicht viel üben, denn ich habe so vieles gemacht – Klavier unterrichten, dolmetschen, das Musikstudium fertig machen und Hausfrau sein. Die erste Zeit habe ich auch noch den Haushalt gemacht – später dann nicht mehr. Es war eine sehr, sehr harte Zeit!

Mit der Unterstützung meines Professors habe ich das Studium abgeschlossen. Ohne ihn hätte ich es sicher abgebrochen. Ich sage ihm heute noch jedes Mal, wenn ich ihn sehe, wie dankbar ich ihm dafür bin. Ich habe dann auch noch erfolgreich eine Klavierprüfung am Royal College of Music in London abgelegt und danach mit Musik fast zwanzig Jahre nur mehr sehr wenig zu tun gehabt. Ich habe das Klavier nach dem Studium mit Geschenkpapier eingepackt und auf die Seite gestellt. Ich hatte das Studium mit viel Mühe und mit viel Härte fertig gemacht. Es war nicht leicht, den Abschluss neben so vielen Sachen zu machen, und plötzlich hatte ich so eine Aversion gegen Klaviermusik. Ich konnte Klaviermusik damals – das war Anfang der 80er Jahre – nicht mehr hören. Ich kann es nicht beschreiben – ich hatte irgendwie ein Schuldgefühl, weil ich das Klavier einfach auf die Seite geschoben habe. Jedes Mal, wenn mein Professor mich gesehen hat, hat er gesagt, ich soll einen Flügel kaufen und wieder üben. Vor einem Jahr habe ich jetzt tatsächlich einen Flügel gekauft und übe wieder.

Nach dem Studium und schon parallel dazu hatte ich andere Aufgaben im Leben. '76 war das Ende der Kulturrevolution in China, und die chinesischen Studenten in der ganzen Welt haben sich für die Wiedervereinigung mit Taiwan eingesetzt. In dieser Zeit war ich dann auch sehr engagiert. Noch als Studentin war ich in Frankfurt, in Berlin, in Paris, in Bonn, wir haben ständig Sitzungen gehabt, diskutiert. Wir hatten kein Geld und haben immer nur bei anderen Studenten auf dem Boden geschlafen. Sie sind auch nach Wien gekommen, und auf einmal waren bei mir in meiner Wohnung dreißig Studenten!

Mit dem Dolmetschen und Übersetzen habe ich auch schon '76 angefangen und dadurch viele Leute kennen gelernt. Ich habe für die Behörden gearbeitet – für die Polizei, das Gericht, das Innenministerium – und auch für private Kunden, die Firmen gegründet oder Verträge abgeschlossen haben. Die Tätigkeit als Gerichtsdolmetscherin war sehr spannend. Es hat in Wien einige Mordprozesse gegeben, auch Razzien von der Behörde, und ich war bei einer großen Razzia dabei. Oder ich musste um Mitternacht zum Flughafen fahren, weil Flüchtlinge angekommen sind! Mein Gott, ich habe auch, wie ich 1991 schwanger war, bis zum letzten Augenblick mit meinem großen Bauch gearbeitet. Ich war bei einer Razzia in Oberösterreich dabei, die Leute vom Ministerium haben mich mit einem Streifenwagen hingebracht. Sie haben gesagt, ich soll mich hinten hinlegen, weil ich nicht mehr sitzen konnte, und mir Polster gegeben. Okay, wir waren in Oberösterreich und wir sollten zu einem Chinalokal in einen Keller hinuntergehen und dort jemanden festnehmen. Sie haben alle Pläne angeschaut – wo ist der Fluchtweg, wo ist der Eingang, welche Möglichkeiten hat der Verbrecher, zu flüchten. Dann haben sie kugelsichere Westen angelegt und mir gesagt, ich soll zuerst hinuntergehen und auskundschaften, ob der Täter da ist – mit meinem großen Bauch! Und dann bin ich die Stiege hinuntergegangen. Er war aber nicht dort – Gott sei Dank.

Und dann die Entbindung. Plötzlich, im Auto, habe ich einen Blasensprung gehabt und das Fruchtwasser verloren. Mein Mann hat mich zum Krankenhaus gebracht, und ich habe gesagt, ich habe noch einige Termine und Übersetzungen zu bewältigen. Meine Sekretärin ist mit meinem Aktenkoffer zum Krankenhaus geeilt, und die Schwestern haben mir ein Telefon in den Kreissaal gebracht. Ich musste telefonieren, ich musste Termine delegieren und einige Sachen fertig übersetzen. Drei Tage nach der Geburt meines Sohnes war ich schon wieder im Gerichtssaal. Mein Mann hat mich beobachtet, er hat gesagt, wenn es mir schlecht geht, dann bringt er mich sofort nach Hause – er hat mich immer unterstützt. Er hat alles mitgemacht.

Ich habe auch mit Firmen und Banken gearbeitet, zum Beispiel für Swarowsky oder für die Länderbank – sie haben mich mit dem Flugzeug nach Tirol hin- und hergebracht. Damals hat es in Österreich noch nicht so viele chinesische Dolmetscher gegeben, und deswegen wurde ich überall eingesetzt. Und ich habe das sehr gerne angenommen. Eine Zeit lang war ich ein paar Monate im Jahr hier, ein paar Monate in Hongkong. Es war wunderschön, wenn ich zurückblicke. Ich habe viele Erfahrungen gesammelt, viel gelernt.

Daneben habe ich noch verschiedene andere Sachen gemacht. Ich habe zum Beispiel die Konzessionsprüfung für Gast- und Hotelgewerbe gemacht und das Skriptum auf Chinesisch übersetzt. Dieses Skript ist zehn Zentimeter dick, ich habe es Wort für Wort übersetzt – von der Stelze und dem Beiried bis zum Einspänner und dem Fiaker-Gulasch – und ich habe viele Jahre lang Kurse für Chinesen und Chinesinnen gehalten. Ich habe nur in Wien ungefähr zweihundert chinesische Gastronomen ausgebildet.

Und dann ist eine neue Wende in meinem Leben gekommen – das Restaurant. Ich habe mir meine Arbeit sozusagen gekauft. Gegründet haben dieses Lokal die Provinzregierung Sichuan und die Gemeinde Wien schon 1985. Ich war zu Beginn nur als Dolmetscherin beteiligt. Die Eröffnung war ´89, Anfang der 90er Jahre ging das Restaurant noch sehr gut, aber wie bei den meisten staatlichen Unternehmen haben sie das Geschäft zugrunde gerichtet. Die Wirtschaft in China hatte angefangen, zu blühen, und dann wollte die Regierung von diesem Standort wegziehen und das Lokal aufgeben. Sie haben einen Käufer gesucht, aber kein Chinese oder Österreicher wollte dieses Konkursunternehmen haben. Es war einfach zu groß, die Gebäude waren in einem schlechten Zustand, und die Stammkunden waren rar.

Mitte der 90er Jahre haben meine Dolmetschaufträge deutlich nachgelassen. Es kamen nicht mehr so viele Zuwanderer nach Österreich, und ich hatte auch weniger private Auftraggeber – das Geschäftsleben war wegen der Rezession in Österreich zurückgegangen. Außerdem konnte schon die zweite Generation von Dolmetschern meine Aufgabe übernehmen. Ich hatte dann im Vergleich zu früher nur mehr wenig zu tun. Schon ´97 habe ich mir ernsthaft überlegt, das Restaurant zu übernehmen. Damals war mein Sohn auch schon sechs Jahre alt und hat mich nicht mehr so gebraucht. Diese sechs Jahre waren die schönste Zeit meines Lebens – bis jetzt. Ich kann nicht beschreiben, wie schön das war, die Zeit mit meinem Kind zu verbringen und noch nebenbei so ein erfülltes Berufsleben zu haben. Und als er dann mit der Schule begann, und gleichzeitig meine Arbeit zurückging, bin ich wirklich in Panik geraten. Ich habe versucht, Hausfrau zu sein, das ist mir aber nicht gelungen – ich hatte jahrzehntelang anders gelebt. Und dann habe ich gedacht, dieses Restaurant hat ja keinen Käufer gefunden, okay, dann mache ich es. Ich habe diese Aufgabe übernommen – das war 1998 –, um mein Leben zu füllen. Das war der entscheidende Gedankengang, warum ich dieses Restaurant gekauft habe.

Die erste Zeit war sehr, sehr anstrengend für mich. Ich hatte keinen einzigen Tag davor in einem Gastgewerbebetrieb gearbeitet –

nie. Ich hatte nur die Theorie im Kopf. Mit Schrecken erinnere ich mich noch an den ersten Muttertag nur wenige Wochen nach der Übernahme mit so vielen Gästen! Ich war zwar immer – mit nur wenigen Tagen Ausnahme – selbstständig gewesen. Jetzt aber hatte ich die Verantwortung nicht nur für mich, sondern auch für das ganze Team! Meine Eltern, meine Brüder, mein Mann waren immer Angestellte beziehungsweise Beamte – ich habe dieses Kaufmannsleben nicht gekannt, dieses Risiko. Dazu kam noch, dass ich körperliche Arbeit auch nicht gewöhnt war. Ich habe sehr wenig geschlafen, jeden Tag nur vier, fünf Stunden – das war lange Zeit so. Jetzt bin ich schon eine richtige Kauffrau, ich kann Schwierigkeiten im Geschäftsleben schon bewältigen wie alle anderen. Ich bin auch schon sieben Tage in der Woche körperliche Arbeit gewöhnt – es gibt keinen Ruhetag in meinem Restaurant. Wenn ich aufstehe, tut mir öfters alles weh, aber dann denke ich: „Okay, ich mache Gymnastik dagegen." Ich denke immer positiv – Selbstmitleid nützt niemandem. Mit Chi Gong und mit Meditation kann ich mich sehr gut regenerieren. Im Moment habe ich noch die Kraft, weiterzumachen. Und diese Kraft hole ich mir natürlich auch von meiner Familie. Ohne meinen Mann, ohne mein Kind, ohne meine Eltern oder meine zwei Brüder ginge es nicht. Sie ermutigen mich, sie bringen mir neue Ideen. Früher, wenn ich Probleme hatte, hat mein Vater mir chinesische Sprüche oder Gedichte geschenkt. Diese chinesischen Weisheiten sind ein goldener Schlüssel des Lebens, und daraus habe ich Kraft bekommen. Jetzt bekomme ich sie durch das Chi Gong, und mein Bruder hat mich in die Chi-Gong-Lehre eingeführt.

Meine Eltern haben mich früher auch sehr oft besucht, und seit acht Monaten leben sie ständig bei mir. Mein Vater hat jetzt Alzheimer – er kann die Wohnung nicht mehr verlassen. Meine Mutter pflegt ihn, und sie brauchen mich jetzt.

Ich bin auch so etwas wie eine Anlaufstelle für viele Chinesen in Wien. Ich habe für sie gedolmetscht, und wenn sie Hilfe brauchten, sind sie immer zu mir gekommen. Ich erkläre ihnen rechtliche Dinge, Behördenwege, Studiensachen und anderes mehr. Letztlich versuche ich ihnen zu helfen, sich in Österreich zu etablieren. Noch immer kommen Chinesen und Chinesinnen zu mir, um ihren Kummer zu erzählen, und ich höre zu. Nach Mitternacht, nach der Arbeit kommen sie von anderen Lokalen hierher, wenn sie Probleme haben. Und ich muss untertags noch herumtelefonieren oder mit ihnen irgendwo hingehen und versuchen, ihnen zu helfen.

Die erste Zeit habe ich auch meinen Mann noch im Beruf unterstützt. Er hat mich so aufgebaut – eine Frau, die aktiv ist fürs Berufsleben, damit er sich nur auf das Studium und auf den Beruf konzentrieren kann. Ich habe bald die Finanzsachen übernommen. Für das tägliche Leben und für die Entwicklung der Familie bin ich zuständig, aber den Haushalt mache ich nicht, damit bin ich überfordert. Die erste Zeit während des Studiums habe ich noch mehr gemacht und dann im Berufsleben immer weniger. Jetzt macht mein Mann im Haushalt mehr als ich. Wir haben eine Arbeitsehe und praktisch überhaupt keine Freizeit. Mein Mann arbeitet auch sehr viel. Wir fahren schon ab und zu weg, aber das verbinden wir immer mit dem Beruf. Ich kann mich nicht daran erinnern, dass wir jemals eine Woche am Strand verbracht haben. Mein Leben war immer hektisch, immer im Stress, immer nur mit einem Ziel – irgendetwas zu lernen, jemandem zu helfen – ja, das ist das Leben. Bis heute noch. Natürlich brauche ich nicht nur Tausende Füße und Hände, sondern Millionen – sonst schaffe ich es nicht mehr. Man muss nicht so leben, aber ich habe diesen Weg gewählt.

Mein Mann hat viel erreicht, das ist mein Erfolg. Er hat – wie mein Vater – mehrere Bücher geschrieben, er ist anerkannter Wissenschafter, er ist Schritt für Schritt im Beruf immer weiter gekommen, und ich freue mich für ihn.

Ich habe auch viele Sachen erreicht. Wenn ich einem Chinesen helfen kann, dann fühle ich mich sehr glücklich, das ist ein Erfolg. Es gibt immer wieder Ungerechtigkeiten, und wenn man ein kleines Ergebnis erzielt, ohne Anwalt, nur mit meiner Hilfe – das ist so ein schönes Erlebnis! Oder jetzt besuche ich seit vier Jahren Kurse in Ikebana – in meinem Leben geht es nicht ohne Kurse! Früher wollte ich diese biedermeierartigen Blumensträuße nie haben. Ich habe meinem Mann immer gesagt: „Bitte schenke mir keine Blumen, ich mag das nicht. Ich kann nicht sehen, wie die Blüten verwelken. Das tut mir so weh, dass ich so eine Schönheit sterben sehe!" Aber jetzt, beim Ikebana, brauche ich oft nur eine einzige Blüte, und ich bekomme schon so viel Inspiration aus der Natur – es ist so ein unbeschreibliches Gefühl. Ich kann sagen, das ist mein Erfolgserlebnis, aber nicht im konventionellen Sinn, sondern dass ich mich mit der Natur verbunden fühle. Früher sind wir oft wandern oder in die Berge gegangen, aber jetzt habe ich diese Möglichkeit nicht. Da ich jeden Tag über acht Stunden im Restaurant hin- und hergehen muss, habe ich keine Kraft mehr! Aber durch das Ikebana habe ich so viel Energie gewonnen. Für einen Ikebana-Kurs lasse ich sogar meine Arbeit einfach liegen.

➤ Ich würde auf jeden Fall sagen, dass meine Entwicklung als Frau von meinem Leben in Österreich beeinflusst wurde. Ich bin ein Produkt der Wiener Gesellschaft, weil sie mir so viele Chancen ermöglicht hat. Ich habe mich durch diese tolerante Umgebung entfalten können. Ich war aber immer aktiv und habe jede Gelegenheit, die mir zugeflossen ist, auch ergriffen. Ich verdanke den Menschen in Wien, dass sie mir eine gute Ausbildung ermöglicht haben, dass sie mir so viele Türen aufgemacht haben. Egal, wo ich hingegangen bin, haben sie mich immer mit offenen Armen empfangen und akzeptiert. Ich fühle mich hier wohl. Es gibt viele warmherzige Menschen, liebe Leute, die mich unterstützen, mir helfen, mir eine Chance geben und mich tolerieren, mit meinen Fehlern. Ich habe auch meinen Mann relativ kurz nach meiner Ankunft in Wien kennen gelernt, und er ist natürlich in den letzten dreißig Jahren auch sehr mitverantwortlich für die Gestaltung meines Lebens gewesen. Ich habe immer gesagt, ich bin sein Produkt, und er ist auch mein Produkt. Mir fällt allerdings nichts ein, was ich hier verwirklichen konnte, was in Hongkong nicht möglich gewesen wäre. Die Gesellschaft in Hongkong ist auch eine offene Gesellschaft und nicht so wie in China – China ist anders. In Hongkong ist vieles ähnlich wie in Wien – es war lange Zeit die Kolonie einer europäischen Monarchie.

Natürlich gibt es auch bestimmte Bereiche in Österreich, in denen ich als chinesische Frau benachteiligt bin, aber ich kann sehr gut vergessen. Immer wieder kommen Nebenbemerkungen, die mich nicht nur kränken, sondern auch ärgern. Ich war gestern mit meinem Sohn bei einer Zahnärztin, sie hat so eine Bemerkung gemacht. Seine Zähne sind so durcheinander, und sie hat gesagt: „Asiatische Zähne!" Ich habe gesagt: „Meine Zähne sind sehr schön. Jeder bewundert meine Zähne. Das sind die Zähne von seinem Vater, die Fehlstellung ist nicht von mir. Das sind keine asiatischen Zähne!" Ich habe mich so aufgeregt. Das ist das Beispiel von gestern, aber das von vorgestern habe ich schon vergessen. Zum Glück habe ich gelernt, rasch zu vergessen.

Früher war es überhaupt kein Nachteil, Asiatin zu sein – ich habe nie einen Nachteil gesehen. Früher waren Asiatinnen in Wien sehr geschätzt. „Ah, Sie haben eine hohe Kultur, eine lange Geschichte!", habe ich oft gehört. Konfuzius, die chinesische Philosophie – das alles war höchst geachtet. Und erst Ende der 80er, Anfang der 90er Jahre haben diese dummen Nebenbemerkungen begonnen, diese „Ausländer raus"-Bewegung. Das kriege ich natürlich auch mit. Anfang der 90er, es muss 1991 gewesen sein, kann ich mich noch an eine Szene erinnern. Ich war mit meinem Sohn im Auto unterwegs – damals war er noch ein Baby und in einem Körberl neben mir auf dem Beifahrersitz –, und auf einer schmalen Straße in Grinzing, die zu unserem Garten führt, ist mir ein Auto entgegen gekommen. Ich kenne die Straßenverkehrsordnung sehr gut, und ich habe genau gewusst, er muss zurückschieben und nicht ich. Er ist aber nicht zurückgefahren. Er ist stehen geblieben, ist zu mir gekommen, hat mir die Faust gezeigt und hat mich beschimpft. Diese Szene habe ich noch gut im Kopf. Ansonsten habe ich nur wenig negative Erfahrungen gemacht, aber ich passe auch immer auf. Wenn ich Skinheads sehe, vermeide ich den Kontakt, gehe einfach weg. Aber es gibt auch Vorteile als chinesische Frau in Wien. Überall, wo ich hingehe, bin ich in der Gesellschaft auffallend, weil ich keine geborene Wienerin bin. Das ist der Vorteil – dass die Leute mich bemerken. Beruflich fühle ich mich daher nicht benachteiligt.

Ob ich eine bestimmte Vorstellung, ein Klischeebild von europäischen Frauen hatte, bevor ich nach Wien gekommen bin? Hongkong war eine Kronkolonie, und die englischen Frauen, die ich damals gekannt habe, waren Lehrerinnen oder Freundinnen meiner Eltern. Sie waren geachtet, hatten viel Personal, schicke Kleidung und klimatisierte Räume, sie wohnten in besseren Vierteln – also so ein Bild habe ich gehabt. Mehr weiß ich nicht mehr, wenn ich daran zurückdenke, wie eine Chinesin in Asien damals Europäerinnen gesehen hat. Aber dann bin ich nach Wien gekommen und habe auch viele ganz durchschnittliche Frauen gesehen.

Und das Klischee, das hiesige Leute über asiatische Frauen haben, ist auch anders als das, was ich erlebt habe. Das Klischee vom Wiener ist, dass die asiatischen Frauen absolut gehorsam und sehr liebevoll sind. Mein Mann schmunzelt darüber öfters. Natürlich habe ich dieses Klischee selbst auch erlebt. Die Leute werfen mir zum Beispiel immer wieder vor, wieso ich meinem Mann so wenig Streicheleinheiten gebe.

In Wirklichkeit sind die Frauen in Hongkong meistens die grauen Eminenzen zu Hause. Das war auch früher so – die chinesischen Frauen waren die graue Eminenz in der Familie. Sie haben bestimmt, und es wurde vollzogen, was die Frauen wollten. Nach außen sind die Frauen sehr weich und sehr zart und sehr gehorsam, aber in Wirklichkeit haben sie eine sehr starke Seele. In der Familie sind sie die Stütze und auch diejenigen, die die Finanzen in der Hand haben. Ich glaube, in ganz Ost- und Südostasien ist das so. Und wenn Frauen es sich leisten können, nehmen sie sich in Asien meistens Hilfspersonal – hier ist das nicht so gang und gäbe. Hier müssen die Frauen, die im Beruf sind, auch noch die Arbeit im Haushalt machen. Die Gesellschaft erwartet von ihnen, dass sie Tausende Hände und Füße haben.

Aber die hiesigen Frauen müssen natürlich durch die Möglichkeit zur individuellen Entfaltung nicht so viel Härte und so viel Leiden durchhalten – sie haben dieses Privileg. Allein wenn Sie sehen, dass die Scheidungsrate in Asien letzten Endes nicht so hoch ist wie hier, sagt das schon viel. Und die Aufstiegschancen für Frauen sind in vielen asiatischen Ländern weiter noch sehr ungleich – auch in Hongkong. Es gibt sicher auch Frauen in Toppositionen, aber noch immer müssen die Frauen besser arbeiten, bessere Fähigkeiten besitzen und auch bereit sein, auf die Familie zu verzichten. In Hongkong und auch in Singapur und in Japan gibt es sehr viele Frauen, die unverheiratet sind, wenn sie Karriere machen wollen. Die Vereinbarung ist schwieriger als hier.

➢ In Hongkong, oder in Asien ganz allgemein, schätze ich, dass die Frauen noch sehr fraulich sind. Sie passen auf, Frauen zu bleiben, und hier in Europa genießen sie diese große Freiheit, und dabei vergessen sie oft, dass sie doch Frauen sind. Es gibt Unterschiede in der Natur – eine Frau ist eine Frau, ein Mann ist ein Mann. Und hier in Europa wird das Thema Frau irgendwie vermännlicht – das ist in Asien weniger der Fall. Wenn ein Mann etwas schaffen kann, muss eine Frau das auch schaffen. Das stimmt aber nicht immer, viele Sachen entsprechen der Natur nicht so sehr, finde ich. In vielen Kleinigkeiten sollte der Unterschied belassen werden.

Die Asiaten leben im Vergleich mit den Europäern auch gerne in Gruppen. Hier steht immer das Individuum im Vordergrund, in Asien dagegen hat die ganze Sippe Priorität oder die Gruppe, die Interessensgruppe. Die absolute individuelle Freiheit ist nicht als höchstes Ziel gesetzt, hier schon. Ich selbst lebe letztlich in einer Spaltung, meine Seele sicher auch – ab und zu asiatisch, ab und zu europäisch. Gerade in dieser Hinsicht kann man aber als Asiatin hier in der Wiener Gesellschaft viele Impulse einbringen. Ich sehe das auch immer wieder bei gemischten Ehen – die Schwiegereltern sind so lieb zu der Schwiegertochter, sie lieben sie, sie loben sie. Immer wieder höre ich so viel Lob: „Meine Schwiegertochter ist so lieb, sie kümmert sich auch um uns."

Hongkong ist natürlich im Geschäftsleben sehr aktiv, weil die Wirtschaftspolitik so liberal ist. Das fehlt hier, die Liberalität. Es gibt zu viele Regelungen in der Wirtschaft, die Strukturen sind zu starr, die Bewegungsfreiheit ist zu klein, und daher kann man jetzt in der Rezession wenig machen. Und dann der Mut, selbst irgendetwas zu unternehmen, das fehlt hier auch, das ist ein großes Defizit. Jeder verlässt sich auf die Hilfe, die Unterstützung vom Staat. Ich finde, diese Einstellung ruiniert die Motivation zum Leben. Sehr viele Leute lassen sich gehen. Sie finden keine Arbeit, sie sind nicht bereit, umzuziehen oder umzusteigen und warten und warten.

Und rundherum sehe ich viele, die zählen die Tage bis zur Pension. Das ist so ungefähr, als ob man die Tage bis zum Tod zählt. Man hat noch so viel Energie und man kann noch so viel für die Welt machen – nicht nur entgeltlich, sondern auch unentgeltlich. Aber man zählt nur und wartet, das ist so passiv – das kann ich nicht leiden, das tut so weh. Man kann auch wieder studieren, wieder lernen, sich weiterbilden – die Tür ist überall offen. Aber viele Leute tun nichts, viele Leute tun gar nichts.

Meine Wünsche? Ich wünsche mir natürlich Frieden in der Welt, das ist der einzige große Wunsch. Kleine Wünsche gibt es viele. Ein kleiner Wunsch ist sicher, dass mein Mann in mich mehr reinschauen kann, weil durch die Barrikade mit der Sprache ist es schwierig – Sprache ist Teil der Liebe. Wir haben noch immer so oft sprachliche Missverständnisse. Und mein Wunsch ist natürlich, dass mein Sohn weiterhin chinesisch spricht. Er lernt zwar Chinesisch, aber jetzt kann er auch die einfache Konversation mit mir nicht mehr auf Chinesisch führen. Das hat mir sehr weh getan, aber ich habe diese Tatsache angenommen. Es fehlt einfach das Umfeld. Es gibt zwar eine chinesische Schule mit Sprachkursen für die Kinder aus der zweiten Generation, und er besucht sie auch. Ich bin dort selber aktiv, ich helfe immer wieder mit. Mein Sohn sieht das, dass ich sehr viel Wert darauf lege, und er bemüht sich auch, obwohl es schwer ist. Alle anderen Kinder sind aus Familien mit zwei chinesischen Elternteilen, und sein Vater kann nicht chinesisch. Die Familiensprache ist Deutsch – das ist sein Hindernis. Trotzdem ist das mein Wunsch, dass er Chinesisch weitermacht, und dass die Familie weiter hält. Das ist mein größter Wunsch.

Wenn du mich fragst, wohin ich gehöre – ich gehöre der ganzen Welt

Gespräch mit
Gülay Olt-Sahiner
geb. 1954 in Istanbul/Türkei, Sängerin und Tänzerin, Graphikerin und Bibliothekarin, lebt seit 1980 in Wien

Ich wurde in Istanbul geboren, in Erenköy. Das ist ein besonderer Ort am Meer auf der anatolischen Seite von Istanbul mit riesigen Gärten und Schlössern, und mein Vater hat dort ein Haus mit einem Rosengarten gebaut – genau wie meine Mutter es sich gewünscht hat. Meine schönsten Erinnerungen sind mit diesem Garten verbunden. Im Sommer haben wir dort auch gegessen – am Abend hinter dem Haus und am Nachmittag vor dem Haus eine Jause. In unserer

Nachbarschaft hat es in jedem Haus zwei, drei Kinder gegeben, und wir waren immer zusammen – ich bin mit Buben und mit Mädchen gemeinsam aufgewachsen. Wir haben absolut Spaß gehabt, jeden Tag haben wir bis Mitternacht gespielt. Das war für mich sehr schön. Aber ich war auch oft allein. Ich habe mit vier Jahren angefangen, zu zeichnen, und für mich war das dann sehr wichtig – ich habe eigentlich dreißig Jahre in meinem Leben gemalt und gezeichnet. Es war einfach ein Talent. Ich habe alles gezeichnet, was ich gesehen habe, und das war faszinierend für mich. Mir hat das Zeichnen und Malen so großen Spaß gemacht, dass ich oft stundenlang nicht gesprochen habe – ich war so mit mir selber beschäftigt. Wir hatten zu Hause eine große Bibliothek, und ich habe Monet oder Manet zum Beispiel schon als Kind kennen gelernt. Und ich habe selber singen und tanzen gelernt. Meine Mutter hat gesungen, meine Tante hat gesungen, mein Bruder hat gesungen, und ich habe mich auch sehr intensiv damit beschäftigt – allein, in meinem Zimmer. Ich bin im Gymnasium immer bei großen Festen aufgetreten, aber ich habe das meiner Mutter nie gesagt. Sie hat nicht gewusst, dass ich singe.

Meine Jugend und Kindheit waren meine beste Zeit. Ich profitiere noch immer davon, weil ich so eine Quelle von Liebe in mir habe. Nachher war es manchmal bitter, aber als Kind habe ich von meinen Eltern viel Liebe bekommen, und ich war in einer Umgebung, wo so viel Harmonie war. Den einzigen Konflikt hat es wegen Memo gegeben. Er war das älteste Kind – ich bin sieben Jahre jünger als er, und zehn Jahre nach mir wurde mein Bruder Merih geboren. Memo war ein Genie, sehr intelligent, und er hat Sachen gemacht, die meine Mutter schockiert haben, die für sie übertrieben waren. Er hat Theater studiert, Theater gespielt, alles Mögliche gelernt, er ist spät nach Hause gekommen, und meine Mutter wollte ihn kontrollieren. Sie hat immer mit ihm gekämpft – das war für mich belastend. Sie war ein bisschen wild, sie hat direkt gesagt, was ihr nicht gefällt – uns Jüngeren weniger, aber Memo hat sie sehr viel Druck gemacht. Er hat zum Beispiel ein Theaterstück geschrieben, und sie war dagegen, weil bei der Geschichte vierzehn Götter vorkommen, und das passte ihr nicht. Aber mein Vater hat es heimlich zum Radio geschickt, und die haben es gesendet. Meine Mutter konnte nicht akzeptieren, was Memo gemacht hat. Sie hat sich einen normalen Sohn gewünscht, aber er war nicht normal, und mein Vater wollte immer alles ganz in Harmonie halten. Memo hat sieben Bücher geschrieben, und er ist dann von der Regierung gesucht worden. Mein Vater hat ihm geholfen, das Land zu verlassen – er war Zolldirektor, er hat sehr viele Leute gekannt, und er hat Memo einen Pass verschafft. Memo hat sich dann nie gemeldet, und genau an dem Tag, an dem mein Vater gestorben ist, ist ein Brief von ihm gekommen – es war zu spät. Ich war damals sechzehn, und das war für mich der größte Verlust in meinem Leben. Ich habe zwei Monate nicht gegessen, ich bin nicht aus meinem Zimmer rausgekommen, ich war wirklich nur noch Haut und Knochen. Ich habe meinen Vater sehr gern gehabt. Wir hatten alle eine gute Beziehung zu ihm – er hat uns immer unterstützt.

Wir sind dann zu dritt geblieben. Memo haben wir gefunden. Er hat in Wien gelebt, und wir sind dann regelmäßig zu ihm gekommen. In Istanbul war es für uns danach schwierig. Mein Vater war in Pension gegangen und ist im zweiten Monat gestorben. Wir haben zwar Geld gehabt, aber meine Mutter hatte nie etwas mit amtlichen Papieren zu tun gehabt. Sie war Hausfrau, sie musste das Haus leiten, wir haben Gärtner gehabt, wir haben Personal gehabt, sie musste sich damit beschäftigen – sie hat nichts Anderes gemacht. Plötzlich musste ich alles mit diesen Papieren erledigen – und ich war noch ein junges Mädchen.

Ich habe dann an der Uni angefangen. Ich habe mein Lieblingsfach ausgesucht – ich habe zuerst zwei Jahre Malerei studiert, und dann habe ich auf Graphik gewechselt. Meine Professoren haben gesagt, mit Malerei kann es schwierig werden, Graphik ist besser – damit kann ich später auch arbeiten. Damit hatte ich dann sogar noch mehr Spaß, und noch während ich studiert habe, wurde ich von einer Werbeagentur angestellt. Mein Professor hatte mich empfohlen, ich musste dort ein Praktikum machen, und es hat ihnen gefallen, was ich mache.

Während meinem Studium habe ich auch eine berühmte Tanzschule besucht. Ich hatte mit dem Tanzen schon im Gymnasium begonnen, aber in dieser Tanzschule habe ich kaukasische Tänze gelernt, für die ich mich schon als Kind interessiert habe. Dafür hatte ich eine große Begeisterung, weil kaukasische Tänze für mich die elegantesten Tänze auf der Welt sind. Im ersten Jahr habe ich nur die Fußbewegungen studiert, im zweiten Jahr die Handbewegungen, im dritten Jahr konnte ich beides, und im vierten Jahr bin ich mit achtzig Personen aufgetreten – vierzig Frauen, vierzig Männern.

In dieser Zeit, wo ich so glücklich war mit Tanz, Malerei, Zeichnen und meiner Arbeit, habe ich einen Mann kennen gelernt – da war ich einundzwanzig. Davor wollte ich nie heiraten, niemals. Die ganze Gegend, wo wir gewohnt haben, hat einer Familie gehört, und der Sohn von dieser Familie wollte mich heiraten – ich habe auch ihn abgelehnt. Ich wollte vieles lernen. Ich wollte singen, ich wollte tanzen, und ich wollte malen. Heiraten und Kinder kriegen – um Gottes willen, niemals! Und dann habe ich diesen Mann kennen gelernt, und ich wollte ihn gleich heiraten - ich war furchtbar verliebt. Meine Mutter war dagegen – er hat ihr nicht gefallen. Sie hat irgendwie gespürt, dass etwas nicht stimmt. Sie hat schon Recht gehabt, aber ich konnte das damals nicht sehen. Er war sehr fesch, er war älter, neun Jahre älter als ich, er hat alles gewusst, was ich nicht wusste - das hat mich fasziniert –, und er hat Humor gehabt. In dieser Zeit sind auch Probleme an der Uni gekommen – die Faschisten haben die Uni besetzt –, und wir konnten mehr als ein Jahr nicht weiterstudieren. Ich musste die Uni dann verlassen und habe diesen Mann geheiratet und mit dreiundzwanzig meine Tochter bekommen. Wie sie ein Jahr alt war, habe ich mein Studium beendet – das war 1978. Ich hatte davor schon mit meiner Diplomarbeit begonnen, und meine Studienkollegen und ich haben vom obersten Gerichtshof in Ankara die Erlaubnis bekommen, dass wir unter Polizeiaufsicht unser Studium abschließen.

Mein Mann war nicht normal, und das hat sich nie geändert. Er hatte sadistische Phasen, und ich hatte ein solches Verhalten nicht gesehen. Mein Vater kam aus einer adligen Familie, und er war wirklich ein edler Mensch – sehr, sehr lieb. Ich habe auch keinen Nachbarn gehabt wie diesen Mann. Ich bin wie in einem Paradies aufgewachsen und dann in die Hölle gekommen – das war wirklich die Hölle. Und ich habe immer gedacht, ich mache etwas Falsches, und er bestraft mich. Ehrlich gesagt, ich bin sehr viele Male geschlagen worden. Ich habe das niemandem gesagt, ich konnte das damals nicht. Ich konnte es auch meiner Mutter nicht sagen. Und ich konnte meinen Mann damals noch nicht verlassen – es war noch nicht reif bei mir. Ich war verliebt, ich habe gedacht, ich mache es irgendwie anders, und ich muss den Ort wechseln. Und ich wollte dann nach Wien, weil Memo hier war.

➢ In der Gesellschaft, in der ich in Istanbul aufgewachsen bin, haben damals wenige Frauen gearbeitet – die waren hauptsächlich Hausfrauen. In unserer Nachbarschaft haben sich jeden Tag dreißig Frauen in verschiedenen riesigen Häusern oder Gärten getroffen. Die haben sich amüsiert, da hat man gegessen, Theater wurde gespielt, es wurde gesungen, erzählt, die Kinder haben miteinander gespielt. Meine Mutter war an dreißig Tagen in dreißig verschiedenen Häusern, und einmal im Monat sind alle zu uns gekommen. An diesem Tag gab es viel Arbeit – vier Leute haben meiner Mutter geholfen –, große Aufregung, aber auch sehr viel Spaß. Dieses System der abwechselnden Einladungen hat Gün (bedeutet „Tag". E.B.) geheißen, und das gibt es in der Türkei noch immer. Am Abend, wenn die Männer nach Hause gekommen sind, waren die Frauen dann ganz lustig. Also, die türkischen Frauen in der Umgebung, wo ich aufgewachsen bin, haben ein phantastisches Leben gehabt. Erst in Wien habe ich es erlebt, wie es armen türkischen Familien geht, und dass Frauen arbeiten müssen. Ich habe die türkischen Frauen dort nicht so gekannt, hier in Wien habe ich sie kennen gelernt – besonders in der Bücherei. Da habe ich wirklich von erstaunlichen Lebenserfahrungen gehört. Die haben ein ganz anderes Leben, als wir es in Istanbul hatten. Wie ich meiner Mutter damals gesagt habe, ich arbeite am nächsten Tag in der Werbeagentur, hat sie stundenlang gelacht. Sie konnte das überhaupt nicht glauben. In meiner Generation haben die Frauen angefangen, zu arbeiten, und es war auch schon anerkannt – auch von meinem Mann, auch er hatte nichts dagegen. Ich war wie gesagt in der Agentur angestellt, dann habe ich meine Tochter bekommen und bin natürlich zuerst zu Hause geblieben. Mein Mann hat sehr gut verdient, aber ich wollte dann ins Arbeitsleben zurück. Ich habe das gerne, ich muss mir immer etwas beweisen, ich muss immer etwas schaffen, und ich habe dann wieder in der Werbeagentur gearbeitet, bis ich hierher gekommen bin.

Meine Mutter hat, wie gesagt, nur gelacht, wie ich arbeiten wollte. Mein Vater hat sich gewünscht, dass ich Architektin werde. Das war für ihn der Idealberuf, zu mir passend. Nachdem er gestorben ist, habe ich auch drei Monate Architektur studiert – es hat aber nicht zu mir gepasst. Architektur war zu kalt für mich – obwohl ich mich noch jetzt sehr dafür interessiere. Mein Vater hat natürlich gewünscht, dass wir studieren – das war vollkommen klar. Er selbst hatte studiert, er konnte drei Sprachen. Memo hat auch das Konservatorium gemacht und an der Universität Istanbul studiert, während mein Vater noch am Leben war.

Mein Vater hat sich auch an der Kindererziehung beteiligt. Ich habe ihn nur als absolut lieben Menschen gekannt. Schon mit zwei, drei Jahren bin ich sofort auf seinen Schoß geklettert, wenn er nach Hause gekommen ist. Er hat immer gesagt: „Ich glaube an dich. Du kannst das machen." Das war die größte Lehre von ihm, das habe ich von meinem Vater gelernt. Und er hat mich immer geschützt. Ich konnte zum Beispiel in der dritten Klasse in Französisch nicht durchkommen. Ich bin weinend nach Hause gekommen, meine Freundin auch. Sie war aus einer der reichsten Familien von der Türkei, und sie ist zu Hause geschlagen worden. Bei mir war es ganz umgekehrt. Mein Vater hat gesagt: „Sei nicht traurig. Das macht nichts, drei Monate lernst du, dann schaffst du das." Ich habe mich sehr bemüht, und ich habe die Prüfung geschafft. Nachher war ich die Beste in Französisch. Mein Vater hat mir Vertrauen geschenkt – uns allen. Er hat uns nie Angst gemacht, uns nie geschlagen – er war ein großartiger Mensch. Er hatte dreitausend Mitarbeiter, sie haben nur Respekt für ihn gehabt – niemand hatte Angst. Seine Liebe für alle war groß, verstehst du.

Gefördert hat auch er mich. Er hat mir vertraut, und das war genug. Immer noch – ich mache etwas und ich sage: „Vater, siehst du, ich mache das." Und nach seinem Tod hat Barbaros, ein Freund von Memo, mich gefördert. Er ist mit Memo aufgewachsen und war fünf Jahre älter als ich. Er kam wirklich aus einer sehr reichen Familie, und er hat auch eine Schwester gehabt, nur war diese Schwester für ihn zu grob. Er hat mich in meiner ganzen Kindheit bewundert, als Jugendliche auch, aber wir waren wie Geschwister. Nachdem mein Vater gestorben war, hat er mich in diese Tanzschule geschickt. Er hat gesagt: „Du magst diesen Tanz. Komm am Sonntag dorthin, ich werde mit denen für dich sprechen", weil es sehr schwer war, in diese Tanzschule zu kommen. Dreihundert Leute warteten auf der Liste. Ich bin aufgenommen worden, und Barbaros hat für mich gebürgt. Er hat mich auch zum Malereistudium gebracht. Er hat gesagt: „Gülay, da gibt es ein Studium, das ist für dich geeignet", und ich habe mich angemeldet. Aber Barbaros ist mit siebenundzwanzig umgebracht worden. Nach meinem Vater war das für mich der zweite große Verlust.

Meine Eltern haben uns sehr verwöhnt, zu sehr verwöhnt, sodass wir vom Leben keine Ahnung hatten. In meiner Familie war ich die Prinzessin – das war viel zu viel Prinzessin. Ich musste gar nichts machen, ich habe nie kochen gelernt, putzen gelernt, gar nichts. Okay, ich war nicht interessiert, aber es war auch kein Zwang da, zu irgendetwas. Meine Mutter hat gedacht, sie muss uns verwöhnen – das war ihr Lebenswunsch –, und das war schlecht. Wir alle drei haben darunter sehr zu leiden gehabt. Ich habe mich dagegen erzogen, und das war auch hart. Ich habe in mir selber eine Tendenz gehabt – ich wollte nicht ein blödes, schönes Mädchen sein, blöd wie eine Puppe. Die haben mich immer hergezeigt, und ich wollte das nicht. Ich wollte etwas wissen, ich wollte lernen. Immer noch bin ich so, verstehst du, ich will in meinem Kopf etwas haben. Mein Mann hat mir dann gezeigt, dass ich keine Prinzessin bin. Ich habe es nicht verstehen können – wieso bin ich nicht die Prinzessin und werde geschlagen? Es hat Jahre gebraucht. Ich habe mich auch in Österreich ändern müssen. Hier habe ich gelernt, wie ich zehn Schilling zusammenbringe, damit ich für meine Tochter Essen kaufen kann. Ich habe Hunger kennen gelernt, ich habe gelernt, dass das Essen schmeckt. Ich habe früher nie Speisen gegessen, die mir nicht gepasst haben. Hier habe ich alles gelernt – den Teller aufzuputzen bis zum Ende. Und ich habe mich über diese Erfahrungen sehr gefreut.

▶ Meine Tochter war zweieinhalb Jahre alt, wie ich mit ihr und mit meinem Mann hierher hergekommen bin. Ich hatte eine große Wohnung in Istanbul, Möbel. Ich habe alles dort gelassen und außer zwei Koffern nichts mitgenommen. Mein Mann war Steuerberater, und er hat viele Kunden gehabt. Er hat die an jemand anderen vermittelt und so ein bisschen Geld gekriegt, und mit dem sind wir hierher gekommen. Er hat hier dann große Probleme mit Deutsch gehabt, er ist noch mehr krank geworden und noch mehr auf mich losgegangen. Ständig hat er gesagt: „Du hast uns da hergebracht!"

Ich habe deshalb bald angefangen, zu arbeiten. Einmal hatte ich einen Gast, und wir haben ferngesehen – einen Film mit Marcello Mastroianni, in dem er zu einem Vergnügungspark geht und ein Porträt von sich zeichnen lässt. Am nächsten Tag bin ich zum Prater gegangen. Ich konnte überhaupt nicht Deutsch, und ich habe Porträts gemacht um zwanzig Schilling – die Leute sind Schlange gestanden. Ich habe jeden Tag zwei Stunden gearbeitet, fünfhundert Schilling bis tausend Schilling verdient. ´80 bin ich hergekommen, ´81, ´82 habe ich Porträts gezeichnet. Ich war jeden Tag mit meiner Tochter von zwei Uhr bis vier Uhr im Park, weil in dieser Zeit die angenehmen Touristen und Kinder gekommen sind, und ich konnte sie zeichnen. Nach vier Uhr kommen langsam Betrunkene und anderes Publikum, und da habe ich mich sehr gut geschützt. Aber meinem Mann hat das trotzdem nicht gefallen, und nach zwei Jahren hat er das gestoppt. Viele Leute wollten mit mir sprechen, mich photographieren – das hat ihn alles gestört.

Ich habe dann als Graphikerin und Restauratorin Arbeit gefunden – ich habe zum Beispiel in Maria Zell, im Völkerkundemuseum und im Schloss Herberstein Sachen restauriert. Danach war ich vier Jahre bei Werbeagenturen angestellt, und dann habe ich freiberuflich als Graphikerin gearbeitet, Privatkunden betreut und bekam von der Universität Wien einen ganz interessanten Großauftrag: Ein Engländer wollte mit mir ein fünfzigbändiges englisches Diktionär machen – ich sollte die Bilder zeichnen. Er hatte sein Büro in einem großen Garten im 13. Bezirk, und ich bin immer zu ihm gegangen, damit wir gemeinsam arbeiten. Einmal bin ich nach Hause gekommen, und mein Mann hat gefragt: „Du warst wieder bei ihm, nicht?" Seine Eifersucht war sehr groß, er hat früher auch vor der Firma auf mich gewartet, dauernd angerufen. Er hat dann gefragt, wie das ist, ob ich im Haus von dem Engländer arbeite. Ich habe gesagt, nein, das ist sein Büro – er hatte eine junge Frau und ein Kind. Mein Mann wollte trotzdem, dass ich mit dieser Arbeit aufhöre, und ich war sehr böse. Ich habe gedacht, das ist meine Arbeit, ich muss davon leben, wie soll ich denn alles leisten? An dem Tag habe ich entschieden, ich werde ihn verlassen. Ich habe ihm gesagt, er soll ausziehen, und er wollte nicht. Für mich war es auch ein furchtbarer Schmerz – ich habe mir ja meine Familie genommen. Aber ich habe gedacht, ich muss das aushalten. Ich habe gesagt: „Du zahlst mir nichts. Du gibst mir für das Kind gar nichts. Wieso wohnst du dann mit uns?" Irgendwie habe ich es geschafft, und er ist ausgezogen. Damals war ich dreiunddreißig – wir waren zwölf Jahre verheiratet.

Dann habe ich zwei Jahre allein mit Billur, meiner Tochter, gelebt. Drei Mal habe ich sie im Sommer zu meiner Mutter geschickt. Meine Mutter hat sich in sie verliebt – sie haben größten Spaß miteinander gehabt. Billur hat verschiedene Tiere bekommen, die sie wollte, sie hatte Freunde, sie wurde sehr verwöhnt.

In diesen zwei Jahren habe ich nicht gewusst, wo mein Mann wohnt, wie seine Telefonnummer ist. Er hat Billur immer wieder von der Schule abgeholt, ohne mir etwas zu sagen. Ich bin von der Arbeit nach Hause gekommen und habe gesehen, das Kind ist wieder nicht da. Ich bin in die Schule gelaufen, die Schule war aus, und ich wusste nicht, wo Billur war. Mehrere Male in diesen zwei Jahren ist das passiert. Dann habe ich meinen Mann zufällig bei der Fremdenpolizei getroffen. Ich bin zu ihm gegangen und habe gesagt: „Billur kann etwas passieren. Es ist sehr gefährlich für das Kind. Du kannst nie wissen, wo sie gerade ist, ich kann es auch nie wissen. Bitte melde mir, wenn du sie mitnimmst." Ich war nicht dagegen, dass er Kontakt mit ihr hat, deswegen habe ich gedacht, wir lassen uns scheiden, dann kann er das Kind ganz ordentlich sehen. Er hat zugestimmt, wir haben einen Termin ausgemacht und sind zur türkischen Botschaft gegangen. Wir mussten dort gemeinsam unterschreiben, damit das Gericht in der Türkei die Unterlagen bekommt.

Das war 1989. In dieser Zeit habe ich Josef kennen gelernt. Er hat jemanden gesucht, der aserbaidschanische Musik singt, und ein Freund hat uns bekannt gemacht. Ich hatte schon 1984 angefangen, mit einem persischen Musiker zu arbeiten. Er war ein Nachbar von uns, und ich habe heimlich mit ihm geprobt, weil mein Mann das nicht erlaubt hat. Ich habe trotzdem mit ihm Konzerte gegeben, ich habe vier Jahre iranische und aserbaidschanische Musik gesungen. Josef hat mich besucht und großes Interesse gezeigt, aber ich habe ihn nur als Musiker gesehen. Ich habe mich vor Männern gefürchtet, verstehst du. Josef hat dann gleich mit den Proben angefangen, und gemeinsam mit Nariman, einem persischen Musiker, haben wir unsere Gruppe gegründet („Gülay & The Ensemble Aras") – ich hatte so große Sehnsucht danach, Musik zu machen!

Und in dem Jahr habe ich meine Tochter verloren. Sie wollte mit ihrem Vater ins Kino gehen und ist nie wieder gekommen. Sie war damals zwölf, sie war stark in der Pubertät. Ich habe drei Tage und drei Nächte vor der Schule gewartet – ich war total verzweifelt. Mein Bruder, seine Freunde, die Musiker, alle waren bei mir. Sie haben bei mir übernachtet, ich habe es allein nicht ausgehalten. Ich habe ein

Jahr gebraucht, wirklich intensiv ein Jahr, um das zu verkraften. In diesem Jahr habe ich jeden Tag geweint. Ich habe nicht in ihr Zimmer gehen können. Ich habe dann immer wieder – ich weiß nicht wie viele Male – vor der Schule gewartet. Vier Monate später ist sie an einem Samstag aus der Schule rausgekommen. Ich habe sie an ihrer Jacke gehalten, und sie hat mich blutig gekratzt und ist weggelaufen. Ich bin auf die Straße gegangen, habe mich in der Mitte niedergesetzt – ich wollte, dass die Autos mich überfahren. Aber ich habe in meinem Leben immer Hilfe bekommen. Ein Türke ist gekommen, ein Gastarbeiter vom Land. Er hat gesagt: „Chanum – also: Frau – ich habe gesehen, was hier geschehen ist." Ich habe den Mann nicht gekannt, er hat mich langsam auf die Seite gezogen, er hat mich beruhigt und hat gesagt: „Dieses Kind will dich nicht. Quäl dich nicht." Ich war so erstaunt – wieso konnte dieser Mann das wissen? Wieso kann meine Tochter mich nicht wollen? Ich habe ihr ihre Kleider gebracht, ich habe beim Bahnhof gewartet – ich wurde von ihr mit einem bösen, bösen Blick gestraft. Ich habe dann das Jugendamt gebeten: „Ich will mit meiner Tochter nur fünf Minuten allein sprechen." Ich war überzeugt, wenn sie mit mir fünf Minuten spricht, bricht alles zusammen – wir hatten keinen Streit miteinander gehabt. Ich habe sie gebeten, sie sollen mir das organisieren. „Natürlich!", haben sie gesagt, die Frauen vom Jugendamt. Ich bin dorthin gegangen, ich hatte schon Angst, und vor der Tür habe ich meinen Mann gesehen – obwohl ich die ersucht hatte, dass ich alleine mit Billur sprechen will. Kurz davor hatte ich erfahren, dass mein Mann die Scheidung in der Türkei gestoppt hatte – er wollte, dass ich zu ihm zurückkomme. Dann das Gespräch bei diesem Jugendamt – meine Tochter war drinnen, mein Mann daneben, und drei Frauen sind auch dort gesessen. Sie haben mich mit meiner Tochter nicht fünf Minuten alleine sprechen lassen. Ich habe nachher angefangen, zu laufen, Kilometer, damit ich mich beruhigen kann. Ich konnte das seelisch nicht verarbeiten. Ich bin dann zu Frauenhilfegruppen gegangen, aber die haben mich sehr schlecht behandelt. Die Frauen, die ich dort getroffen habe, haben als Frauen keine Frauengefühle gehabt.

In dieser Zeit bin ich dann Josef näher gekommen – er war ganz für mich da. Er war für mich wie ein Engel, der vom Himmel gekommen ist. Ich habe nie das für ihn gemacht, was ich für meinen Exmann gemacht habe. Trotzdem hat es funktioniert, verstehst du? Ich existiere – das war ihm genug. Josef ist ein großartiger Mensch, und er ist auch selber Künstler. Er weiß, was das bedeutet – auf die Bühne zu gehen, Applaus zu bekommen. Er wird genauso anerkannt.

Billur hat uns nie wieder gesehen, auch meine Mutter nicht. Und ungefähr vor viereinhalb Jahren habe ich eine Benachrichtigung vom

Postamt bekommen – ich musste einen Brief abholen. Ich bin zur Post gegangen, ich habe das Papier gesehen, und ich habe zuerst nicht verstanden, was das heißen soll. Billur hat mich verklagt – sie wollte 350.000 Schilling von mir. Sie hat Jus studiert und beim Studium ein Gesetz gelernt – wenn man studiert, kann man von Mutter und Vater Geld bekommen. Ich habe ihr einen Brief geschrieben. „Billur, wenn du Geld brauchst, melde dich bei mir. Schnell und auf kürzestem Weg kann ich dieses Geld besorgen." Ich habe schon die Absicht gehabt, ich nehme einen Kredit von der Bank und gebe ihr das Geld. Sie wollte nicht, sie hat sich nie gemeldet, und ich musste zum Gericht. Die Richterin war absolut gegen mich. Es hat acht Verhandlungen gegeben, und sie hat mich nie sprechen lassen. Meine Zeugen sind nicht angehört worden. Gleich beim ersten Mal habe ich zu der Richterin gesagt: „Wissen Sie, diese Geschichte ist vor zehn Jahren entstanden. Was vor zehn Jahren geschehen ist, ist nicht abgeschlossen. Ich habe mit ihr nie gesprochen. Deswegen gibt es eine Wunde, deswegen findet dieser Prozess statt." Sie hat gesagt: „Was vor zehn Jahren passiert ist, interessiert uns überhaupt nicht." Diese acht Verhandlungen haben vier Jahre gedauert. Dann habe ich mich hingesetzt und bei meiner Mutter in der Türkei einen Brief an diese Richterin verfasst. Ich habe geschrieben: „Lesen Sie einmal die Papiere, die ich Ihnen gebracht habe. Die Gutachter haben geschrieben: ‚Sie ist stark in der Pubertät. Sie will Sie verlassen.' Lesen Sie die Gutachten darüber, was ich damals gemacht habe, welche Versuche – dann wissen Sie, ob ich eine gute oder schlechte Mutter bin. Wenn Sie das einmal gelesen hätten, würden Sie mich nicht quälen." Sie hat die neunte Verhandlung gestoppt. Ich bin dann in Berufung gegangen, weil ich über 250.000 Schilling und die Gerichtskosten zahlen musste. Die Berufungsrichterin war auch eine Frau. Sie hat entschieden, dass ich 14.000 Euro zahlen muss plus Gerichtskosten. Das war voriges Jahr im September.

Aber in dieser Gerichtszeit ist etwas Erstaunliches passiert – ich habe die Verhandlungen immer vor einem Konzert gehabt. Ich hatte in ganz Österreich Konzerte – auch in verschiedenen Schlössern –, und ich habe wunderschöne Blumen gekriegt. Und am Tag davor bin ich im Gericht so behandelt worden, als ob ich die schrecklichste Frau wäre. Es war immer so in diesen vier Jahren.

Nachher habe ich nichts mehr von Billur gehört. Meine Mutter hat immer noch Probleme damit. Sie war voriges Jahr da und hat mich gefragt: „Warum weinst du nicht, warum leidest du nicht?" Ich habe gesagt: "Du kannst jemanden lieben, der dich nicht liebt. Du kannst in einen Mann verliebt sein, der dich nicht liebt. Was kannst du machen? Ich habe akzeptiert – sie will mich nicht. Ich bin froh, dass es ihr gut geht. Sie ist schön, sie ist gesund, sie ist sehr intelligent. Ich freue mich, ich bin sehr glücklich. Aber ich kann nicht bekommen, was ich will." Ich habe oft darüber nachgedacht, warum meine Tochter mich so hasst. Sie weiß, dass ich ihr nichts getan habe, aber sie kann sich nicht erlauben, meine Seite zu sehen. Plötzlich gibt's dann vielleicht gar keine Mauer mehr, die ist vielleicht aus Glas und wird zerbrechen. Sie will sich das nicht erlauben, diese Seite zu sehen. Während ihr Vater mit ihr noch in Kontakt ist, ist ihr das absolut verboten. Das ist wie ein Tabu. Wir haben ja nicht gestritten oder irgendein Problem gehabt. Sie beschuldigt mich wahrscheinlich, weil sie doch erwartet hat, dass ich stärker bin, dass ich sie von ihrem Vater wegnehmen kann. Aber wie sollte ich? Im Unterbewusstsein verübt sie diese Rache, vermute ich, aber ich weiß es nicht. Das wird vielleicht einmal brechen – nur ich habe keine Illusion und ich habe keine Erwartung mehr.

Ich habe denen allen verziehen – auch meinem Mann, auch meiner Tochter. Ich habe mich sehr erleichtert – während die mich gequält haben, habe ich ihnen verziehen. Dieses Hassgefühl verdirbt mich selber. Ich leide dann darunter. Ich will mein Glück spüren, und ich bin deswegen jung, meine Seele ist jung. Ich bin nicht achtzehn, aber wenn jemand mich fragt, sage ich, ich bin achtzehn – ich fühle mich wie achtzehn.

Das ist auch mein Erfolg – dass ich die Menschen liebe, obwohl sie böse waren. Das ist ein großes Geschenk! Ich bin sehr glücklich, auch in Österreich sehr glücklich. Weißt du, wie stolz ich war als Österreicherin in Usbekistan! (bei dem von der UNESCO initiierten Musikfestival „Östliche Melodien", das seit 1997 vier Mal unter Mitwirkung von achtunddreißig Musikgruppen aus der ganzen Welt auf dem berühmten Registan-Platz in Samarkand stattfand. Gülay Olt-Sahiner trat dabei drei Mal mit ihrem Ensemble auf. E.B.) Ich bin Türkin, aber als Österreicherin bin ich auch stolz, verstehst du? Österreich hat mir die Ehre erwiesen, dass ich es repräsentieren darf. Usbekistan ist ein Geschenk für mich in meinem Leben. Ich habe noch nie so ein großes Glück, so eine große Freude verspürt wie dort. Ich durfte auf dem Registan-Platz singen – die Stimme klingt so wunderschön. Dieser Klang, diese lieben Menschen, diese vielen Künstler – das war ein Reichtum, den ich erlebt habe! Da bin ich auch den Österreichern dankbar. Das Kulturamt hat uns bei zwei Reisen nach Usbekistan unterstützt, aber auch meine Programme in Estland und in Moskau. Das ist eine große Leistung für mich – ich bin anerkannt in Wien.

Ich bin als Österreicherin in Usbekistan aufgetreten, aber wenn du mich fragst, wohin ich gehöre – ich gehöre der ganzen Welt. Ich bin ein Weltmensch, und ich bin überzeugt davon, dass wir uns alle ähnlich sind. Die Melodien, die Sprachen sind unwichtig. Wichtig ist – wir gehören der ganzen Welt. Deswegen singe ich in vielen Sprachen. Und in meinen Konzerten bringe ich Menschen aus ganz verschiedenen Ländern zusammen – die fühlen sich wirklich einheitlich. Ich spüre das, und das ist ein Genuss – es gibt Momente, da entsteht ein einziger Klang, und sie sind alle tief drinnen. Die Kraft der Liebe ist sehr groß – durch Musik kann ich das zeigen, durch Tanz kann ich das zeigen.

➤ Sicher ist meine Entwicklung als Frau von diesen Erfahrungen in Österreich auch beeinflusst worden. Schau, die haben mir Härte gezeigt bei so vielen Stellen hier in Wien – ob es das Jugendamt war oder Frauenhilfeeinrichtungen oder das Gericht. Die haben mir nicht genug Liebe gezeigt, und das war gut für mich. Ich habe gelernt. Ich habe hier meine Schätze, meine Werte besser kennen gelernt. Wenn sie mich verwöhnt hätten, wäre ich nicht erwachsen geworden. Ich war eine dumme Prinzessin, die geglaubt hat, dass alle Menschen nur gut sind. Ich habe gelernt, die haben auch etwas Böses, aber die können nichts dafür. Die sind in etwas Bösem drinnen, die leiden selber, und deswegen beißen sie andere, und deswegen lassen sie etwas Schönes nicht entstehen – sie wollen das zerstören. Ich kann denen nichts beibringen, aber ich kann mich besser schützen, und ich kann ihnen auch verzeihen. Ich habe durch alle Schwierigkeiten, die ich hier erlebt habe, gelernt. Ich bin sehr dankbar, dass ich alles erlebt habe. Das Leben ist ein schwerer Weg gewesen, und der Reichtum ist, dass ich alle lieben kann. Je mehr ich sie lieben kann, umso reicher bin ich. Ich will niemanden hassen, weil sonst kann ich nicht so klar singen. Der Klang ist sehr wichtig für mich. Der Ton geht durch den Körper durch ins Herz, und diese Töne heilen die Menschen – mich auch. Während ich singe, bin ich geheilt, und ich fühle wirklich ein absolutes Glück.

Ob ich hier Dinge verwirklichen konnte, die in der Türkei nicht möglich gewesen wären? In der Türkei hätte ich wahrscheinlich eine berühmte Sängerin werden können. Mit achtzehn Jahren habe ich in Istanbul eine Aufnahme gemacht, sie haben mich entdeckt, aber ich habe mich zurückgezogen, weil als Sängerin erwartet dich als Frau ein komisches Leben. Du musst mit mehreren Menschen Beziehungen haben, und ich habe gedacht, ich kann dieses Leben nicht führen. Ich könnte in der Türkei Graphikerin sein – ich war auch Graphikerin dort –, ich könnte Malerin sein, aber ich könnte nicht so viele Menschen und so viel Kunst aus der ganzen Welt kennen lernen. Wie ich entschieden habe, hierher zu kommen, bin ich nicht nur wegen Memo gekommen. Ich habe mich für Malerei interessiert, ich habe Ausstellungen besucht, und Werke aus der ganzen Welt sind hier original ausgestellt worden. Das war für mich sehr interessant. Und so viele fremde Künstler kommen hierher – das ist für mich auch sehr interessant. Ich habe von allem profitiert, ich habe viel gelernt. Ich hätte in der Türkei nie so eine große Musiksammlung anlegen können – ich habe ein großes Archiv mit asiatischer Musik. Ich habe hier in Wien Menschen aus allen möglichen Völkern kennen gelernt, und sie haben mir Aufnahmen mit alten klassischen Stücken geschenkt. Ich habe mir das angehört – immer hat irgendetwas meiner Seele entsprochen –, ich habe das Stück gelernt, und das ist ein Reichtum für mich. In der Türkei kommst du nicht mit so vielen Fremden zusammen. Das ist ein Vorteil in Österreich.

Bis zu den Problemen mit meiner Tochter habe ich Benachteiligung niemals gespürt, nachdem ich mich als Mensch fühle, nachdem ich mich nie als Ausländerin betrachte, niemals. Ich bin auf meiner Welt, wer kann mir das nehmen? Das ist so schön, ich bin reich, mir kann niemand dieses Gefühl geben – das ist für mich subjektiv, dieses Ausländersein. Bei dieser Arbeit zum Beispiel – ich arbeite seit 1991 als Bibliothekarin – haben sie mich in der Gemeinde Wien genommen, als ich laut Pass noch Ausländerin war. In einem bestimmten Zimmer im Rathaus musste ich meine Papiere holen, und die haben gemeint: „Sie sind Ausländerin. Was glauben Sie, Sie können nicht in der Gemeinde Wien arbeiten." Ich habe gesagt: „Die wollten mich, und die haben mich ausgesucht." Ich bin weggegangen, um zwölf Uhr wiedergekommen, die Sekretärin hatte die Papiere fertig gemacht und hat sie mir gegeben. Ich bin die erste Ausländerin, die in der Gemeinde Wien aufgenommen worden ist – ich habe erst eineinhalb Jahre später die österreichische Staatsbürgerschaft bekommen. Ich habe als Ausländerin begonnen – da bin ich natürlich trotzdem stolz.

Aber bei der Sache mit meiner Tochter habe ich mich hier als türkische Frau benachteiligt gefühlt. Überall, wo ich mich hingewendet habe – wenn Frauen dort waren, waren sie bissig. In ihren Augen musste ich etwas gemacht haben. Ich schaue viel zu gut für sie aus. Ich habe mich oft gefragt – wie können sie mich so bestrafen, diese Frauen, weil ich ein bisschen hübsch ausschaue. Ich liebe Schönheit, ich habe Sehnsucht danach, ich suche mir etwas Schönes, ich beschäftige mich mit Schönem, und das ist mein Schutz. Ich habe schon als Kind Ästhetik sehr geliebt. Immer noch leide ich, wenn etwas nicht ästhetisch genug ist – das ist für mich wie eine Belastung. Ich kann nicht ohne Schönheit leben. Aber hier musst du als Türkin absolut hässlich mit einer komischen Kleidung und mit einem Kopftuch zu diesen Frauenhilfeeinrichtungen kommen, und du musst absolut arm ausschauen, dann können sie dir helfen. Ich habe beobachtet, es gibt bestimmte Frauen in Österreich, die sehr unglücklich sind. Sie sehen sich nicht als Frau. Sie betrachten sich als Werkzeug vom Staat, sie sind angestellt, sie haben keine Gefühle, oder sie erlauben sie sich nicht. Die sind eigentlich selber arm – besonders die, die in Frauenhilfeeinrichtungen arbeiten. Die brauchen in Wirklichkeit selber Hilfe.

Ich habe schon Vorstellungen vom Leben in Österreich und von österreichischen Frauen gehabt, bevor ich hierher gekommen bin. Ich habe viel gelesen, und ich war vorher ja mehrere Male bei meinem Bruder in Wien. Wir sind miteinander auf Feste gegangen, wir haben viel miteinander erlebt. Das hat mir Spaß gemacht, aber ich habe die österreichischen Frauen sehr konservativ gefunden. Die haben von Mode nichts verstanden. Damals war mir das sehr wichtig – und das ist mir eigentlich immer noch wichtig. Schon als Kind haben mir schöne, elegante, ästhetische Frauen gefallen. Mit vier Jahren habe ich angefangen, Brautbilder zu zeichnen und jetzt noch schneidere ich meine Kostüme nach diesen Erinnerungen in meinem Kopf. Feine Frauen waren für mich ein Vorbild, und ich habe sie immer wieder getroffen. Alles, was elegant ist, hat mir gefallen. Damals, in den 70er Jahren, haben mich Österreicherinnen auf der Straße festgehalten, um den Schnitt von meinen Kleidern zu nehmen – ich habe das komisch gefunden. Ich habe auf der Straße Frauen gesehen, die Schuhe von 1930 anhatten. Jetzt verstehe ich das – das waren Frauen aus der Kriegsgeneration, und die haben alte Sachen aufgehoben und sie immer wieder angezogen.

Die Frauen, die ich mit Memo getroffen habe, waren sehr neugierig auf mich. Memo hat Umgang mit künstlerischen Gruppen gehabt. Er war jeden Abend woanders eingeladen, die Frauen waren Schickimickitypen, alternative Typen, alles mögliche hat's gegeben. Und ich war als junges Mädchen mitten drinnen. Sie haben mich an der Bluse genommen, jede hat etwas gefragt – ob meine Mutter ein Kopftuch trägt, und wieso ich ohne Kopftuch bin. Sie haben sich immer dafür interessiert, was ich angezogen habe, wieso ich so ausschaue, ob ich so etwas esse, ob ich das verwende. Ich konnte das nicht verstehen. Ich habe gesagt: „Memo, was fragen sie für komische Fragen? Wieso fragen sie immer das Gleiche, und die schauen eigentlich normal aus!"

Ich habe jetzt hier als türkische Frau nicht mehr mit Klischees zu tun. Sie betrachten mich als eine besondere Türkin, die sich sehr entwickelt und zivilisiert hat – nicht so wie die anderen ist. Sie wissen nicht, wie die Frauen in der Türkei sind. Ich habe sie auch akzeptiert, ich verstehe sie – diejenigen, die noch nie in der Türkei waren, natürlich haben sie solche Vorstellungen.

In der Türkei wiederum schätzen die Leute einerseits Europäer – egal ob Frauen oder Männer – ganz besonders. Sie bewundern, dass die Menschen vom Westen so großartig sind. Aber sie wissen nicht, was der Inhalt ist – das ist ein Vorurteil, würde ich sagen. Man macht in seinem Kopf so etwas Großes. Und mit dieser Bewunderung kommen sie auch hierher. Andererseits gibt's auch negative Vorstellungen von europäischen Frauen – sie sind nicht treu, sie können mit allen anderen auch schlafen, und es gibt nicht so eine starke familiäre Beziehung. Aber das stimmt auch nicht – es gibt so viele Unterschiede. Das ist meiner Meinung nach der nächste Unsinn.

Und meiner Meinung nach ist es auch ein Vorurteil – das die Europäer sehr gerne haben wollen –, dass die asiatischen Frauen und die Frauen woanders stark unterdrückt sind. Die Männer haben überall Macht, Herrschaft, sie wollen mächtig sein, Machos sein – diese Gefühle haben sie durch die Erziehung. Diese Beobachtung habe ich in der Türkei gemacht und hier gemacht. So edel wie mein Vater war, habe ich hier noch keinen Menschen kennen gelernt – es kommt immer auf den Einzelnen an.

Was ich hier als Nachteil empfinde – die meisten Frauen genießen ihr Frausein nicht. Wenn sie als Frau geboren sind, wenn sie diese Gefühle haben, etwas Anderes als ein Mann zu sein, dann sollen sie das genießen. Sie erlauben sich das nicht durch eine Tradition hier in Wien – aber nicht alle. Und hier bist du als Frau zwar fast gleichgestellt mit einem Mann, aber es fehlt die Begeisterung für Frauen. In Asien ist das nicht so, die Begeisterung ist da, du würdest das jeden Tag genießen, unterwegs, beim Einkaufen, zu Hause, bei deinen Bekannten, und es ist nicht immer etwas Sexuelles dabei. Du kriegst diese Begeisterung an einem Tag von mehreren Männern – oder Menschen, sage ich vielleicht besser –, und dieses Gefühl ist frei, es gibt diese Mauer nicht. Hier ist das weniger der Fall – allgemein ist es eine Tendenz, eine Mauer aufzubauen. Um das zu verstehen, braucht man wirklich genug Lebenserfahrung in diesem Bereich. Ich habe beide Umgangsweisen beobachtet, deswegen fühle ich mich oft kalt in dieser Atmosphäre. Es gibt nicht genug, wie soll ich sagen, Schmeichelei sagt ihr, es ist aber nicht Schmeichelei, es ist, was die Seele braucht – als Mensch. Das fehlt hier. Das kannst du nur mit einer sexuellen Absicht haben. Ich bin so aufgewachsen, mit meinen Freunden, mit denen ich noch immer befreundet bin, und mit denen ich überhaupt nichts Sexuelles gehabt habe oder jemals haben werde - wir können uns so lieben mit unseren Wörtern oder Blicken. Das ist für die Seele etwas sehr Brauchbares – und hier fehlt das.

➢ Das liebe ich in der Türkei auch als Frau – dieses Verwöhnt-Sein von allen möglichen Menschen, nicht nur von Männern. Die Gefühle werden offen gesagt, gezeigt – das schätze ich sehr. Auch diese Großzügigkeit – was man hat, gibt man. Vielleicht hat man nichts in der nächsten Stunde – aber es kommt schon, man hat keine Angst. Hier gibt's Angst, und Angst bringt Angst. Angst verdirbt dir die Wege, es kommt nicht großzügig zu dir, sondern bleibt weg, wenn du Angst hast. Die Österreicher haben allgemein diese Angst. Obwohl die Fremden da sind, haben sie auch nicht von ihnen gelernt – einige natürlich schon. Es ist sehr schwer, sie wegzuschaffen, diese Angst, sie ist wahrscheinlich Hunderte Jahre alt. Diese zwei Sachen schätze ich in der Türkei, und sie fehlen mir hier. Wenn ich sie nicht kennen gelernt hätte, würde ich das nicht merken. In meinem Leben hier will ich sie aufbewahren. Ich habe einige Jahre Angst gehabt, dass ich sie verliere, aber ich komme darauf, dass ich sie nicht verliere, weil ich sie so sehr liebe. Ich kann dir alles geben, was ich habe, wenn du etwas von mir willst. Ich kann geben – ich habe keine Angst. Es kommt zu mir zurück, verstehst du. Du würdest mir auch geben oder jemand anderer. Es ist wirklich so, weißt du, genauso funktioniert es. Ich habe vieles gegeben, was ich habe – und ich habe vieles bekommen. Ich spüre das auch bei meinen Konzerten. Natürlich, Frauen oder Männer bekommen Kraft von mir, aber ich bekomme von ihnen auch Kraft, das ist nicht einseitig – deswegen will ich auch auftreten. Aufnahmen sind für mich weniger wichtig – Auftreten ist mir wichtig. Dieser Austausch auf der Bühne, das ist so schön. Ich kann das sehr genießen, meine Musiker weniger. Die haben Noten, die sind stark mit der Musik beschäftigt, aber ich schaue jedes Gesicht an, ich bekomme so viel Liebe, das ist erstaunlich.

Und mit meinen Konzerten kann ich Frauen hier auch das Gefühl von Weiblichkeit geben. In Deutschland ist mir das passiert, gleich nachdem die Gruppe gegründet wurde – da sind viele Frauen in unser Konzert gekommen, das hat noch dort angefangen. Sie haben mich dann bei einem anderen Konzert in München besucht, acht Jahre später, und sie haben mir gesagt, sie haben ihr Leben geändert, nachdem sie mich auf der Bühne gesehen haben – in Wien auch, viele Frauen. Irgendein Bild haben sie gesehen, und danach haben sie anders gedacht. Ich habe bei ihnen eine Inspiration ausgelöst – ich hatte nicht diese Absicht gehabt.

➢ Ich wünsche mir, singen zu können – das ist mein größter Wunsch. In der Musik haben sie hier wenig Verständnis – wenn jemand nicht klassische Musik aus Europa macht, betrachten sie das als Folklore. Aber Folklore ist eine Dorftradition. Klassik in meiner Vorstellung ist auch klassische osmanische Musik, sie ist über Hunderte Jahre entwickelt und auf ein zivilisiertes Niveau gebracht worden – und ab dem Zeitpunkt ist es Klassik geworden. Diese Musik habe ich in meiner Familie gehört, und ich habe das intensiv gelernt – klassischen osmanischen Gesang. Aber der größte Teil der Österreicher glaubt, dass ich Folklore mache – das ist ein Schwachpunkt, über den ich in Österreich unglücklich bin, aber ich habe das akzeptiert. Ich habe ja gesagt – das Kulturamt unterstützt mich, auch der Klestil hat mir persönlich Briefe geschrieben – ich freue mich. Aber es gibt eine eigene Einstellung. Sie haben mich zum Beispiel nie zu den Wiener Festwochen eingeladen. Wenn ich woanders bekannt bin, dann werden die Österreicher unsere Musik vielleicht auch noch mehr akzeptieren. Davon bin ich überzeugt. Die Wege hier sind sehr schwer. Ich muss auf vieles verzichten, ich muss viele Stunden arbeiten, damit ich meine Musik machen kann. Aber ich bin für alles dankbar, ich bin sehr glücklich, ehrlich gesagt. Noch nie habe ich mein Glück wie in diesem Jahr gespürt. Das Singen ist die größte Gabe für mich. Ich habe eine Aufgabe – ich kann vielen Menschen Freude bereiten.

Ich denke immer noch daran, was mein Vater geleistet hat für uns alle

Gespräch mit
Inday Eva Pozsogar
geb. 1958 in Naga City/Philippinen, Schmuckdesignerin und Geschäftsfrau, lebt seit 1984 in Wien

Ich bin in Naga City geboren, das ist eine kleine Stadt im südlichen Teil der nördlichen Inseln von den Philippinen. Wir waren neun Kinder, und ich bin das vorletzte. Mein Vater war Architekt, und er hat am Vormittag und am Nachmittag in einer Regierungsfirma gearbeitet und dann am Abend privat für verschiedene Kunden. Und ich habe beobachtet – und das prägt mich noch bis jetzt, ich bin irgendwie sehr verbunden mit meinem Vater –, dass er so viel geopfert hat für uns neun Kinder, damit wir alle in bessere Schulen gehen können oder studieren können, weil auf den Philippinen ist das relativ teuer. Ich denke immer noch daran, was mein Vater geleistet hat für uns alle. Er hat täglich nur von ein Uhr bis fünf Uhr in der Früh geschlafen, täglich! Dann ist er auf den Markt gegangen, weil er das beste Essen und warmes Brot kaufen wollte, ist nach Hause gekommen und hat das Frühstück vorbereitet für uns alle. Vor halb acht ist er in die Firma gegangen, zu Mittag hat er das Mittagessen gekocht und ist wieder zum Arbeiten gefahren. Und dann hat er auch noch das Abendessen für uns gemacht. Das war das Leben von meinem Vater. Mit fünfundsechzig musste er in der Regierungsfirma in Pension gehen, aber er hat privat weitergearbeitet, bis er fünfundsiebzig Jahre alt war. Er wollte sich nicht zur Ruhe setzen, obwohl er schon sechs Mal einen Gehirnschlag hatte. Er hat nie aufgegeben. Er war schon gelähmt, aber er hat trotzdem gesagt: „Ich will noch arbeiten. Ich muss das Leben normal führen, ich muss genau der Gleiche sein wie früher." Und er hat versucht, mit einem Ball zu trainieren, damit er sich bewegen kann – er hat wirklich wieder lernen müssen, zu gehen. Er ist mit dreiundachtzig Jahren an einem Herzinfarkt gestorben.

Meine Mutter war Opernsängerin. Sie hat aber wenig Auftritte gehabt – auf den Philippinen bekommst du als Opernsängerin oder Operettensängerin wenig Engagements. Sie war immer zu Hause. Wie sie zwei Jahre alt war, hat sie am Fluss gespielt und plötzlich war sie für sechs Stunden verloren. Viele Mannschaften haben sie gesucht und konnten sie nicht finden. Alle haben schon gedacht, dass sie tot ist, und ihr Vater hat aus Schock einen Herzinfarkt gekriegt und ist gestorben. Schließlich haben sie sie fünf Kilometer weit weg auf einem Baumstamm am Fluss entdeckt. Sie haben nur ihr Kleid gesehen und haben sie so gefunden – es war wirklich ein Wunder, dass sie noch gelebt hat. Von diesem Zeitpunkt an hat mein Onkel – ihr älterer Bruder – versprochen, er wird sich um sie kümmern, bis sie verheiratet ist. Er hat dann einen Regierungsauftrag bekommen und wurde Minister für Forstwirtschaft in der gesamten Region von Mindanao, das ist die zweit größte Insel von den Philippinen. Er hat meine Mutter mitgenommen, und sie hat dort Musik und Gesang studiert und dann meinen Vater kennen gelernt. Mein Onkel hat zu ihm gesagt: „Meine Schwester kann gar nichts – sie kann nicht putzen, sie kann nicht kochen, sie kann nur zwei Dinge: Sie kann lächeln und singen." Und mein Vater hat gesagt: „Ich nehme das alles zur Kenntnis." Mit Hausarbeit war meine Mutter dann tatsächlich total verwöhnt – ich glaube, sie hat nie geputzt, sie hat nur gebügelt. Sie war ein sehr zufriedener und ein total friedlicher Mensch, und sie war immer bodenständig. Das haben wir von ihr gelernt. Und wir haben viel von unserem sozialen Verhalten von meiner Mutter. Sie hat uns beigebracht, wie man mit Menschen umgeht – soziale Etiketten. Das hat mein Vater weniger gemacht, weil er sehr temperamentvoll war und alles gesagt hat, was er dachte. Er hat ganz offen gesprochen, er hat immer seine Meinung gesagt – das ist überhaupt nicht üblich auf den Philippinen. Mein Vater war in dieser Hinsicht ziemlich europäisch. Er kam ursprünglich von einer der reichsten

Familien auf den Philippinen. Mein Urgroßvater und mein Urgroßonkel und mein Großvater waren sehr reich, und sie haben vor mehr als hundert Jahren die Revolution mit Waffen finanziert, bis wir unsere Unabhängigkeit von den Spaniern bekommen haben. Die Unabhängigkeitserklärung wurde am Land meiner Großeltern unterschrieben. Mein Vater hat seinen Anteil von der Familie bekommen, und dann hat er meine Mutter geheiratet. Noch bis wir geboren wurden, hat er im Luxus gelebt. Er hat jeden Monat eine Party gegeben, mit einem ganzen Orchester, und er hat die halbe Stadt eingeladen. Er war sehr reich an Freunden – so wie ich –, aber weil er kein guter Geschäftsmann war, hat er viel verloren. Er hat dann ein Grundstück nach dem anderen verkauft – auch wegen unserer Ausbildung. Später waren wir im Verhältnis zu früher ziemlich arm – wir konnten nicht einfach haben, was wir wollten. Mein Vater hat trotzdem das Leben genossen, total, bis zum Ende, bis er gestorben ist. Er hatte jeden Freitag eine Party – aber dann ohne Orchester. Er hat immer alle seine Freunde eingeladen – Politiker, Ärzte, oft sehr wohlhabende Leute – und hat für sie gekocht. Unser Haus war ein attraktiver Platz für sie. Wenn irgendetwas gefeiert wurde, haben alle bei uns zu Hause gefeiert. Und mein Vater hat mit diesen Leuten ganz direkt gesprochen, er hat zum Beispiel gesagt: „Du musst aufhören mit deiner Geldgier. Du fängst schon an, korrupt zu sein. Lass das bitte. Wenn du damit nicht aufhörst, dann geh. Ich brauche solche Leute nicht." Und die Senatoren, die Gouverneure, die haben das angenommen und sind wieder zu ihm gekommen. Ich habe das Gefühl, mein Vater war innerlich sehr stolz. Er hat das nicht gesagt, aber man hat das an ihm gespürt. Er hat nicht überall das gesprochen, was seine Familie getan hat für das Land, aber ich denke persönlich, dass er das verinnerlicht hatte. Und darum hat er so offen gesprochen, ohne Angst, ohne Grenze. Und meine Mutter war ganz zurückhaltend im Temperament und im Sprechen. Also, ich habe beides bekommen – die Stärke von meinem Vater und diese Zurückhaltung, den Respekt gegenüber anderen Menschen von meiner Mutter. Diese Kombination ist die stärkste Prägung durch meine Eltern.

Ich bin ihnen so dankbar, weil ich glaube, ich wäre jetzt nicht so wie ich bin, wenn ich nicht so vieles von ihnen bekommen hätte. Ich würde nicht so viele Freunde haben, wenn sie nicht gewesen wären. Ich würde keine Vorstellungen von Kunst haben, wenn sie nicht gewesen wären, weil irgendwie waren sie ja beide Künstler – mein Vater war Architekt, und meine Mutter war Sängerin. Sie haben mir so viel Gutes beigebracht. Sie haben einfach das Beste gegeben, ohne viel zu probieren – das war alles ganz natürlich gemacht. Ich habe wirklich eine exzellente Kindheit gehabt. Ich würde sagen, dass meine besten Erlebnisse und Erfahrungen diese Beobachtungen sind – wie meine Eltern die ganze Erziehung gemacht haben.

Traurig sind die Erinnerungen nur an die Zeiten, wenn meine Eltern krank waren. Aber ich denke jetzt, das ist ganz normal, dass die Eltern manchmal sehr krank sein können. Mein Vater hatte die Gehirnschläge ab dem Zeitpunkt, wo ich vierundzwanzig Jahre alt war. Es war für mich schwer, sein Leiden zu sehen – er hat sehr gelitten. Er hat sich jedes Mal eine Weile nach den Gehirnschlägen wieder erholt, aber wir hatten immer große Angst um ihn. Das war für mich sicher auch eine Belastung – obwohl, dadurch, dass ich gesehen habe, was mein Vater alles leistet, war ich mir bereits als Kind sicher, ich schaffe das ganz alleine, ich kann selbstständig sein. Ich habe von meinem Vater auch schon mit sechs Jahren Verantwortung bekommen. Er hat mich zum Beispiel in ein Einkaufszentrum geschickt – die Besitzerin war ein Freundin von ihm –, und ich bin einfach dort hingegangen, ich hatte eine Liste und habe eingekauft. Alle zwei Wochen habe ich einen Scheck von meinem Vater hingebracht. Das heißt, er hat mir damals schon Vertrauen gegeben und Kompetenz. Er hat mir gezeigt, ich kann etwas. Er hat mich so wie eine richtige Erwachsene geschickt – er hat mich wie eine Erwachsene behandelt.

Ich habe dann von fünfzehn bis einundzwanzig in Manila studiert. Der Wechsel nach Manila war schwierig, weil das war eine ganz andere Stadt als Naga City – zu dieser Zeit haben schon zehn Millionen Menschen in Manila gelebt. Ich war am Anfang irgendwie ein bisschen verloren, obwohl ich zuerst bei meinem Onkel und meiner Tante gewohnt habe. Ich habe Mathematik studiert – das war der Wunsch von meinem Vater und auch mein Wunsch. Ich habe Zahlen immer geliebt. Das liegt mir gleich nach der Kunst, gleich nach meiner Arbeit, dem Schmuckmachen, am Herzen. Kalkulieren, Buchhaltung, Bilanzieren machen mir Spaß – und das war auch nachher meine Arbeit. Alles, was ich gemacht habe, lag mir am Herzen. Ich habe nie etwas gemacht, was ich nicht mochte.

Ich habe dann schon mit neunzehn während dem Unistudium gearbeitet. Ich hatte in diesem Jahr nur von 16 Uhr bis 21 Uhr Vorlesungen, ich hatte so viel Zeit am Vormittag. Mein Vater hat gemeint: „Nein, du sollst nicht arbeiten. Ich werde dich finanzieren, bis du fertig bist." Aber ich wollte das nicht, weil ich gesehen habe, wie schwer er arbeitet, und ich wollte selbstständig sein. Ich habe zu ihm gesagt: „Papa, das ist mein Leben. Ich mache das schon selber. Ich will kein Geld mehr von dir." Auf den Philippinen gibt es ein Examen für die Pragmatisierung für Beamte, das kannst du ab neunzehn machen – sobald du drei Jahre an der Universität abgeschlossen hast. Dann hast du die Möglichkeit, diese Prüfung zusammen mit den Leuten, die mit der Uni schon fertig sind, abzulegen, und mit der Pragmatisierung hast du in vielen Firmen bessere Chancen. Meine Schwester, die zwei Jahre älter ist als ich und mit ihrem Studium schon fertig war, hat dieses Examen gemeinsam mit mir gemacht, und ich habe sogar bessere Noten bekommen. Ich habe dann eine Arbeit gesucht. Zuerst habe ich mich bei Versicherungen beworben, und die haben mich nicht genommen, weil ich nicht schön genug für sie war! Dann habe ich etwas Anderes versucht: In der Nähe von meiner Universität gab es das höchste und das schönste Gebäude überhaupt in der Gegend, und dort war auch das Büro von der philippinischen Schiffbauindustriebehörde untergebracht – die kontrollieren die ganze Schifffahrt auf den Philippinen. Das ist eine sehr renommierte Firma, und ich habe mir gedacht: Das ist mein Traum. Ich werde mich selber herausfordern – ich werde dort arbeiten, und ich kriege das. Wenn mir das gelingt, dann werde ich mir gratulieren. Und dann bin ich zum Direktor gegangen – ich bin ziemlich stur – und habe zu ihm gesagt: „Ich wollte Sie fragen, ob Sie mich für eine Arbeit ohne Bezahlung nehmen können. Ich studiere an der Universität, und ich will keine Zeit verlieren – es ist schade um die Zeit. Ich respektiere Ihre Firma sehr, und es wäre mir eine Ehre, hier ein Praktikum zu machen." Er war überrascht, dass da so eine Person ist, die sagt, hier bin ich, und ich will arbeiten. Und er hat den Budgetchef angerufen und hat ihm angekündigt: „Es gibt jemanden, der für dich ab Anfang der nächsten Woche arbeiten wird." Ich habe nur drei Monate ohne Bezahlung gearbeitet. Danach – ich hatte das überhaupt nicht erwartet – war ich pragmatisiert genau wie alle anderen, die mit dem Studium fertig waren, und nach neun Monaten bin ich schon um zwei Stufen aufgestiegen. Wir waren nur zu dritt und haben für dreihundertsechzig Leute wöchentlich die Lohnverrechnung gemacht plus die gesamte Budgetverwaltung von der Firma.

➤ In der Generation von meiner Mutter haben die Frauen noch nicht gearbeitet. Ungefähr ab der Mitte der 60er Jahre hat sich das geändert. Ich habe als Kind gesehen, dass die Frauen angefangen haben, gute Geschäftsfrauen zu sein – die sind nach Hongkong geflogen, haben Dinge eingekauft und auf den Philippinen wieder verkauft. Zu der Zeit, wo ich so um die zwanzig war, hat die Gesellschaft auf den Philippinen von einer Frau erwartet, dass sie in erster Linie gut verdient, und dass sie sich zweitens um die Kinder kümmert, um den Zusammenhalt von der Familie und auch noch um den Haushalt. Das war eine reine Machogesellschaft in dieser Zeit, und ich glaube, heutzutage ist es schon mehr wie in Europa. Die Frauen denken jetzt mehr, dass sie gleichberechtigt sind mit den Männern.

In meiner Familie hat mein Vater erwartet, dass die Buben beruflich und geschäftlich sehr erfolgreich sein müssen, und die Mädchen sollten gute Männer heiraten – das heißt Männer mit guter Ausbildung, gutem Beruf und gutem Charakter. Und er hat gesagt: „Ihr sollt euch einen Mann aussuchen, der euch lieben und dienen kann." Das waren seine Worte. Das hat er den Töchtern vermittelt. Er hat das tatsächlich gemacht für meine Mutter, aber er hatte das auch versprochen. Wie er meine Mutter kennen gelernt hat, war die erste Frage von meinem Onkel: „Kannst du ihr dienen?" Und mein Vater hat geantwortet: „Mit einem Gentleman's Agreement, yes Sir." Und das war's. Weißt du, so einen Vater siehst du fast nie. Meine Mutter war sehr stolz auf ihn. Wie er gestorben ist, hat sie zu mir gesagt: "Euer Vater hat sein erstes Versprechen bis zum Ende gehalten." Für meine Mutter war es egal, ob unser Ehemann arm ist oder reich ist, oder ob er ein Studium abgeschlossen hat oder nicht studiert hat – er sollte nur nett sein.

Bei der Ausbildung hat mein Vater keinen Unterschied gemacht zwischen Mädchen und Buben – er hat für alle eine gute Ausbildung ermöglicht. Meine Eltern haben sich auch vorgestellt, dass wir Mädchen arbeiten, aber sie haben darüber nicht gesprochen. Ich habe gespürt, das ist der Wille von meinem Vater, dass wir arbeiten. Aber er hat uns die Entscheidung gelassen – also wenn's sozusagen nicht geht, wie er es wollte, dann können wir aussuchen, was wir wollen.

An und für sich haben die Mädchen zu Hause mehr gemacht – die Brüder waren immer weg. Aber meine Brüder haben gekocht. Alle können gut kochen – so wie der Papa. Aber sie haben das nur gemacht, wenn er nicht kochen konnte oder ausnahmsweise, wenn sie Lust dazu hatten. Meine Aufgaben waren, meinen Raum zu putzen und aufzuräumen und Geschirr abwaschen. Bei uns in der Familie gab es da auch ein besonderes System: Mein Vater hat die ersten Kinos in unserem Ort gebaut und als Bezahlung hat er dafür zehn Jahre lang Kinofreikarten bekommen. Er hat drei Kinos gebaut, und dementsprechend hat es täglich Karten für drei Personen gegeben. Als Leistung dafür mussten wir zuerst lernen, und dann hat es am Samstag Vormittag einen Wettbewerb gegeben, wer am schnellsten putzen oder Geschirr abwaschen kann. Die drei Ersten sind dann ins Kino gegangen und haben auch Geld für Coca Cola, Chips und Essen bekommen. Ich war jedes Mal sehr, sehr tüchtig – ich glaube, ich war jede Woche im Kino! Wir haben englische Filme gesehen und auch Filme in unserer Sprache, in Tagalog – das war immer ein Riesenspaß!

Vorbild waren für mich meine Eltern. Meine Mutter hat nie mit jemandem gestritten, sie war immer kompromissbereit, sie hat nie ein schlechtes Wort über andere gesprochen. Das ist selten auf den

Philippinen, dass eine Person so dezent ist. Sie war auch so feminin – sie war eine echte Lady, im wahrsten Sinne des Wortes. Wenn du mich siehst – ich bin genau das Gegenteil! Mein Vater war ein perfekter Vater und ein perfekter Mann. Und er war sehr menschlich. Ich kann mich erinnern, ein Mann hat zu ihm gesagt: „Architekt, ich will ein Haus bauen, aber ich habe zu wenig Geld." Er hatte eine kleine Farm mit Hühnern, und mein Vater hat gemeint: „Schenk mir jedes Mal, wenn ich zu dir komme, ein paar Hühner. Das ist deine Bezahlung." Oder es gab einige Gemüseverkäufer, die wollten auch ein Haus bauen lassen, und die konnten auch keinen Architekten bezahlen. Mein Vater hat zu ihnen gesagt: „Weißt du, jedes Mal, wenn ich zu dir komme, gib mir einfach Tomaten." Er wollte nie jemanden abweisen.

Gefördert haben mich auch meine Eltern – mit Geld, mit Ausbildung, mit allem. Das ist normal auf den Philippinen, das ist die automatische Reaktion von Eltern. Sie wollen eine gute Zukunft für die Kinder, zumindest was die Ausbildung betrifft. Aber meistens vergessen sie, dass im Leben des Menschen nicht nur das Studium wichtig ist. Und das hat meine Mutter uns eingeprägt: Nicht nur die Bildung ist wichtig, sondern auch das Sozialverhalten. Man darf nicht angeben. Man muss hören lernen, nicht nur sprechen. Alle diese Kleinigkeiten, die hat uns meine Mutter beigebracht.

Wie in meiner Jugend meine Vorstellung von einem glücklichen Leben als Frau war? Ich habe nicht so viel darüber nachgedacht. Ich habe nur gedacht, dass man, um glücklich zu sein, alles nur relativ haben muss. Weißt du, wenn das Wasserglas zu voll ist, dann läuft es über. Ich meine, das Wasser soll nur gerade dort sein, wo es nicht überläuft. Und das ist im Prinzip mit den Gefühlen und dem Leben auch so. Wenn du zu viel von etwas hast, ist es nicht ausgeglichen, dann fehlt die Balance. Das ist wie bei einer Waage – sobald die eine Schale nach oben geht, kommt die andere nach unten. Es ist immer besser, wenn es ein Gleichgewicht gibt – das glaube ich bis jetzt. Ich hatte damals das Gefühl, wenn ich älter bin, will ich ein ganz normales Leben haben – nicht zu viel von etwas und nicht zu wenig von etwas. Das Leben muss in der Mitte stehen. An Kinder habe ich nicht gedacht. Ich glaube, ich wollte für Menschen da sein – schon mit neunzehn. Ich wollte eine sehr erfolgreiche Geschäftsfrau sein für meine Leute – auf den Philippinen gibt es viele arme Menschen. Und das ist das Problem, dass ich das nicht kann. Um als Geschäftsfrau ganz oben zu sein, musst du dann viel nach unten treten. Du musst hart sein, und du verlierst deinen Charakter. Aber ich will bis jetzt geschäftlich wirklich erfolgreich sein. Nicht für mich persönlich, weil ich kann nur drei Mal am Tag essen, aber ich möchte mehr da sein und mehr haben für arme Leute, einfach weil ich weiß, dass ich dazu imstande bin. Aber danke für die Frage, das ist schon interessant, dass ich schon als junges Mädchen diese Pläne hatte – ich möchte Erfolg haben für andere. Das war immer meine Vorstellung. Mein Geld, alles, was ich extra habe, das fließt in die Community, in philippinische Veranstaltungen, damit es dem Land besser geht.

➤ Mit dreiundzwanzig habe ich meine Schwester in Thailand besucht – sie war dort eine Topjazzsängerin – und dort habe ich auch meinen Mann kennen gelernt, einen Österreicher. Er hat als Projektmanager für eine Tochterfirma von Voest Alpine gearbeitet, die haben große Anlagen in verschiedene Länder der Welt verkauft. Ich habe ihn nur ganz kurz gekannt, und wir haben schon nach fünf Monaten geheiratet – das ist alles sehr schnell gegangen. Das ist ein Zeichen dafür, dass ich damals noch nicht so reif war, muss ich jetzt sagen. Meinen zweiten Mann habe ich erst nach sieben Jahren – fast acht Jahren – geheiratet. Beruflich war ich immer sehr, sehr zielstrebig, aber über die Beziehung mit einem Mann und Ehe habe ich als junge Frau nicht so viel nachgedacht.

Ich habe dann fast ein Jahr in Thailand gelebt. Direkt anschließend waren wir in Indonesien und nachher im Irak. Im Irak war ich in der Zeit vom Krieg mit Iran – das war eine relativ schwierige Zeit, weil es sehr gefährlich war. Jeden Tag in der Früh um fünf Uhr wurde bombardiert – ungefähr hundert Meter von unserem Haus entfernt. Das war wirklich eine Herausforderung. Ich habe dort als Sekretärin von der gesamten Gruppe gearbeitet – der Chef von meinem Mann hat das arrangiert.

1984 sind wir nach Österreich gekommen. Aber wir waren davor schon immer für drei Wochen im Jahr hier und hatten auch eine Wohnung im zehnten Bezirk. Ich kannte noch niemanden, aber damit hatte ich keine Probleme, überhaupt nicht. Ich habe auch nie Schwierigkeiten mit den Leuten hier gehabt. Für viele Ausländer, die hier leben, und mit denen ich spreche, und auch für viele von meinen Landsleuten ist das meistens das erste Problem – die Leute. Sie spüren eine gewisse Ausländerfeindlichkeit. Aber bei mir war das nicht der Fall. Sehr schwer war es mit der Sprache. Ich habe zuerst englisch gesprochen, und ich war mir lange nicht sicher, ob ich auf Deutsch richtig ausdrücken kann, was ich fühle, was ich denke, und ob mich die Leute richtig verstanden haben. Das war eine große Unsicherheit. In dieser ersten Zeit habe ich das Gefühl gehabt, es war noch alles ein Spiel, es war noch nicht ernst. Es ist ernst geworden ab der Zeit, wo ich mich wirklich verständlich machen konnte. Ich habe Deutsch nur von Leuten gelernt, nur vom Reden und Hören – ich habe nie einen Kurs besucht. Ich war viel mit Menschen zusammen.

Ich habe mir dann gesagt, ich will das verwirklichen, was ich immer schon machen wollte. Und damit habe ich Ende 1987, Anfang 1988 angefangen – ich habe meine eigene Firma aufgebaut. Zuerst habe ich Schmuck von den Philippinen importiert und seit zehn Jahren entwerfe ich selber Schmuck aus Horn – ich mache das Design und auch die Endfertigung. Ich habe mir gedacht, so viele Leute verkaufen Schmuck aus Steinen, Gold und Silber. Ich kann es mit Horn versuchen – also mit einem nicht ganz teuren, aber auch nicht billigen Material – und mit gutem Design eine Marktlücke füllen. Und dann habe ich mit sehr großem Schmuck angefangen, jetzt mache ich auch kleinere Sachen. Ich habe nie davor in meinem Leben Schmuck entworfen, aber das hat mich interessiert! Ich spiele sehr viel mit Formen. Ich kopiere niemanden – ich mache einfach, was ich fühle.

1995 ist mein erster Mann gestorben – er war erst einundvierzig. Ich habe eineinhalb Jahre gelitten, weil wir doch viel gemeinsam gemacht haben – obwohl, die erste Ehe war für mich nicht die perfekte Ehe. Ich war noch so jung, wie ich geheiratet habe. Ich hatte teilweise Probleme mit meinem Mann, weil er wirklich nicht wollte, dass ich selbstständig bin – ich habe mich gegen seinen Willen selbstständig gemacht. Ich musste damals auch für meine Firma auf die Philippinen reisen, aber das war immer schwierig. Er hat das akzeptiert, aber ich glaube, er war nicht glücklich damit. Er hat erwartet, dass ich nur bei ihm bleibe und zu Hause bin. Und wie du mich kennst – ich bin eine sehr lebendige Person. Ich möchte mich bewegen, ich möchte Neues sehen, ich möchte mit Leuten reden. Und mit meinem jetzigen Partner ist das kein Thema. Er hat mir das Gefühl gegeben, ich bin ein freier Mensch. Ich kann entscheiden, was ich will, ich kann auf meinen zwei Füßen stehen. Aber er ist immer hinter mir – wenn ich ihn brauche, ist er da. Das ist ein gutes Gefühl.

Meine Erfolge? Ich glaube, ich habe den Erfolg, den ich wollte – ich bin sehr, sehr zufrieden mit dem, was ich erreicht habe. Ich bin sehr zufrieden, dass die Leute meinen Schmuck kaufen. Das heißt, ich habe vielleicht schon erreicht, was ich in punkto Design haben möchte. Es kann noch ein bisschen mehr Geld sein, damit ich auch anderen helfen kann durch den Schmuck, weil ich ja auch Leute auf den Philippinen habe, die für mich arbeiten. Ich mache die Zeichnungen, und es gibt dort fünf Mitarbeiter, die zuständig sind für die Erstbearbeitung. Sie schicken mir dann die Teile hierher, und ich mache alles bis zur Endfertigung. Es ist mir wichtig, dass ich nicht besser als die Leute verdiene, die mir helfen – die sind Teil von meiner Arbeit.

▶ Ich habe mich durch das Leben hier so entwickelt, dass fast meine gesamten Gedanken österreichisch sind. Nur im Inneren meines Herzens, da bin ich noch philippinisch. Ich fühle mich stark wie eine

Philippinin in punkto Armut – dass ich zu einem armen Land gehöre, wo so vielen Menschen noch geholfen werden muss. Wenn ich die armen Leute auf den Philippinen sehe, identifiziere ich mich mit ihnen, ich habe noch sehr viele Gefühle für sie. Ich denke persönlich, wenn sie leiden, dann leide ich auch. Und in punkto Fleiß, Zielorientierung, Arbeitseinstellung, Entscheidungen fühle ich mich wie eine Österreicherin, genieße ich es, Österreicherin zu sein. Das heißt, ich habe noch so viele Emotionen für meine Landsleute, aber mein gesamtes Gehirn gehört hierher.

Ich konnte hier zum Beispiel in Richtung Privatleben Dinge verwirklichen, die dort nicht möglich gewesen wären. Die Philippinen sind zu 84 Prozent katholisch. Und durch diesen Katholizismus ist die Gesellschaft noch streng, obwohl es etwas lockerer geworden ist. Es wäre schon möglich, unverheiratet mit einem Mann zusammenzuleben, aber du bist irgendwie verachtet. Hier hast du mehr Freiraum, dich zu bewegen. Darum bin ich hier – weil ich ein freier Mensch bin. Ich bin ein Mensch, der nicht will, dass die Gesellschaft sehr viel Druck auf ihn ausübt. Ich lebe hier, wie ich leben habe wollen, und anscheinend ist das auch in der Gesellschaft akzeptiert. Du bist hier nicht verachtet, wenn du ein bisschen anders lebst, als es die Mehrheit erwartet – und du bist sicherer. Im Allgemeinen habe ich keine Angst, wenn ich auf der Straße gehe, dass mich die Leute überfallen, weil ich mehr habe als sie, weil ich mehr habe als viele andere. Hier kann ich mich als freier Mensch bewegen. Ich habe so viele Gäste, die auf den Philippinen ganz reich sind. Die bewegen sich nicht frei, die haben Leibwächter, die haben Angst. Es gibt so viele Arme, und es gibt wenige Reiche. Wenn du ein bisschen wohlhabender bist, bist du schon nicht mehr sicher.

Und das System auf den Philippinen ist sehr korrupt. Das ist auch einer der Punkte, warum ich in Österreich bleiben möchte. Mit einflussreichen Personen kommst du zu einem Job. Meine Eltern haben viele Kontakte gehabt, und mein Vater hat mich mit neunzehn gefragt: „Brauchst du Senator Soundso und den Gouverneur Soundso?" Ich habe gesagt: „Nein, ich mache das, was ich selber schaffen kann." Auch hier in Österreich – alles, was ich bis jetzt geschafft habe mit meinem Geschäft und mit allem Anderen, ist meine Arbeit. Ich habe keine Hilfe von außen gehabt. Darum kann ich im deutschsprachigen Raum gut leben. Die Leute hier sind ganz gerade, und das ist ein Hauptgrund, warum ich das Leben hier genieße.

Ich glaube aber hundertprozentig, dass ich als philippinische Frau Nachteile gegenüber Österreicherinnen hätte, wenn ich nicht selbstständig wäre. Ich würde viele Arbeiten nicht bekommen – auch wenn ich dafür qualifiziert bin –, nur weil ich eine andere Hautfarbe habe. Nur wenn ich Krankenschwester wäre, hätte ich keine Probleme – die sind sehr gefragt. Ich bin mir zum Beispiel sicher, ich wäre nicht gleichberechtigt mit einer Österreicherin, wenn wir uns um eine Arbeit beim Magistrat bewerben. Das ist schon ein Nachteil hier – unabhängig von deiner Qualifikation, es ist die Hautfarbe, die spricht. Nur weil ich einen anderen Beruf habe, habe ich keine Probleme, Respekt zu bekommen.

Ob ich Klischeevorstellungen von westlichen Frauen hatte? Bevor ich hierher gekommen bin, habe ich gedacht, die österreichischen Frauen sind sehr stolz und selbstbewusst, sie sind selbstständig, sie leben alleine, sie beugen sich nicht und haben eine gleiche Ebene oder Position wie der Mann. Und ich glaube, das ist auch richtig – nicht alle Frauen sind so, aber die Mehrheit.

Ich selber bekomme das ehrlich gesagt nie zu spüren, dass die Leute mir gegenüber Vorurteile haben, weil ich eine asiatische Frau bin. Weißt du, wie zum Beispiel dieser Film „Die letzten Männer Österreichs" (über österreichische Männer, die asiatische Frauen heiraten, weil sie glauben, diese seien weniger emanzipiert. E.B.) im Fernsehen gezeigt wurde, habe ich am nächsten Tag meine Kundin in Linz besucht, und sie hat gesagt: „Ah, was ich da im Fernsehen gesehen habe, das war furchtbar. Gott sei Dank bist du ganz anders als diese Frauen." Alle meine Kundinnen haben über diesen Bericht geschimpft und alle haben gesagt, ich und mein Mann sind ganz anders als diese Paare. Aber mein Mann erzählt mir, dass bestimmte Leute, wenn sie hören, dass er mit einer Filipina verheiratet ist, sofort denken, er hat sich eine asiatische Frau „geholt", weil die weniger emanzipiert ist. Und ich weiß, dass sich zum Beispiel Frauen aus Thailand hier oft nicht so gut fühlen – das ist meine Beobachtung. Für mich persönlich spielen diese Vorurteile keine Rolle. Ich bin selber nicht betroffen.

Ich habe das Gefühl, dass Frauen auf den Philippinen von den Männern wenig geschätzt sind, und dass ich hier als Frau mehr geschätzt bin – ganz unabhängig von meiner Hautfarbe. Dort ist eine Frau ein Mensch zweiter Klasse – sie kommt hinter dem Mann. Nicht einmal, wenn sie mehr verdient als der Mann, ist sie gleichberechtigt. Viele Männer spielen Macho. Die Frauen dominieren nach innen, nur nach innen, nach außen dominieren die Männer. Aber auf den Philippinen verdienen die Männer nicht mehr als die Frauen – gleicher Lohn für gleiche Arbeit. Das ist etwas, wo ich sagen kann, dass das ein Vorteil ist. Und zwei Drittel der Frauen sind beruflich erfolgreicher als Männer. Leider gibt es dabei etwas Positives und etwas Negatives. Erfolg hast du als Frau auf den Philippinen, wenn du viele Beziehungen hast, und wenn du hübsch bist – die Qualifikationen sind schon weniger wichtig. Allgemein sind die Leute gebildet auf den Philippinen, Männer und Frauen. Aber wenn die Frau hübsch ist und viele Kontakte hat, dann kommt sie schneller nach oben als ein Mann. Das heißt allerdings nicht, dass sie gut ist. Frauen sind auch in Top-Positionen wegen Beziehungen – nicht nur, aber viele von ihnen.

➢ Auf den Philippinen liebe ich das Essen. Hier kann ich nicht die richtigen Zutaten bekommen, die wir dort verwenden – das wird nie gleich. Und weißt du, was ich auf den Philippinen noch liebe – die armen Leute, die sind noch Filipinos. Sie haben noch Charakter. Sie sind noch nicht korrupt. Ich genieße auch manchmal im Urlaub diese Gelassenheit, dieses Faulsein, einfach Nichtstun. Auf den Philippinen bereitest du ein Essen für 15 Uhr vor, und die Gäste kommen um 19 Uhr – und sie kommen dann ganz gelassen, ohne Entschuldigung. Wenn du schon lange in Europa lebst, bist du schockiert. Aber nach einer Woche genießt du das, weil diese Leute haben keinen Stress – oder weniger Stress. Das kann ich hier leider nicht integrieren. Mein Problem hier ist die Zeit. Ich hätte gerne mehr Zeit für meine Arbeit und Zeit für mich, um zur Ruhe zu kommen. Auch um faul zu sein! Das ist jetzt mein Ziel – auch faul sein zu können.

Im Allgemeinen liebe ich dieses Leben in zwei Welten – nicht nur in zwei Sprachwelten, sondern auch in zwei Gefühlswelten und in zwei Bewegungswelten. Ich habe die Möglichkeit, zwei Kulturen zu genießen, und das ist ein großer Vorteil. Man muss nur von jeder das nehmen, was gut ist, und was man nicht als Belastung empfindet. Ich bin wirklich glücklich, sowohl hier zu sein, als auch ab und zu auf den Philippinen.

Ich wünsche mir, dass ich vielen Leuten mit meiner Arbeit helfen kann, und dass ich mit meinem Geschäft bis zur Pension durchhalte. Ich hoffe, dass ich mit meinem Mann bis zum Ende leben werde, aber es können Situationen kommen, dass sich Menschen vielleicht trennen. Dann habe ich zumindest auch ein bisschen Boden, dass ich von meiner Arbeit leben kann, und dass ich in der Zukunft alleine eine Pension habe. Das war mein erster Gedanke, wie ich mit meinem Geschäft angefangen habe: Ich muss etwas für mich selber aufbauen, denn es gibt überhaupt keine Garantie im Leben. Wenn du etwas für dich selber schaffen kannst – unabhängig von allen anderen Menschen – ist das die beste Garantie. Man muss wirklich ganz als selbstständige Person dastehen.

Mein Ziel ist, meine Gefühle in meiner Arbeit umzusetzen, und wenn ich das schaffe, ist das wie eine Entdeckung von mir selber

Gespräch mit
Kyoko Adaniya-Baier
geb. 1946 in Tokyo/Japan, Textilkünstlerin und Malerin, lebt seit 1971 in Wien

Ich bin 1946, in der Nachkriegszeit, in Tokyo geboren. Meine Eltern waren Lehrer. Während des Krieges sind sie mit den Schulkindern in den Norden gefahren, weil es in Tokyo so gefährlich war, und erst nach dem Krieg wieder zurückgekommen. Sie sind bombardiert worden und haben ihr gesamtes Hab und Gut verloren. Sie hatten gar nichts mehr – auch keine Wohnung –, und wir haben dann in der Schule gelebt. Bis zu meinem dritten Lebensjahr wohnten wir im Kunsterziehungszimmer. Nach dem Unterricht haben wir dort unser Bett aufgeschlagen und dort geschlafen. Später haben meine Eltern ein Haus gebaut. Mein Vater hatte die Ausbildung zum Orthopäden gemacht, und die Hälfte des Hauses wurde für seine Ordination verwendet. Damals waren alle sehr arm, und mein Vater hat viele Leute umsonst behandelt. Er meinte, wenn sie Geld haben, können sie später zahlen. Die Patienten haben dann oft Gemüse mitgebracht oder anderes Essen. Für meine Mutter war das auch eine große Hilfe. In Tokyo war die Lage sehr schlimm, aber weil meine Eltern Lehrer waren, waren wir wenigstens geistig reich, obwohl wir materiell nichts hatten. Und alle waren arm, nicht nur wir – daher hast du gar nicht daran gedacht, dass du arm bist. Die Stimmung war auch irgendwie positiv. Die Leute wollten dieses kaputte Land wieder aufbauen – genauso wie hier in Österreich.

Wenn ich an meine Kindheit denke, erinnere ich mich auch an unseren Garten. Wir hatten so einen schönen Garten mit fünf großen Weidenbäumen, mit Pfingstrosen und Chrysanthemen, und besonders prächtig war der Blauregen. In der Nähe von unserem Haus gab es einen Teich mit vielen Lotusblumen und einem großen Tempel. In der Edozeit (17. – 18. Jh., E.B.) haben die Leute Erde zu diesem Tempel gebracht und daraus große Hügel geformt. Dort waren auch viele Bäume, auf die wir geklettert sind – meine Kindheit war ziemlich wild. In Japan gibt es bei Tempeln oder Schreinen – also heiligen Orten – immer Bäume, das ist sehr wichtig. Mit dreiundzwanzig bin ich nach längerer Studienzeit im Ausland nach Japan zurückgekommen, und die Hügel beim Tempel waren verschwunden, weil sie dort einen Parkplatz machen wollten. Die ganze Erde war weg – ich war total entsetzt, gerade das ist so schön gewesen. Es hat eine Zeit in Japan gegeben, da haben alle nur an Geld gedacht, aber jetzt gibt es Bewegungen, die die alten Traditionen wieder beleben wollen. Es gibt zum Beispiel wieder Sommerfeste mit Kimono und Tanz und Trommeln – die gab es in meiner Kindheit, aber dann lange nicht mehr.

Feste waren für mich in meiner Kindheit auch prägend – in Japan gibt es so viele Feste! Das Neujahrsfest ist das wichtigste im Jahr. Sehr wichtig ist auch die Nacht vom 31. Dezember. Bevor es zwölf Uhr wird, isst man dünne, lange Buchweizennudeln als Symbol für ein bescheidenes langes Leben, und in ganz Japan werden in den Tempeln einhundertacht Schläge auf Gongs geschlagen. Der Hintergrund von diesen einhundertacht Schlägen ist ein buddhistischer Gedanke. Sie stehen für Eigenschaften wie Gier oder Eifersucht, also alles, wovon wir uns lösen sollen, damit das Neue Jahr wieder rein sein wird. Viele Leute gehen in den Tempel und warten dort bis Mitternacht. Es ist egal, ob es ein schintoistischer oder ein buddhistischer Tempel ist, weil in Japan ist Gott ein einziger großer Begriff, und die meisten machen da nicht so einen Unterschied. Diese Nacht war die Einzige, in der wir alle zusammen – alle vier Kinder – im Zimmer von meinen Eltern geschlafen haben.

Am 1. Jänner hat die ganze Familie Kimonos angezogen – auch mein Vater. Für das Neujahrsfest gab es ein besonderes Geschirr, das nur zu diesem Anlass verwendet wurde. Es ist schwarz und rot lackiert und mit Kranichen, Kiefern oder Chrysanthemen bemalt. Die Speisen wurden schon einige Tage vorher zubereitet, und wir haben auch Reiswein getrunken. Wir Kinder bekamen nur einen Tropfen als Symbol, und mein Vater hat nachher Geldgeschenke in hübschen kleinen Kuverts an uns verteilt. Normalerweise hatten wir eine nahe Beziehung zu den Eltern, aber in diesem Moment waren wir sehr höflich und haben geschwiegen – es war eine ganz feierliche Atmosphäre. An diesem Tag sind wir auch in den Tempel gegangen, und danach war es üblich, zu Hause zu bleiben und keine Besuche zu machen. Wir haben japanische Kartenspiele gespielt. Auf diesen Karten stehen japanische Gedichte, sogenannte Waka. Es sind hundert ausgewählte Gedichte, ähnlich wie Haikus (dreizeilige Kurzgedichte, entstanden in den letzten vierhundert Jahren. E.B.), aber ein bisschen länger und sehr alt – sie wurden vor tausend Jahren vom Kaiser, von Prinzessinnen, Dichtern und Mönchen geschrieben und sind sehr kostbar. Der Text ist über die Abbildung des Dichters geschrieben. Jemand liest den oberen Teil des Gedichtes, die unteren Teile liegen auf dem Boden verteilt, und man muss den passenden schnell finden. Dazu ist es notwendig, dass man diese Gedichte auswendig kann. Am zweiten Tag wurden Besuche gemacht. Mein Vater hat fünfzig Jahre lang eine Judoschule geleitet, und viele seiner Schüler haben uns besucht – das war sehr schön!

Im August feiern wir ein weiteres großes Fest, es wird O-bon genannt. Man glaubt, dass zu dieser Zeit die Geister von verstorbenen geliebten Menschen nach Hause zurückkehren. Dieses Fest dauert drei Tage, vom 13. bis zum 15. August, und in ganz Japan fahren die Leute zu ihren Heimatorten. Für uns als Kinder war das sehr lustig, weil O-bon ein Tanzfest ist. Es gibt einen Jahrmarkt mit vielen kleinen Geschäften, und man kann besondere traditionelle Sachen kaufen, die man nur in dieser Zeit bekommt. Wir haben immer einen Kimono angezogen und auch besondere Schuhe, haben einen großen Fächer getragen und sind alle zum Tempel gegangen. Dort wurden Trommeln gespielt und andere Musik, es wurde getanzt, und es gab ein Feuerwerk.

Auch die Jahreszeiten in Tokyo sind sehr schön. Schon im Februar oder März blühen die Flammenblumen, im April ist die Zeit der Kirschblüte, und im Mai blüht die japanische Iris. Im Herbst ist der Ginkobaum in voller Pracht und der Ahorn feuerrot verfärbt. Der Sommer ist ganz grün und sehr feucht und heiß. Wir sind mit den Kindern von der Judoschule zum Meer gegangen und haben die Schiffe gesehen oder waren oft in den Bergen wandern. Ich liebe Berge immer noch.

Als ich klein war, hat es in der Nähe von unserem Haus Reisfelder gegeben – obwohl es in Tokyo war –, und ich bin durch die Reisfelder in die Mittelschule gegangen. Das sind auch so schöne Erinnerungen. Im Herbst haben sie den Reis geerntet und auf einem Gestell getrocknet. Wenn die Sonne darauf geschienen hat, war die Farbe ganz golden. Ab ungefähr 1960 haben sich dann die japanische Wirtschaft und Industrie so stark entwickelt, dass plötzlich die Flüsse ganz verschmutzt waren – ich hatte dort als Kind immer mit den Krebsen gespielt. Früher bin ich auch oft mit meiner Schwester auf's Dach gestiegen, weil sich mein Vater gut mit Sternen auskennt, und er hat sie uns gezeigt. Plötzlich war das alles aus – schmutziges Wasser, schmutzige Luft, und auch der Himmel war grau. Am Ende von meiner Mittelschulzeit – das war etwa 1964 – war es ganz schrecklich. Es gab so viel Smog und keinen Vogel mehr. Ich bin oft mit dem Zug irgendwo hingefahren, nur um den blauen Himmel zu sehen. Ich hatte große Sehnsucht nach der Natur. Ungefähr ab 1980 hat man erkannt, wie wichtig Naturschutz ist, und es wurden Filter in den Fabriken angebracht und auch Katalysatoren verwendet. Jetzt ist es besser geworden.

➢ Die Frau ist in Japan schon eine zweite Klasse von Mensch, und zwar von der Kindheit an. Wenn jemand einen Sohn bekommt, ist das so wichtig wegen dem Stammbaum. In meiner Familie war es auch so – der erste Sohn ist sehr wichtig. Ich habe einen Bruder und zwei Schwestern – ich bin die Älteste. Zu meinem Bruder waren meine Eltern total anders, von Anfang an. Vielleicht weil er der einzige Sohn war oder vielleicht auch, weil er im Alter von drei Jahren von der Schaukel gefallen ist und sich schwer verletzt hat. Er musste dann viele Operationen über sich ergehen lassen und war körperlich schwach. Meine Mutter wollte ihn immer schützen – sie war oft mit ihm im Spital. Aber nicht nur bei mir zu Hause ist der Sohn so wichtig, sondern das ist bei allen Familien in Japan so. Es hat auch eine klare Rollenaufteilung zwischen Söhnen und Töchtern gegeben. Mein Bruder musste gar nichts machen – zum Beispiel in der Küche –, aber die Mädchen mussten helfen. Das ist jetzt immer noch so. Meine Kinder sind zu meinen Eltern auf Besuch gekommen, und meine Tochter musste helfen, mein Sohn nicht. Meine Tochter hat das damals nicht verstanden. Sie war sehr böse, denn ich habe bei meinen Kindern keinen Unterschied gemacht. In der japanischen Gesellschaft ist das aber so normal – leider immer noch.

Als Frau – auch wenn du eine gute Erziehung und Ausbildung hast – heiratest du, und dann bist du eine gute Hausfrau. Du musst für deinen Mann und deine Familie alles machen. Der Mann kommt nach Hause, das Bad soll schon fertig sein, er nimmt sein Bad, und dann musst du für ihn das Essen kochen, dich allein um die Kinder kümmern – irgendwie ist das unmöglich! Ich habe viele Familien gesehen, die so leben, und auch, dass viele Frauen eine gute Erziehung gehabt haben, aber so wenig Chancen, irgendetwas zu werden. Auf der Universität sind 51 Prozent Frauen – die Mehrheit –, aber du musst zehn Mal besser sein als ein Mann, damit du irgendeinen Posten bekommst. Frauen können kaum Karriere machen. Viele müssen mehr oder weniger aufhören zu arbeiten, wenn sie heiraten oder Kinder bekommen. Teilzeitarbeit ist möglich, aber dann sind die Frauen nicht krankenversichert oder sonst wie versichert. Jetzt ist die Lage besonders schlecht, weil die japanische Wirtschaft in einer Krise ist, und auch viele Männer, die fünfzig sind, entlassen werden.

In den letzten dreißig Jahren hat es sicher Veränderungen gegeben, aber die Frau ist immer noch nicht gleichwertig. Die Männergesellschaft will sie so niedrig wie möglich halten. Aber in der letzten Zeit höre ich, dass viele junge Frauen kein Interesse mehr daran haben, zu heiraten oder ein Kind zu bekommen. Jetzt hat man in Japan weniger Kinder und Angst, dass das Pensionssystem zusammenbricht, so wie hier.

Meine eigene Familie war ziemlich liberal. Ich weiß nicht, ob meine Eltern eine gewisse Vorstellung hatten, was ich machen soll, aber vielleicht haben sie gedacht, ich werde Lehrerin, weil sie beide zuerst Lehrer waren. Eine Schwester von mir ist jetzt Direktorin von einer riesigen städtischen Bücherei geworden, die kleinste Schwester unterrichtet Klavier, und mein Bruder ist Kardiologe und arbeitet derzeit als Professor in Okinawa. Wir drei Töchter wollten alle berufstätig werden. Meine Eltern haben das nicht ausdrücklich gesagt, dass wir arbeiten sollen, aber das war für uns von vornherein klar, dass wir irgendetwas machen. Wir wollten alle selbstständig sein, weil meine Mutter auch so war.

Meine Eltern stammen beide von einer ganz kleinen Insel, aus Aguni in der Okinawa-Präfektur. Aguni ist eine wunderschöne subtropische Koralleninsel, auf der Bananen, Papayas und Ananas wachsen und viele Blumen blühen. Es sieht dort so aus wie im Paradies. Das Meer ist traumhaft schön, und weil wenige Touristen kommen, ist die Natur dort immer noch unberührt.

Damals war es höchst selten, dass jemand von Okinawa nach Tokyo zum Studieren gekommen ist. Meine Mutter hatte Glück – ihre ganze Familie ist nach Indonesien emigriert, und sie haben ihr Geld geschickt, damit sie in Tokyo auf die Uni gehen kann. Sie hat deswegen eine sehr gute Erziehung genossen. Sie war Musik- und Handarbeitslehrerin, aber wie sie schwanger wurde, hat sie nicht mehr unterrichtet. Sie hat dann meinem Vater in der Ordination geholfen und auch sonst immer für ihn gearbeitet. Es war immer so – zuerst kommt mein Vater, und dann kommt sie. Aber meine Mutter ist eine sehr interessante Person. Sie hat sich trotzdem die ganze Zeit weitergebildet, verschiedene Kurse gemacht und hat eine besondere japanische Kunst gelernt: Sie ist auch Textilkünstlerin und macht wunderschöne Flechtarbeiten. Sie hat Kimonokunde studiert und ist danach in dem Institut Professorin geworden. Sie hat außerdem ethnologische Arbeiten über Okinawa geschrieben. Einmal im Monat hat sie an der Universität Hosei gemeinsam mit Forschern aus ganz Japan an Diskussionen teilgenommen – sie hat das sehr genossen. Sie spielt auch Koto (japanische Zither. E.B.) und hat früher Konzerte gegeben. Sie hat so viel Energie trotz ihrer dreiundachtzig Jahre. Sie ist immer noch offen, sie möchte immer noch weiterlernen. Aber wenn ich andere Frauen sehe – die Mütter von meinen Freundinnen oder meine Tante oder alle anderen – die sind so genannte „brave Hausfrauen" geworden und sonst nichts.

Wir Kinder hatten alle auch sehr viel mit meinem Vater zu tun. Seine Ordination war ja in unserem Haus, und später hat er gleich daneben auf unserem Grundstück eine Judoschule gebaut. Er ist mit zwölf Jahren von Okinawa nach Tokyo gekommen. Während des Studiums hat er auch Judo praktiziert und wurde japanischer Meister – Judo hat sein ganzes Leben geprägt. Er bekam dafür Auszeichnungen von der Stadt Tokyo und sogar einen großen Orden vom japanischen Staat, aber er ist immer ganz bescheiden gewesen. Er war sehr sozial, hat vielen Menschen geholfen. Er hat auch Gedichte geschrieben und sich viel mit Kalligraphie beschäftigt. Und er hat die Natur geliebt und sich aktiv für Naturschutz eingesetzt – das hat mir natürlich auch sehr gut an ihm gefallen. Er hat zum Beispiel gegen den Bau eines Flughafens protestiert, Artikel dagegen geschrieben.

Ich hatte einen engen Kontakt zu meinem Vater. Ich erinnere mich – er ist oft mit mir in Museen und in Ausstellungen gegangen. Oder ich habe privat Malerei und auch Kalligraphie gelernt, und er hat mich dabei immer unterstützt. Alles, was mit der bildenden Kunst zu tun hat, verdanke ich meinem Vater.

Besonders gefördert als Mädchen hat mich mein Onkel. Er war Direktor von einer Mittelschule, Philosoph und hat auch viele Bücher geschrieben. Im Sommer ist er immer zu uns gekommen, und dann war es Tradition, dass er mich in eine Buchhandlung mitgenommen hat, in der es auch ausländische Literatur gab. Dort haben wir Bücher gekauft – Märchen, englische Literatur, ganz unterschiedlich –, und er hat jeden Tag mit mir Englisch gelernt. Er wusste so viel – nicht nur über japanische Geschichte, sondern auch über europäische –, und seine Persönlichkeit hat mich fasziniert. Er hat mich sehr gern gehabt und wollte, dass ich nach dem Studium in den USA nach Japan zurückkomme und in Okinawa bei ihm wohne. Er wollte mir sein Grundstück und sein Haus und alles geben, aber ich bin nicht mehr nach Japan zurückgekehrt.

Wie ich mir als junges Mädchen ein erfülltes Leben als Frau vorgestellt habe? Eine Sache war mir klar ab siebzehn, achtzehn – ich möchte nicht die Rolle einer japanischen Hausfrau spielen. In meiner Mittelschule waren wir in meiner Klasse neununddreißig Buben und vierzehn Mädchen. Das war eine besondere Schule, alle sind nachher an die Universität gegangen – es war ein bisschen eine Eliteschule. Alle waren sehr gut, aber ich war dann irgendwie enttäuscht, weil viele nur auf eine gute Universität gehen wollten, danach in eine gute Firma und dann Frau und Kinder haben wollten – irgendwie hatten sie keine Träume! Ich habe auch viel gelesen, ganz verschiedene Literatur. Ibsen hat mich sehr stark beeinflusst, vor allem das „Puppenhaus", diese Norageschichte, und ich habe mir gedacht, ich möchte in meinem Leben auf eigenen Füßen stehen. Und ich wollte irgendetwas werden, das ich mit Freude machen kann. Damals war ich sehr gut in Musik – ich habe Klavier gespielt –, und ich habe Malerei gemacht, und ich habe gehofft, dass ich irgendwie von meiner Kunst leben kann. Ich wollte eigentlich Malerei und Musik studieren, aber ich habe meine Hand gebrochen, und eine musikalische Laufbahn kam dann nicht mehr in Frage.

➢ Mit achtzehn bin ich in die USA gegangen, weil ich mein Leben selber bestimmen wollte. Ich habe eine Cousine, die an der Universität Hawaii studierte, und wie sie zurückgekommen ist, hat sie mir viel darüber erzählt. Sie war mein Vorbild. Auch mein Cousin studierte an der Harvard-Universität. Er hat sich selbst Max genannt. Ich kann mich daran erinnern, dass er immer viele lustige Geschichten erzählt hat, und ich habe gedacht, das ist toll, dass man im Ausland studieren kann. Das Leben muss sich nicht auf Japan beschränken, sondern kann sich total erweitern, und das war ein schönes Gefühl.

Zuerst waren meine Eltern und die ganze Verwandtschaft dagegen, dass ich in die USA gehe, aber ich war sehr hartnäckig. Ich habe an viele Universitäten geschrieben und bin dann nach Kentucky gekommen und habe Malerei und Geographie studiert. Meine Eltern konnten mir nur zweihundert Dollar im Jahr schicken, und ich habe viele Jobs gemacht – als Babysitter zum Beispiel, oder ich habe Klavier gespielt und in Kirchen Konzerte gegeben. Ich habe auch für den „women's club" in den USA Konzerte gegeben und an einer Sommerschule unterrichtet. Außerdem habe ich als Universitätsassistentin der Studienrichtung Geographie gearbeitet. Ich hatte auch viele Freundinnen, die mir geholfen haben. Es war das erste Mal, dass eine Japanerin dort war, und ich war sogar oft in der Zeitung. Ich hatte keine Probleme, im Gegenteil – alle waren sehr nett zu mir.

Durch einen Studenten aus Linz, den ich in den USA kennen lernte, bin ich 1969 für ein Jahr nach Wien an die Akademie der Bildenden Künste gekommen. Es hat ganz schlimm angefangen. Gleich am ersten Tag hat mich jemand im Autobus beschimpft. Damals gab es diese Idee von der gelben Gefahr, und der hat gedacht, dass ich aus China komme. Nachher hat er erfahren, dass ich Japanerin bin, und er hat mir die Hand geschüttelt und sich entschuldigt. Das war ein Erlebnis – gleich am ersten Tag jemand, der gegen Ausländer ist!

Aber insgesamt war für mich in diesem ersten Jahr in Wien alles interessant, alles, was ich erlebt habe, war neu. Ich hatte schon Vorstellungen von Österreich, bevor ich hierher gekommen bin. Ich habe bereits in der Volksschule viele Filme gesehen – das waren schwarzweiß Filme wie „Der Kongress tanzt" –, und von Kind an habe ich mit Wien das Bild von einer Kulturstadt verbunden. Wien war für uns die Hauptstadt der Musik. Jeder hat davon geträumt, der Musik gemacht hat. Und dann von Kentucky hierher zu kommen, das war ein umgekehrter Kulturschock – das war so schön! Die Museen und die Staatsoper, oftmals war ich am Stehplatz in der Staatsoper – für mich war es traumhaft! Ich habe Mozart und alle mögliche klassische Musik gehört und auch Nurejew in „Schwanensee" gesehen! Ich war so begeistert. Ich war bis achtzehn in Tokyo, aber ich konnte nicht so oft in Konzerte oder Museen gehen, weil ich viel lernen musste, aber hier konnte ich das alles machen, hier war alles gleich vor der Tür. Als Studentin war das auch sehr billig, und oft haben wir ein Gratisticket von der Akademie bekommen. Damals habe ich auch einen Ball in der Hofburg eröffnet und überhaupt viele Bälle besucht.

Nach dem Auslandsjahr in Österreich habe ich mein Studium in den USA fertig gemacht. Ich war Assistentin im Geographie Department in Kentucky und bin dann nach Japan zurückgegangen. Ich habe kurzzeitig in einer Firma gearbeitet, die Industriediamanten importiert hat. Ich war sehr gut bezahlt, aber die Arbeitsbedingungen waren total schlimm. Es hat in dieser Firma keine Gewerkschaft gegeben, und in der Zeit, in der ich dort war, sind zwei Angestellte krank geworden, und sie wurden entlassen. Es hat keinen echten sozialen Schutz gegeben, obwohl diese Firma so große Gewinne gemacht hat. Als sie herausgefunden haben, dass ich mit anderen Kollegen und Kolleginnen heimlich eine Gewerkschaft gründen wollte, haben sie mich sofort gefeuert. Ich hatte ja die Idee dazu. Das war meine dreimonatige Berufserfahrung in Japan – interessant, so etwas von einer Gesellschaft zu wissen.

1971 bin ich nach Wien zurückgekommen. Ich habe den Freund aus Linz geheiratet, aber ich war sehr bald geschieden, obwohl ich davor ein Jahr mit ihm gelebt habe. Wir hatten verschiedene Ziele. Und ich denke, er hatte ein falsches Bild von mir – ich bin eine liebe Japanerin, die alles tut. Aber ich bin doch sehr anders – ich kann das nicht, Frau und Mann müssen gleich sein.

Es war Ende Oktober, es hat geschneit, und ich bin mit zwei Koffern weggegangen. Wir waren nur drei Monate verheiratet. Ich habe gedacht, jetzt bin ich ganz allein in Wien. Was soll ich machen als Ausländerin? Ich habe Gott sei Dank schon ein Stipendium gehabt und bin zu der Gruppe AUF gekommen, der Aktion unabhängiger Frauen. Damals gab es eine große Frauendemonstration gegen den Paragrafen 114, der Abtreibung verboten hat, und diese Gruppe war da sehr aktiv. Mein Deutsch war noch nicht so gut, aber einige der Frauen konnten Englisch. Wir haben uns einmal in der Woche getroffen und haben auch über unsere Probleme geredet, und ich habe gemerkt, meine Probleme sind nicht nur meine Probleme, sondern wir haben gemeinsame Probleme. Und es ist schön, wenn man darüber reden kann, und dass einem so mehr bewusst wird. Nachher waren wir manchmal tanzen, und weil ich allein war, haben alle gesagt, ich soll zu ihnen kommen, und sie haben für mich gekocht. Ich bin auch zu einer japanischen Künstlergruppe gegangen, und plötzlich hatte ich so viele Freunde!

Dann habe ich mit dem Studium an der Hochschule für Angewandte Kunst angefangen. Zuerst habe ich die Meisterklasse für Textil gemacht, aber ich hatte Probleme mit der Professorin und habe zur Graphik gewechselt. Professor Bahner hat mich herzlich aufgenommen, ihm haben meine Arbeiten sehr gut gefallen.

1978 habe ich meinen jetzigen Mann geheiratet. Ich habe ihn vorher schon längere Zeit gekannt. Wir haben die gleiche politische Anschauung und viele gemeinsame Interessen. Er ist jetzt Leiter der Abteilung Jugendschutz bei der Arbeiterkammer und setzt sich dort trotz vieler Widerstände ganz engagiert für die Rechte der Jugendlichen ein – das schätze ich sehr an ihm. Er bemüht sich auch, Japanisch zu lernen, er liebt die japanische Kultur – er war schon oft in Japan – und hat eine gute Beziehung zu meinen Eltern. Wir haben sogar ein Jahr gemeinsam auf Okinawa verbracht – das war eine wunderschöne Erfahrung!

Kurz nach unserer Heirat wurde unsere Tochter geboren. Ich habe sie in die Klasse mitgenommen, alle haben sie gehalten – die Zeit an der Hochschule war insgesamt eine sehr gute Zeit für mich. Ich habe mein Studium fertig gemacht und bin dann nach Japan gefahren. Meine Tochter war eineinhalb Jahre alt, und ich wollte sie meinen Eltern zeigen. Wir sind ein halbes Jahr dort geblieben, und danach habe ich das zweite Kind bekommen. Eigentlich wollte ich nach meinem Studium arbeiten, aber mit zwei Kindern war das nicht möglich. Ich hatte keine Leute, die mich unterstützten. Alle meine Studienkollegen sind irgendwo hingegangen oder hatten eine Arbeit, und ich war schon traurig.

Ich habe dann gemeinsam mit einer sehr aktiven Japanerin eine Hiroshima-Gruppe gegründet. Damals sollten in Deutschland die Pershing II stationiert werden, diese atomaren Raketen. Es gab in ganz Europa eine Friedensbewegung, und hier war sie auch ganz stark. Ich habe Sticker und große Plakate gemacht, die ziemlich viel verkauft wurden, und darauf stand: „Nie wieder Hiroshima." Mit diesem Geld haben wir Atombombenopfer eingeladen, die in Wien

Vorträge hielten. Wir sind in Schulen gegangen, haben Diskussionen organisiert, eine Dokumentation gezeigt.

Ich war eigentlich immer schon politisch interessiert: Schon in meinem ersten Jahr in Österreich habe ich an einer Demonstration gegen den Vietnamkrieg teilgenommen und später dann an Demonstrationen gegen das AKW Zwentendorf und gegen das Wasserkraftwerk Hainburg.

Nach der Hiroshima-Gruppe habe ich gemeinsam mit anderen Frauen eine weitere Gruppe gegründet – sie hieß „Durchschlag" –, in der wir auch zum Thema Krieg und Atombombenabwurf auf Hiroshima und Nagasaki gearbeitet haben. Wir gaben eine Zeitschrift heraus, in der wir Beiträge über die japanische Friedens-, Frauen- und Umweltschutzbewegung veröffentlicht haben. Ich habe damals gedacht, ich muss unbedingt etwas für den Frieden machen, sonst ist es zu spät – unsere Generation, unsere Zukunft ist bedroht. Für mich war das todernst.

Nachher bin ich krank geworden. Ich hatte Krebs – das ist jetzt Gott sei Dank schon sechzehn Jahre her. Ich weiß auch, warum ich krank geworden bin. Ich habe mir manchmal die Frage gestellt: Ich wollte von Japan weg, weil ich nicht nur die Frauenrolle spielen wollte. Was mache ich hier? Genau dasselbe!

Mit vierzig konnte ich endlich künstlerisch tätig sein. 1988 bin ich zur Gruppe INTAKT gekommen (Internationale Aktionsgemeinschaft für bildende Künstlerinnen. E.B.). Dort sind sehr gute Künstlerinnen, die sich für die Gleichstellung der Frauen im Kunstbereich einsetzen. Ich habe wieder angefangen, zu malen – mittlerweile habe ich mehr als zweihundert Ausstellungen im In- und Ausland gemacht, zum Beispiel in Australien, Ägypten, Peru, in vielen europäischen Ländern und natürlich in Japan. Ich bin Mitglied bei mehreren Künstlervereinigungen – unter anderem im Künstlerhaus Wien, bei INTAKT und im Forum Weltoffen –, und im vorigen Jahr war meine Arbeit in der internationalen Textilbiennale in Peking. Durch die Kunst habe ich auch sehr liebe Freunde gewonnen, die mir helfen, und mit denen ich zusammenarbeite. Mit ihnen kann ich gute Gespräche führen – vielleicht fühle ich mich deshalb in Wien wohl. Heute kann ich sagen, dass ich als Ausländerin selbstbewusst in Wien lebe.

Im letzten Jahr hatte ich eine Krise. Ich habe mich gefragt, ob es wirklich notwendig ist, überhaupt Ausstellungen zu machen, und ob das Sinn hat. Ich habe gedacht, die Natur ist so großartig, und es gibt ja genug Künstler, die viel arbeiten, oder es hat bekannte Künstler gegeben – es ist schon alles gemacht worden. Aber jetzt habe ich wieder Energie, ich habe viele Ideen, und es geht mir künstlerisch gut. Ich habe angefangen, mit der Form vom Kimono zu arbeiten.

In Okinawa ist man dreiunddreißig Jahre nach dem Tod ein Gott. Davor müssen die Verwandten jährlich eine Zeremonie machen, und nach dreiunddreißig Jahren ist man dann sozusagen frei. Ich möchte dreiunddreißig Kimonos machen, damit die Verstorbenen frei werden, sich in der Luft auflösen können. Ich weiß noch nicht, wie das wird, aber wenn ich solche Ideen bekomme, bin ich sehr glücklich. Manchmal denke ich nach, und wenn eine Idee kommt, kann ich nicht mehr schlafen – das ist so wie ein Feuer am ganzen Körper.

Meine Erfolge? Mein eigentlicher Erfolg sind meine zwei Kinder – Maria und Thomas. Beide sind ganz herzliche Menschen und politisch sehr bewusst. Maria interessiert sich für feministische Themen und andere Menschenrechtsthemen. Dadurch, dass sie sich in ihrer Diplomarbeit mit der japanischen Frauenbewegung auseinandergesetzt hat, habe ich mich auch damit beschäftigt und viel über Japan dazu gelernt. Maria hat auch eine künstlerische Seite – eine Zeit lang hat sie gemalt und Klavier gespielt. Thomas spielt auch Klavier und Schlagzeug und hat ein Studium in internationaler Politik in Japan mit einem Bachelor of Arts abgeschlossen. Und ich bin stolz darauf, dass er als Volontär für ein Institut in Indien gearbeitet hat, das sich für die Erhaltung von tibetischer Kultur, Kunst und Philosophie einsetzt. Beide Kinder sind auf der Suche nach ihren Wurzeln und waren deshalb auch längere Zeit in Japan. Wir haben ein ganz inniges und gutes Verhältnis zueinander – weil sie beide Kulturen kennen, können wir über so vieles miteinander reden. Darüber freue ich mich sehr.

Beruflich strebe ich nicht nach Bekanntheit oder danach, Karriere zu machen. Ich denke nicht daran, dass irgendjemand eine Arbeit kauft, oder dass sie später in einem Museum hängt. Mein Ziel ist, meine Gefühle in meiner Arbeit umzusetzen, und wenn ich das schaffe, ist das wie eine Entdeckung von mir selber. Das ist eine solche Freude – das ist das schönste Geschenk für mich. Und wenn ich merke, dass die Leute berührt sind von meinen Arbeiten, dass sie sogar Tränen in den Augen haben und sich bei mir bedanken, bin ich sehr glücklich. Darin liegt für mich auch der Sinn, weiterzumachen, denn von der Kunst zu leben ist schwierig. Ich bin schlecht in der Vermarktung, und manchmal bewundere ich die Leute, die das können. Ich kann das nicht – für andere kann ich es sehr gut, aber nicht für mich selbst. Ich bin froh, dass ich nicht aus finanziellen Gründen gezwungen bin, jede Arbeit zu machen oder zu verkaufen. Ich muss mich in dieser Beziehung auch bei meinem Mann bedanken. Mit dem Geld, das ich verdiene – ich unterrichte auch an verschiedenen Schulen, am Pädagogischen Institut und gebe Konzerte – kann ich mein Atelier zahlen, mein Material, und ich kann herumreisen in der Welt.

➤ Ich glaube schon, dass ich hier Dinge verwirklichen konnte, die in Japan schwerer gewesen wären. Wenn ich in Japan geblieben wäre, wäre ich vielleicht eine unglückliche Hausfrau, oder vielleicht wäre ich doch Lehrerin geworden. Ich weiß nicht, ob ich Künstlerin werden hätte können. Hier habe ich zum Glück einen Mann, der mich respektiert und das, was ich mache, aber wenn ich in Japan einen Japaner geheiratet hätte, dann wäre es wahrscheinlich nicht so. Ich kenne keinen Japaner, der im Haushalt hilft oder der mich für Ausstellungen in andere Länder gehen ließe.

Ich glaube auch, dass mein Denken und meine Entwicklung als Frau durch die österreichische Gesellschaft beeinflusst wurden. Ich bin vielleicht nicht mehr die typische Japanerin, weil ich sozusagen eher „europäisch" denke. In Japan gibt es so viele Gesetze und Regeln – ich fahre ja einmal im Jahr nach Japan –, und ich kann mir nicht mehr vorstellen, das alles einzuhalten. Für mich ist das schwer geworden. Die japanische Gesellschaft ist total kompliziert. Wie du mit den Leuten redest, was du anziehst, welche Frisur, welches Gewand, welche Farbe du trägst – alles, alles hat eine Bedeutung, und es gibt Regeln dafür. Aber ich genieße so genannte Narrenfreiheit, weil ich Künstlerin und lange im Ausland bin. Das ist für mich angenehm, dass ich mich nicht immer so anpassen muss.

Ich persönlich fühle mich als japanische Künstlerin in Österreich auch nicht diskriminiert. Ich bin ja bildende Künstlerin und mache meinen Weg in diesem Bereich, obwohl Textil- und Objektkunst in Österreich nicht sehr geschätzt werden. Vielleicht fühle ich mich deswegen beruflich nicht benachteiligt, weil ich keine Ambition habe, bekannt zu werden oder viel Geld zu verdienen. Mein Ziel ist woanders.

Aber ich habe hier schon Fremdenfeindlichkeit erlebt. In der Straßenbahn hatte ich einmal einen sehr schönen handgewebten Mantel im asiatischen Stil an, und ein Mann hat mich als „Kameltreiberin" beschimpft. Diese Geschichte erzähle ich gerne, und darüber kann ich heute herzlich lachen. Es gibt aber andere Situationen, über die ich immer noch nicht lachen kann: Letztes Jahr hat mich ein etwa zehnjähriges Kind in der Nähe von meiner Wohnung gefragt: „Bist du Chinesin?" Ich habe gesagt, wir schauen ähnlich aus, aber ich bin Japanerin. Sie hat gemeint: „Das ist egal, du bist sowieso Ausländerin. Du gehörst nicht hierher, du sollst raus." Ich war total geschockt. Oder vor fünf Jahren – ich war nach einer Operation zur Kontrolle im AKH. Dort gibt es eine Ankerfiliale, und ich habe ein Frühstück bestellt, und plötzlich hat sich ein Mann vor mich gestellt. Erst hat er gesagt, dass ich hinter ihm war, ich sollte nicht vor ihm bekommen, und nachher hat er mich beschimpft, weil ich Ausländerin bin. Ich habe total gezittert, ich wollte irgendetwas sagen, aber ich wusste nicht, was. Das war sehr schlimm. Ich konnte den Kaffee nicht trinken, weil mein Herz so geschlagen hat. Ich habe gedacht, so etwas passiert ganz selten, aber wenn es passiert, bin ich überhaupt nicht vorbereitet. Außerdem – wie ist das bei anderen Leuten, die zum Beispiel aus Afrika kommen – für sie ist es sicher noch schlimmer.

Man hat von mir als japanischer Frau auch bestimmte Klischeebilder. Unter meiner Wohnung ist eine große Schrebergartenanlage, und ich habe dort eine Parzelle. Ich habe einen japanischen Garten angelegt mit einem Bioteich und viel Bambus und schönen Pfingstrosen in verschiedenen Farben und Iris – ich liebe Iris! Aber ich war immer ein Problemkind im Schrebergarten, weil ich anders bin. Sie haben mir oft eine Vorladung geschickt, dass ich zur Vorstandssitzung kommen muss, weil mein Garten angeblich so wild ist. Alle sind irgendwie enttäuscht, weil sie erwarten, dass Japaner alles machen, was man ihnen sagt, und sehr höflich sind. Und ich bin noch dazu eine Frau, und trotzdem ist mein Garten anders, als sie das wollen.

Oder mein erster Mann, der gesagt hat: „Ich möchte, dass ich jeden Tag frische Semmeln und die Zeitung habe." Und ich habe gesagt: „Das möchte ich auch."

Ich habe dir auch schon erzählt, dass ich an der „Angewandten" Probleme mit der Professorin hatte. In der Klasse waren nur drei Männer, und die anderen waren alle Frauen, und diese Professorin war zu den Männern ganz anders als zu den Frauen. Sie hat zum Beispiel meine Arbeiten gesehen und hat gemeint: „Kyoko, wir haben doch gesagt, dass das violett sein soll." Und ich habe gesagt: „Ich habe nichts gesagt, sondern Sie haben das gesagt." Das hat sie schockiert. Ich war auch die Einzige, die ihre Meinung vertreten hat. Sie meinte, sie hat eine andere Japanerin gekannt, die sehr lieb war, und ich sei ganz anders. Bis jetzt hätte sie so viele Jahre unterrichtet, aber nur drei Leute aus der Meisterklasse rausgeschmissen – ich sei die vierte.

Ich selbst hatte auch Vorstellungen von westlichen Frauen, bevor ich aus Japan weggegangen bin. Damals haben wir gedacht, eine westliche Frau bedeutet automatisch amerikanische Frau. An europäische Frauen haben wir nicht so viel gedacht. Wir haben uns vorgestellt, die amerikanische Frau ist emanzipiert, sie hat mehr zu sagen, und der Mann muss sehr höflich sein – also das totale Gegenteil von Japan. Meine Vorstellungen von europäischen Frauen hatte ich eigentlich von der Literatur. Ich habe ja vorher schon erwähnt, dass ich so begeistert von Ibsens „Puppenheim" war. Damals habe ich auch versucht, Simone de Beauvoir zu lesen. Verstanden habe ich es wahrscheinlich nicht, aber wie sie lebte – total unabhängig und auch nicht verheiratet –, das hat mich beeindruckt.

Ich bewundere hier natürlich, dass viele Frauen arbeiten und ihr eigenes Geld haben, selbstständig sind, und dass es mehr Rechte für die Frauen gibt. Im Vergleich zu Japan ist die Gleichberechtigung von Frauen viel besser. In Japan ist alles von Vornherein anders für Mann und Frau, das beginnt schon bei der Erziehung. Hier habe ich das Gefühl, dass es zwar schon einen Unterschied gibt, aber nicht so einen großen.

Ob japanische Frauen auch bestimmte Vorteile gegenüber österreichischen Frauen haben? Das ist in der japanischen Gesellschaft sehr kompliziert. Du weißt schon, Männer arbeiten so viel, bis sie tot umfallen, und sie geben das ganze Geld, das sie verdienen, den Frauen. Die Frauen müssen dann mit diesem Geld alles finanzieren, und der Mann bekommt nur ein Taschengeld. Und weil die meisten Japanerinnen nicht voll berufstätig sind, haben viele von ihnen mehr Zeit als österreichische Frauen – Zeit, um sich zu bilden. Man kann viele Sachen ganz billig lernen, wenn man lernen will, zum Beispiel Ikebana oder Teezeremonie.

➢ In Japan liebe ich die Landschaft, die schönen Tempel und Gärten und natürlich auch meine Geschwister, die Freunde und Verwandten – und dann liebe ich auch das gute Essen. Und alles in allem sind die Menschen in Japan sehr freundlich. Das ist auch meinem Mann aufgefallen – das ist anders als in Österreich, hier ist es irgendwie so kalt. Wenn du zum Beispiel in Japan in ein Geschäft gehst, und auch wenn du nichts kaufst, sind sie ganz höflich und sagen danke schön, das ist normal. Ich weiß nicht, warum viele Leute hier nicht freundlich sein können. Am Land sind sie anders, vielleicht ist nur Wien so, die Großstadt. Zum Beispiel in meiner Wohnanlage – ich grüße alle Leute, aber manche grüßen mich nicht.

Ich habe auch vieles aus der japanischen Kultur hier in meinem Leben integriert. Ich spiele jetzt zum Beispiel seit sechzehn Jahren Koto. Früher habe ich überhaupt kein Interesse an japanischer Musik gehabt, aber dann hatte ich immer Sehnsucht nach Japan – nach der schönen Kunst und Kultur. Wir haben eine Gruppe gegründet, die heißt „Leuchtendes Spiel" (Meikyō), und wir spielen japanische Musik mit den Instrumenten Koto, Shakuhachi (Bambusflöte. E.B.) und Trommel. Wir sind auch aufgetreten, zum Beispiel im Festspielhaus in St. Pölten – das war ein großes Konzert –, in den Sophiensälen oder bei Ausstellungseröffnungen. Ich liebe diese Gruppe – zusammen Musik zu spielen, das ist eine große Freude! Seit kurzem musiziere ich mit einem Malerkollegen – er hat auch Cello studiert. Ich spiele auf meiner Koto, einem traditionellen ostasiatischen Musikinstrument, und er spielt ein klassisches europäisches Instrument. Wir improvisieren viel, und ich finde, dass das phantastisch klingt. Für mich ist das eine neue Welt.

Ich mache auch Kalligraphie. Der 2. Jänner ist in Japan der Tag des Pinsels. An diesem Tag sollte man irgendetwas schreiben. Ich reibe mit dem japanischen Reibstein Tinte – das dauert vielleicht fünfzehn Minuten –, und dieser Duft vom Tintenreiben ist so schön. Du wirst ganz ruhig, deine Gefühle beruhigen sich, und nachher kannst du schreiben – ein Gedicht oder einen Brief, und das mache ich immer. Manche Malerei von mir ist auch ähnlich wie japanische Malerei – ich mache Tuschmalerei. Oder meine Wohnung schaut japanisch aus – im Schlafzimmer gibt es Strohmatratzen. In vielem bin ich einfach immer noch mehr Japanerin als Österreicherin.

Für die Zukunft hoffe ich erstens, dass ich gesund bleibe, weil ich in der letzten Zeit ziemlich krank war. Ich wünsche mir auch, dass mein Vater wieder nach Hause kommen kann – er ist immer noch im Spital, er hatte einen Gehirnschlag –, und dass meine Mutter so leben kann wie jetzt. Ich hoffe, dass es meinen Kindern gut geht – meine Tochter hat ihre Diplomarbeit beendet und beginnt jetzt mit einer Dissertation über Migration in Japan. Mein Sohn fährt bald nach Paris, um an der Filmakademie zu studieren. Mein Mann arbeitet zu viel, und ich habe Angst, dass das seiner Gesundheit schadet. Er wartet sehnsüchtig auf seine Pension. Darauf freue ich mich schon sehr. Dann können wir viel reisen. Also Glück und Gesundheit für die ganze Familie – für mich ist die Familie sehr wichtig. Und ich wünsche mir, dass sich die Völker besser verstehen, und die Menschen keine Not leiden müssen.

Musik ist immer mein Leben gewesen

Gespräch mit
Mariam Djiwa Jenie
*geb. 1944 in Sulawesi/ Indonesien,
Pianistin und Tänzerin, lebt seit 1966 in Wien*

Bis vor einigen Jahren war die prägendste Erinnerung an Indonesien meine Kindheit, aber dann habe ich etwas erlebt, was mein Leben völlig verändert hat – und zwar den Tod meines Bruders Aldi. Seither verknüpfe ich Indonesien immer mit ihm. Mein ganzes Leben lang ist er bei mir gewesen, auch wie ich hier war. Ich hatte ein Problem, ich habe ihn angerufen, er hat mit mir gesprochen, und es war alles wieder in Ordnung. Er ist irgendwie eine Säule für mich gewesen. Wir haben so eine enge Verbindung zueinander gehabt. Und dass er gestorben ist, ist für mich sehr schlimm – erstens, dass ich nicht in Indonesien war, wie er gestorben ist, und zweitens, dass es diesen verständnisvollen Menschen, der immer für mich da war, nicht mehr gibt. 1999 – genau zu Weihnachten – ist er gestorben. Und seither prägt sich das in meinem Herzen am meisten ein von allen Erinnerungen an Indonesien.

Dann hat mich vor allem auch die Natur in Indonesien stark geprägt, und zwar seitdem ich ein kleines Kind war. Ich habe eine herrliche Kindheit in Sulawesi gehabt. Meine Eltern stammen aus Sumatra, aber mein Vater war Arzt, und er hatte in diesem Dorf in Sulawesi Dienst. Es ist unglaublich, woran ich mich aus dieser Zeit noch erinnern kann. Ich kann mich an viel mehr erinnern als aus der Zeit danach auf Java. Wie ich dann später dorthin zurückgegangen bin, hat sich auch herausgestellt, dass alle meine Erinnerungen stimmten. Mein Vater hatte dort ein Diensthaus, und die Sonne ging vor dem Haus auf. Hinter dem Haus war ein alter Fürstenfriedhof, und dort habe ich gespielt, weil so viele Blumen dort waren und auch Rehe. Wenn man noch weiter geht, gibt es einen Wald, und dann kommt ein Fluss, wo die Wasserbüffel hingetrieben wurden. Und da haben mich die Leute immer wieder genommen und auf einen Wasserbüffel gesetzt. Ich habe jeden Tag darauf gewartet, dass die Büffel abends nach Hause kommen. Sie haben die Eigenschaft, sehr wild zu werden, und sie mähen alles nieder, und ich fand dieses Gedröhn so lustig, wenn sie vorbeigelaufen sind. Und dann waren dort hohe Bäume ums Haus, und an den Bäumen hingen riesige Fledermäuse. Sie kommen zu einer bestimmten Zeit, und gegen Abend fliegen sie weg. Sie sind Früchtefresser, holen die Früchte von überall, und dann lassen sie die Reste fallen. Und wenn sie geflogen sind – das war ein Gekreisch! In der Nähe von dem Dorf ist ein prachtvoller See, da sind wir mit meinem Vater manchmal hingefahren, und dann sind die Fischer in ihren Booten gekommen und haben uns Fische gegeben. Mein Vater war äußerst populär – er ist der einzige Arzt in ganz Südsulawesi gewesen –, und jeder hat uns verwöhnt. Auch zu uns nach Hause sind die Leute gekommen. Sie wussten, dass mein Vater viele Kinder hat – damals waren wir schon sechs – und sie haben immer Naschereien für uns mitgenommen. Das hat mich schon sehr geprägt, diese ersten viereinhalb Jahre – mehr als die Zeit nachher in Bogor.

Danach sind wir nach Java übersiedelt. Die Dienstzeit von meinem Vater war zu Ende, und er hat dann einen Posten in Bogor im größten psychiatrischen Krankenhaus von Indonesien bekommen. Er ist dort später auch Direktor geworden, und in dieser psychiatrischen Klinik habe ich das Klavier und den Tanz kennen gelernt. Für die Patienten wurde jede Woche zur Therapie eine ausgezeichnete Truppe für klassischen javanischen Tanz und Musik bestellt, weil die Gamelanmusik und der Tanz einen besonderen therapeutischen Effekt haben. Diese Aufführungen waren also primär für die Kranken, aber alle waren eingeladen, damit die Patienten die Möglichkeit haben, mit sogenannten normalen Menschen hinzugehen, und damit sie sich am Leben unter glücklichen Umständen beteiligen. Es gab auch Verkäufer mit Erdnüssen – es war also wirklich jeden Samstag ein lustiges Fest. Das war eine Idee von meinem Vater, und er hat sie verwirklicht.

Und im Krankenhaus hatten sie auch ein Klavier, ein Pianino. Weißt du, es wurde nie verwendet, es stand nur ganz einfach da, und mein Vater als Direktor durfte es zu sich nach Hause nehmen, und da konnte ich dann anfangen, Klavierstunden zu nehmen. In der Schule war eine deutsche Nonne – ich bin ja in eine katholische Schule gegangen –, und sie hat Klavierstunden gegeben. Sie war eine sehr gute Pädagogin, das hat dann mein Lehrer hier auf der Hochschule bestätigt. Ich habe angefangen, Klavier zu spielen, wie ich in die Schule gekommen bin. Ich war damals fünf Jahre, und dann habe ich mich nicht mehr trennen können – das Klavier wuchs ganz einfach zusammen mit mir. Und in dieser Zeit habe ich auch angefangen, zu tanzen.

Das hat mich stark geprägt, ich fühle mich bei psychiatrischen Kliniken immer noch so wohl. Ich war in dieser Zeit sehr glücklich auf Java, weißt du, da waren diese Musik und diese Aufführungen, und die Leute waren erstaunlich normal, fand ich, diese sogenannten Patienten. Mein Vater hat auch einige von ihnen zu uns genommen. Sie haben mit uns zusammengelebt, und wir haben teilgehabt an ihrem Leben, an ihren Problemen. Ich habe gelernt, mit diesen Leuten umzugehen, und ich habe mich in ihrer Nähe immer sehr wohl gefühlt. Seither stehen psychiatrische Kliniken für mich in Assoziation zu meiner Kunst – da habe ich zum ersten Mal den klassischen javanischen Tanz und die Gamelanmusik kennen gelernt, und zum ersten Mal ein Klavier in die Hände bekommen. So hat es angefangen, und beides begleitet mich bis heute.

Und was mich auch ungeheuer geprägt hat, war die Trennung meiner Eltern. Wir waren davor einfach eine Musterfamilie. Wir haben so an meine Eltern geglaubt, gedacht, sie können gar nichts Falsches tun. Sie haben uns auch so erzogen. Wir mussten alles von ihnen akzeptieren, wir haben alles blind gemacht. Das war einerseits natürlich eine äußerst beruhigende Sache, dass wir uns völlig auf sie verlassen konnten. Wenn man moralische Hilfe oder Rat gebraucht hat, haben sie immer für uns entschieden und richtig entschieden. Aber andererseits war es natürlich auch so, dass wir zu absoluter Abhängigkeit erzogen wurden.

Und dann hat mein Vater eine andere Frau gefunden. Ich war damals in meiner Pubertät, dreizehn oder vierzehn, wie das passiert ist. Wir mussten immer nachmittags zwei Stunden schlafen, aber an diesem Nachmittag war es eine Ausnahme. Wir wurden ins Schlafzimmer meiner Eltern gerufen. Ich kann mich so genau daran erinnern. Aldi war schon im Zimmer, und er ist sofort aufgestanden und zu mir gekommen, um mich zu schützen. Ich wusste nicht, warum. Er hat mich in den Arm genommen. Und dann habe ich gesehen, dass meine Mutter geweint hat. Mein Vater saß ganz still in einer Ecke. Meistens war er der Dominierende, der gestanden ist. Meine Mutter hat dann mit uns gesprochen, dass mein Vater eine andere Frau gefunden hat, und dass er uns verlassen möchte. Das war ein Alptraum. Und nach sehr langem, nach sehr vielem Krach hat sich diese Frau durchgesetzt, und er ist in ein anderes Haus gezogen.

Unsere Familie war plötzlich getrennt. Wir sind davor zum Beispiel zusammen ins Kino gegangen – acht Kinder und die Eltern. Das war zwar eine Ausnahme, weil mein Vater ja fast nie Zeit hatte. Aber manchmal hat er einem Patienten abends abgesagt, und dann sind wir ins Kino gegangen, alle zehn, und nachher in ein kleines Restaurant. Das war ein Fest! Mein Vater konnte einerseits so lieb und so zärtlich sein, andererseits aber ungeheuer streng. Er hat uns mit einem Reisigbesen gehauen – furchtbar. Sie selber wurden so erzogen, und sie haben geglaubt, dass man auf diese Art erzieht. Aber er konnte auch sehr liebevoll sein. Er hat eine Mandoline gehabt und hat gerne darauf gespielt und mit uns gesungen, viele indonesische Lieder, und er hat manchmal erzählt, wenn er Zeit hatte. Er hat auch gerne Karten gespielt, Bridge, das hat er vor allem meinen Brüdern beigebracht, aber er hat auch mit mir manchmal Karten gespielt. Und er war sehr, sehr besorgt, wenn jemand krank war. Wenn er spät in der Nacht gerufen wurde, ist er aufgestanden und immer zu den Patienten gegangen – er ist so ein Arzt gewesen –, und dann musste ein Kind mit. Und diejenige, die immer mitgekommen ist, war ich, weil ich nie schlafen konnte und unter der Decke mit einer Taschenlampe gelesen habe. Er konnte sicher sein, ich bin noch wach, also hat er mich gerufen: „Bitte begleite mich." Und das war dann aus, verstehst du, alle diese kleinen Dinge. Ich bin ganz einfach nicht fertig geworden mit dieser Trennung von meinen Eltern, bis jetzt noch nicht wahrscheinlich. Es war deshalb prägend, weil wir vorher etwas Anderes gewöhnt waren. Natürlich bedeuteten mir

Musik und Tanz dann noch mehr. Das war eine große Stütze, absolut. Ich habe eigentlich nicht so viel abbekommen wie meine Geschwister. Wenn ich meine Familie betrachte, habe ich die glücklichste Beziehung im Vergleich mit ihnen.

➢ In Indonesien hatte ich eigentlich nie Probleme mit der Rolle der Frau. Erst wie ich nach Europa gekommen bin, habe ich gemerkt, dass die Frauen hier damit Probleme haben – nicht Probleme, sondern dass ihnen bewusst ist, dass sie nicht dieselben Rechte haben wie Männer. Ich komme aus einer Volksgruppe, wo das Matriarchat Überhand hat, das heißt, die Frau bestimmt eigentlich alles. In dieser Hinsicht ist auch meine Mutter eine sehr starke Persönlichkeit gewesen. Wenn man zum Beispiel heiratet, ist es bei dieser Volksgruppe ganz normal, dass die Familie der Frau die Kosten für die Hochzeit und alles, was dazu gehört, übernimmt. Der Mann kommt in den Clan, in das Haus von der Frau und nicht umgekehrt. Also von daher habe ich in der Hinsicht eigentlich kein Problem gehabt. Das ist die eine Seite der Sache, und die Rolle der Frau ist insgesamt sehr gut in Indonesien. Der normale Arbeiter verdient nicht viel, und auch von einem Gehalt, das ein Mann in einem Büro als Beamter verdient, könnte man überhaupt nicht leben. Und die Frau übernimmt meistens Arbeiten – sie verkauft zum Beispiel Batiks auf eigene Faust. Oder sie betreibt einen Warung, einen Verkaufsstand, und damit verbessert sie das häusliche Budget. Die Familie könnte in Indonesien sonst gar nicht bestehen, sie ist meistens abhängig davon. Oft ist es auch so, dass die Frau besser verdient als der Mann. Das ist bei meinen Schwestern so und auch bei meinen Schwägerinnen. Ich kenne keine einzige Frau, die nur zu Hause bleibt, die nur den Haushalt macht. Aber es ist so, dass die indonesische Struktur das auch ermöglicht. Die wohlhabenderen Familien können Hilfen haben, die bei ihnen wohnen und alles für sie tun. Dadurch kann die Frau natürlich leichter weggehen. Und die Familie hilft auch, zum Beispiel bleibt die Großmutter zu Hause und passt auf die Kinder auf.

Meiner Mutter war es sehr wichtig, dass wir alle – Söhne und Töchter – ein Studium hatten, weil das eigentlich damals die einzige Möglichkeit zur Selbstständigkeit war. Wenn man einen universitären Grad hat, hat man dadurch einen Status und bekommt auch leichter einen Job. Das ist sicher jetzt auch noch so – wenn du ein Hochschulstudium fertig hast, dann bist du sozusagen wer. Ich hätte eigentlich Ärztin werden sollen, aber ich habe es durchgesetzt, dass ich Musik studieren konnte – allerdings nicht, bevor ich ein halbes Französischstudium fertig hatte. In Indonesien konnte ich nicht weiter Musik studieren – ich hatte das Konservatorium schon fertig, und wir hatten ja keine Musikuniversität –, und damals war es so, dass man erst ins Ausland gehen durfte, wenn man zumindest einen Bachelor of Arts in irgendeinem Fach hatte.

Bei uns zu Hause hat niemand von den Kindern eine Rolle bekommen, dass er dies und jenes machen musste. Wir gehörten zu einer privilegierten Familie. Wir hatten Hilfen zu Hause, die alles gemacht haben, vom Waschen bis zum Haushalt, Einkaufen – das mussten wir alles nicht tun. Wir haben uns auf unser Studium konzentrieren können. Meine Mutter hat nur darauf geschaut, dass wir gut gelernt haben, dass die Schule gut gemacht wurde und auch die Universität. Das war keine leichte Sache, denn das musste alles bezahlt werden. Wir sind ja acht Kinder, und wir sind alle in katholische Schulen gegangen. Das sind die besten Schulen in Indonesien und die haben auch mehr gekostet – es war jeden Monat viel Schulgeld zu bezahlen. Ich kann mich sehr gut daran erinnern.

Mein Vater hat seine Arbeit gehabt, als Direktor von diesem Krankenhaus, und nachmittags seine Praxis bei uns zu Hause. Meine Mutter hatte daneben auch noch ihre Geschäfte – sie ist niemals nur zu Hause geblieben. Sie hat zum Beispiel Sachen in Singapur gekauft – das haben früher viele Leute gemacht –, und die hat sie dann in Indonesien teurer weiterverkauft und hat daran verdient. Das war ein Zubrot zu dem, was mein Vater verdient hat. Und dann ist ja die Ehe meiner Eltern auseinander gegangen. Mein Vater hatte eine andere Familie, und er wollte uns finanziell nicht mehr so unterstützen, und da musste meine Mutter ihr Jurastudium wieder aufnehmen. Sie ist dann Notarin geworden und hat uns so geholfen, mit unserer Ausbildung fertig zu werden.

In meiner Familie gab es eigentlich niemanden, der mich als Mädchen besonders gefördert hat. Ich hatte einen Onkel, der viel Geld hatte, und er liebte mich sehr und hat damals die Hälfte meines Tickets hierher bezahlt. Sonst habe ich keine Förderung bekommen. Ich war so ein Fremdkörper wegen dieser Musikzugehörigkeit, ich war so anders als die anderen. Ich komme aus einer Familie, die gern gesellschaftlich tätig war – Feste und Familienzusammenkünfte, das haben sie geliebt, und das wurde auch viel gemacht bei uns. Und ich habe mich immer ins Musikzimmer zurückgezogen und habe dort Klavier gespielt. Ich war sozusagen der absolut fremde Vogel. Sie wussten nicht, wie sie mich nehmen sollten. Ich wurde ein bisschen mit Toleranz behandelt, obwohl sie es nicht verstanden. Aber das war auch alles. Der Einzige, der mich verstanden hat, war mein Bruder Aldi. Er war das älteste Kind. Er hat nie gefragt, warum ich dies oder jenes getan habe, weil er es ganz einfach verstanden hat. Aldi war mir am ähnlichsten.

Ich kann nicht sagen, dass ich ein Vorbild hatte, aber es hat mich angeregt, wenn jemand bei uns Erfolg hatte. Es ist einfacher, in einer großen Familie, so wie meine Familie es war, etwas zu leisten. Weißt du, warum? Wenn man gesehen hat, dass der eine so gut war in dem oder der andere in etwas anderem, wurde auch der eigene Ehrgeiz angestachelt. Dann habe ich gedacht, dass ich vielleicht auch etwas erreichen kann. Wenn meine Schwester zum Beispiel besonders gute Noten hatte, habe ich gefühlt, dass ich das auch haben möchte. Aber das war nicht so in der Musik – Musik ist etwas, was ich selber in mir hatte und selber entwickelt habe.

Wie damals meine Vorstellung von einem erfüllten Leben als Frau war? Als junge Studentin in Indonesien hatte ich eigentlich gar keine Zeit, mir darüber Gedanken zu machen. Und ich hatte keine Vorstellung, was das heißt – glücklich zu sein. Es war damals in Indonesien eine sehr schwere Zeit. Es war die letzte Zeit, wo Sukarno noch an der Macht war. Die Wirtschaftslage war so schlecht, es gab eine furchtbare Inflation, und die Preise sind hin- und hergegangen. Ich war in der literarischen Fakultät, und da gab es eine Gruppe, die sich durchgesetzt hat – es wurde alles politisiert. Man musste zu diesen Leuten gehören, um überhaupt etwas zu erreichen. Und dann gab es eine Gruppe von Literaten, die sich zusammengeschlossen haben und die Kunst für die Kunst machten. Ich gehörte zu dieser Gruppe, und wir wurden richtig verfolgt. Wir hatten alle eine Petition unterschrieben, die kam in den Zeitungen heraus, und seither waren wir ein Schandfleck und wurden schlecht gemacht. Einige von uns sind ohne Grund ins Gefängnis gekommen.

Mein einziges Ziel war es, weiter Musik zu studieren, aber das war unmöglich. Ich hatte das Ticket nach Wien schon, aber ich konnte nicht heraus aus Indonesien, weil ich zu dieser Gruppe gehört habe. Die Rettung war dann so, dass der Rektor zufällig weggegangen ist, und der entschied darüber, ob jemand wegreisen konnte. Der stellvertretende Rektor war ein guter Bekannter meiner Mutter und er hat gesagt: „Lass die Djiwa wegfliegen. Jetzt geht es."

Ich hatte vorher Einladungen in andere Länder bekommen – nach Polen zum Beispiel, aus Russland habe ich ein sehr gutes Stipendium vom Moskauer Konservatorium angeboten bekommen, und ich hatte auch Stipendienangebote aus Paris und Amerika. Aber ich habe überlegt, dass diese Komponisten, deren Musik ich so geliebt habe und immer gespielt habe – wie Bach, Beethoven, Mozart, Haydn, Schubert, Brahms –, eigentlich alle entweder in Wien geboren wurden oder zumindest als Komponisten groß geworden sind, ihre Reife hier erlebt haben. Und ich habe mir gedacht, wenn ich nicht nach Wien gehe und nicht verstehe, wie diese Leute hier gelebt haben, und diese Art von Denken, das sie gehabt haben, nicht verstehe, dann werde ich diese Musik niemals optimal erlernen können, erleben können. Und ich habe es durchgesetzt, dass ich dann nach Wien gekommen bin, obwohl ich hier keine guten Voraussetzungen hatte. Ich bekam dann zwar ein Stipendium von der Caritas, aber das war ungeheuer wenig. Es hat sich aber herausgestellt, dass ich hier wirklich das Beste gelernt habe. Von dieser Ausbildung aus konnte ich dann alles Andere auch noch lernen, weiß ich zum Beispiel, wie ich Tschaikowsky spielen muss oder die französischen Komponisten. Das merke ich auch jetzt, wenn ich zum Beispiel ein Konzert in Russland gebe, dass sehr viele Leute dort gar keine Ahnung haben, wie sie Mozart oder Beethoven spielen sollen, und sie sind geradezu hungrig danach zu hören, was ich über diese Kompositionen zu sagen habe.

➤ Ich hatte überhaupt keine Vorstellungen vom Leben als Frau in Österreich, bevor ich hierher gekommen bin. Ich bin sozusagen ins kalte Wasser gesprungen. Aber ich war völlig besessen von der Musik. Ich hatte es hier am Anfang dann nicht so leicht. Es hat so gut ausgeschaut, mein Onkel war indonesischer Botschafter in Wien und er hat gesagt: „Du kannst bei mir wohnen." Die erste Schwierigkeit war mit meinem Aufenthalt in der Botschaft damals verbunden – dieses eine Jahr war wirklich schwer für mich. Erstens einmal war ich neu an der Hochschule. Ich habe einen glänzenden Hochschulanfang gemacht, weil ich ohne irgendwelche Schwierigkeiten hineingekommen bin. Aber Hauser, mein Professor, war keine leichte Kost sozusagen. Er hat alles verlangt von mir, und ich konnte nicht alles geben. Mein Onkel hatte immer viele Gäste, und das Klavier – ein schlechtes Pianino – stand im Salon, und ich konnte kaum üben. Ich konnte also nicht leisten, was ich wollte, und hatte am Anfang Schwierigkeiten. Zum Glück war mein Onkel nur noch ein Jahr Botschafter, und danach musste ich ein Zimmer suchen. Es ging dann sofort besser, wie ich ausgezogen bin. Ich habe ein billiges Klavier gekauft und habe viel üben können, habe alles selber entscheiden können, und dann ist alles sehr, sehr gut aufwärts gegangen.

Wichtig war hier auf jeden Fall mein Studium und meine Begegnung mit diesem außergewöhnlichen Professor, Professor Hauser. Ich kannte hier niemanden, ich hatte keine Ahnung, wie man an die Hochschule kommt. Ein Betreuer von der Caritas hat gesagt: „Ich kenne einen berühmten Pianisten, Paul Badura-Skoda. Sie können zu ihm gehen und sich von ihm beraten lassen." Badura-Skoda hat mich eingeladen und hat mit mir über die Auswahl von Lehrern gesprochen: „Sie können zu allen gehen außer einem", – und das war der Hauser. Ich wollte wissen, warum. Die Antwort war: „Er ist bekannt als ungeheuer strenger Mensch, sehr besessen. Wenn man zu ihm geht, kann man nur noch ans Klavierspielen denken. Er ist ein guter Lehrer, wahrscheinlich der beste an der Hochschule, aber gehen Sie nicht zu ihm, da werden Sie leiden." Und dann habe ich überlegt, dass dieser Lehrer eigentlich der Richtige sein muss für mich, und ich habe die Aufnahmeprüfung bei ihm bestanden. Es wurde dann tatsächlich schwer bei ihm, aber ich konnte keinen besseren Unterricht haben, wirklich nicht. Diese Zeit hat mir ungeheuer viel bedeutet. Es war eine große Freude, in der Hochschule zu studieren, weil der Hauser mich so gefördert hat. Er wollte mich eigentlich groß herausbringen. Aber er starb, kurz bevor ich die Reifeprüfung machen konnte. Er war plötzlich krank. Kurz vor den Sommerferien kam er wieder, er war gesund, sehr gut gelaunt, und hat zu mir gesagt: „Jetzt machen wir die Reifeprüfung im Herbst, und dann machen wir das so, wie ich das mit Ihnen geplant habe. Eine Hochschulstellung, Wettbewerbe und alles." Ich bin danach in die Türkei gefahren, und dort habe ich in der Zeitung die Nachricht gelesen, dass er tot war. Er war knapp über sechzig, sehr jung. Er hatte damals eine Lungenentzündung und hat einen Rückfall bekommen – im Sommer, stell dir einmal vor.

Und dann ging alles los. Es bedeutete so viel, dass ich die Reifeprüfung schaffe, weißt du. Und wie er gestorben ist, habe ich gedacht: Mein Gott, jetzt steh ich hier ohne irgendeine Unterstützung. Hauser war in der Hochschule gleichzeitig beliebt und gehasst. Geliebt von seinen Schülern, weil er sich total für sie eingesetzt hatte, aber gehasst von vielen anderen Lehrern, die nicht so gut waren wie er. Ich habe mir gedacht, wenn ich jetzt die Reifeprüfung mache, und sie wissen, dass ich vom Hauser bin, sind sie schon voreingenommen. Seine Frau hat zu mir gesagt: „Sie können bei einem beliebigen ehemaligen Schüler von ihm weiter Unterricht nehmen. Aber mein Mann hat gesagt, Sie können sofort zur Reifeprüfung antreten – auch ohne ihn. Sie schaffen das glänzend." Aber ich war so unsicher, ich habe noch ein Jahr bei einem Lehrer gelernt, der sein ehemaliger Schüler war. Ich habe dann wirklich bei der Reifeprüfung das allerbeste Ergebnis gehabt – Hauser hat mich sehr geprägt, muss ich schon sagen.

Und die nächste bedeutende Begegnung war natürlich die Begegnung mit Otto – nicht nur, weil er ein guter Mann für mich war, sondern weil er mich auch musikalisch stark beeinflusst hat. Otto ist menschlich und künstlerisch wirklich prägend für mich gewesen. Er hat Dirigieren studiert und war aber auch Bratschist und hat als Konzertmeister bei den Tonkünstlern gearbeitet. Er war schon ein fertiger Musiker, und ich stand ja am Anfang. Ich war damals dreiundzwanzig, und er ist fünfzehn Jahre älter als ich. Ich habe ihn schon im zweiten Hochschuljahr getroffen. Er hat mir so viel helfen können, dass ich es geschafft habe, in dieser Welt zurecht zu kommen. Es klappte auf Anhieb zwischen uns, weil er die indonesische Musik liebt – Otto ist in die Hochschule gekommen, weil er jemanden gesucht hat, der ihm etwas über Gamelanmusik sagen konnte, und ich war die einzige Indonesischsprachige – und weil er auch ein kreativer Künstler ist. Er hat mir einerseits einen guten Einlass in die klassische Musik ermöglicht und andererseits – weil er auch Maler ist, und weil er auch Musik macht, die nicht zur klassischen Musik gehört – hat er mir eine neue Welt geöffnet.

Und dann war natürlich mein Kind wichtig. Aber das würde für jede Frau so sein. Das ist ein völlig anderer Aspekt, ein Kind zu bekommen. Ich habe tatsächlich drei Jahre lang wegen Tjandra die Aktivitäten eingestellt. Ich habe zwar zu Hause Musik gemacht, aber ich habe keine Konzerte gegeben.

Schwierig war der Einstieg ins Berufsleben. Ich habe nie aufgehört, Klavier zu spielen, das weißt du ja, aber ich habe auch nie richtig Karriere gemacht. Zuerst wollte ich an einem Wettbewerb in München teilnehmen, und das ging dann nicht, weil ich schwanger war. Dann habe ich gedacht, ich muss mich in den ersten drei Jahren um Tjandra kümmern und habe mich nur so halb-halb für meine Karriere eingesetzt. Aber das ist natürlich auch keine Ausrede – es gibt sehr viele Pianistinnen, die neben der Familie alles getan haben. Dann habe ich wieder angefangen, und ich habe in Stockholm konzertiert, in Brüssel, in Russland – Russland war immer wieder ganz erfolgreich. Es waren gute Konzerte und manche davon große Konzerte, aber nie hier in Wien in sehr bekannten Sälen. Ich hatte nicht die Möglichkeit oder die Härte, Kontakte zu machen mit dieser Art von Leuten. Ich habe einige Radioaufnahmen gemacht, da hat Otto geholfen, und das war auch ein riesiger Erfolg. Und dabei ist es aber geblieben.

Aber ich finde trotzdem, ich habe großes Glück gehabt, dass ich so gut studieren konnte, und dass ich so eine Beziehung zur Musik habe. Musik ist immer mein Leben gewesen, aber so intensiv ist es erst geworden, wie ich nach Wien gekommen bin. Ich muss Klavier spielen, es ist ganz einfach ein Bedürfnis von mir. Und ich finde, dass ich großes Glück hatte, dass ich das verwirklichen kann. Das habe ich natürlich auch Otto zu verdanken. Ich muss nicht arbeiten für meinen Lebensunterhalt, ich bin nicht davon abhängig. Ich habe immer etwas verdient, aber es war nicht so, dass es nötig war – Otto verdiente sehr gut.

Wie ich dir gesagt habe, habe ich Musik und Tanz von Anfang an zusammen gemacht. Und ich bin, glaube ich, deshalb eine bessere

Pianistin geworden, weil ich den Rhythmus vom Tanz in mir habe. Du musst bedenken, dass die meisten klassischen Komponisten – angefangen von Bach bis weit hinauf – viele Tänze in ihre Musik gebracht haben. Und das kann man als Tänzerin besser erfühlen. Und umgekehrt auch – weil ich als Musikerin die Harmonien gelernt habe, hat das meine Leistung im Tanz gesteigert. Mit dem indonesischen Tanz habe ich ja parallel zum Klavier angefangen und zum indischen Tanz bin ich erst hier gekommen. Ich habe zufälligerweise einen berühmten indischen Tänzer kennen gelernt, und er hat mich überredet, einen Workshop mitzumachen. Das war der Anfang. Und dann ließ mich der indische Tanz nicht mehr los. Ich habe das dann wirklich so gelernt, dass ich eine fertige Ausbildung gemacht habe.

Ich merke jetzt – vielleicht hat es auch mit meinem Alter zu tun –, dass die Musik mir mehr und mehr bedeutet, mehr als das Tanzen. Das hat auch mit dem Körperlichen zu tun. Ich bin jetzt achtundfünfzig, ich kann zwar noch sehr gut tanzen und habe auch noch keine Schmerzen, aber ich bin mir bewusst, dass das Tanzen irgendwann zu Ende geht. Bei der Musik merke ich, dass ich eine Reife erreicht habe, wo ich wirklich die Musik darbieten kann, mit der ich selbst etwas aussagen kann. Ich schere mich nicht mehr so um die Meinung von anderen. Die Musik ist für mich jetzt schon wirklich etwas Intimes geworden, wo ich auch kreativ sein möchte – früher war ich nur eine Interpretin. Jetzt spiele ich noch mehr moderne Werke als früher. Ich habe zum Beispiel unter anderem Kompositionen von Otto gespielt. Und das Herrliche an dieser Musik ist – sie lässt mich freier. Es gibt bestimmte Sachen, die gemacht werden müssen, aber unter freier Interpretation. Ich glaube, das ist es, was ein Künstler erreichen muss – kreativ sein zu können. Ich habe das schon lange gespürt, und ich muss sagen, dass auch das Indonesische an mir mich daran gehindert hat, das nicht schon früher gemacht zu haben. Alles Mögliche eigentlich, auch mein Elternhaus und diese furchtbar strengen Lehrer, die ich hatte. Ich war in einer katholischen Schule, das war ungeheuer streng. Ich konnte nur noch lernen. Und dann hatte ich einen ungeheuer strengen Lehrer in Klavier – Hauser war absolut unerbittlich. Und dann hatte ich einen ungeheuer strengen Lehrer beim indischen Tanz. Und jetzt will ich nicht mehr. Ich will nicht mehr, ich habe genug gelernt. Ich bin ja nicht nur ein Spiegelbild von Dingen, die andere Menschen gemacht haben, zugegeben phantastische Künstler gemacht haben, sondern ich will etwas von mir selber zum Ausdruck bringen. Ich bin auf einem guten Weg. Die Erfolge in meinem Leben sind mein Mann, mein Kind vor allem, aber dann kommt auch die Musik und natürlich mein Freundeskreis.

➤ Sicher ist meine Entwicklung als Frau von der österreichischen Gesellschaft beeinflusst worden. Es hat mir sehr geholfen, die Selbstständigkeit und den Willen der Frauen, sich durchzusetzen, zu sehen. Wenn ich nach Indonesien zurückkomme, merke ich immer wieder, was für eine Rolle das gespielt hat. Bei einer mir bekannten Ärztin würde man zum Beispiel glauben, dass sie selbstständig ist. Sie ist es auch, sie ist eine mit beiden Beinen in der Wirklichkeit des Lebens stehende Frau. Sie hat ihre Praxis und ihre Stellung im Krankenhaus, aber eine unglückliche Ehe. An der Oberfläche ist ihr Mann ein liebenswerter Mensch, aber er demütigt sie in jeder Hinsicht. Ich habe ihr gesagt: „Lass dich scheiden. Das bedeutet doch auch etwas, dein Selbstwertgefühl." Sie hat wirklich unter Depressionen gelitten, aber sie kann sich nicht scheiden lassen. Sie denkt daran, was die Leute sagen. Der Unterschied zwischen uns ist also, dass sie nicht richtig selbstständig ist, dass sie an ihre Ängste gebunden ist, sich nicht losreißen kann. Ich würde mich durchsetzen. Natürlich hat Otto mich in dieser Hinsicht auch immer gefördert, dass ich frei denken soll, meine Meinungen, meine Vorstellungen durchsetzen soll.

Ob ich hier Dinge verwirklichen konnte, die in Indonesien nicht möglich gewesen wären? Ja und nein. In Indonesien – jetzt jedenfalls – habe ich alle Möglichkeiten, zu spielen, auch große Konzerte. Es ist kein Problem mehr – ich bin inzwischen so bekannt dort. Aber es ist ein anderes Publikum, verstehst du. Es ist nicht dieses musikalische Publikum, das man hier hat. Ich bin für sie eine Sensation, nicht eine Person, die musikalisch etwas zu sagen hat, sondern ein außergewöhnliches Etwas. Sie gehen aus Neugierde zu meinen Konzerten.

Das Studium hätte ich dort nicht machen können, und das hat mich so nach Wien gezogen, dass ich ohne weiteres aus Indonesien weggegangen bin. Ich bin ja eigentlich ein schüchterner Typ. Für meine Mutter und meine Geschwister war das so ein furchtbarer Gedanke, dass ich, gerade ich, als Schüchternste in der Familie, ins Ausland wollte. Sie haben gefürchtet, ich würde in sieben Löcher zugleich hineinfallen. So haben sie das gesehen, aber ich habe es durchgesetzt. Das war so stark, dieser Wille.

Ich denke auch nicht, dass ich als asiatische Frau hier benachteiligt war. Solange ich in Österreich war, wurde ich sehr gut behandelt, obwohl ich längst nicht das in der Musik erreicht habe, was andere Pianisten erreichten. Die Leute, die mich gehört haben, waren immer hoch begeistert, sie haben mich sehr ernst genommen. Wenn ich Musik gemacht habe, wurde ich ungeheuer akzeptiert, und ich wurde eigentlich in Wien immer moralisch und musikalisch gefördert – vom Publikum oder von Musikkennern. Ich habe nie eine schlechte Kritik bekommen. Ich habe auch viel getanzt, und es kann schon sein, dass ich als Pianistin vielleicht mehr erreicht hätte, wenn ich nicht getanzt hätte. Aber mir war beides wichtig – das Tanzen war mir genauso wichtig wie das Klavierspielen.

Ich habe komischerweise erst in letzter Zeit gemerkt, dass ich Ausländerin bin, und zwar anhand von einigen schlechten Erfahrungen. Ich bin zum Beispiel einmal zu der kleinen Trafik am Schottentor gegangen, die offensichtlich einem Österreicher gehört, und er hat mich unflätig beschimpft aufgrund meines ausländischen Aussehens. Das ist noch nicht so lange her – ich glaube, zwei Jahre. Das war das erste Mal und für mich so ungewöhnlich, dass ich ihn verdattert angestarrt habe. Das hat mich den ganzen Tag beschäftigt. Oder vor kurzem ist jemand an mir vorbeigegangen und hat Schimpfwörter ausgestoßen: „Dich hätten die Nazis erwischen sollen." Er hat mich gemeint, es war weit und breit niemand anderer da. Ich habe entdeckt, dass es Menschen gibt, die ganz einfach so einen ungeheuren Hass haben, dass sie krank werden vor Zorn, obwohl es ihnen viel, viel besser geht als zum Beispiel den Indonesiern.

Ich habe aber in Wien nicht das Gefühl gehabt, dass man von mir als asiatischer Frau Klischeebilder hatte. Gott sei Dank nicht, denn die Österreicher, mit denen ich zu tun hatte, sind Leute, die zu mir gekommen sind, weil ich eben nicht das bin, was sie sich vielleicht von asiatischen Frauen vorgestellt haben – vor allem, wenn ich als Musikerin aufgetreten bin. Und zu den Tanzvorstellungen bin ich meistens gekommen, weil ich Musik gemacht habe. Die Leute haben bei den Konzerten erfahren, dass ich auch tanze, und dann haben sie sich dafür interessiert – sowohl eine Tanzvorführung zu sehen, als auch bei mir zu lernen.

In Indonesien gibt es dieses Klischee, dass die westlichen Frauen stärker sind, und die meisten Indonesier denken so. Und es gibt auch die Vorstellung, dass die Frauen mehr Rechte haben, und dass sie ehemäßig geschützter sind. Wie ich dann hier war, habe ich gemerkt, dass das nicht in jeder Hinsicht stimmt, und dass die indonesischen Frauen – das habe ich auch bei jedem Vortrag hervorgehoben – ungeheuer wendig, kreativ und durchsetzungsfreudig sind. Sie sind sehr stark. Es ist wahr, dass die Frauen hier vom Gesetz her besser geschützt sind, aber nicht in dieser Hinsicht, dass sie stärker sind. Und es gibt in Indonesien natürlich auch ein negatives Klischee über europäische Frauen. Es wird im Allgemeinen diese sexuelle Freizügigkeit verurteilt, und dass sich die jungen Mädchen vor allem freier anziehen. Aber in Bali zum Beispiel liegen Touristinnen tatsächlich oben ohne am Strand. Die Leute sehen das, und das wird nicht nur von den Frauen geringschätzig beurteilt, sondern überhaupt von den Indonesiern.

Der Vorteil der Frauen hier ist – abgesehen vom rechtlichen Schutz –, dass sie bestimmt moralisch freier sind. Man hat die Möglichkeit, mit einem Mann zusammenzuleben und zu entdecken, ob man mit ihm überhaupt ein eheliches Leben anfangen kann. Das ist ein großer Vorteil, und den hat man in Indonesien noch nicht so. Obwohl – langsam greift auch dort das ehelose Zusammenleben um sich. Es ist nicht so, dass eine Frau unbedingt als Jungfrau in die Ehe kommt, vor allem bei den emanzipierten Frauen. Der Nachteil hier ist, dass man vielleicht von einer Frau viel zu viel verlangt. Weißt du, man kann sich in Indonesien als Frau sehr auf seine Familie verlassen. Dadurch ist man nicht so belastet. Meine Schwestern können zum Beispiel darauf vertrauen, dass sie nicht nur von der engsten Familie, sondern auch von der Familie ihrer Geschwister unterstützt werden. Das hat man hier nicht so in diesem Maße.

➤ In Indonesien schätze ich das etwas leichtere Leben. Man nimmt die Sachen nicht so ernst. Man lacht mehr. Auch mein Bruder Aldi hat so viel gelacht. Er lachte immer. Das ist das Einzige, was mich an ihm früher gestört hat, weil ich den Eindruck hatte, dass er sogar über ernste Sachen gelacht hat. Aber jetzt, wo ich weiß, dass dadurch das Leben akzeptabler ist, verstehe ich das. Er war schon sterbenskrank, und trotzdem heiratete sein Sohn. Aldi musste sich eigentlich ausruhen, damit er am Abend überhaupt an der Feier teilnehmen konnte. Unterhalb seines Zimmers wurde ein riesiges Zelt aufgebaut, die Musiker haben Proben gemacht. Und dann hat seine Frau gesagt, sie sollen aufhören, zu spielen, aber er hat gerufen: „Sag, wo sind die Leute? Ich höre nichts!" Und er hat immer noch gelacht. Später habe ich gemerkt, man muss lachen, weißt du. In Indonesien haben sie viele Sachen erlebt, die entsetzlich waren. Zum Beispiel wurden wahnsinnig viele Menschen umgebracht, als Sukarno die Macht verlor, und das Militär eingegriffen hat. Bauern wurde ein kleines Stück Land versprochen, wenn sie der kommunistischen Partei beitreten. Sie hatten keine Ahnung von kommunistischer Ideologie, sie haben etwas bekommen, und man konnte schon sagen, sie gehören zur kommunistischen Partei. Ganze Familien bis zu den Babys wurden mit Lastautos abgeholt und zu Lichtungen im Wald gebracht und dort ermordet. Damals war ich so verzweifelt. Ich habe nicht gewusst, dass die sanften Indonesier solche Dinge tun können.

Ich habe die Aspekte, die ich in Indonesien schätze, sicher auch hier in meinem Leben integriert. Ich lebe eigentlich wie in Indonesien. Ich koche Indonesisch, ich behandle die Leute sowieso wie eine Indonesierin, indem ich versuche – wahrscheinlich schon automatisch –, dass ich ihnen nicht weh tue, und ich versuche, die Dinge leichter zu nehmen.

Meine Wünsche für die Zukunft? Ich wünsche mir, dass Otto so lange lebt, wie er kann, dass er gesund wird; dass Tjandra natürlich auch seinen Weg macht; und dass ich vielleicht noch einige gute Konzerte bekomme, damit ich diese herrlichen Stücke – zum Beispiel von Messiaen, mit denen ich jetzt gerade in der Alten Schmiede aufgetreten bin – einmal in einem riesigen Saal spielen kann, damit sie besser klingen. Wenn ich mir schon die Mühe nehme, diese Messiaen Stücke auswendig zu spielen – das wird nie gemacht, weil es so schwer ist –, dann sollte ich sie auch einmal in einem größeren Saal aufführen.

Malerei und Kunst sind eine andere Welt, eine offene Welt

Gespräch mit
Mitra Shahmoradi-Strohmaier
geb. 1955 in Abadan/Iran, freischaffende Malerin, lebt seit 1979 in Wien

Viele verschiedene Dinge vom Beginn der Kindheit an haben mich im Iran geprägt. Ich kann als Allererstes, wenn ich sehr spontan antworten sollte, wirklich sagen, dass die Malerei die größte Veränderung in meinem Leben gebracht hat. Ich habe immer gemalt als Kind. Das habe ich sehr, sehr gerne gemacht. Offenbar war die Malerei in mir drinnen. Ich habe das Bedürfnis gehabt oder die Liebe dazu gehabt, immer zu malen, einfach so für mich. Ich wollte ursprünglich maturieren und dann Chemie studieren, aber mit der Zeit ist mir wirklich klar geworden, dass ich der Malerei sehr nahe bin. Dann habe ich erfahren, dass es in Teheran dieses Kunstgymnasium gibt, wo man Malerei lernen kann und dann nachher auch weiter in diese Richtung studieren kann, und das war für mich auf einmal mein Traum geworden. Ich war damals fünfzehn Jahre alt. Ich weiß es wirklich bis heute nicht, wie ich diese Entscheidung alleine getroffen habe, und wie ich das durchgesetzt habe. Ich denke selber immer wieder nach, wie habe ich in diesem Alter entscheiden können, so richtig für das ganze Leben. Aber es ist so passiert. Für meine Eltern war dann die einzige Frage, wie ich mein Leben in einer anderen Stadt starten kann. Ich hatte offenbar meine Entscheidung so sicher getroffen, dass es gewirkt hat. Ich bin am Anfang des Sommers nach Teheran gefahren, und die Aufnahmeprüfung war erst im September. Ich habe einen Zeichenkurs besucht, der von der Schule selber angeboten worden ist, ich habe gelernt, und ich habe dann die Aufnahmeprüfung bestanden. Am Anfang habe ich in Teheran bei Verwandten gewohnt. Dann ist meine Mutter gekommen und danach die ganze Familie, und dann waren wir alle in Teheran. Ich war darüber sehr froh, weil ich auch nicht so jung woanders leben wollte.

Abgesehen von der Malerei hat mich natürlich das ganze Umfeld geprägt. Wir sind sechs Kinder, drei Mädchen und drei Buben. Ich bin die fünfte, und wir sind altersmäßig sehr nahe beieinander. Wir haben die Geschwister gehabt, jeder hat Freunde gehabt, und wir waren immer in großen Gruppen. Und noch dazu die Kinder der Verwandtschaft – alleine die waren schon ein ganzer Kindergarten. Die Schwestern von meiner Mutter, ihr Bruder, der Bruder von meinem Vater haben auch alle mindestens fünf, sechs Kinder gehabt, und wenn wir alle auf einmal auf einem Treffen waren – das war sehr toll! In unserer Verwandtschaft war es auch so, dass wir viele Gleichaltrige waren. Meine Mutter und ihre Schwestern haben bis heute eine ganz gute Beziehung und mit den Kindern dazu, das war halt eine sehr schöne Atmosphäre. Es war für die Kindheit wunderbar. Für unsere Eltern war das etwas Selbstverständliches, dass sie immer mit den Verwandten waren oder sehr vielen Freunden. Wir haben immer jemanden zu Hause gehabt. Das war ein ganz anderes Leben, als es jetzt zum Beispiel unsere Kinder erleben. In meiner Kindheit hast du praktisch immer irgendjemanden neben dir gehabt. Das hat schöne Seiten, aber du hast die Mutter oder den Vater auch nicht für dich alleine gehabt, niemals. Das ist halt die andere Seite von Großfamilie und vielen Geschwistern.

Abadan war eine europäisierte Stadt. (In Abadan, dem Zentrum der iranischen Erdölindustrie, wurde seit 1908 Erdöl produziert, und es wurde als Betriebsstadt der 1909 gegründeten Anglo Persian Oil Company gebaut, die ab 1935 Anglo-Iranian Oil Company hieß. E.B.) Das hat auch Nachteile gehabt, aber wir Kinder sind großteils in einer sehr offenen Atmosphäre aufgewachsen. Wir haben damals als Mädchen wirklich viele Dinge machen dürfen, die in anderen Teilen vom Iran nicht so selbstverständlich waren. Diese Freiheit war auch möglich, weil die Stadt klein war, und viele Leute haben einander gekannt. Die Eltern haben uns frei gelassen, weil sie wussten, mit wem wir Umgang haben, wer unsere Freunde sind. Wir haben immer Sport gemacht, haben mit Buben gespielt. Dort war vieles für uns sehr selbstverständlich: Zum Beispiel Fahrrad fahren oder schwimmen mit anderen – also nicht nur mit Frauen – oder Miniröcke anziehen und mit Tops herumgehen – Abadan ist nämlich eine sehr heiße Stadt. Also, damit hatten wir überhaupt keine Schwierigkeiten, die man vielleicht denkt, dass ein Mädchen vor vierzig Jahren oder mehr im Iran hatte. Das war vielleicht auch nur deshalb möglich, weil viele Europäer da waren. Trotzdem waren wir im Iran. Trotzdem haben wir fast alle islamische Religion gehabt, und trotzdem haben wir nicht weiß Gott was alles machen dürfen, das ist schon klar. Aber im Vergleich zu diesen vielleicht religiöseren Teilen des Iran haben wir es als Kinder oder Jugendliche natürlich leichter gehabt von der Freiheit her. Dass das ein Unterschied war, das haben alle gewusst, wir und auch die, die nicht in Abadan gelebt haben. Wenn wir im Iran gereist sind, dann war der Unterschied zu sehen. Und manche Leute von anderen Städten, die eben ein bisschen religiöser waren, haben uns auch nicht gern gehabt. Wenn sie gewusst haben, man kommt aus Abadan, haben sie gesagt: „Aha, diese Europäer, diese freien Jugendlichen!"

Und ich habe noch dazu so richtig liberale Eltern gehabt, und das war natürlich auch meine Basis, um offen leben oder denken zu können. Es war halt mein Schicksal, in dieser Stadt und in dieser Familie geboren zu sein. Das ist bestimmt wichtig gewesen für das Weitere, weil es prägt für die Zukunft, auch beruflich, auch als Frau. Wäre ich in einer geschlossenen, religiösen Stadt geboren, keine Ahnung, was meine Zukunft gewesen wäre. Wahrscheinlich würde ich nicht diese Frau sein, die ich jetzt bin.

Ich weiß, dass mit der Zeit die Schule in Abadan nicht mehr zu meiner Mentalität gepasst hat. Das war vielleicht unter anderem ein wichtiger Druck, dass ich für etwas Anderes entscheiden habe können. Ich habe mit meiner eigenen Seele oder meinem Denken oder was auch immer, was nur zu mir gehört, wirklich sehr jung erkannt, dass mir diese Form von Erziehung in der Schule überhaupt nicht passt. Es war sehr streng, und wir haben nicht unbedingt immer gute Lehrer gehabt. Sie haben uns wirklich wegen ganz dummer Dinge gestört, zum Beispiel wenn dein Rock um einen Zentimeter zu kurz war, und sie haben befohlen und geschrien. Ich vergesse das nie, das war so eine wirklich schreckliche Erfahrung: Wir haben eine Prüfung gehabt, wo wir sehr viel lernen mussten. Und ich kann mich erinnern, wir haben ganz nett mit der Verwaltung gesprochen und gebeten, einen Tag frei zu haben, damit wir für die Prüfung besser lernen können. Wir waren damals schon in der sechsten Klasse Gymnasium, also, wir waren keine kleinen Kinder. Und die haben mit uns wie verrückt geschrien und gesagt: „Was soll das? Ihr wollt ja streiken!", und haben jedes Wort in eine politische Richtung interpretiert. Es hat überhaupt keinen Sinn gehabt, so zu denken. Und das waren eben Dinge, mit denen du dich niemals vertraut oder wohl gefühlt hast. Immer hast du Angst gehabt, dass sie dich in einer politischen Richtung abstempeln. Das alles war vor der Revolution, aber es war wieder eine andere schwere Zeit.

Als ich dann 1970 nach Teheran in diese Malereischule gekommen bin, hat sich mein Leben geändert. Das war wirklich eine ganz gute Schule und eine tolle Zeit für mich. Ich habe sehr viel gelernt, über alles – alle Kunstrichtungen und Malerei sowieso. Es hat einfach meinen Weg bestimmt, meinen Lebensweg. Mein künstlerischer Blick hat sich geöffnet. Als ich sechzehn, siebzehn war, und die anderen vielleicht in der Zeit noch in die Disko gegangen sind, oder Mädchen auf Mode geschaut haben, war das überhaupt nicht mehr mein Interesse. Ich hatte ganz andere Interessen gefunden, und mein Freundeskreis war genauso. Wir sind ins Theater gegangen, wir haben Bücher ausgetauscht, Bücher gelesen. Zeit war für mich wichtig – ich will nur zeichnen, ich will malen, ich will lernen. Wenn ich Zeit habe, gehe ich ins Kino oder gehe ich in eine Ausstellung. Das war wichtig – eine eigene Richtung einfach, was bis heute Gott sei Dank der Fall ist. Aber damals hat es sich richtig gefestigt und mich geprägt, alles in diese Richtung zu machen.

Nach drei Jahren habe ich dort die Matura gemacht und dann die Aufnahmeprüfung für die Akademie. Ich bin aufgenommen worden und habe Malerei studiert. 1978 habe ich die Akademie fertig gemacht. Das war gerade die Zeit, in der es unruhig geworden ist. Ich habe aber meine Diplomarbeit noch vor der Revolution abgegeben. Neben dem Studium habe ich gearbeitet, und zwar als Graphikerin und auch Journalistin in verschiedenen Zeitungen. Ich habe in Kindertheatern beim Bühnenbild und Kostümen mitgearbeitet. Ich habe auch Theater gespielt, das hat mir irrsinnig gefallen. Damals hätte ich sogar fast lieber Schauspielerei als Malerei gewählt. Ich habe damals viele gute Erfahrungen gemacht, viel gelernt. Wir haben ganz nette Professoren gehabt. Ich hatte einen tollen Kreis, sehr gute Freunde, wir haben viel unternommen, wir haben alles, was vom Kulturellen möglich war, in der Stadt besucht.

Aber wie in der Schule hat's auch auf der Universität Druck gegeben, die Gesamtatmosphäre war so. Ich habe zwischen '74 und '78 studiert, und '79 war die Revolution. Du hast als junger Mensch nie ohne Angst gelebt. Du hast nicht frei geredet oder diskutiert. Natürlich hatten wir gute Freunde, wo man auch Vertrauen gehabt hat. Aber trotzdem hast du Angst gehabt, trotzdem hast du nicht gewusst, ob irgendwer in der Runde dich verraten würde, wenn du jetzt irgendwelche kritischen Äußerungen machst. Und die haben auch immer wieder Studenten festgenommen, auch auf anderen Universitäten. Hinter unserer Kunstakademie war eine große technische Universität, und die Studenten dort waren politisch sehr aktiv. Immer wieder sind sie geflüchtet, sind von ihrem Hof zu unserem

Hof gesprungen, weil gerade der Sawak (Geheimdienst des Schah. E.B.) oder die Polizei da waren und sie festnehmen wollten.

Mein Leben selbst war nett, was meine Arbeit und was meine Interessen betroffen hat. Aber wir alle – ich rede von mir oder meiner Familie oder meinem Kreis – wir haben natürlich nicht so problemlos oder unkritisch gelebt. Uns ist bewusst gewesen, dass vieles nicht in Ordnung ist. Es war wenige Jahre vor der Revolution, ich war Studentin, und da ist diese Entscheidung vom Schah gekommen, dass nur mehr eine Partei zugelassen ist. Das war ein großer Fehler in dieser Zeit – das war schon 1977 –, dass die von oben angeordnet haben, dass es nur eine Partei geben darf. (Bis dahin gab es zwei vom Schah selbst ins Leben gerufene Parteien. E.B.) Und das hat uns natürlich überhaupt nicht gepasst. Das sind große Probleme gewesen, die wahrscheinlich auch zur Revolution oder mit der Zeit zu einem Wunsch nach Wechsel geführt haben. Ich glaube nicht, dass jede Revolution nur wegen einer Hungersnot passiert – das ist nicht der einzige Grund. Und zumindest die intellektuelle Seite hat mehr Freiheit und mehr Normalität im politischen Leben im Land gewünscht. Man konnte damals natürlich auch überhaupt nicht wissen, was nach ein paar Jahren passiert. Ich war oft selbst auf der Straße, habe immer viel photographiert – ich habe damals noch bei der Zeitung gearbeitet. Ich habe auch selber entwickelt, schwarzweiß Photos, und es war einfach sehr interessant für mich, die Entwicklung zu sehen. Ich war mitten drinnen.

➢ Ich weiß nicht, was die Gesellschaft von den Frauen erwartet hat, aber ich weiß, dass die Frauen politisch einfach auch mitgemacht haben. Schon in den ganzen Jahren vor der Revolution waren auch genug Frauen in den Gefängnissen oder waren politisch aktiv und von der damaligen Geheimpolizei verhört oder festgenommen worden. Viele waren tot. Viele wurden gefoltert, also Frauen genauso wie Männer. Und dann, bei der Revolution, bei den Bewegungen unmittelbar vor der Revolution, waren immer Frauen dabei. Das, was die Frauen selber erwartet haben, war wahrscheinlich, dass sie nach der Revolution nicht wieder zurückgeschickt werden. Was die Gesellschaft wollte, das kann ich überhaupt nicht sagen, das ist eine schwere Frage. In der Schahzeit haben die Frauen gearbeitet, studiert, aber nur in einer bestimmten Schicht. Das ist das Problem gewesen. Damals haben die religiöseren Familien zum Beispiel ihre Töchter nicht gerne studieren lassen. Nicht, weil sie das Mädchen nicht weiterbilden lassen wollten, sondern weil sie es nicht in diese für sie moderne Atmosphäre oder Gesellschaft hinausschicken oder dort arbeiten lassen wollten. Unmittelbar nach der Revolution haben sich gerade solche Familien geöffnet und haben ihre Töchter gerne nach außen geschickt, sie sollten studieren, sie sollten arbeiten. Und jetzt ist es ganz normal und selbstverständlich, dass alle Mädchen auf die Uni gehen wollen oder fast alle und viele studieren – der Prozentsatz von Frauen auf den Unis ist sehr hoch. Sie arbeiten auch in vielen Berufen, die es früher für Frauen nicht gab. Das ist interessant, das nach über zwanzig Jahren zu sehen. Insofern hat sich eine Entwicklung und eine Änderung ergeben, obwohl die Frauen nach der Revolution beschränkt wurden.

In meiner Familie haben meine Eltern uns Mädchen – so weit es auch die Gesellschaft erlaubt hat – die gleichen Freiheiten gegeben wie den Buben. Das heißt, das war nicht so, dass meine Brüder eine Freundin haben durften und ständig weggehen durften, und wir Mädchen nur zu Hause kochen sollten. Das war nicht der Fall bei uns. Wir durften auch weggehen, wir durften sogar auch einen Freund haben. Und dann eben sollten wir unbedingt in die Schule gehen, sollten wir unbedingt studieren. Das war die Erwartung. Meine Eltern haben uns einfach nicht in diese Richtung erzogen, dass wir Matura machen und dann heiraten. Ich habe auch in Abadan Mädchen gekannt, die wirklich nach der Matura zu Hause gesessen sind und irgendwann geheiratet haben. Meine Eltern wollten auf jeden Fall, dass wir studieren, arbeiten, Geld verdienen, irgendetwas machen. Das war schon sehr wichtig, selbstständig zu sein.

Nachdem ich mich für's Malen entschieden habe und diesen Weg begonnen habe, haben sie mich immer gelobt. Sie haben mich akzeptiert, so wie ich war, und das gut gefunden. Sie haben mich ernst genommen. Und ich habe das auch ernst gemeint und ernst gemacht. Sie haben das erkannt. Das ist schon sehr angenehm gewesen, weil ich habe in meinen Schulzeiten in der Kunstschule Mitschülerinnen gehabt, die wirklich nicht so akzeptiert waren von den Eltern. Viele haben das nicht ernst genommen. Du gehst in eine Schule malen – was soll das? Oder auch in Studienzeiten, selbst Jungs haben genug Probleme gehabt in der Familie. Das war mein Glück, dass meine Eltern tatsächlich in diesen Sachen irrsinnig liberal waren.

Im Haushalt haben wir eigentlich alle ziemlich fleißig mitgearbeitet, weil – und das ist der wichtigste Grund – mein Vater wirklich ein Mann war, der zu Hause viel gemacht hat. Und für seine Generation war das nicht so selbstverständlich. Er war nicht einer der Männer, der nach Hause kommt, die Füße auf den Tisch legt und sagt: „Bringt mir alles!" Wirklich nicht. Er hat bis zum Schluss, solange er noch mobil war, seine persönlichen Sachen sowieso gemacht. Aber ich kann mich erinnern, er hat meiner Mutter immer sehr viel geholfen oder uns geholfen, mit uns etwas gemacht. Er hat uns zum Beispiel gebadet oder ist mit uns weggegangen. Wir haben auch gemeinsame Sommerreisen gemacht, mit ihm zusammen. Er hat einfach Spaß daran gehabt, mit uns etwas zu unternehmen – zu tanzen, essen zu gehen, ins Kino zu gehen ... Ich kann mich gut erinnern, dass ich mit ihm später, wie ich dann nicht mehr so klein war, auch allein ins Kino gegangen bin. Aber natürlich hat meine Mutter viel mehr gemacht im Haushalt und mit uns Kindern, das ist vielleicht auch normal gewesen. Und weil mein Vater zu Hause geholfen hat, sind meine Brüder deshalb auch so geworden. Und meine Mutter hat mir auch nie gesagt, dass ich meine Brüder bedienen soll. Das war nie so in unserer Familie, obwohl ich genug Leute kenne, bei denen das der Fall war, auch in unserer näheren Umgebung. Bei vielen waren die Brüder wichtiger oder haben befohlen.

Meine Mutter ist von einer Generation, in der relativ jung geheiratet worden ist. Sie ist jetzt siebzig. Sie war ein Kind, als der Vater vom Schah angeordnet hat, dass die Frauen keinen Schleier mehr tragen dürfen (1936. E.B.), und sie ist hineingekommen in eine Zeit, in der langsam Schritte zu Änderungen unternommen worden sind. Aber sie hat traditionell gelebt und geheiratet. Ganz am Anfang hat sie als Kindergärtnerin gearbeitet, aber dann hat sie Kinder gekriegt, und einfach familiär war es nicht leicht für sie, irgendwo außerhalb des Hauses zu arbeiten. Aber sie ist eine sehr gute Schneiderin, und sie hat trotz großer Familie als Schneiderin gearbeitet und hat immer privat Schülerinnen zum Nähunterricht gehabt. Vor allem in Abadan hat sie noch dazu auch viel freiwillige Hilfe geleistet, zum Beispiel hat sie für ein bisschen ärmere Familien gratis Nähkurse gemacht. Und sie hat dann wieder zu lernen begonnen, wie wir schon in die Schule gegangen sind. Sie hat mit uns gelernt, die Abendschule besucht, obwohl die Familie da war. Es war wunderbar – also zu bewundern. Und viele Frauen haben das gemacht. Wenn sie geheiratet hatten und noch nicht mit der Schule fertig waren, haben sie nachher diese Abendschulen besucht. Gut, meine Mutter ist überhaupt so eine Frau, die immer noch so neugierig ist und wissen will und immer gelesen hat. Deshalb war sie auch nicht eine Hausfrau in dem Sinne, dass sie von nichts weiß, sondern sie hat eben von allem gewusst. Wir haben mit ihr über viele Themen reden können, und sie hat auch finanziell natürlich etwas beigetragen, weil sie immer wieder Geld verdient hat durch dieses Unterrichten oder Nähen. Und das hat sie wirklich bis vor kurzem gemacht – jetzt ist sie vielleicht körperlich nicht mehr so in der Lage. Die Leute haben sie sehr gern gehabt, ihre Schülerinnen sind ewige Freundinnen geblieben. Dieses soziale Leben nach außen war ihr ganz wichtig.

Ich weiß momentan nicht, ob ich in der Kindheit oder Jugend ein Vorbild hatte. Aber von meinem Lehrer, meinem Professor auf dieser Kunstschule und später auch auf der Akademie, von ihm habe ich wahnsinnig viel gelernt. Über das Leben einfach. Malerei, alle Kunstrichtungen und dieses Freier-Werden, Frei-Denken, Künstler-Sein. Was ein Mann ist, was eine Frau ist, wie kann ich als Frau denken, wie soll ich als Künstlerin sein und so weiter. Das ist mir durch all die Jahre und Erfahrungen geblieben und hat mich sehr geprägt. Dieser Lehrer war zwar ein Mann, ein Perser, der aber ganz frei gedacht hat. Er war auch so ein Lebenskünstler, der hat gewusst, was Leben ist, für sich selber. Er hat uns durch viele Gespräche, die wir geführt haben, wirklich zum Fortschritt gefördert. Er hat immer wieder gesagt: „Ihr dürft euch nicht einfach so wie irgendwelche Mädchen sehen und warten, dass einer kommt und sagt: ‚Ich will dich heiraten', und ihr heiratet. Ihr müsst euren Weg gehen, ihr müsst Erfahrungen sammeln." Gerade in diesem Alter, wo man sich entwickelt und lernt, war das wichtig. Für mich persönlich – ich sage nicht, dass alle davon etwas hatten –, aber für mich persönlich hat es sehr viel Offenheit, sehr viel Nichtklischee sozusagen in meinem Leben gezeigt. Für mich habe ich gelernt, Malerei und Kunst sind eine andere Welt, eine offene Welt. Und diese Sehnsucht nach weiter wollen, weiter sehen, sich weiterentwickeln ist einfach ganz stark in mir geweckt worden.

Ich kann dir nicht sagen, ob ich im Iran bestimmte Vorstellungen von einem erfüllten Leben als Frau hatte, weil mein Leben jetzt anders ist als damals. Damals war ich so ein freier Vogel. Ich habe immer gedacht, ich mache, was ich will. Jetzt habe ich gemerkt, dass es nicht möglich ist. Schau, es ist dort ganz normal gewesen für mich, dass ich mein Leben in der Hand habe. Ich habe mit zweiundzwanzig meine Akademie fertig gemacht. Ich hatte vorher eben gearbeitet, Geld verdient, Erfahrungen in verschiedener Richtung gemacht. Ich habe nicht eine Illusion von einem Leben als Frau gehabt, und ich bin nicht deshalb in Wien gelandet, damit ich das da finde. Für mich war es selbstverständlich, dass ich meinen künstlerischen Weg weitergehe, arbeite, Geld verdiene und wenn ich auch eine Familie gründe, soll es dazu passen. Mein Wunsch war, dass ich beides, also Familie und Beruf, gleichwertig führen kann. In der Praxis habe ich gesehen, dass das nicht so einfach ist für eine Frau, gerade mit diesem künstlerischen Beruf – es kostet sehr viel Energie von mir. In der Praxis habe ich gesehen, dass du viel Unterstützung brauchst von deinem Partner oder von deiner Familie, wenn sie in der Nähe ist, oder von anderen. Und du hast nicht immer das Glück, dass alles perfekt funktioniert und glatt funktioniert. Es kommen viele Dinge dazu, die du natürlich vorher nicht gewusst hast. Ich habe zwar immer beides gemacht, aber meinen Beruf ein bisschen benachteiligt – das glaube ich schon. Trotzdem wollte ich Kinder haben, trotzdem wollte ich Familie haben, und ich bin auch froh, dass ich so entschieden habe.

➤ Im Oktober 1979 bin ich nach Wien gekommen. Ich weiß wirklich nicht mehr, ob ich bestimmte Vorstellungen vom Leben als Frau in Österreich hatte. Ich bin jetzt so lange hier und so integriert im Leben als Frau. Vielleicht, oh ja, wir haben gewusst, dass die Frauen in Europa schon ein bisschen selbstständiger sind oder allein leben dürfen. Das war halt damals schwierig im Iran. Ich habe zum Beispiel bei meinen Eltern gelebt, in Studienzeiten. Wenn man noch nicht geheiratet hatte, war man als Mädchen im Iran noch zu Hause mit den Eltern – auch wenn man nicht mehr so jung war.

Wien hat sich so ergeben, weil eine Schwester vor mir nach Wien kam. Außerdem, ich bin nur gekommen, um zurückzugehen – ich bin gar nicht für lebenslang gekommen. Meine Eltern wollten, dass ich nicht im Iran bleibe. Ich habe keine Arbeit gehabt, und es hat begonnen, unklar zu sein, in welche politische Richtung die Regierung geht. Meine Mutter und mein Vater haben gesagt: „Fahr einfach für ein Jahr nach Wien. Du hast dein Studium fertig gemacht. Du kannst dort ein bisschen etwas lernen und schauen und dann zurück kommen." Ich habe gedacht, das ist eine gute Überbrückung.

Aber dann ist es anders geworden, es war wirklich das Schicksal. Ich bin hier an der Universität für Angewandte Kunst aufgenommen worden, das heißt, ich war ordentliche Studentin. Ich bin auf die Akademie gegangen, ich habe gemalt und ich habe nebenbei die Sprache gelernt, langsam, langsam. Es war keine schöne Zeit, aber ich habe einen Weg gefunden. Die Schwierigkeiten waren ganz am Anfang: fremd sein, nicht genug Geld haben, und das ist halt nicht einfach, in einem neuen Land zu leben mit einem ganz anderen Klima. Die Kälte hat mich immer gebissen. Bis du die Sprache kannst, bis du dich überhaupt auskennst, Freunde findest ...

Und dann aber, es war noch nicht ein ganzes Jahr vorbei, ist dieser Krieg zwischen Irak und Iran ausgebrochen. Und danach ist die Situation im Iran noch schlechter geworden, auch die Situation der Frauen. Dann kam die Zeit der sogenannten Kulturrevolution, alle Unis waren geschlossen. Und meine Eltern haben immer gesagt: „Komm noch nicht zurück. Es ist keine gute Zeit. Bleib dort." Dann waren die Grenzen eine Zeit lang geschlossen durch den Krieg. Und ich habe natürlich auch immer wieder gedacht: Es ist schade, ich bin jetzt auf dieser Universität, mach ich halt weiter. Und natürlich war es für mich auch interessant, weiterzulernen. Ich habe da andere Möglichkeiten gehabt als im Iran, ich habe viel mit Aktmodellen gearbeitet, was wir im Iran nicht konnten, auch nicht in der Schahzeit. Ich habe gedacht, wenn es dort so schwierig ist, dann mache ich mein Studium fertig und schau, dass ich hier ein bisschen weiterkomme.

Und dann ist das alles immer mehr geworden. Ich habe in der Galerie Malacate im Andino gearbeitet. Damals war das ein tolles Kulturzentrum, und ich bin mit neuen Leuten zusammengekommen. Und dann habe ich meinen Mann kennen gelernt, kam die Zeit der Familiengründung. Ich habe mit achtundzwanzig geheiratet und dann das erste Kind bekommen – das war natürlich ein totales Erlebnis, das ist klar. Es waren halt wieder andere Erfahrungen, andere Prägungen – Zusammenleben und alle diese Dinge. Ich habe mein Studium auf der Angewandten Kunst abgeschlossen und dann, als mein erstes Kind älter war, habe ich versucht, zu arbeiten. Ich habe ein Akademikertraining in einer ganz anderen Richtung gemacht, und zwar in einer Beratungsstelle für Frauen, und ich habe dort ganz interessante Frauen kennen gelernt. Dieses soziale Engagement sozusagen hat mir wirklich Freude gemacht. Dann habe ich mein zweites Kind bekommen, war natürlich wieder von der Zeit her beschränkter. Wie die Kinder ein bisschen selbstständiger waren, habe ich versucht, zu unterrichten. Das hat mir auch irrsinnig gut gefallen, das mache ich bis heute. Ich verdiene Geld damit, aber das ist nicht der einzige Punkt, sondern für mich ist dieser Kontakt mit Menschen, was ich ihnen geben kann, sehr wichtig. Für mich hat jeder Einzelne seinen eigenen Wert und seine eigenen Fähigkeiten, und ich versuche, wirklich jedem in seiner Richtung zu helfen. Die seelische, therapeutische Seite ist für mich ganz entscheidend im Unterricht. Und ich glaube, dass das auch wirklich wirkt.

Meine Erfolge? Erfolg war zum Beispiel, wie ich dann 1982 in Wien meine erste Ausstellung gemacht habe – eine schöne Ausstellung, die der Dr. Zilk eröffnet hat, der damals Kulturstadtrat von Wien war. Auch später dann, gute Ausstellungen, die ich gemacht habe. Vor zwei Jahren habe ich einen wunderbaren Bericht in einer guten Sendung im Fernsehen bekommen, das hat mich sehr gefreut. Ich habe viele Künstler und Künstlerinnen aus Österreich und auch aus anderen Erdteilen in Wien kennen gelernt, was für mich wirklich eine Bereicherung ist, und wir organisieren Ausstellungen in der ganzen Welt – das ist auch wunderschön und ein Erfolg für mich. Natürlich habe ich auch mit meiner Partnerschaft und mit meinen Kindern große Freude gehabt und bin als Mutter wirklich erfüllt.

➢ Mein Denken als Frau ist auf jeden Fall von meinem Aufenthalt hier beeinflusst worden. Aber das ist auch die Zeit. Man entwickelt sich weiter. Wäre ich im Iran, hätte ich vielleicht auch anders gedacht oder eine andere Lebensform gefunden als vor zwanzig, fünfundzwanzig Jahren. Aber natürlich hat hier das Anderssein, das

Kennen-Lernen einer anderen Kultur und anderer Menschen viele positive Seiten. Ich habe viel dazugelernt, viele neue Dinge kennen gelernt, die ich dort nicht kennen lernen hätte können. Ich glaube, das Bereichernde für mich waren gerade die zwei Kulturen, und dass ich nicht hier bin und nur mit meiner Vergangenheit lebe, sondern dass ich beides habe. Ich glaube, das hat mich vor allem weitergebracht. Dadurch habe ich das, was dort ist, wahrscheinlich besser verstanden, und das, was hier ist, sehr gut nützen können. Ich habe versucht, die guten Seiten sozusagen von beiden in meinem Leben zu benützen, so weit es mir möglich war. Und dann, wenn man eine Suchende ist, wenn man jemand ist, der nicht stehen geblieben ist, wird man sich sowieso weiterentwickeln und lernen. Ob ich jetzt in Afrika lebe, im Iran lebe oder in Österreich, das ist dann egal. Man will ja weiterkommen.

Ob ich hier Dinge verwirklichen konnte, die mir im Iran nicht möglich gewesen wären, frage ich mich selber immer. Das kann auch meine Illusion sein, weil ich jetzt vom Iran weg bin, aber ich habe das Gefühl, ich hätte es beruflich im Iran leichter gehabt, Erfolg zu haben. Ich könnte dort zum Beispiel an der Akademie unterrichten. Aber ich weiß nicht, was hätte passieren können, wäre ich dort geblieben. Und genauso weiß ich auch nicht, ob ich hier Dinge gemacht habe, die ich dort nicht machen hätte können. Eine Sache, die habe ich vorher genannt – die Möglichkeit auf der Akademie, vom Aktmodell zu malen, das hat mir hier wahnsinnig gefallen. Aber wie ich jetzt lebe, hätte ich wahrscheinlich im Iran ungefähr auch so gelebt. Familie und Beruf, und vielleicht wäre es sogar dort im Beruf leichter. Wie ich im Iran war, habe ich eben diese Zeiten erlebt, wo ich schon sehr viel gemacht habe, als ich noch studiert habe. Ich habe dort damals schon viele Leute gekannt. Das ist auch normal. Du hast deine Kreise dort, wo du lebst. Und in Wien hat's gedauert, bis ich mich ein bisschen ausgekannt habe, um langsam die beruflichen Wege zu finden. Das waren halt die schwierigeren Seiten. Aber das ist auch ein allgemeines Problem, mit dem ich als Frau, als Künstlerin, als Ausländerin in Berührung komme. Deshalb kann ich nicht sagen: Wenn ich jetzt in eine Galerie gehe, nehmen mich die nicht, weil ich Ausländerin bin. Aber die gesamte Situation hat sicher immer wieder Behinderungen und Schwierigkeiten gemacht.

Als Iranerin in Wien bin ich auch mit den verschiedensten Klischeebildern konfrontiert. „Ah, trinkst du Wein? Ah, rauchst du?" Solche einfachen Dinge. Oder „Du siehst so aus wie wir", – also mit Bezug auf Anziehen. Aber das ist jetzt langsam schon normal geworden. Ich habe das auch mit meinen Bildern oft erlebt. Aber nicht nur, weil ich Perserin bin, sondern dieses Vorurteil oder dieses Klischeebild bezieht sich insgesamt darauf, dass ich eine Frau bin, und wahrscheinlich nur zu einem Teil darauf, dass ich aus dem Iran komme. Viele Menschen haben immer wieder in meinen Ausstellungen gefragt: „Das sind Ihre Bilder? Noch dazu von so einer kleinen, zarten Frau?"

Vielleicht haben wir im Iran auch bestimmte Vorurteile über europäische Frauen gehabt, so wie hier die Leute über die Frauen oder die Lebenssituation dort Vorurteile haben. Ich kann mich jetzt nicht an so etwas Bestimmtes erinnern, aber ich weiß, Vorurteile gibt es immer noch im Iran. Vielleicht habe ich sie auch gehabt. Vielleicht denken die Leute jetzt: Die Frauen in Europa sind so toll dran. Sie können machen, was sie wollen, sie haben alle Vorteile, und der Mann hat nichts zu sagen. Oder alle Frauen sind sexuell freizügig, so wie die Menschen in Europa denken, alle Frauen im Iran sind in der Küche. Solche groben Vorurteile gibt's wahrscheinlich schon. Wir haben alle ein bisschen ein anderes Bild von einem Land, in dem wir nicht leben. Erst wenn du dort lebst, weißt du, wie es wirklich funktioniert. Ich habe auch erst in Wien gemerkt, ah, die Frauen, viele sind eigentlich nicht anders als wir waren. Die haben nicht viel andere Probleme als wir. Ich habe hier so viel gelernt durch meine Frauenaktivitäten und durch mein Kennen-Lernen von vielen verschiedenen Frauen aus der ganzen Welt. Das sind natürlich bis heute schöne Seiten von meinem Leben in Wien. Ich habe auch viele Österreicherinnen kennen gelernt, nicht nur Künstlerinnen, aber auch Künstlerinnen. Ich habe dann natürlich die Probleme von Frauen gesehen, ob hier oder dort. Und das ist auch mein Thema in meinen Bildern, dass wir Frauen einfach, egal wo wir leben, und egal wie unser äußeres Leben ausschaut, trotzdem in sehr viele ähnliche Situationen hineinkommen – zumindest in meiner Generation, oder Frauen, die ein bisschen älter sind als ich. Zum Beispiel, dass die Frauen zwischen Familie und Beruf entscheiden müssen. Die Frauen, die beides wollen, werden keine glücklichen, wirklich erfüllten Frauen in ihrem Beruf sein, aber auch nicht in der Familie. Die müssen immer mehr oder weniger beides gut machen, damit sie beides behalten können. Und das ist einfach von der Energie und von der Zeit her nicht leicht. Das ist ganz, ganz normal und ganz selbstverständlich, dass ein Mann Familie und Beruf hat. Wenn er keine Familie hat, denkt man sogar: Wieso hat der keine Familie? Ich kenne genug Künstlerinnen, die sich für ihre Kunst und für das Weiterkommen in ihrer Arbeit entschieden haben. Zum Schluss sind sie weder weltberühmt geworden so wie viele Männer, und irgendwann einmal mit über vierzig haben sie Depressionen gekriegt, dass sie keine Kinder haben. Die Frauen können heutzutage vielleicht ein bisschen länger, aber im Prinzip nicht sehr lange ein Kind bekommen, die Männer aber schon. Das heißt, eine Frau muss sich entscheiden, habe ich mit vierzig endlich mein Kind oder nicht. Aber mit sechzig, wenn sie schon alle Karriere hinter sich hat und danach eine Familie gründen will, kann sie das nicht. Aber die Männer können das. Und wenn sie auch jünger eine Familie gründen, gehen sie trotzdem ihren Weg im Beruf weiter, machen ihre Karriere, haben ihre Unterstützung von der Frau, heute genauso wie früher. Weiterhin verbringen sie viel, viel weniger Zeit mit den Kindern als die Frau, sind viel mehr draußen als zu Hause. Das ist die normale gesellschaftliche Situation für uns alle, auch in Wien. Das ist uns allen gleich. Natürlich kann man sagen, es gibt viele Frauen, die heute in wichtigen Stellen arbeiten. Aber trotzdem ist der Prozentsatz viel geringer als bei den Männern. Ich bin der Meinung, dass die Welt weiterhin in der Hand von Männern ist, aus, fertig. Wir brauchen uns nicht irgendwie zu beruhigen, indem wir sagen: Na, aber in diesem Land ist es so, und in einem anderen Land ist es so.

Ich glaube, die große Hilfe wäre, dass man einen Partner hat, der so kooperativ ist, dass man eine Regelung findet. Es wird mit der Zeit immer besser. Man sieht oder hört, dass die nächste Generation, jüngere Männer zum Beispiel, jetzt auch mehr bereit sind, mitzumachen. Da verstehen die sich besser in diesen Sachen, was Haushalt und Kindererziehung betrifft. Wenn die Männer anders denken, wird das sehr dazu beitragen, dass die Frauen weniger belastet sind, dass es selbstverständlich wird, dass die Kinder und der Haushalt eben zu beiden gehören und beide mitmachen, und nicht, dass die Frau das immer fordern muss. Genauso, wie beide natürlich auch ihren Beruf ausüben und Geld verdienen sollen.

Der Vorteil vom Leben einer Frau hier ist bestimmt, dass sie äußerlich ihre Selbstständigkeit und Freiheit hat. Du kannst dich anziehen und dich bewegen, so wie du willst, und das ist im Iran nicht möglich. Du musst nur aus der Tür hinausgehen, und schon bestimmen die, was du anziehst. Und auch von der gesetzlichen Seite her ist es für eine Frau im Iran schwerer – zum Beispiel bei der Scheidung. In Wien ist halt diese Seite freier, aber ich kenne genug Österreicherinnen, die sich vom Partner getrennt haben und die arbeiten haben müssen, die Kinder alleine erziehen haben müssen. Die haben es auch nicht leicht gehabt.

➢ Was ich im Iran besonders liebe, und ob ich das hier integrieren kann? Es ist nicht so zu definieren, dass ich sage, was liebe ich dort, sondern das, was ich von dort dabei habe, ist in mir drinnen. Das ist meine Kindheit, das sind meine Prägungen von der Erziehung und von der Zeit, die ich dort gelebt habe. Das ist die Wärme, das ist die

Liebe, das ist ein bisschen Anderssein – alles, was mich ausmacht. Und ich trage das noch immer in mir, ich habe das nicht schlecht gefunden und weggeworfen und ein neues Leben hier begonnen. Ich gebe meiner Familie und den Menschen, mit denen ich hier in Kontakt bin, meine Liebe und meine Wärme genauso weiter, wie ich sie von meinen Eltern und meiner Umgebung bekommen habe. So wie ich bin, gebe ich ihnen meine Freundschaft.

Was mir im Iran gut gefällt, ist, dass die Leute weiterhin so offen sind. Du gehst in ein Geschäft, sie sprechen höflich und freundlich mit dir. Hast du kein Geld, sagen sie: „Macht nichts, kommen Sie noch einmal", obwohl sie dich nicht kennen. Oder du steigst in ein Taxi ein, und der Fahrer redet mit dir über sein Privatleben. Das ist ganz normal. Diese Dinge haben mich – zumindest was ich jetzt spontan sagen kann nach kurzen Reisen, die ich gemacht habe – wieder so aufgebaut. Es hat mir so eine andere Energie gegeben. Und das ist es auch – dort ist eine andere Energie. Die Menschen sind trotz so vieler Probleme, die sie haben, kommunikativer. Sie haben das Lachen nicht verloren, sie sind irgendwie Lebenskünstler.

Ich kriege natürlich auch hier meine Energie, durch das, was ich hier erlebe. Meine Familie und meine Arbeit geben mir Energie. Und trotzdem, in meinem Fall kann ich sagen, die große Energie oder das Weiterkommen geht durch meine Malerei, meine Bilder, meine Gedanken. Das ist es, was mich Schritt für Schritt weiterbringt.

Meine Wünsche? Wünsche habe ich natürlich. Im privaten Bereich, dass alle gesund bleiben, meine Kinder sich gut entwickeln und beruflich, dass ich mit meiner Kunst weiterkomme. Und dann wünsche ich mir, dass die Menschen ihre guten und positiven Seiten mehr ausleben. Dass sie die Energie zum Weiterkommen und den Mut, viele interessante Ideen auszuprobieren, nicht verlieren. Dass uns das Lachen der anderen zum Lachen bringt, und dass uns die Freude und die Kraft der anderen motivieren. Dass die Menschen nicht aufhören, mitzufühlen. Dass wir alle nach dem Sinn des Lebens suchen, und dass auch ich meine Lebensaufgabe erfüllen werde.

Ich wollte immer gleichberechtigt sein, die gleiche Chance haben

Gespräch mit
Reema Bista
geb. 1973 in Janagal/Nepal, Elektrotechnikerin, lebt seit 1993 in Wien

Für mich sind die schönsten Kindheitserinnerungen zuerst einmal verbunden mit Janagal. Das ist das Dorf, wo ich gewohnt habe, als ich in die Schule gekommen bin, das ist ungefähr fünfundzwanzig Kilometer östlich von Katmandu. Da habe ich drei Jahre gelebt. Nach der Schule haben wir immer mit sehr vielen Kindern gespielt und sogar auch gemeinsam den Haushalt gemacht, also geputzt oder die Ziegen in den Stall hineingebracht, die normalerweise am Tag draußen waren. Und wenn wir keine Schule hatten, waren wir mit diesen Tieren auf der Weide und haben dort gespielt. Ich habe auch Reis gepflanzt und Mais gezogen, das habe ich auch noch ganz gut in Erinnerung. In diesem Dorf haben wir mit der Großfamilie gelebt, das heißt also mit meinem Vater, meinem Onkel – er hat sieben Kinder gehabt, weil er auch zwei Frauen hatte – und mit meiner Oma. Dann waren mein Bruder, ich, und auch eine Tante, die ältere Schwester von meinem Vater, dabei. Wir haben alle in einem Haus gewohnt. Meine Mutter war nicht immer da, weil sie gerade ein Training machte, das drei Jahre gedauert hat. Sie konnte nur am Wochenende kommen. Meine Schwester lebte auch nicht bei uns, sie war bei meinen Großeltern, den Eltern von meiner Mutter.

Und dann erinnere ich mich an die Zeit in Jomsom, das ist nördlich, über 3000 Meter hoch gelegen. Da bin ich zwei Jahre in die Schule gegangen. Wir bekamen in der Schule zu zweit ein Stück Grund, und wir haben dort selber Gemüse angebaut und das nachher geerntet und verkauft. In Jomsom wachsen auch sehr gute Äpfel, das ist ganz bekannt dafür, und wir haben diese Äpfel immer in die Schule mitgenommen und sie mit Salz und viel Chili gegessen – das hat herrlich geschmeckt! Wir haben auch Theater gespielt, jeder bekam eine Rolle, und dann haben wir Aufführungen gemacht.

Von elf bis neunzehn war ich dann in Katmandu. Hinter unserer Schule war ein großer Fluss, und ich habe immer gern die anderen motiviert, dass wir zu diesem Fluss gehen und dort spielen. Manche wollten nicht, und dann habe ich gesagt: „Diese Zeit kommt immer nur einmal, so wie der Fluss. Wenn er jetzt wegfließt, dann ist es vorbei. Das gleiche Wasser kommt nicht wieder. So ähnlich ist die Zeit. Deswegen muss man sie genießen."

Zwei Dinge aus meiner Kindheit sind mir bis jetzt geblieben: Obwohl ich zwei ältere Cousinen hatte, war ich immer irgendwie so etwas wie ein Anführer von der Gruppe in der Schule und auch in der Familie. Ich kann nicht sagen, ob sich die anderen wirklich untergeordnet haben oder nicht, aber ich weiß, dass ich alles organisiert habe. Ich denke, besonders wegen dieser großen Familie, und weil ich immer ein Team organisiert habe, ist das bei mir noch immer so. Das ist das eine. Und zweitens mag ich nicht, wenn jemand mich anlügt. Ich sage jetzt nicht, dass ich immer hundertprozentig die Wahrheit sage, aber ich liebe die Wahrheit. Ich denke dann, die andere Person hat zumindest die Möglichkeit, etwas zu ändern oder auch nicht. Ich habe ihr die Möglichkeit gegeben, wenn ich die Wahrheit sage. Diese beiden Sachen haben mich ziemlich geprägt.

Nach der Schule habe ich mit Biologie angefangen. Im zweiten Jahr auf der Uni – das war 1992 – habe ich dann Mathematik zusätzlich gemacht. Die Ergebnisse waren nicht so gut, dass ich sofort ein Stipendium von der Regierung bekommen hätte. Außerdem gab es in Nepal nur ganz wenige Plätze, um Medizin zu studieren – was sich mein Vater für mich gewünscht hat – oder auch um Ingenieurin zu werden, was ich wollte. Und in diesem Jahr war auch ein dauerndes Hin und Her wegen dieser Revolution. Bis dahin gab es nur ein Einparteiensystem, und dann kam ein Vielparteiensystem, die so genannte Demokratie. Nichts war planmäßig. Und dann habe ich schon angefangen, Möglichkeiten herauszufinden, wo ich weiterstudieren kann. Eigentlich wollte ich eher nach Indien – weil ich auch öfters nach Hause fahren wollte – oder in die USA, aber dann kam die Idee mit Österreich: Ein Verwandter hat hier sein Doktoratsstudium gemacht. Er hat mir über die Möglichkeiten erzählt, dass ich auch hier studieren und eventuell ein Stipendium bekommen könnte. Und dann haben wir es probiert, und zufälligerweise ist es hier am schnellsten gegangen. Noch schneller hätte es in Indien geklappt, aber meine Eltern wollten nicht, dass ich nach Indien gehe. Sie wollten mich eher nach Europa schicken, weil in Indien ist das so, dass dich die Männer oft belästigen. Auch wenn du nein sagst, denken sie, vielleicht sagt sie doch ja, und dann setzen sie dich immer noch unter Druck. Du kannst dich als Frau auch nicht so frei bewegen.

Wenn es dunkel ist, kommst du schnell nach Hause, und du gehst vielleicht eher in einer Gruppe. Als Frau hast du eine ähnliche Situation wie in Nepal. Und in Europa hat mein Vater das anders erlebt. Er hat für drei Monate ein Training in Italien gemacht, und dann war er auch kurz in England. Er hat gedacht, dass es für mich in Europa leichter sein würde als in Indien. Er hat gewusst, dass ich mindestens meine Meinung sagen kann, was ich will und was nicht, und dass ich freier bin.

➤ Die Familien in Nepal denken, dass die Tochter heiraten und in eine andere Familie gehen wird. Deswegen wird man auch nicht unbedingt viel in ihre Schulausbildung investieren, weil sie sowieso woanders hingeht. Sie wird überhaupt nur als etwas gesehen, was man jetzt hat, aber das einem nicht selber gehört. Die Eltern einer Tochter haben nur die Aufgabe, sie großzuziehen, damit sie sie dann wieder jemandem, dem sie gehört, zurückgeben können.

Es wird erwartet – auch wenn eine Frau schon Vollzeit arbeitet und studiert hat –, dass sie im Haushalt alle Arbeiten macht. Es ist ganz selten zu sehen, dass Männer im Haushalt helfen. Die machen vielleicht Einkäufe, aber sonst nichts. In Katmandu sind Frauen jetzt schon oft berufstätig, weil das ja auch notwendig geworden ist. Wenn beide verdienen, ist natürlich mehr Geld da. Das nimmt zu, obwohl es nicht überall der Fall ist, weil Frauen wenig ausgebildet sind und dementsprechend auch weniger Möglichkeiten haben. Bei meiner Familie ist es vielleicht ein bisschen anders gewesen als in den restlichen Familien, weil meine Mutter bis jetzt als Krankenschwester gearbeitet hat, und deshalb war sie auch bis zu einem gewissen Grad selbstständig. In Katmandu haben wir dann in einer Gegend gewohnt, wo außer bei einer Familie nur die Männer gearbeitet haben. Dadurch, dass alle anderen Familien anders waren, haben meine Schwester und ich oft erlebt, dass meine Mutter davon beeinflusst worden ist, dass sie ein bisschen strenger wurde oder einfach durch die Einstellung von anderen anders war. Und deswegen haben wir es auch nicht mehr so gern gehabt, dass sie die Nachbarn besucht.

Mir und meiner Schwester war es immer wichtig, dass wir gleich behandelt werden wie mein Bruder. Meine Schwester ist zwei Jahre jünger als ich und mein Bruder viereinhalb Jahre jünger. Wir hatten zum Beispiel keine Waschmaschine, und wir haben nicht alle Sachen von meinem Bruder gewaschen. Wir wollten, dass er das selber macht. Hier oder dort konnten wir uns durchsetzen, aber nicht überall. Meine Eltern haben uns, muss ich sagen, dabei nicht so ganz unterstützt. Schon ein bisschen, aber dann haben sie gesagt: „Weil er der Jüngere ist, braucht er das nicht zu machen." Mein Bruder ist auch von Anfang an in eine englische Schule gegangen, ich hingegen nicht. Ich war in einer normalen Schule, aber nachher bin ich dann auch in eine englische Schule gekommen. Also, das heißt, wenn es weniger Geld gab, dann wurde natürlich in die Ausbildung des Sohnes mehr investiert – auch in meiner Familie.

Weil wir eine besser ausgebildete Familie waren, hat mein Vater natürlich gewusst, dass er helfen soll. Aber nur weil er daran gedacht hat, was die anderen sagen würden, hat er das nicht getan. Deswegen hat im Haushalt – außer irgendetwas reparieren oder einkaufen – alles meine Mutter gemacht, obwohl sie immer Vollzeit gearbeitet hat. Nur wenn es um unsere Ausbildung ging, hat sich mein Vater immer viel um uns gekümmert, also geschaut, dass wir Hausaufgaben machen und lernen. Damit hat sich meine Mutter nicht so sehr befasst. Mein Vater hat mit mir gelernt. Wenn ich mir das jetzt so anschaue, hat er sich eigentlich meistens mit meiner Ausbildung beschäftigt, bei meinen Geschwistern hat er gar nicht so viel gemacht. Für mich hat er sich sehr interessiert. Auch wenn er den ganzen Tag nicht da war, und ich Ferien hatte, hat er mir immer irgendetwas zum Ausarbeiten oder Lernen gegeben, und nachher hat er das am Abend wirklich geprüft. Mein Vater hat am Anfang als Rechtsanwalt gearbeitet, und als wir nach Katmandu kamen, hat er zum Richter gewechselt. Er war dann noch zwei Jahre da, später nicht mehr. Er hat dann immer in verschiedenen Ortschaften gearbeitet, und wenn wir Ferien hatten, haben wir ihn besucht. Sonst waren wir in Katmandu und er irgendwo anders. Als Richter ist es üblich in Nepal, dass jeder nach zwei Jahren im ganzen Land versetzt wird. Meiner Mutter ging's immer schlecht, wenn mein Vater nicht da war. Besonders ganz am Anfang war sie traurig. Sie hatte auch im Haushalt keine Hilfe von anderen Leuten, und eigentlich habe ich immer geholfen. Ich habe auch relativ klein schon kochen gelernt und auf meine Geschwister aufpassen müssen.

Ich kann mich jetzt nicht so erinnern, dass ich ein bestimmtes Vorbild hatte, aber in meinem Fall ist es ganz bestimmt mein Vater gewesen, der mich besonders gefördert hat. Das war ganz ungewöhnlich. Ich habe das bei keiner anderen Familie gesehen. Er hat vor allem eben in meine Ausbildung wirklich sehr viel investiert. Von klein auf war ich eine Person, die viele Fragen gestellt hat. Er hat immer versucht, das zu beantworten, und hat mich motiviert. Ich hatte eine engere Beziehung zu ihm als meine beiden Geschwister. Er hat von uns dreien mich besonders gefördert. Ich habe das studiert, was ich wollte – also nicht ganz, weil nach der Schule habe ich gesagt: „Ich studiere Physik." Und mein Vater hat gesagt: „Du studierst Medizin." Also habe ich mit Biologie begonnen, damit ich Medizin machen kann. Aber bei Biologie war es so, dass ich nach einem

Jahr die Möglichkeit hatte, zusätzlich Mathematik zu nehmen, und dadurch konnte ich auch Ingenieurin werden. Damit waren beide Wege offen. Als meine Schwester dann auch Naturwissenschaften studieren wollte, haben meine Eltern das überhaupt nicht zugelassen. Sie haben sie praktisch gezwungen, dass sie Wirtschaft studiert. Und auch bei der Heirat haben sie bei ihr durchgesetzt, dass sie jemanden heiratet, den sie ausgesucht haben. Meine Schwester meint, mein Vater war schon streng, und deshalb fühlt sie sich manchmal auch als Opfer.

Meine Vorstellung damals von einem erfüllten Leben als Frau? Eines, was ich nicht wollte, niemals wollte, war, einen Mann zu haben, der älter ist und viel mehr weiß als ich. Ich habe gesagt: „Der Mann soll gleichaltrig sein." Und meine Mutter hat immer gemeint: „Wenn der Mann ein bisschen älter ist, ist es besser." Mein Vater war vier Jahre älter als meine Mutter. Und wie ich das schon mit meinem Bruder erzählt habe, ich wollte immer gleichberechtigt sein, die gleiche Chance haben, nicht so unterdrückt werden. Das wollte ich nie. Und dann gab es auch noch etwas Anderes: Meine Mutter wollte, dass ich stricken und häkeln lerne, und ich habe mir so schwer getan, das zu tun. Ich habe immer gesagt: „Das werde ich nie machen, weil mich das nicht interessiert. Ich werde etwas Anderes machen." Und mir war klar, dass ich immer arbeiten und eine gute Position haben und viel studieren werde.

➢ Ich bin vor zehn Jahren hierher gekommen. Ganz wichtig war am Anfang sicher dieser Job als Aupair, den ich bei einer Familie bekommen habe. Ich habe nur so viel Geld gehabt, dass es maximal für ein Jahr gereicht hätte. Es war so geplant, dass ich bis dahin eine Arbeit habe oder mindestens ein Stipendium, damit ich weiterstudieren kann. Ansonsten müsste ich dann zurückgehen. Das hatten wir schon alles vorher überlegt. Dann hat mir meine Deutschkurslehrerin geholfen, und ich habe zwei Monate als Aupair gearbeitet.

Und dann war wichtig, dass ich das Stipendium vom Afro-Asiatischen Institut bekommen habe. Das war eine große Unterstützung für mich. Und gleichzeitig – es war ja nicht nur die finanzielle Unterstützung. Ich habe auch an Seminaren teilgenommen und viele Leute getroffen. Das war auch sehr bereichernd für meine Persönlichkeit, glaube ich. Bis dahin habe ich immer gern Nachrichten gehört, aber ich habe nicht mit Menschen aus anderen Kulturen zu tun gehabt. Im Deutschkurs ein bisschen, aber durch das „Afro" habe ich wirklich Menschen von allen möglichen Ländern kennen gelernt.

Und was mir dann auch zusätzlich wichtig erschien, waren die Kontakte mit Nepalesen oder auch mit Leuten aus der gleichen Kultur – also aus Indien oder Bangladesch –, weil die alle irgendwie so wie meine Wurzeln sind. Deswegen habe ich mich auch ganz vermehrt mit indischen oder nepalesischen Tänzen und Kulturveranstaltungen beschäftigt. In Nepal hatte ich auch schon einen Tanzkurs gemacht, als ich mit der Schule fertig war, und dann habe ich auch dort ein bisschen getanzt. Aber es wurde immer spät, und meine Familie war dagegen, dass ich so spät probe. Und hier habe ich dann nach acht Monaten mit Tanz wieder angefangen: Im „Afro" gibt es einen Hindutempel, dort habe ich eine Inderin kennen gelernt, und wir haben gleich zu viert bei einer Veranstaltung getanzt. Dann war ich auch bei einem nepalesischen Verein dabei, und wir sind jedes Jahr aufgetreten, und später habe ich auch selber Veranstaltungen organisiert.

Schwer war, dass meine Familie nicht da war, oder keine Verwandten. Ich habe jetzt wirklich gute Freunde, fast so nahe wie die Familie, aber trotzdem, es gab immer wieder Zeiten, wo mir meine Familie gefehlt hat. Zum Beispiel hat mich eine unglückliche Beziehung ziemlich getroffen, und ich denke mir, das hat mich auch nur so treffen können, weil ich hier alleine war. Einfach diese moralische Unterstützung hat mir gefehlt, weil ich mit meiner Familie schon sehr verbunden bin. Ich hätte die am liebsten alle hier neben mir.

Und irgendwann einmal habe ich gemerkt, Elektrotechnik ist doch nicht unbedingt das, was ich studieren möchte. Ganz am Anfang war es ja so – ich habe mich nicht wirklich gefragt, was ich machen wollte. Schon nach der Schule wollte ich nur wegen der beruflichen Möglichkeiten danach Physik studieren. Und ich habe gedacht, das machen wenige Frauen, deswegen möchte ich das machen. Das war später auch hier so: Ich habe gedacht, wenn ich Elektrotechnik studiere, dann sind dort weniger Frauen, und dann könnte ich leichter ein Stipendium bekommen. Und auch: Das machen wenige Frauen, ich kann das machen, und deswegen möchte ich das machen. Das war eine rein rationale Entscheidung. Ich habe auch nicht einmal antworten können, wenn mich jemand gefragt hat: „Was isst du denn gerne?" Ich habe gesagt: „Egal was." Und diese Antwort wirst du auch bekommen, wenn du andere Nepalesen fragst. Ich habe daran wirklich gearbeitet, dass ich sagen kann, was meine Interessen sind und was nicht. Und irgendwann einmal habe ich eben festgestellt: Elektrotechnik ist nicht das, was ich gerne gemacht hätte. Aber dann war die Frage: Okay, ich habe schon angefangen, soll ich das jetzt wirklich abbrechen und etwas Neues beginnen? Und das wollte ich nicht. Ich habe gedacht, wenn ich ein fertiges Studium habe, dann habe ich eine bestimmte Stellung in der Gesellschaft, in den Augen von den Leuten, und ich kann immer noch etwas Anderes machen. Aber mich da wirklich durchzubeißen, durchzukämpfen – das war schwer.

Ich habe das Studium dann abgeschlossen, aber so weit wie möglich habe ich dann auch immer versucht, meine Interessen, das, was ich wirklich gerne mache, hereinzubringen. Ich habe nachher zum Beispiel auf der Uni Wahlfächer in die Richtung Wirtschaft, Betriebswirtschaft belegt, und auch in meiner Freizeit habe ich versucht, das zu tun, was mich wirklich interessiert: Das heißt eben diese verschiedenen Kulturveranstaltungen – ich bin irrsinnig gerne mit anderen Leuten zusammen – tanzen, einfach mit Leuten reden, Leute kennen lernen, andere Perspektiven verstehen.

Nach dem Studium war es eigentlich so, dass ich nicht gedacht und geplant hätte, in Österreich zu bleiben. Ich hatte immer vorgehabt, nach Nepal zu gehen und dort zu arbeiten. Viele haben gesagt, das werde ich doch nicht machen, das wird nicht leicht sein, aber ich hatte das vor. Und nach dem Studium, bevor ich zu arbeiten angefangen habe, war ich 2001 in Nepal, und das war eine sehr schwierige Situation. Nicht nur diese Zeit, sondern auch die Jahre davor waren schon schwierig wegen der Kämpfe der Regierung mit den maoistischen Rebellen seit 1996. Die Maoisten haben Streiks gemacht, Leute umgebracht. Sie wollten eine Republik gründen, also die Monarchie abschaffen, und sie verlangten eine Landreform. Ich halte von diesen ganzen Sachen eigentlich gar nicht so viel. In Nepal ist es noch immer so – es gibt einige ganz kluge Leute, die die anderen beeinflussen können, und die bestimmen alles. Okay, die haben ganz gute Forderungen, aber es geht im Prinzip nicht darum. Es geht darum, dass manche Leute manche Positionen haben wollen – es geht um Macht. Und die Maoisten waren in den Bezirken und in den Gebieten, wo die Leute nicht so gut ausgebildet sind, erfolgreich – also in ganz entlegenen Dörfern und nicht in den Städten. Dort geht es den Leuten einerseits besonders schlecht, und andererseits sind sie besonders beeinflussbar.

Wie ich dann 2001 in Nepal war, ist genau in dieser Zeit das Massaker im Palast passiert. (Am 1. Juni 2001 erschoss Kronprinz Dipendra im Palast in Katmandu seine Eltern, sechs weitere Familienmitglieder und anschließend sich selbst – angeblich unter Alkohol- und Drogeneinfluss –, weil seine Mutter seiner Brautwahl nicht zugestimmt hatte. E.B.) Das war für mich wirklich eine der schrecklichsten Zeiten in meinem Leben. Ich habe gespürt, dass die Leute viel Angst haben, aber dass sie damit besser umgehen können als ich, weil sie dauernd mit solchen Situationen konfrontiert sind. Hier habe ich das schon verlernt, ständig mit Problemen umzugehen. Ich habe hier auch Probleme, aber eine andere Art. Bevor ich nach Österreich gekommen bin, hat diese Revolution stattgefunden, von der ich schon erzählt habe. Da gab es Demonstrationen, Tränengas wurde gesprüht, und viele Leute sind verhaftet worden. Aber es war nicht so schlimm, nicht in diesem Maße wie seit den Konflikten mit den maoistischen Rebellen.

Meine Eltern haben dann auch gemeint, ich soll jetzt doch ein, zwei Jahre zuerst einmal in Österreich Erfahrungen sammeln. Sie waren plötzlich dafür, dass ich einstweilen hier arbeite. Ich hatte schon einen Tag nach meiner Diplomprüfung ein Vorstellungsgespräch. Das war eine Firma von hier, aber die Arbeit wäre für eine Tochterfirma in Indien gewesen. Für mich wäre es wirklich interessant gewesen, in Indien zu arbeiten, aber dann haben sie mir schlechte Konditionen mit wenig Bezahlung angeboten. Ich hatte ja keine Arbeitserlaubnis, und die Firma musste für mich darum ansuchen. Und mit dieser Begründung haben sie eben einen schlechteren Vorschlag gemacht. Ich habe den Job nicht genommen. Die nächste Möglichkeit kam von Siemens, und dort habe ich dann mit einem Trainerjob angefangen. Das habe ich bis vor zwei Monaten gemacht. Jetzt bin ich auf einen anderen Job umgestiegen, und zwar im Telekommunikationsbereich. Das ist etwas total Neues für mich, das habe ich bisher nicht gemacht, auch im Studium nicht. Deswegen werden die ersten paar Monate eine intensive Ausbildungsphase sein, und danach werde ich als technische Projektkonsulentin für osteuropäische Länder arbeiten.

Der zweite Grund, warum ich hier geblieben bin, ist sicher auch, dass ich jetzt das Leben hier schon gewöhnt bin, die Bequemlichkeiten und anderes, wenn ich ganz ehrlich bin. Bequem ist zum Beispiel der Transport, oder dass du einfach in den Supermarkt gehen und alles kaufen kannst, was du möchtest. Ich kann mich frei bewegen, wohin ich auch gehen will, egal ob es Nacht ist oder Tag. Und was ich zum Beispiel ganz besonders mag, ist am Abend, spät am Abend, in der Innenstadt oder in der Fußgängerzone spazieren zu gehen oder auch auf der Donauinsel. Das ist ungefährlich, auch wenn ich alleine bin, weil es Lichter gibt. Das mag ich total gerne.

Und ich bin auch wegen Adam hier geblieben. Obwohl, wie ich 2001 fertig war, war diese Beziehung erst ganz am Anfang. Adam kommt ursprünglich aus Polen, aber er ist schon vierzehn Jahre in Österreich. Meine Eltern wollten natürlich, dass ich einen Nepalesen heirate, und dass sie einen nepalesischen Schwiegersohn haben. Es war ein ganz langer Kampf bis jetzt – und ist es eigentlich noch immer –, dass Adam in meiner Familie integriert ist, obwohl wir jetzt geheiratet haben. Sie waren deswegen dagegen, weil sie denken, wenn ich einen Nicht-Nepalesen heirate, dann wird es eher unwahrscheinlich sein, dass ich nach Nepal zurück komme – das ist ein längerfristiger Grund. Und zweitens glauben sie, dass sie es einfach im Umgang leichter hätten, wenn ich einen Nepalesen geheiratet hätte.

Mein Erfolg, wenn ich jetzt überlege, ist, dass ich immer sehr nette, sehr hilfsbereite Leute getroffen habe. Ganz am Anfang war das meine Deutschlehrerin, durch die ich diese Arbeit als Aupair bekommen habe. Oder mein Betreuer im Afro-Asiatischen Institut, der hat mir auch viel geholfen. Also, mein Erfolg ist sicher, dass ich jetzt sehr viele Leute kennen gelernt habe und durch sie sehr viel gelernt habe und dadurch auch meinen Horizont erweitert habe. Dass ich einfach ein anderer Mensch geworden bin durch sie. Nicht nur durch Nepalesen, sondern durch all die Leute, die ich hier getroffen habe, die aus verschiedenen Nationen stammen. Das sehe ich als einen großen Erfolg. Und dadurch bin ich auch sicher toleranter geworden. Ich war ganz streng, hatte eine ganz strenge Moral. Jetzt bin ich einfach tolerant, eine andere Person so zu sehen, wie sie ist. Okay, ich verstehe das zwar nicht, aber die ist halt so – und das einfach zu akzeptieren. So bin ich geworden. Ich glaube, das ist eine Sache, die ich hier in Österreich gelernt habe.

➢ Bevor ich nach Österreich gekommen bin, habe ich gedacht, dass hier die Frauen viele Berufe haben, die in Nepal nur Männer ausüben. Oder dass sie in mächtigen Positionen sind – als Ministerinnen oder im Parlament – und dass in der Unternehmensführung mehr Frauen wären. Und ich habe eigentlich gedacht, dass die Männer im Haushalt mehr helfen. Wie ich dann in Österreich war, war ich eher enttäuscht. Okay, ein bisschen mehr helfen die Männer den Frauen hier schon. Frauen haben auch mehr Möglichkeiten – wenn sie wollten. Und sie können sich frei bewegen. Aber wenn man so die Positionen anschaut, wie viele Frauen es als Ministerinnen gibt oder im Parlament oder wie viele Managerinnen es gibt, ist das traurig. Das sind gar nicht so viele. Und wie ich mit Elektrotechnik angefangen habe, da gab es noch so wenige Frauen – sogar in Nepal oder auch in Indien gibt's mehr Elektrotechnikerinnen als hier in Österreich. Mittlerweile denke ich aber, das ist vielleicht auch ihre Entscheidung, das nicht zu machen – auch wenn sie bis zu einem gewissen Grad diese freie Wahl haben.

Sicher haben die Leute hier auch Klischeevorstellungen von Frauen aus Asien – dass sie schwach und unterdrückt sind. Aber ich habe das persönlich nicht erlebt, muss ich sagen. Ich weiß nicht, woran das liegt. Aber dass mich jemand getroffen hat und denkt, dass ich schwach wäre und unterdrückt, das ist wirklich eher selten. Das Einzige, woran ich mich erinnern kann, ist, dass Adam und sein Bruder mir vorwerfen, dass ich mit meiner Familie zu sehr verbunden bin. Weil ich immer versuche, dass eine gute Beziehung da ist, Harmonie da ist, denkt Adam, dass ich mich vielleicht meinem Vater unterordne – das denkt er wirklich. Was ich von Österreichern auf der Uni gespürt habe, war, dass sie sich ein bisschen distanzieren, weil ich für sie irgendwie unheimlich bin. Ich hatte das Gefühl, dass ich für sie unerreichbar bin, das schon. Deswegen haben sie auch – nicht alle, aber der eine oder andere – sicher mit mir weniger gesprochen. Sie haben vielleicht gedacht, wenn sie mit mir sprechen, werden sie etwas Neues kennen lernen, und sie müssen zusätzliche Energie aufwenden.

Meine Entwicklung als Frau ist bestimmt von der österreichischen Gesellschaft beeinflusst worden. Ich habe hier angefangen, an Veranstaltungen für Frauen teilzunehmen, und deswegen ist mir dieses Thema vielleicht auch wichtiger geworden – die Situation von Frauen. Das habe ich hier alles viel mehr kennen gelernt, und es war auch mehr Interesse bei mir da, als es der Fall gewesen wäre, wenn ich in Nepal geblieben wäre. Ich habe zwar gesagt, ich war ein bisschen enttäuscht von der Situation der Frauen hier. Ich habe es mir noch besser erwartet. Aber trotzdem ist es hier schon besser als in Nepal.

Wie ich schon früher sein wollte, irgendwie unabhängig und auch gleichberechtigt in sehr vielen Hinsichten, das kann ich hier in die Tat umsetzen, und das finde ich gut. Ich fühle mich auch gegenüber österreichischen Frauen nicht benachteiligt. Das Einzige ist vielleicht, dass ich nicht so ganz perfekt Deutsch kann wie eine Österreicherin, aber sonst nicht. Bei meinen beiden Jobs muss man gut englisch können, und das kann ich. Da war es sogar eher positiv, dass ich nicht aus Österreich bin. Ich weiß aber nicht, wie das zum Beispiel bei der Arbeit sein wird, wenn ich Kinder habe. Bis jetzt bin ich für sie eine ideale Arbeitskraft. Aber wie das in Zukunft sein wird, wenn ich Kinder habe, und wenn ich weniger arbeiten würde, kann ich jetzt noch nicht sagen.

Privat kann ich hier sicher als Frau Dinge verwirklichen, die mir in Nepal nicht möglich gewesen wären. In der Beziehung zum Beispiel, was ich jetzt von meinem Mann erwarten kann, und was ich mir gewünscht habe, hätte ich vielleicht mit einem Nepalesen nicht verwirklichen können, in Nepal schon gar nicht. Dass er genauso viel im Haushalt macht. Oder, ich bin zwar nicht so ganz extrem ambitioniert, aber ich möchte trotzdem einen guten Job haben, und dann wäre es für mich wichtig, dass mein Mann zum Beispiel auch bereit ist, bei den Kindern zu bleiben, in Karenz zu gehen und mich arbeiten zu lassen. Mit Adam haben wir das schon so besprochen. Das hätte ich in Nepal nicht machen können. Und auch, dass er klar kommt, wenn ich mehr verdiene als er, und dass er dann nicht gleich in eine Depression verfällt. Das kann ich von einem Nepalesen nicht unbedingt erwarten. Damit hätte er Probleme. Auch wenn er nichts dagegen hätte, würden seine Freunde sagen: „Na, was für ein Mann bist du?", – und dann wird sein Ego verletzt.

Ich glaube aber, dass es auch Vorteile für nepalesische Frauen gibt, die österreichische Frauen nicht haben. Ich persönlich könnte mein Kind nach zwei Jahren zu meiner Mutter schicken, oder meine

Mutter würde hierher kommen und dann helfen. Aber hier ist das weniger denkbar, weil in den meisten Wohnungen ein Paar alleine lebt. Es ist fast ein Zwang, dass jeder eine eigene Wohnung haben muss. Ich finde nicht so etwas Schlechtes dabei, wenn man bei den Eltern wohnt. Aber alle wollen unabhängig sein. Das verstehe ich zum Beispiel nicht so ganz. Und ich glaube, dass dadurch nicht unbedingt immer Vorteile entstehen. Meine Schwester wollte zum Beispiel Vollzeit arbeiten, und weil sie ein kleines Kind hat und mit ihrem Mann alleine in England lebt, war das nicht möglich. Meine Mutter war dann mehr als sechs Monate bei ihr. Sie hat auf das Kind aufgepasst und es dann für mehr als ein Jahr nach Nepal mitgenommen. Auch bei anderen nepalesischen oder indischen Familien ist das oft so: Wenn die Frauen arbeiten wollen, schicken sie die Kinder nach Nepal oder Indien, und die Großeltern passen auf sie auf – meistens für ein bis drei Jahre, bis die Kinder in den Kindergarten kommen. Das wird von der Gesellschaft überhaupt nicht als Problem gesehen.

➢ Ich schätze in Nepal, dass die Menschen für andere Leute – ob für Freunde oder für Verwandte – alles tun würden, wirklich da sein können und nicht unbedingt an sich denken. Das mag ich sehr. Also, zum Beispiel, was ich gerade von meiner Schwester und meiner Mutter erzählt habe: Meine Mutter war immer berufstätig, und jetzt bleibt sie wegen dem Enkel zu Hause. Das ist für sie überhaupt nicht leicht, weil sie sechsunddreißig Jahre gearbeitet hat.

Bei den Österreichern stört mich manchmal, dass sie überhaupt keine Grenzen haben. Vielleicht ist das bei mir stark verwurzelt, weil ich aus einer Gesellschaft komme, wo es viele Regeln gibt. Und dann habe ich diese Regeln ausgeweitet, aber trotzdem gibt es für mich immer noch eine Grenze. Aber bei Österreichern gibt es das nicht – also bei sehr vielen nicht. Man tut alles, nur damit es einem gut geht. In Nepal wird man das nicht tun, weil man bestimmte Vorstellungen von Moral hat, und man wird sogar auf eigene Wünsche verzichten, damit alles in Harmonie bleibt und alles funktioniert. Ich gebe dir ein ganz banales Beispiel: Man ist mit Nepalesen irgendwo weg, und einer hat ein Auto. Diese eine Person wird alle nach Hause bringen, auch wenn es ganz spät ist. Das wird man hier nicht machen. Jetzt mit Adam – er ist ja auch ein Europäer – diskutieren wir dauernd über solche Sachen. Man fängt ja zuerst einmal bei der Familie an und bei den Freunden.

Für die Zukunft wünsche ich mir zwei Sachen. Zuerst einmal, dass meine Familie ein bisschen offener wird und einfach für das Neue bereiter. Und auch von den Nepalesen, die hier sind, wünsche ich mir mehr Offenheit – dass sie nicht so verfangen sind in den Traditionen. Das Einzige, was mich im Augenblick belastet, ist die Situation mit meinen Eltern – dass sie meine Ehe nicht ganz akzeptieren. Das andere ist, dass meine Kontakte zu Nepalesen seit einem Jahr sehr eingeschränkt sind. Das ist darauf zurückzuführen, dass viele Nepalesen, die hier sind, von dieser Wand, von dieser Schutzwand, die sie selber aufgestellt haben, nicht herauskommen wollen. Und sie wollen sich auch nicht unbedingt integrieren und andere Leute kennen lernen und sagen: „Okay, die Leute sind anders, aber das macht nichts. Ich kann auch einmal etwas anders machen."

Ich bin ein sehr positiver Mensch

Gespräch mit
Rita Patell
geb. 1964 in Vaso/ Indien, kaufmännische Angestellte, lebt seit 1993 in Österreich und seit 1995 in Wien

Ich bin in Gujarat geboren, im Westen Indiens, und zwar in Vaso, einem ganz kleinen Dorf, wo auch mein Vater aufgewachsen ist. Dort bin ich in die Schule gegangen und habe auch mein College gemacht. Ich habe eine wirklich schöne Kindheit gehabt. Jeder Wunsch ist mir von den Augen abgelesen worden. Einmal ist es passiert, dass die ganze Schule irgendwo auf eine Reise gegangen ist, und meine Mutter hat mir nicht erlaubt, dass ich mitkomme. Ich habe zwei Tage nichts gegessen. Ich wollte nichts essen, bevor sie mir nicht erlaubt, dass ich mitfahre. Mein Vater war nicht da, und dann ist er wieder zurückgekommen und hat gefragt: „Was ist passiert mit dir?" Meine Mutter hat gesagt, dass sie die Reise nicht zulässt, und mein Vater hat es mir sofort erlaubt. Das werde ich nie vergessen. Und wenn ich irgendwo hingegangen bin – wenn ich zum Beispiel bei meinem Onkel oder bei meiner Tante im selben Haus war –, hat mein Vater nichts gegessen. Er hat mich angerufen und gesagt, dass ich kommen soll. Und wenn ich in die Wohnung zurückgekommen bin, hat er gemeint: „Jetzt kannst du gehen." Er wollte mich zuerst sehen, und dann konnte er anfangen, zu essen.

Ich habe eine vier Jahre ältere Schwester, einen zwei Jahre älteren Bruder und einen zwei Jahre jüngeren Bruder. Mein Onkel, der älteste Bruder von meinem Vater, hat auch zwei Kinder, und wir sechs sind zusammen so wie Freunde aufgewachsen. Mit meiner Cousine war ich besonders nahe. Wir haben nur ein Jahr Altersunterschied, wir sind immer zusammen in die Schule gegangen, das College haben wir zusammen gemacht, jede freie Minute haben wir zusammen verbracht. Vor zwei Jahren war ich in London und habe sie dort besucht. Und dann hat sie zuerst so geweint, dass ihre zwei Töchter gefragt haben: „Was ist passiert, Mama?" Und sie hat gesagt: „Ich sehe meine Schwester das erste Mal seit zehn Jahren!" Sie ist so wie meine beste Freundin oder meine Schwester, meine Cousine.

Die wichtigste Person in der Familie war der Onkel, der Vater der Cousine. Ich weiß nicht wieso, aber er hat alles, alles, würde ich sagen, so viel Liebe. Ich hatte vor ihm auch Angst. Wenn ich etwas Falsches gemacht habe, habe ich sofort gedacht, was er sagen wird. Er hat immer die Wahrheit gesagt, und er hat nie falsch entschieden. Wenn ich Recht hatte – obwohl ich so klein war –, dann hat er mir Recht geben, und wenn meine Großmutter Unrecht hatte, hat er gesagt: „Du hast Unrecht." Immer noch sehe ich ihn vor mir, wie ich ihn als kleines Kind gesehen habe. Mein Vater hat sieben Geschwister, und alle halten zusammen – und nur aus dem Grund, weil dieser Onkel so ist. Ein anderer Onkel wohnt in Amerika, einer wohnt in London, alle ihre Kinder sind verheiratet, die haben auch Kinder, aber trotzdem respektieren alle meinen ältesten Onkel. Wenn er sagt, etwas soll nicht so sein, fragt niemand wieso. Alle glauben ihm, und er entscheidet wirklich immer richtig.

Wir haben in Indien ein fünfstöckiges Haus, und mein Opa, seine drei Brüder und ihre Kinder haben in diesem Haus gelebt. Wir waren eine richtige Großfamilie. Wenn wir eine Geburtstagsfeier hatten, oder eine Puja (religiöse Feier. E.B.), oder ein anderes Fest, dann waren wir mindestens hundert Leute.

Wir haben immer freundliche Beziehungen mit allen sechzehn Kindern gehabt. Nach der Schule haben wir im Freien gespielt. Bei unserem Haus war kein Garten dabei, aber wir haben viel, viel freien Platz gehabt. Wir haben selbst erfundene Spiele gespielt, auch mit Kindern, die nicht zur Familie gehört haben, und Erwachsene waren immer dabei. Zum Beispiel ist meine Tante bei uns gesessen und hat Gemüse geschnitten, und die Oma war auch immer bei uns. Die sind alle ins Freie gekommen und haben sich dazugesetzt.

Am Abend ist der Opa auf der großen Terrasse im Erdgeschoß gesessen und hat uns jeden Tag eine Geschichte erzählt. Wenn er erzählt hat, haben alle Kinder zugehört. Wir sechs waren versammelt, und von oben und von unten aus den Wohnungen sind auch die ganz kleinen Kinder gekommen, und die sind mit uns gesessen und haben zugehört. Und um neun, halb zehn hat uns die Mutter geholt, und wir sind schlafen gegangen.

Meine Großmutter war ein bisschen streng mit uns, aber der Großvater war immer lieb. Eigentlich ist sie auch lieb gewesen, aber wenn wir Kinder schlimm waren, dann hat sie schon gesagt: „Kinder, ich mag das nicht, gebt jetzt Ruhe." Sie war das ganze letzte Jahr, bevor sie gestorben ist, im Bett. Ich habe alles für sie gemacht, ich habe sie gepflegt.

Sehr schön waren die Hochzeitsfeste. Für uns Kinder war es herrlich, dass die Eltern beschäftigt sind. Wir haben gewusst, niemand wird etwas sagen – wir hatten viel Spaß. Wie die kleine Schwester von meinem Vater geheiratet hat, haben wir eine ganze Woche ein Fest gehabt. Einen Tag waren unsere Tänze auf dem Programm. Am zweiten Tag nimmt man die Haldi, das ist das gelbe Pulver aus Kurkuma und Parfüm, und das verstreicht man auf der Haut von der Braut. Am dritten Tag macht man eine Puja, und dann ist der Hochzeitstag, da wird richtig gefeiert. Da gibt es Musik und Tanz, und wir bauen bei unserem Haus eine Art Bühne auf und laden das ganze Dorf zum Essen ein. Bei meiner Hochzeit – wir haben im kleinen Rahmen gefeiert – sind fünfhundert bis sechshundert Leute gekommen.

Wir haben uns auch immer gefreut, wenn die Ferien gekommen sind. Mein Onkel, der Bruder von meiner Mutter, ist Ingenieur, und er hatte an verschiedenen Orten Dienst. Wenn wir Schulferien hatten, bin ich mit meiner Mutter und meinen Geschwistern bei meinem Onkel gewesen. Mein Vater ist nicht geblieben, er hat keine Zeit gehabt. Er hat uns mit dem Auto hingebracht und wieder abgeholt. Ich war zum Beispiel drei Monate in Jaipur – von dort aus habe ich ganz Rajastan gesehen – oder drei Monate in Madhya Pradesh. Mein Onkel arbeitet immer noch dort. So bin ich in den Sommerferien viel herumgekommen, und mein Onkel war sehr, sehr lieb, egal was wir gemacht haben. Damals war er noch nicht verheiratet, und er ist mit uns ins Kino oder im Park spazieren gegangen. Bei ihm hat mir alles gefallen – es war alles anders als danach wieder bei uns.

Ich habe sechzehn Jahre Schulausbildung. Ich bin bis einundzwanzig aufs College gegangen und habe Wirtschaft studiert. In unserem Dorfcollege hat es nur zwei Fächer gegeben - entweder mussten wir uns für Wirtschaft entscheiden oder für Gujarati, unsere Sprache. Ich wollte nachher auch weiter den Master machen, aber mein Vater war dagegen, weil dafür hätte ich unser Dorf verlassen müssen. Er hat gemeint: „Du musst nach der Hochzeit nicht arbeiten, wieso willst du dann weiterstudieren?" Wenn mein Vater etwas entschieden hat, haben das alle respektiert, und deswegen habe ich dann nicht gesagt, dass ich unbedingt weiterstudieren will. Ich habe das einfach gelassen.

Nachher bin ich fünf Jahre zu Hause gewesen. Meine Eltern und meine Verwandten und Bekannten haben nach einem Mann für mich gesucht. Ich habe meiner Mama gesagt, einundzwanzig ist zu früh zum Heiraten. Bis dreiundzwanzig, vierundzwanzig wollte ich eigentlich überhaupt nicht heiraten. Und danach war es zwei Jahre so: Wenn mir jemand gepasst hat, dann wollte die anderen Seite nicht, und wenn es der anderen Seite gepasst hat, dann mir nicht. Und dann habe ich meinen Mann gesehen. Er hat damals schon in Österreich gelebt und war gerade in Indien. Die Frau von seinem älteren Bruder kommt aus dem gleichen Dorf, aus dem ich komme, und ihr Bruder und mein ältester Onkel, die beiden sind die besten Freunde. Sie und mein Onkel haben mich gefragt, ob ich ihn treffen will. Eigentlich wollte ich damals immer noch nicht heiraten. Ich habe auch meinem Onkel gesagt, dass ich ihn nicht sehen möchte. Aber meine Tante hat gemeint: „Komm mit, wir schauen ihn uns an." Und ich bin mitgegangen und habe ihn gesehen. Ich habe eigentlich gar nicht gesehen, wie er ausschaut, ich habe ihm zwei, drei Fragen gestellt, die mir wichtig waren, und dann sind wir nach Hause gegangen. Und meine Tante – ich glaube, es war meine Tante – hat mir gesagt: „Ich denke, er ist der richtige Mann für dich." Da habe ich gesagt, dass ich ihn wieder sehen will. Ich habe ihn wieder getroffen und wir sind alleine hinausgegangen, ich und er, und dann haben wir uns über alles zwei, drei Stunden alleine unterhalten, ohne jemand anderen. Eine Woche später haben wir geheiratet. Es war nur eine kurze Vorbereitung, aber eine schöne Hochzeit. Ich war damals sechsundzwanzig Jahre alt. Und mit neunundzwanzig bin ich hier hergekommen.

Einen Teil der drei Jahre in Indien habe ich dann bei meinen Eltern gelebt, einen Teil bei meinen Schwiegereltern – meistens war ich bei den Schwiegereltern. Meine Schwester hatte vorher schon geheiratet, und sie hat mit ihrer Schwiegermama Ärger bekommen, die war ein bisschen streng. Und meine Schwester hat uns alles erzählt. Meine Eltern wollten daher vor meiner Heirat, dass ich in Europa oder Amerika lebe und nicht in Indien bei den Schwiegereltern bleibe. Aber ich hatte Glück. Wenn ich in Indien gelebt hätte, wäre meine Schwiegermama so wie meine Mama gewesen. Es wäre auch so gut gewesen, ich hätte keine Probleme gehabt. Das Leben mit meinen Schwiegereltern ist sehr schön gewesen. Meine Schwiegermutter war so froh, dass sie sich für mich als Schwiegertochter entschieden hat, und ich war froh, dass ich mich für meinen Mann entschieden habe. Sie ist vor fünf Jahren gestorben, und voriges Jahr ist auch mein Schwiegervater gestorben, aber die beiden waren sehr lieb.

Weil ich das bei meiner Schwester so negativ erlebt hatte, wollte ich eine gute Schwiegermama, das heißt nicht so launisch, und mein

Mann sollte auch nicht so sein, und beides habe ich bekommen. Und auch alles Andere, was ich gewünscht habe für ein glückliches Leben als Frau, habe ich wirklich bekommen: Freiheit über die Kleidung – ich wollte den Sari nur freiwillig anziehen – und Freiheit zum Ausgehen. Das heißt nicht, in die Disko oder in der Nacht ausgehen, sondern ich bin im Dorf spazieren gegangen oder ins Kino oder in den Tempel, oder am Abend sind wir draußen gesessen. Meine Schwiegermama hat mir nie etwas verboten.

➢ Bei uns erwartet die Gesellschaft, dass die Frau vor der Hochzeit Jungfrau ist. Zweitens haben meine Eltern mir immer gesagt, wenn ich verheiratet bin – egal ob ich mit meinem Mann glücklich oder unglücklich bin – muss ich mit ihm bleiben. Früher ist das so gewesen, aber jetzt gibt es schon Scheidungen.

Mein Vater wollte auch nicht, dass ich arbeiten gehe. Das hat sich sehr geändert – meine Schwester zum Beispiel arbeitet jetzt in einem Ayurveda College. Dort gibt es auch ein Ayurveda Spital, und sie bereitet alles für die Küche vor. Sie muss einkaufen, Listen machen, was man braucht, wer dort arbeiten soll – sie managt das alles. Ich war voriges Jahr in Indien, und wie ich meinen Vater gekannt habe, hätte er nie erlaubt, dass sie arbeitet. Aber er hat sich wirklich geändert.

Wenn ich für immer in Indien gelebt hätte, dann hätte ich auch beruflich etwas gemacht. Das ist für mich schon dort klar gewesen, auch vor der Hochzeit. Ich wollte nicht so wie meine Mutter oder meine Tante den ganzen Tag in der Wohnung sein. Sie dürfen auch hinausgehen, aber so ein Leben ist für mich wie ein Brunnen, und dort wohnt ein Frosch, und er glaubt, das ist die ganze Welt. Ich habe gedacht, wenn ich zu Hause bleibe, ist es das Gleiche. Man geht in den Tempel oder einkaufen oder die Familie besuchen oder was weiß ich, aber in der Arbeit erlebt man etwas Anderes. Da steht man auf eigenen Füßen, man wird auch selbstbewusst.

Jetzt arbeiten insgesamt viel mehr Frauen in dem Dorf als vorher. Das hat sich in den letzten zehn Jahren so entwickelt. Sie arbeiten zum Beispiel in einer Fabrik oder in der Schule – meine Schwägerin hat angefangen, in der Schule Englisch zu unterrichten, oder eine Tante hat in einer Fabrik in Nadiad, einem Ort ganz in der Nähe, gearbeitet. In der Generation meiner Mutter war das noch ganz unüblich, um Gottes willen! Die haben im Haushalt so viel zu tun gehabt. Sie mussten nicht putzen, aber sie haben mit den Kindern und dem Kochen so viel Zeit verbracht.

Meine Mutter musste nicht einmal einkaufen gehen, unsere Angestellten haben alles gebracht. Die Putzfrau ist drei Mal am Tag gekommen, um zu putzen, das Geschirr zu waschen oder die Kleidung zu waschen. Meine Mutter musste nur kochen und die Kinder versorgen.

Bis ich dreizehn oder vierzehn Jahre geworden bin, habe ich zu Hause gar nichts gemacht. Und dann, wie ich vierzehn war, hat meine Mutter das ganze Hauspersonal gekündigt. Sie hat gesagt: „Das musst du jetzt selbst lernen." Ich und meine Schwester mussten dann im Haushalt arbeiten. Meine Mutter ist aus einer nicht so reichen Familie in eine reiche Familie gekommen, und deshalb hat sie mir gesagt: „Vielleicht wirst du nicht einen so reichen Mann finden können, vielleicht wird er arm sein." Damals habe ich geschimpft, ich war böse mit ihr, aber jetzt bin ich froh darüber, dass sie mir alles beigebracht hat, und dass ich alles selber machen kann.

Meine Brüder sind in die Schule gegangen und haben dann dem Vater in der Tabakfabrik geholfen – diese Fabrik ist jetzt seit der fünften Generation im Besitz unserer Familie. Wir kaufen von den Bauern die Tabakblätter und müssen sie trocknen lassen und dann schneiden, Schnupftabak daraus machen. Der Vater hat den Brüdern alles beigebracht, welche Blätter man kauft, oder wie man die Preise macht. Mein Vater arbeitet seit fünfzehn Jahren nicht mehr, aber dafür haben jetzt mein Bruder und ein jüngerer Onkel alles unter Kontrolle.

Meine Schwester hat wie ich das College besucht, und der ältere Bruder hat auch das zweite Collegejahr gemacht, und dann ist er nach London gegangen. Der jüngere Bruder hat im letzten Schuljahr fast nichts gelernt. „Wozu muss ich lernen, ich muss sowieso in der Tabakfabrik arbeiten", hat er gesagt und hat aufgehört. Die allerletzte Prüfung hat er nicht mehr gemacht. Er ist auch derjenige, der die Fabrik übernommen hat. Bei uns haben alle Mädchen das College absolviert – meine beiden Tanten, meine Cousine, ich, meine Schwester. Aber die Jungen haben sehr wenig gelernt. Nur der Sohn von einem Onkel in Amerika ist Arzt geworden.

Mein Vater hat sich auch um unsere Erziehung gekümmert. Er hat sich für uns Zeit genommen, er hat uns gefragt, wie es uns geht, und was wir brauchen. Wir sind von zehn Uhr in der Früh bis fünf Uhr am Nachmittag in der Schule gewesen. Und dann am Abend haben wir immer alle zusammen gegessen. Das ist bis jetzt so – der Abend ist immer ein Familienabend. Wie ich dann nach der Hochzeit hierher gekommen bin, ist das für meinen Vater sehr, sehr schwer gewesen. Einmal hat er zu mir gesagt – das habe ich nie vergessen: „Ich werde dich jetzt lange nicht sehen." Ich habe gesagt: „Keine Angst, ich werde dich bald wieder ein bisschen quälen." Aber dann ist es so gewesen, dass ich drei Jahre nicht nach Indien fahren konnte und dann wieder sechs Jahre nicht. Aber jetzt telefonieren wir zumindest regelmäßig alle fünfzehn Tage miteinander. Zu den anderen Geschwistern hatte mein Vater nie so eine Beziehung wie zu mir.

Ich weiß nicht, wieso das so war. Aber jetzt war ich dort, und ich glaube, jetzt steht er meiner Schwester näher als mir, weil sie immer da ist, wenn meine Eltern krank sind oder sie brauchen.

Besonders gefördert hat mich meine Tante, die Mutter meiner Cousine, und sie vermisst mich immer noch. Ich bin für Handarbeit wirklich sehr talentiert. Ich schaue nur einmal, und dann muss ich gar nicht fragen – ich versuche, mir alles selber beizubringen. Und deswegen hat mich meine Tante immer bewundert. Sie hat mich dazu auch ermutigt. Sie wollte, dass ihre Tochter, meine Cousine, das lernt, und sie hat alles für sie gekauft, aber die hat sich nicht dafür interessiert. Und ich habe nicht einmal zu meinem Vater gesagt, dass ich die und die Materialien brauche, sondern ich habe sie von meinem Taschengeld gekauft und habe alles selber gemacht, und deswegen ist meine Tante auf mich so stolz gewesen.

➢ Bevor ich nach Österreich gekommen bin, habe ich keine Vorstellungen vom Leben als Frau hier gehabt. Ich habe mich immer überraschen lassen – was auf mich zukommt, werde ich irgendwie akzeptieren. Aber ich habe schon auch Angst gehabt vor diesem Schritt: Ich muss von meiner Familie weggehen und die ganze andere Familie akzeptieren – das ist nicht leicht. Zwei Schwägerinnen und zwei Schwager waren hier, die älteren Brüder von meinem Mann. Eine Schwägerin hat fünf Kinder, die zweite Schwägerin hat drei Kinder. Die acht Kinder und die Erwachsenen hatte ich auf Photos schon gesehen, aber ich habe ja nicht gewusst, wie die sind. Hoffnung war da, aber Angst war auch dabei.

Wir haben am Anfang eineinhalb Jahre bei meinem älteren Schwager in einem ganz kleinen Ort am Land im Burgenland gelebt, weil mein Mann damals keine Arbeit gehabt hat. Ich konnte überhaupt nicht Deutsch. Wenn jemand etwas gesagt hat, musste ich immer wieder nachfragen. Eigentlich habe ich am ersten Tag zum Lernen angefangen. Wenn wir irgendwo hingegangen sind, habe ich immer meinen Zettel dabei gehabt, und dann habe ich meine Nichte gefragt, was ist das, was ist das. Auf der einen Seite habe ich es in meiner Sprache geschrieben, auf der anderen Seite auf Deutsch. Ich habe gar keinen Deutschkurs gemacht, aber einfach so angefangen, Deutsch zu lernen. Es ist schwierig gewesen, sehr, sehr schwierig. Das Unangenehmste war, dass sich alle auf Deutsch unterhalten haben, und auch wenn ich meine Meinung zu einem Thema hatte und viel darüber gewusst habe, konnte ich trotzdem nicht dabei sein. Die fünf Kinder sind alle hier geboren, und wenn sie allein sind, dann sprechen sie nur deutsch. Wenn ich Kinder sage – die sind alle schon verheiratet gewesen, die waren schon erwachsen. Sie können Gujarati, und wenn sie sich mit den Eltern unterhalten oder mit uns, dann sprechen sie Gujarati mit Deutsch gemischt. Ich habe mich deshalb innerhalb der Familie ausgeschlossen gefühlt. Ich konnte mich nur mit meinem Mann und mit meiner Schwägerin und meinem Schwager auf Gujarati unterhalten.

Danach sind wir nach Wien gekommen, hier hat mein anderer Schwager gewohnt. Wir konnten nur ein paar Monate dort bleiben, und dann habe ich meinem Mann vorgeschlagen: „Wir gehen nach Indien zurück." Mein Vater hat auch zu ihm gesagt: „Junior, komm zurück." Die beiden verstehen sich sehr gut, aber mein Mann wollte das Geld von meinem Vater nicht haben und hat gemeint: „Nein. Ich werde dir beweisen, dass ich auch etwas kann." Er ist sehr stolz – und ich bin stolz auf ihn, dass er von meinem Vater kein Geld will.

Irgendwann sind wir dann zur Caritas gegangen. Die Caritas hat meinem Mann einen Platz im Caritas Männerwohnheim gegeben, und mir einen im Mutter Theresa Heim. Ich war dort ungefähr vier, fünf Monate in einem großen Zimmer mit drei Betten. Ich habe zu meinem Mann gesagt: „Wir werden es schaffen." Er wollte arbeiten, und in den ersten zwei Wochen ist er jeden Tag mit mir gesessen, und wir haben darüber gesprochen, was wir machen sollen: Wir haben kein Geld, und wo sollen wir anfangen? Und dann ist eine Schwester gekommen und hat mich gefragt – in unserer Sprache, in Hindi: „Wieso kommt Ihr Mann jeden Tag hierher? Hat er keine Arbeit?" Ich habe ihr gesagt: „Nein, er braucht 8.000 Schilling, damit er als Zeitungsverkäufer arbeiten kann. Er muss eine Kaution geben, damit er Zeitungen bekommt, und wenn er aufhört, erhält er das Geld zurück. Aber wer soll uns 8.000 Schilling geben?" Am nächsten Tag in der Früh hat die Schwester meinem Mann das Geld gegeben. Er ist sofort in die Firma gegangen, hat sich für die Arbeit gemeldet, und im ersten Monat haben wir die 8.000 Schilling zurückgegeben. Die Schwester wollte es noch nicht zurück haben, aber ich habe gesagt: „Nein, lassen Sie es. Heute haben wir es gebraucht, und jetzt braucht es jemand anderer. Geben Sie es weiter."

Die Schwestern haben dann auch für mich eine Arbeit als Kindermädchen in Niederösterreich gefunden. Ich hatte keine Arbeitserlaubnis und daher keine Chance, etwas Anderes zu machen. Die Familie hatte drei Kinder und ein großes Haus, einen Bauernhof, und ich habe dort ein Zimmer für mich selber bekommen. Die Frau hat ein Schuhgeschäft in Wien, und am Samstag in der Früh bin ich mit ihr nach Wien gefahren, und am Sonntag Abend hat sie mich wieder abgeholt. Am Wochenende habe ich bei meiner Schwägerin gewohnt, und mein Mann war dann auch dort. Sechs Monate ist es so gegangen. Ich war dort sehr zufrieden. Und dann hat irgendjemand verraten, dass ich dort schwarz arbeite. Auf einmal war die

Polizei da. Sie haben mir gesagt, dass ich keine Papiere habe, keinen Meldezettel, keine Versicherungskarte und keinen Reisepass. Die Frau hatte ihn mir in der Woche davor weggenommen, sie wollte mir eine Arbeitserlaubnis besorgen.

Nach dieser Arbeit haben mein Mann und ich in Wien mit einer älteren Dame gewohnt. Sie hat ein Zimmer gehabt, wir haben ein Zimmer gehabt, und die Küche, die Toilette und das Bad haben wir zusammen benützt. Einerseits habe ich also eine Wohnung bekommen, und andererseits habe ich die Arbeit verloren. Ein Jahr später wollte die Vermieterin das Zimmer dann für ihre Tochter haben, und deswegen mussten wir ausziehen und wieder eine Wohnung suchen. In dieser Zeit ist mein Schwager gestorben, der in Wien gewohnt hat. Meine Schwägerin hat uns angeboten, zu ihr zu kommen, und wir sind zu ihr gezogen. Aber wir mussten ein Visum beantragen und haben es nicht bekommen – die haben gesagt, das ist eine Gemeindewohnung, wir dürfen dort nicht wohnen. Wir haben dann sofort in der Pragerstraße eine Einzimmer Wohnung gemietet. Trotzdem haben wir drei Jahre kein Visum bekommen. Der Rechtsanwalt von der Caritas hat sich für uns eingesetzt, und irgendwie hat eine Regel geendet, und 1999 haben wir endlich ein unbefristetes Visum bekommen. Eineinhalb Jahre später hatten wir die Staatsbürgerschaft und dann konnten wir für die Gemeindewohnung ansuchen.

Seit '96 weiß ich, dass ich nierenkrank bin. Es ist möglich, dass ich diese Krankheit schon länger hatte, aber ich habe nichts gemerkt. Einmal habe ich dann die ältere Dame besucht, mit der wir davor eine Wohngemeinschaft gemacht hatten. Sie hat im vierten Stock gewohnt, ohne Aufzug. Ich bin hinaufgegangen, und oben habe ich keine Luft mehr bekommen, die Füße haben mir weh getan, ich habe Krämpfe bekommen. Ich bin dann zum Arzt gegangen. Ich hatte erhöhten Blutdruck – den muss ich immer noch messen –, und ich musste Untersuchungen machen. Es ist herausgekommen, dass ich Schrumpfnieren habe. Ich musste mit einer Diät anfangen und mit vielen Medikamenten. Das ist so gegangen bis 2001, fünf Jahre lang. 2001 habe ich Ende Juni die Gemeindewohnung bekommen, aber dann hatte ich überhaupt keine Kraft mehr. Irgendwie habe ich jede Bewegung vermieden. Meine Ärztin hat gesagt: „Jetzt müssen wir mit der Dialyse anfangen." Ich wollte die Dialyse im Spital machen, aber das ist bei mir nicht gegangen, weil ich Venenprobleme habe, und deswegen habe ich gelernt, wie man das zu Hause macht. Die Dialyse ist ein Alptraum gewesen. Neun Stunden musst du liegen bleiben, man darf nicht aufstehen, muss sehr gut aufpassen, dass sich nichts infiziert. Du musst die Hände fünf Mal waschen und nachher desinfizieren, jeden Tag die Bettwäsche wechseln, es darf keinen kleinen Zug geben, also müssen die Türen und Fenster zu sein.

Ich habe Angst gehabt, dass ich keine Nieren bekomme. Ich habe die Blutgruppe B negativ, und die haben nur wenige Leute, und daher gibt es auch nur wenige Spender. Und wenn man einen hat, muss man nicht nur die Blutgruppe anschauen, sondern alle Werte müssen passen. Ich habe jeden Tag gebetet, dass ich Nieren bekomme. Und an einem Abend hat der Arzt angerufen und hat gesagt: „Wir haben Nieren für Sie." Das ist ganz schnell gegangen, das war noch 2001. Die Transplantation ist gut gegangen, es funktioniert alles wunderbar. Ich muss aber ein Medikament für die Nieren ein Leben lang nehmen.

Diese ganze Zeit ist wirklich schwer gewesen. Ich bin aber ein sehr positiver Mensch. Ich war immer positiv. Ich schaue nicht auf gesunde Leute so wie Sie, sondern ich schaue auf sehr kranke Leute, die nicht einmal gehen können, oder die nicht arbeiten können, und dann danke ich Gott, dass ich nicht so krank bin. Ich denke nicht: „Wieso bin ich nicht so gesund?", sondern: „Ich bin froh, dass ich nicht so krank bin." Und das hilft mir. Und ich sage mir immer: „Ich werde es schaffen. Irgendwie werde ich es schaffen." In meiner Jugend war für mich eine Schauspielerin mein Vorbild. Sie hat so gut gespielt, in vielen verschiedenen Filmen, in Liebesfilmen oder Komödien. Sie ist in ganz Indien berühmt. Ich weiß nicht, warum ich sie bewundert habe, aber sie kann alles. Welche Rolle sie auch bekommt – sie meistert alles. Vielleicht war sie deshalb mein Vorbild.

Und ohne meinen Mann, ohne seine Unterstützung, hätte ich das alles nicht geschafft. Ich war so krank, und er ist immer bei mir gewesen. Ich war einmal insgesamt fünf Monate im Spital, und er hat mich jeden Tag besucht. Er ist in die Arbeit gegangen, und dann hat er mich besucht. Andere Männer hätten das nicht gemacht, würde ich sagen.

Nach der Nierentransplantation habe ich einen kaufmännischen Kurs gemacht. Ich habe viel gelernt, auch mit dem Computer zu arbeiten – vorher hatte ich davor immer Angst. Jetzt ist es für mich sehr viel einfacher, zu schreiben. Nach den neun Monaten wollte ich in einem Copyshop arbeiten – ich hatte dort mit dem Kurs ein Praktikum gemacht. Aber das hat nicht geklappt, und deswegen arbeite ich jetzt mit behinderten Leuten. Wegen der vielen Operationen – ich habe auch vier Bauchoperationen hinter mir – und dem erhöhten Blutdruck bin ich zu 70 Prozent körperlich behindert und kann nicht so schwer heben. Für mich ist die Hauptsache, dass ich arbeiten kann. Die erste Woche an diesem Arbeitsplatz war für mich sehr, sehr schwer. Die haben mich so angefeindet, weil ich Ausländerin bin. Meine Vorarbeiterin hat mir gesagt, dass ich alles kontrollieren muss, und wenn einer etwas falsch macht, soll ich es ihr sagen.

Schon am ersten Tag haben mich die Mitarbeiter sekkiert, und ich habe nichts gesagt, am zweiten Tag habe ich auch nichts gesagt, und am dritten Tag habe ich nur einen Blick geworfen. Eine halbe Stunde hatte ich Ruhe, und dann haben sie schon wieder angefangen. Und dann bin ich aufgestanden und habe zu einem gesagt: „Steh auf und setz dich auf meinen Platz. Ich kann die sechs Bleistifte in ein Kuvert hinein geben. Aber du kannst meine Arbeit nicht machen." Das war am dritten Tag. Und bis jetzt – das ist schon eineinhalb Monate her – sind die alle zu mir freundlich. Alle. Sie machen wirklich Spaß mit mir. Die haben in den ersten ein, zwei Wochen Angst gehabt. Ich war besser als sie – ich bin schneller als alle anderen –, und deswegen haben sie so reagiert.

Mit Ausländerhass habe ich in Wien aber insgesamt weniger Erfahrungen. Bei manchen merke ich es schon. In unserem Haus wohnt zum Beispiel eine Dame, und von Anfang an habe ich sie gegrüßt, aber sie hat mir nicht geantwortet. Ich habe mir gedacht, irgendwann wird sie mir eine Antwort geben. Ich habe sie weiter gegrüßt, aber sie nicht. Und jetzt habe ich aufgehört, zu grüßen. Da merkt man, dass das Ausländerhass ist. Unter mir wohnen zwei Pensionisten, die Angst gehabt haben, dass Ausländer kommen, wie wir eingezogen sind. Drei Monate später habe ich sie unten getroffen, und die Frau hat mir gesagt: "Ich bin sehr froh, dass Sie eingezogen sind. Ich habe Ihren Mann gesehen und habe mir gedacht: Schon wieder ein Ausländer!" Vorher hat hier nämlich eine arabische Familie mit drei Kindern gewohnt und die waren laut, haben laut Musik gehört. Aber zum Beispiel mit allen Nachbarinnen in diesem Stock – die leben hier schon sehr lange – habe ich so eine schöne Beziehung. Am ersten Tag schon habe ich mich mit ihnen gut verstanden.

Ich bin eigentlich auf alles stolz. Ich bin stolz, dass ich alles irgendwie selber gemacht habe, ohne Unterstützung. Ich bin mit allem selber fertig geworden. Was passiert ist, ist mir egal, aber ich bin froh, dass ich da raus bin, und ich habe mein Leben jetzt im Griff. Ich habe gar kein Geld gehabt, wie ich hierher gekommen bin. Ich habe niemandem gesagt: „Gib mir 5.000 Schilling oder 10.000." Das haben wir selbst verdient, ich und mein Mann, und darauf bin ich sehr stolz. Es war am Anfang ein schwieriges Leben hier, aber wir haben beide das Beste daraus gemacht, würde ich sagen. Jetzt bin ich wirklich froh, dass wir auf unseren eigenen Füßen stehen.

➢ Mein Bild als Frau, meine Vorstellung vom Leben als Frau haben sich durch meinen Aufenthalt in Österreich nicht geändert. Ich habe hier eigentlich auch nichts verwirklicht, was in Indien schwieriger gewesen wäre. In Indien wäre es für mich leichter gewesen als hier. Hier bin ich ein bisschen benachteiligt wegen der Sprache. Ich kann gut kochen, ich kann gut handarbeiten, ich kann eigentlich alles, würde ich sagen. Aber einen Job zu finden, ist hier so schwierig. Nur talentiert zu sein, das nützt nichts. Hier ist es so bürokratisch, man braucht für alles ein Zertifikat. Das stört mich wirklich. Und immer fragt man nach Arbeitserfahrung. Wenn man nicht genommen wird, woher soll man Erfahrung haben? Zum Beispiel für die Arbeit, die ich jetzt mache, habe ich zuerst vom Arbeitsamt keine Zuweisung bekommen. Die Firma wollte mich, ich wollte dort arbeiten, aber meine Beraterin wollte mir die Zuweisung nicht geben, weil ich nicht ein Jahr arbeitslos war. Ich habe ihr klar und deutlich gesagt: „Nächsten Monat werde ich meine Zuweisung bekommen, irgendwie." Und ich habe sie bekommen. Ich habe es geschafft, und darüber bin ich glücklich.

Bevor ich nach Österreich gekommen bin, hatte ich gar keine Vorstellungen von österreichischen Frauen. Für mich ist jede Frau oder jeder Mann – egal, welche Religion er hat, oder aus welchem Land er kommt – an erster Stelle ein Mensch. Und da haben wir – ich und mein Mann – sehr verschiedene Meinungen. Er denkt zum Beispiel, dass die europäischen Männer nicht so wie Inder oder asiatische Männer sind. Aber meine Meinung ist ganz anders. Ich höre vielen Leuten zu, und ich sage immer wieder: „Jeder Mensch ist an erster Stelle ein Mensch und dann ein Europäer oder ein Asiat oder ein Moslem oder ein Hindu."

In Indien glauben die Leute, dass die europäischen Frauen sehr selbstständig sind, dass sie eine eigene Meinung haben, dass sie selber arbeiten können, und dass nicht die Männer für die Frauen verantwortlich sind wie bei uns. Solche Meinungen gibt es. Und auch, dass die europäischen Frauen tanzen, trinken, rauchen, und dass sie moralisch locker sind.

Die österreichische Gesellschaft hat mir gegenüber auch Vorurteile. Viele Leute fragen zum Beispiel, ob ich immer auf meinen Mann hören muss, ob ich das machen muss, was er sagt. In der Arbeit hat mich erst vor zwei Wochen eine Frau aus Jugoslawien gefragt, ob mein Mann alles bestimmt. Ich habe gesagt: „Nein, wenn du willst, kannst du zu mir kommen und meinen Mann kennen lernen und sehen, dass das nicht stimmt." Bei uns ist es so, wir entscheiden beide zusammen. Ich frage nach seiner Meinung, und er fragt nach meiner Meinung, und dann entscheiden wir. Diese Klischees stören mich schon manchmal. Mich stört auch, dass man die guten Sachen über Indien hier nicht zeigt. Ich sage dann: „Geh unter die Brücke und such die Sandler und dann sag in Indien: Das ist Österreich. Ihr zeigt nur ein ganz armes Indien und sagt: Das ist Indien."

Die Vorteile europäischer Frauen? Die europäischen Frauen haben zwar oft mehrere Männer im Leben, aber trotzdem sind sie nicht glücklich. Und asiatische Frauen – bei allen anderen Frauen weiß ich es eigentlich nicht –, aber ich hatte in meinem Leben nur einen Mann, und ich bin sehr glücklich mit ihm. Andere Vorteile? Bei uns gibt es einen starken Familienzusammenhalt, bei euch findet man den viel weniger. Ich weiß das nicht, aber ich glaube, dass es so ist. Ein Nachteil für Frauen in Indien ist, dass die Familie des Mannes bei der Heirat teilweise immer noch Geld und Gold verlangt.

➢ In Indien liebe ich an erster Stelle meine Familie und die Freunde. Ich vermisse Indien immer noch, meine Eltern, meine Geschwister, alles. Dort ist die Lebensatmosphäre anders. Das Leben ist ruhiger als hier. Ich vermisse zum Beispiel das Essen meiner Mutter. Ich verpasse auch viele Hochzeiten, die nicht so wie hier gefeiert werden – viele, viele Erlebnisse. Aber mein Familienarzt in Indien meint, für mich ist es das Beste, wenn ich irgendwo in Europa bleibe, weil ich nierenkrank bin. Ich war im Februar im vorigen Jahr in Indien und habe eine Infektion bekommen – eine Woche war ich dort im Spital. Wenn die Krankheit nicht gewesen wäre, hätte ich vielleicht in Indien gelebt. Mein Vorteil ist, dass meine Schwägerinnen und mein Schwager und die Kinder da sind, dass ich jemanden zum Sprechen in meiner Sprache hier habe. Es gibt auch hier noch einen Zusammenhalt, aber er ist nicht so stark wie in Indien. Das merkt man. Aber dort hat sich auch viel geändert. Wir haben früher so viel Zeit gehabt. Wie ich voriges Jahr wieder nach Indien gefahren bin, habe ich alles ganz anders erlebt. Die Leute haben weniger Zeit, weniger Liebe, würde ich sagen. Nicht von Seiten der Eltern oder der Verwandten, aber von den anderen Leuten. Früher sind wir so viel zusammen gesessen und haben geredet, uns unterhalten, und jetzt haben die Leute dafür überhaupt keine Zeit mehr. Für mich ist es keine gute Entwicklung.

Meine Wünsche? Ich hätte gern ein Kind gehabt, aber mein Mann will nicht, weil ich immer noch fünfundzwanzig Tabletten am Tag nehme. Er denkt, wenn wir ein Kind in die Welt setzen, das behindert wird oder krank ist – was haben wir davon? Und das ist sicher richtig. Ich habe so viele Operationen hinter mir, und deswegen sagt er immer: „Dass du lebst, ist für mich wichtig. Kinder sind für mich nicht so wichtig." Sonst bin ich grenzenlos glücklich. Ich habe sehr wenig Geld, aber ich brauche nicht mehr.

In orientalischen Ländern liebe ich besonders die Herzenswärme

Gespräch mit
Rosina-Fawzia Al-Rawi
geb. 1963 in Bagdad/Irak, Arabistin und Ethnologin, Buchautorin, Leiterin von Kursen für orientalischen Tanz und Sufismus, lebte von 1980 bis 1991 und jetzt wieder seit 2001 in Wien

Das Wichtigste für mich, das, was mich am meisten mit dem Irak verbindet, ist auf alle Fälle das Gefühl, als Kind in einer Großfamilie aufgewachsen zu sein. Das war die Basis meiner Kindheit und das war, glaube ich, ein wesentlicher Aspekt, der mein ganzes Leben geformt hat.

Wir haben in einem zweistöckigen Haus mit Garten gewohnt. Jede Kernfamilie hatte ein großes Zimmer zur Verfügung. Das war ein Schlafzimmer mit einem kleinen Wohnzimmer dabei, so kann man das beschreiben. Diese Zimmer waren die Rückzugsmöglichkeiten in die Intimität für die Kernfamilien, die da zusammengelebt haben. Und dann gab es mehrere Gemeinschaftsräume und eine gemeinsame Küche und Badezimmer auf jeder Ebene. Meine Kernfamilie bestand aus meinem Vater, meiner Mutter, meinem fast fünf Jahre älteren Bruder und mir. Die anderen Erwachsenen waren meine Großeltern, die Geschwister von meinem Vater, die Cousine von meiner Großmutter und eine Frau, die meine Großmutter als Waisenkind aufgenommen hatte. Insgesamt lebten in diesem Haus elf Erwachsene und vier Kinder.

Als Kind ist es einfach eines der schönsten Gefühle, von verschiedenen Menschen getragen zu werden, von verschiedenen Generationen sozusagen eingeführt zu werden, von jedem auf seine Art und Weise, mit seinem Blickwinkel, seinem Tempo, seiner Art der Auffassung. Das war schon eine große Bereicherung für mich, die mich wirklich geprägt hat, und auch – glaube ich – tolerant gemacht hat. Es hat mich deswegen toleranter gemacht, weil ich gesehen habe, dass verschiedene Menschen, die mit mir verbunden sind, und die ich sehr gerne habe, ganz andere Sichtweisen haben können und eine ganz andere Angehensweise der Dinge. Und trotzdem ist jeder in seiner Art integer und für mich halt auch lieb. Und das hat mir gezeigt, dass es im Leben nicht nur eine Lösung und eine Form gibt, die Dinge anzugehen. Das sind ganz kleine Alltagssachen, die man anders angehen kann. Man kann einfach in der Früh anders sein oder das Essen anders zubereiten oder Dinge anders erklären oder mit einer gewissen Situation sanfter oder strenger umgehen. Die Älteren hatten ein langsameres Tempo, einen langsameren Blick, eine langsamere Bewegung des Körpers, und trotzdem waren sie genauso integriert im Leben und genauso aktiv, nur halt in ihrem Tempo. Ich finde es sehr reich und sehr nahrhaft für ein Kind, das alles gleich von Anfang zu sehen. Und die Ausweichmöglichkeit ist natürlich viel größer. Wenn die Mutter schlecht gelaunt ist, geht man zur Großmutter, und wenn die Großmutter keine Zeit hat, geht man zur Tante oder man geht zum Großvater. Und wenn einer auf eine Art antwortet, die einem nicht gefällt, und man weint, geht man zum anderen, und der tröstet und sagt: „Ja, nimm das nicht so ernst!" Deswegen hat es ja dieses Paradiesische an sich, weil man den Launen und den Stimmungen der Erwachsenen und auch ihren Regeln ein bisschen ausweichen kann.

Sicher hat es auch Konflikte gegeben, und sicher hat es auch Machtspiele gegeben. Ich war nicht so integriert in die Konflikte, die zum Beispiel eine Schwiegertochter mit einer Schwiegermutter haben könnte. Ich war blutmäßig und gesellschaftlich voll integriert in diese Familie. Ich habe da sicher nicht diese Kämpfe machen müssen, und habe sie auch nicht so krass mitbekommen. Und Konflikte gibt es fast immer unter den Generationen, weil irgendjemand ist ja auch in einer Großfamilie da, der sozusagen das letzte Wort hat. Und in einer traditionellen Gesellschaft ist es immer so, dass die Ältesten das letzte Wort haben. Aber es kommt natürlich sehr auf die Toleranz dieser Ältesten an, und die wird ja auch gepflegt. Altsein bedeutet auch, weiser zu werden. Wenn man älter wird, bewegt man sich in Richtung Weisheit und man bewegt sich in Richtung Spiritualität. Das eine löst das andere aus, das erwartet auch die Gesellschaft. In meiner Familie war meine Großmutter die Älteste. Sie war eine sehr starke, fast harte Frau, aber sie war trotzdem auch tolerant.

Abgesehen von diesem Aufwachsen in der Großfamilie kann ich mich noch an viele andere Sachen aus meiner Kindheit im Irak erinnern – zum Beispiel daran, dass die Familie sozusagen ein Hauptquartier hatte. Die Gesellschaft im Irak war eine Stammesgesellschaft, und die einzelnen Zweige – so wie wir ein Zweig waren – haben zusammengewohnt. Und dann gab's ein großes Haus, das war der Treffpunkt dieser verschiedenen Zweige, wo man alle drei Wochen oder jedes Monat hingegangen ist. Manchmal hat man dort auch übernachtet, manchmal nur den Tag zusammen verbracht und Informationen ausgetauscht, geplaudert, Probleme gelöst. Es gab immer wieder politische Umwälzungen im Irak, die natürlich auch Einfluss auf Familiensituationen hatten. Und dadurch, dass ja Informationen im Orient oft durch Mundpropaganda verbreitet werden, durch Reden, durch Zusammenkommen – mehr als durch die Medien –, und einem als Kind nie gesagt wurde: „So, du musst jetzt aus dem Raum gehen, weil das darfst du nicht hören", bekam man das als Kind auch immer mit. Wenn man auch nicht den ganzen Inhalt verstanden hat, so doch die Stimmung bei den Erwachsenen – Kinder sind ja wie Barometer, die nehmen alles auf. Und da habe ich schon vieles mitbekommen, was so an Turbulenzen geschehen ist. In meiner Kindheit war das verbunden mit der Ba'th Partei und der Umwälzung der Gesellschaft – also Umstrukturierung von einer Stammesgesellschaft in eine panarabisch sozialistische Gesellschaft. Das hat einerseits die reicheren Schichten berührt, weil auch Großgrundbesitz konfisziert wurde, und hat auch dazu geführt, dass Frauen viel mehr in den Aufbau des Staates integriert wurden. Meine Familie war dadurch, dass sie zum Teil selbst Großgrundbesitzer war, wirtschaftlich davon berührt. Und andererseits war meine Großmutter eine große Unterstützerin der Idee, dass Frauen am Staatsaufbau mitmachen sollen – da stand sie ganz dahinter. Sie war Schuldirektorin, und für sie war es äußerst wichtig, dass die Frauen diese Möglichkeit ergreifen. Sie war im Grunde sehr interessiert an ihrer eigenen Freiheit, und die wollte sie auch anderen Frauen gönnen. Also, das war das Ausschlaggebende – sie liebte die Freiheit. Und sie tat das auf eine Weise, die sicher nicht leicht zu verkraften war. Sie hat immer gesagt: „Ich habe mich entschieden, nie mehr als drei Kinder zu haben, und ich habe elf Abtreibungen hinter mir." Das hat sie dir ins Gesicht gesagt. Zu den Dingen, die sie gemacht hat, ist sie immer gestanden. Also, da war sie schon außergewöhnlich. Deswegen sage ich ja, sie war einerseits eine starke Frau, eine tolerante Frau, aber auch sehr hart. Hart im Nehmen, aber auch im Geben. Und sie hat immer die Konsequenzen auf sich genommen, auch Konflikte mit der Gesellschaft. Sie war von Anfang an schon so. Mit achtzehn hat sie sich dafür entschieden, dass sie eine freie Frau sein möchte. In diesem Alter – das war 1932 – hat sie meinen Großvater kennen gelernt. Es gab ein Fest auf einem Schiff auf dem Tigris, und da ist sie ohne das Wissen ihrer Eltern hingegangen und hat meinen Großvater kennen gelernt. Und danach hat sie sich photographieren lassen und hat unter diesem Photo von ihrer Verehrung ihm gegenüber geschrieben und den Satz: „Mit einem Kuss an Dich." Das war halt für damalige Verhältnisse schon höchst gewagt. Und sie hat sich auch mit einem ärmellosen Kleid photographieren lassen.

Und dann Bagdad selber, beziehungsweise der Irak – ich weiß nicht, ob du jemals dort warst –, aber der Irak ist ja ein Land, wenn du einen Fuß darauf setzt, spürst du diese alte, schwere Geschichte, die dort ist, und das ist schon beeinflussend. Das ist anders, als wenn du in Wien bist. Man kann es vielleicht mit dem Boden Jerusalems vergleichen. Das Land hat eine ganz besondere Ausstrahlung. Wenn du in einem Land aufwächst, das Jahrtausende Geschichte hinter sich hat, das ist beeinflussend, auch wenn es unbewusst ist. Es bindet dich etwas, die Erde, ja fast der Himmel, der über diesem Stück Land ist. Das kann man gar nicht verleugnen – auch nicht als Kind.

Der große Wandel war dann, wie wir 1971 wegen einer neuen Arbeit meines Vaters vom Irak in den Libanon gezogen sind. Also dieser Abschied von der Großfamilie in die Kleinfamilie – im Libanon war dann nur mehr die Kleinfamilie da. Ich war damals acht Jahre alt, und für mich war es ein Schock. Ich habe das als sehr trocken empfunden. Ich war in der Großfamilie von allen geliebt und von jedem gehätschelt worden, und wenn dann sozusagen neun Personen wegfallen, die da auch mitgemacht haben, dann ist das schwierig für ein Kind. Und auch aus der gewohnten Situation, aus dem gewohnten Kontext herausgezogen zu werden. Auch sprachlich gab's einen Unterschied – ich musste das Libanesische erst lernen. Die Umstellung ist dann schnell gegangen, das geht schnell als Kind. Aber diese Sehnsucht nach der Großfamilie, interessanterweise, das zieht sich durch das ganze Leben. Man ist sentimental ja immer mit seiner Kindheit verbunden, auch im Alter, und bei mir ist diese Sentimentalität eben mit der Großfamilie verbunden.

Der Libanon war insgesamt ganz anders als der Irak – weniger geschichtsträchtig, lockerer, luftiger – natürlich, es ist das Meer da. Der Einfluss des Meeres auf ein Land macht die Menschen einfach fröhlicher, leichter. Und diese lockere Stimmung, die war auch zu spüren. Die Iraker sind ein schweres, melancholisches Volk, während die Libanesen ein fröhliches Handelsvölkchen sind, und viele Geschäftsleute sind durch ihr Land hin und her gewandert.

Zu Beginn, wie wir dort waren, war noch kein Bürgerkrieg. Das war ein unbeschwertes Leben, in gewisser Weise auch oberflächlich. Die libanesische Gesellschaft legt großen Wert auf das Aussehen, auf das Offensichtliche. Es ist eine recht materialistische Gesellschaft, wo du eine Geldkultur hast, und wo du natürlich auch eine intellektuelle Schicht hast, aber die Geldkultur ist sehr dominierend. Wenn sich die Libanesen entscheiden müssten zwischen gut zu Hause essen oder sich gut zu kleiden, um auszugehen, dann würden sie sich für die Kleidung entscheiden. Und das ist schon etwas, was ich mitbekommen habe – wie wichtig es für eine Frau im Libanon ist, gut auszusehen. Das war mir unsympathisch, und ich habe mich nie vollkommen dazugehörig gefühlt. Ich habe dort aber eine sehr glückliche Zeit verbracht, weil's ein schönes Land ist, weil das Meer da ist, weil es vielfältige Möglichkeiten gibt. Du konntest zum Beispiel am Vormittag in den Bergen Ski fahren und am Nachmittag schwimmen gehen im Meer. Und dann haben im Libanon Menschen aus vielen verschiedenen Ländern gelebt, und mit denen bist du immer wieder zusammengekommen. Das war auch wesentlich vielfältiger als im Irak, weil der Irak eine geschlossene Gesellschaft ist, während der Libanon ein Pot der verschiedenen Kulturen war. Das war schon wiederum auf eine andere Weise sehr interessant.

Ich bin auch in eine angenehme Schule gegangen. Das war ein Versuchsprojekt der deutschen Regierung im Orient, eine deutsche Schule, und zwar eine Sprachschule mit einem arabischen Zweig und einem deutschen. Wenn du Ausländerin warst, also Deutsche zum Beispiel, hast du nur den deutschen Teil gemacht, und wenn du Araberin warst, hast du am deutschen und am arabischen Unterricht teilgenommen. Ich hatte sowohl Arabisch als auch Deutsch und ich habe mich in dieser Schule sehr wohl gefühlt. Es war eine interessante Konstellation, denn einerseits hatte man mit den europäischen Kindern und den arabischen Kindern zu tun, und dann gab's Mischkinder sozusagen, aus Mischehen. Das hat auch wieder einen toleranten Aspekt hervorgebracht, weil ja sonst im Libanon die Konfession eine sehr große Rolle gespielt hat.

Wegen des Bürgerkriegs kam es dann zum Zusammenbruch der libanesischen Gesellschaft oder des libanesischen Lebens, sagen wir einmal so. Das hat 1975 angefangen. Es ist interessant, als Jugendliche hat man ja nicht so Angst wie als Erwachsene. Du hast eine ganz andere Einstellung zum Krieg. Du nimmst die Dinge anders auf, weil du auch diesen Bezug zum Tod noch nicht so ausgeprägt hast. Du nimmst zwar die Gefahr auf, und du merkst das, aber es berührt dich nicht so in deiner Basis. Ich habe gemerkt, die Reaktion meiner Eltern war viel stärker als meine Reaktion. Ich habe, auch wenn Bomben gefallen sind, schlafen können, während meine Eltern wach und nervös waren und sich Sorgen gemacht haben. Ich denke mir, in dem Moment, wo du Kinder hast, oder in dem Moment, wo du die Kostbarkeit des Lebens in seiner Ganzheit erkennst, wenn du ein Erwachsener bist und sozusagen anfängst, die Zeit zu zählen, hast du eine ganz andere Einstellung zum Krieg und zum Tod, die du als Jugendlicher noch nicht hast. Es war anstrengend, weil du natürlich anders vorgehen musst, wenn du im Krieg bist. Es gibt gewisse Regionen, die du nicht mehr betreten kannst, oder du kannst in der Nacht nicht mehr weggehen – solche Dinge. Ich habe natürlich auch Sachen gesehen, die mich sehr berührt haben, wie zum Beispiel, wenn große Kämpfe ausgebrochen sind, Bomben gefallen sind. Eines der beeindruckendsten Erlebnisse war, dass ich einen Mann, den ich gekannt habe, und der schwarze Haare hatte, plötzlich mit weißen Haaren gesehen habe – aus Angst vor den Bomben. Und ich habe gesehen, wie schnell die Erwachsenen im Krieg verfallen. Aber ich habe es nie so wirklich auf mich persönlich bezogen, und ich habe nie Todesangst gehabt.

➢ Ich habe in drei arabischen Gesellschaften gelebt – in der irakischen, der libanesischen und später der palästinensischen. Jede dieser drei Gesellschaften hat ganz andere Bedingungen und damit auch Erwartungen an die Frauen. Was den Irak betrifft, hast du eine traditionelle Gesellschaft. Und was das Ganze natürlich verändert hat, war dieser Erdölreichtum. Die Regierung war dadurch wirtschaftlich sehr stark – 87 Prozent des Einkommens kamen über das Erdöl –, und damit finanzierte sie auch diese große gesellschaftliche Umwälzung, wie gesagt, weg von der Stammesgesellschaft hin zu einer parteitreuen Gesellschaft. Und da hat die Frau eine Schlüsselrolle gespielt. Die Frauen wurden mehr in das gesellschaftliche Leben außerhalb des Hauses integriert – sowohl auf der Bildungsebene, als auch in der Arbeitswelt. Das hat zu einem Selbstbewusstsein der Frauen geführt, das es vorher in dem Sinn nicht gegeben hat. Und Frauen haben auch die Möglichkeit erhalten, aufzusteigen – auch auf höchste Ebenen –, ohne Rücksicht auf das Geschlecht. Diese ganzen Veränderungen fanden zwischen Ende der 60er bis Ende der 70er Jahre statt.

Was den Libanon betrifft, so hat der eine ganz andere Konstellation. Der Libanon ist im Grunde ein armes Land. Es hat keinen Erdölreichtum. Die Regierung im Libanon ist eine schwache Regierung, und das Regierungssystem im Libanon war daher „Teile und herrsche!" – also trenne zwischen den Konfessionen, um dann zu herrschen. Und die Rolle der Frau im Libanon war eigentlich eine sehr puppenhafte Rolle. Am allerwichtigsten war, dass die Frau schön ist – ein dekoratives Püppchen neben dem Mann. Heutzutage arbeiten die Frauen zwar in allen Bereichen, und die Universitäten werden zum größeren Teil von Studentinnen besucht. Aber diese gläserne Decke ist sehr ausgeprägt im Libanon, das heißt, dass die Frauen nicht ganz nach oben kommen. Im Irak ist das anders, es gibt viele Wissenschaftlerinnen. Die Frauen konnten dort in allen beruflichen Bereichen, auch in technischen Berufen, Spitzenpositionen erreichen. Das war eben nicht geschlechtsgebunden, während im Libanon, da ist es absolut geschlechtsgebunden. Aber auf der Straße würde man eher glauben, es ist umgekehrt. Nirgendwo in der arabischen Welt ziehen sich die Frauen so freizügig an wie im Libanon. Nirgendwo auf den Straßen sieht man so viele Frauen mit tiefen Dekolletés und engen Jeans und kurzen Röcken, aber es ist in keiner Weise ein Zeichen ihrer Befreiung. Also, das ist ein Fehlurteil, auf das auch viele Europäer hineingefallen sind.

Und was die Palästinenser betrifft, so ist das wieder eine ganz andere Konstellation – bedingt durch die Okkupation. Der Unterschied zwischen der palästinensischen Bevölkerung und der restlichen in der arabischen Welt ist, dass die palästinensische Regierung direkt abhängig ist vom Volk und von der Stimmung des Volkes. Die palästinensischen politischen Strukturen sind dadurch bedingt demokratischer, weil die Palästinenser kein Land haben. Also, auf was baut sich die Regierung auf? Auf das Volk. Und da ist der direkte Kontakt viel stärker als in anderen arabischen Ländern. Aber was die Frauen betrifft, war es immer ein Verschieben – also, zuerst die Befreiung des Landes und dann die Befreiung der Frau. Sich befreien von der Okkupation ist natürlich eine Sache, die durch die ganze Gesellschaft geht. Daran haben sich die Frauen zum Beispiel während der ersten Intifada (palästinensischer Volksaufstand gegen die israelische Besatzung von 1987 bis zum Friedensvertrag von Oslo 1993. E.B.) auch aktiv beteiligt. Den Frauen war es zwar erlaubt, auf die Straßen zu gehen, mitzumachen, zu demonstrieren und auch zu organisieren. Aber immer, wenn es zu wirklichen frauenemanzipatorischen Problemen gekommen ist, hieß es: „Nicht jetzt, wir müssen uns erst befreien, und dann können wir darüber diskutieren." Daran hat sich bis jetzt nichts geändert.

Die Frau muss vor allem heiraten und Kinder kriegen – das ist in Palästina angesagt. Sie soll zwar auch die Schule machen, aber sie soll vor allem deswegen die Schule machen, damit sie dann ihre Kinder gut erziehen kann. Sie soll nur arbeiten, wenn es sein muss, um das Gehalt der Familie zu vergrößern, aber das ist nicht das Ziel. Das Ziel ist die Ehe und das gute Erziehen der Kinder. Palästinensische Frauen konnten durchaus auch höhere Positionen haben, aber so wirklich in die Toppositionen kamen sie eben nicht, bis heute nicht. Es ist eine traditionelle, konservative Gesellschaft, auch bedingt durch die Okkupation. Man geht nicht so weit nach außen. Außen ist ja Israel, aber innen ist Palästina. Es ist kein Land da. Man zieht sich zurück auf sein kleinstes Territorium, eben die Familie, und das gibt dann konservative Strukturen, auch als Abtrennung von der jüdischen Kultur und Aufrechterhaltung der eigenen Tradition.

In meiner eigenen Familie war meine Großmutter absolut der Meinung, dass eine Frau auch arbeiten soll, und zwar außerhalb des

Hauses, und dass sie sich Bildung aneignen soll. Sie hat zwei Söhne und eine Tochter gehabt, und sie hat da keinen Unterschied gemacht. Die mussten alle die Schule abschließen und dann studieren. Das war Familienkonsens, wobei, in diesen Punkten gab's für meine Großmutter auch keine Diskussion. Sie ist sogar mit meinem Vater ein Streitgespräch eingegangen, wie er gemeint hat, meine Mutter würde lieber zu Hause bleiben. Sie hat gesagt: „Bei uns bleiben die Frauen nicht zu Hause. Es wird gearbeitet." Das hat auch meine Mutter betroffen, da hat sie keinen Unterschied gemacht. Entweder man studiert, oder man arbeitet, aber man sitzt nicht zu Hause. Für sie hat das Zuhausesitzen der Frau geschadet, das war ihre Einstellung.

Mein Bruder und ich mussten keine unterschiedlichen Dinge tun. Was den Haushalt betrifft, gab es jemanden, der geholfen hat. Und meine Großmutter hat mich sogar mehr gefördert als meinen Bruder, weil sie ja überhaupt die Mädchen auch in den Schulen mehr gefördert hat als die Jungs. Die sind immer viel strenger behandelt worden als die Jungs, weil sie gemeint hat, bei Mädchen ist es wichtiger, dass sie gut lernen, dass sie gute Noten haben, damit sie in den Universitäten sicher aufgenommen werden, wenn sie weiterstudieren wollen. Und so ist sie dann auch zu Hause vorgegangen – also, sie hat mich viel härter an die Kandare genommen als meinen Bruder, was Lernen betrifft und was Wissen-Weitergeben betrifft.

Mein Vater war nicht wirklich einbezogen in die Kindererziehung. Ich würde sagen, wenn er da war, hat er sich schon gekümmert, natürlich, aber meine erste Bezugsperson war meine Mutter. Das heißt, im Irak war ich mit meiner Mutter nicht mehr verbunden als mit den anderen Mitgliedern der Familie. Die Großfamilie ist ja weniger auf eine Person bezogen, sondern es ist eben das Netz der verschiedenen Personen, die da eine Rolle spielen. Ich habe eigentlich zu jedem eine intensive Beziehung gehabt, weil sie auch alle sehr verschieden waren, und sehr ausgeprägte Persönlichkeiten mit verschiedenen Hintergründen. Später, im Libanon, hat meine Mutter eine größere Rolle gespielt als mein Vater. In den wichtigen Entscheidungen war sie diejenige, die ausschlaggebend war, und nicht er.

Ein Vorbild habe ich in meiner Kindheit nicht gehabt, aber später dann, wie ich in Wien studiert habe, gab's eine Professorin an der Universität, die ich sozusagen als meine geistige Mutter empfunden habe. Und das war mein Glück, denn du hast hier eine demokratische Gesellschaft mit einem sehr offenen Rahmen, aber wenig Halt, an dem du dich orientieren kannst, wenig Vorbilder. Du hast sozusagen alle Möglichkeiten offen, aber keine Richtlinien, die dich weiterführen. Vielleicht entwickelst du eine starke Persönlichkeit und du findest den Halt in dir selber. Aber das schaffen nicht viele Menschen, ohne dass ein reiferer Mensch sie da irgendwie stützt. Und das ist etwas, was hier in Europa fehlt. Da sehe ich den großen Nachteil, nicht nur für Frauen, sondern auch für junge Männer – dass man in der Haltlosigkeit ist. Und ich habe durch diese Frau einen Leitfaden gehabt, und dafür bin ich ihr sehr dankbar. Ich konnte sozusagen herumschnuppern und mir alles ansehen, aber ich hatte eine reife Frau im Hintergrund, die immer für mich da war. Und sie war sehr gebildet und auch als Mensch sehr schön.

Meine Vorstellungen als junges Mädchen von einem erfüllten Leben als Frau? Bevor ich mit siebzehn aus dem Libanon weggegangen bin, hatte ich keine Vorstellungen von einem erfüllten Leben als Frau. Was ich immer gewusst habe – und das ist mir irgendwie als ganz normal hingestellt worden – war, dass man die Schule beendet und dass man studiert. Das war so eingeprägt, dass ich darüber gar nicht irgendwie nachgedacht habe. Das wurde mir mitgegeben so wie man sagt: „Man muss frühstücken und man muss, bevor man schlafen geht, die Zähne putzen." Also, da gab's nicht viel zu diskutieren, und deswegen ist es mir gar nicht so aufgefallen. Und eine Familie zu haben, das gehört im Orient natürlich auch dazu – man sagt dort ja, die halbe Religion ist die Ehe oder die Familie. Eine Familie zu gründen, konnte ich mir damals auch vorstellen.

➤ Ich bin '80 nach Wien gekommen. Der Grund war der Bürgerkrieg im Libanon, und dass die Schulen dann zugemacht wurden – ich hätte dort nicht die Matura machen können. Bevor ich nach Wien gekommen bin, hatte ich keine Ahnung vom Leben als Frau in Österreich. Meine Mutter hat mir nie etwas über Österreich erzählt. (Die Mutter Rosina-Fawzia Al-Rawis ist Österreicherin. E.B.) Wir sind zwar zwei Mal auf einen kurzen Besuch hierher gekommen – das erste Mal war ich fünf und das zweite Mal war ich acht –, aber ich habe ja damals nicht deutsch gesprochen, und ich habe kein Wort verstanden. Ich habe erst mit der deutschen Schule im Libanon begonnen, Deutsch zu lernen, und meine Mutter hatte auch bis dahin mit mir nur arabisch gesprochen.

Wien hat sich ergeben, wegen der Sprache, wegen der Tante meiner Mutter, bei der ich dann gewohnt habe, und weil ich durch meine Mutter auch den österreichischen Pass bekommen habe. Ich habe die Matura hier gemacht und dann gleich anschließend Arabistik und Völkerkunde studiert. Ich war insgesamt elf Jahre in Wien. Das Allerprägendste war das Klima, die Kälte hier. Und auch die Kälte der Menschen. Das war für mich nicht leicht zu verkraften. Dass du auf die Straße gehst, und es gibt kein Leuchten in den Augen und kein Lächeln auf den Lippen, und dass jeder sehr darauf bedacht ist, dass alles getrennt ist. Die Trennung war das erste, was ich hier erlebt habe. Nicht das Zusammenbringen, sondern das Trennen. Es war nicht positiv, was ich hier gesehen habe. Und ich habe es hier auch nicht als besonders emanzipatorisch empfunden. Ich bin ja nicht aus einer Kultur gekommen, wo ich unterdrückt war, wo ich eingesperrt war, sondern mir ist es gut gegangen, und ich habe hier dann nicht das Gefühl gehabt, dass ich jetzt in ein demokratisches, befreites Land komme, wo ich als Frau aufatmen kann. Und deswegen habe ich natürlich die Kälte des Klimas und die Trennung gespürt und gesehen – mehr als die anderen Sachen. Für mich war es ein Schock, ein großer Schock.

Ich habe dann im Laufe der elf Jahre Freundschaften geschlossen, und was mich an Österreich gebunden hat, waren meine Freundschaften. Aber ich war nie an das Land gebunden. Du musst auch bedenken, die Dinge, die Österreich bietet, waren ja Dinge, die ich nicht so gekannt habe, zum Beispiel Opern oder die grünen Wälder. Ich habe mich immer mit der Wüste verbunden gefühlt. Die Bereicherungen, die da waren, die waren zwar interessant, aber sie waren nicht etwas, an dem sich meine Seele nähren konnte. Ich bin ein Wüstenkind. Es ist die Wüste, die mich nährt, und nicht der Wienerwald – obwohl ich ihn gerne habe, den Wienerwald, und die Schönheit bewundern kann, die da ist.

Dann habe ich das Studium beendet und bin nach Jerusalem gefahren und dort geblieben, weil ich geheiratet habe. Mein Schwiegervater ist ein religiöses Oberhaupt in Palästina, und seinetwegen bin ich dort hingefahren – um die Schülerin dieses Mannes zu werden. Das war der Hauptgrund. Und dann habe ich seinen Sohn geheiratet. Ich hatte hier Schüler von meinem Schwiegervater kennen gelernt und zwei Mal von ihm geträumt, das war für mich ausschlaggebend. Er ist in Palästina ein wichtiger Sufilehrer. Ich weiß nicht, ob du über den Sufismus Bescheid weißt. Man nennt ihn den Weg der Liebe zum Göttlichen. Ganz kurz zusammengefasst: Jemand der diesen Weg geht, ist jemand, der sich darauf vorbereitet, das Göttliche nicht erst im Jenseits zu erleben, sondern auch schon hier. Der Pfad dorthin geht durch die Liebe, also durch das Herz. Und es ist der mystische Aspekt oder der spirituelle Aspekt, eingebettet im Islam. Ich selbst bin durch meinen Großvater zum Sufismus gekommen. Die Tradition bestand also schon in meiner Familie, und zwar in Form von Dhikrs am Donnerstag, und die habe ich als Kind mitbekommen. Dhikrs sind Meditationen, die mit Gesang, mit Atemübungen und mit dem Rezitieren der göttlichen Namen verbunden sind. Und der Sinn dahinter ist, dass man sozusagen auf der körperlichen Ebene die Energie im Herzen sammelt und sich somit einerseits Tore zum Unterbewusstsein öffnet und diese mit dem Bewusstsein verbindet; und andererseits sagt man ja, im Herzen treffen sich das Göttliche und das Menschliche. Der Dhikr ist eigentlich ein Klopfen ans Tor des Paradieses, und das Tor des Paradieses ist das

Herz. Und später ist bei mir die Sehnsucht danach wieder aufgebrochen – teilweise auch durch meinen Aufenthalt in Ägypten ´83, ´84. Der hat eine wichtige Rolle gespielt, weil ich da bei Dhikrs mitgemacht habe, und somit hat sich dieses Tor wieder geöffnet.

In Jerusalem bin ich wieder in eine Großfamilie gekommen. Nur war es halt eine andere Großfamilie, es war die Großfamilie meines Mannes. Und da habe ich sozusagen die andere Seite kennen gelernt, die Seite, die höchstwahrscheinlich meine Mutter kennen gelernt hat, wie sie in den Irak gezogen ist. Da bin ich als Schwiegertochter hingekommen und nicht als Kind dieser Familie, und ich konnte das mitfühlen, was meine Mutter erlebt hat, und das war sicher nicht so einfach. Das war für mich schon sehr interessant, und ich bin dankbar für diese Erfahrung. Ich kam in eine traditionelle Familie, in der es in keiner Weise diese Einstellung gab, die meine Großmutter zum Beispiel hatte – die Frau muss studieren und arbeiten. Meine Schwiegermutter hatte die Einstellung, dass die Frau da ist, um die Familie zusammenzuhalten und sich um ihre Kinder und um ihren Ehemann zu kümmern. Und als Schwiegermutter war sie natürlich mehr daran interessiert, dass es ihrem Sohn gut geht, als dass es ihrer Schwiegertochter gut geht. Das ist halt auch so in einer konservativen Gesellschaft. Die ersten fünf Jahre waren nicht leicht. Im Laufe der Zeit ist es besser geworden, weil wir uns natürlich gegenseitig mehr kennen gelernt haben, und ich konnte sie so nehmen, wie sie ist, und sie hat auch gelernt, mich so zu nehmen, wie ich bin. Andererseits hat sie auch gesehen, dass wir eine gute Ehe führen, oder dass es ihrem Sohn gut geht in dieser Ehe – das war sicher ein wichtiger Punkt –, und dass ich mich auch wirklich um sie gekümmert habe. Ich habe angepackt in der Großfamilie, habe mitgemacht, habe mitgearbeitet, habe mitgeputzt. Also, ich habe meine Rolle ganz eingenommen, die notwendig war, und in dem Sinn ist dann über die Jahre auch ein Vertrauen entstanden. Aber das musste ich mir erarbeiten, dieses Vertrauen.

Die größte Veränderung ist dann mit den Kindern gekommen. Das war natürlich etwas, was das Leben einer Frau sehr verändert, Kinder zu haben. Und dann habe ich ja auch zu arbeiten begonnen. Ich habe eine Zeit lang an einem Institut für Agrarwirtschaft gearbeitet, das Projekte zusammenstellt, die palästinensische Bauern unterstützen. Dann habe ich angefangen, aktiv bei Frauenorganisationen mitzumachen. Und parallel dazu habe ich mich als Schülerin meines Schwiegervaters auch um die Leute gekümmert, die zu dem Zentrum gekommen sind, das beim Haus war. Sie sind gekommen, um Meditationen zu machen oder um sich dort eine Zeit lang zurückzuziehen, oder auch, um mit ihm über verschiedene spirituelle Fragen zu reden. Da war ich immer dabei, und das war sozusagen meine Ausbildung in dieser Zeit.

Gleichzeitig bin ich dann zwei Mal im Jahr nach Europa gekommen und habe hier meine Kurse und Vorträge gehalten. Das Thema waren immer die Frauen und die Verbindung zwischen Körper, Geist und Seele. Aufgrund meiner Erfahrung habe ich erkannt, dass es am leichtesten ist, über den Körper auf eine spirituelle Ebene zu kommen. Die Körperarbeit – vor allem durch den Tanz – ist ein Bestandteil von meinen Kursen. Meditation ist ein Bestandteil. Ich denke mir, es ist für die Frauen auch wichtig, dass sie alle diese Aspekte gemeinsam finden. Dass da keine Trennung ist zwischen säkular und spirituell, keine Trennung zwischen der Sinnlichkeit und der Spiritualität. Dass da auch die sexuelle Energie eine Rolle spielt. Dass eben alles, was zum Leben gehört, zusammenkommt. Ich will die Frauen ermutigen, ein ganzheitliches Bild von sich zu haben und alle Facetten, die sie in sich tragen, anzusehen, zu genießen und zu fördern. Ich hatte mit dieser Arbeit ja schon begonnen, ganz kurz bevor ich nach Jerusalem gefahren bin, und hatte mir vorgenommen, damit nicht aufzuhören. Und das war für mich dann auch wichtig, aus diesem konservativen Kontext in Jerusalem immer wieder raus zu gehen. Das war schon sehr nährend – was ich ja früher nicht so empfunden hatte, wie ich im Irak oder im Libanon war. Aber wie ich in Palästina war, ist das für mich wichtig geworden – natürlich auch dadurch bedingt, dass das Leben dort durch die Okkupation sehr hart ist. Durch die Besetzung ist man sehr viel mit dem Leid der Menschen konfrontiert und auch selbst Leidtragende. Da war es schon sehr angenehm, in dieses dann für mich offene und geordnete und luftige Europa zu kommen.

Seit 2001 lebe ich jetzt wieder in Wien. Ausschlaggebend war die Intifada, also der Krieg, der dort im September 2000 ausgebrochen ist. Die Einengung durch die Intifada hat darin bestanden, dass du eigentlich nur mehr im Umkreis deines Hauses leben konntest. Für die Kinder hat das bedeutet, entweder in der Schule oder zu Hause sein, und du musstest auch immer Angst um sie haben. Wenn sie ein paar Schritte außerhalb des Hauses gegangen sind, ist die Sorge gleich aufgekommen. Und wie dann meine Tochter angefangen hat, Alpträume zu bekommen, war das für mich schon ein Zeichen, dass es Zeit ist, weiterzuwandern, zumindest für eine Zeit lang. Und ich hatte auch das Gefühl, ich kann dort nicht mehr viel beitragen. Die ganzen Aktivitäten haben natürlich nachgelassen, es ging dann nur mehr ums nackte Überleben. Ich hatte keinen Platz mehr, um dort irgendetwas Positives zu machen. Ich habe mir gedacht, wenn ich nach Europa komme und hier meine Vorträge halte und Geld sammeln kann für Projekte in Palästina, vor allem für Frauen, kann ich mehr beitragen. Diese beiden Punkte waren eigentlich ausschlaggebend dafür, dass ich weggegangen bin – und das war eine schwere

Entscheidung. Mein Mann hat mehr darauf gedrängt als ich. Er hat gemeint, die Kinder haben in Jerusalem keine Chance. Die Schulen dort werden immer schwächer, und sie haben hier viel mehr die Möglichkeit, ihre Kindheit zu genießen. Ich war viel zögernder, weil ich das schon erlebt hatte, als Kind aus der Großfamilie wegzugehen, und andererseits, weil ich mir Sorgen mache, dass in Europa durch die Globalisierung mittlerweile die Wichtigkeit des Markts und auch des Konsums so sehr im Vordergrund steht. Das ist dort schon noch anders, und das war eine Qualität, von der es mir Leid tut, dass ich sie aufgeben muss. Die Welt hier ist viel materieller, weniger spirituell, und es ist schwer, Kinder davor zu schützen. Meine Beobachtung ist, dass allgemein – also nicht nur auf Österreich bezogen – durch die Globalisierung die Wirtschaft vor das Soziale gestellt wird. Das ist eine Qualitätsveränderung, die sicher auch auf Kosten der Frauen geht. Wenn das soziale Netz wegfällt, fällt das auf den Rücken der Frauen – Altenbetreuung und Kinderbetreuung zum Beispiel. Und ich merke hier die Schnelligkeit, obwohl es ja in Wien für eine Großstadt relativ gemütlich zugeht. Aber ich sehe die Schnelligkeit als etwas, was einem Menschen nicht gut tut.

Ich bin jetzt aber im Großen und Ganzen sehr zufrieden, hier zu sein, weil Österreich ein sicheres Land ist. Und nach zehn Jahren Unsicherheit ist man dann ganz angenehm angetan, wenn man in einem sicheren Land lebt. Ich sehe auch, dass es meinen Kindern mittlerweile gut geht. Sie haben sich integriert. Der Gedanke, eventuell noch lange hier zu bleiben, bis sie die Schule abgeschlossen haben, fällt mir schwer. Da taste ich mich sozusagen nur bis zum nächsten Jahr vor, aber nicht weiter. Als Erfolg empfinde ich, dass ich doch das Gefühl habe, dass ich vielen Menschen hier etwas zeigen beziehungsweise mitteilen kann, so dass sie vielleicht mehr Verständnis für andere Kulturen und Gedankengänge entwickeln können. So sehe ich meinen Teil, den ich hier beitragen kann, mit meinen Kursen, meinen Vorträgen und auch durch mein Leben, weil du musst es ja auch irgendwie leben, was du sagst.

➤ Natürlich hat mich die österreichische Gesellschaft in meiner Entwicklung als Frau beeinflusst. Und das war vor allem eine Frau, die mich da sehr beeinflusst hat. Sie war die Professorin an der Universität, von der ich dir schon erzählt habe, die auch ein Vorbild war. Sie hat mich hier eingeführt in diese europäische Frauenwelt und hat mir auch ein gewisses anderes Bewusstsein beigebracht. Was ich durch diese Frau kennen gelernt habe, ist eigentlich die Qualität des eigenständigen Denkens. Das war etwas, was mir so in der Form nicht bekannt war. Auch das Hinterfragen – so weit zu hinterfragen, dass man sozusagen jenseits aller Dogmen steht.

Ich kann hier auch auf jeden Fall Dinge als Frau verwirklichen, die in Palästina schwerer wären. Es ist ja schon das Alltagsleben in Palästina sehr schwer. Es ist ja von einem Punkt zum anderen zu kommen schon schwer. Es ist ja schon das Einkaufen sehr schwer. Das kannst du nicht vergleichen. Deswegen kam ja auch die Entscheidung, von dort wegzuziehen. Dort bist du wirklich mit dem täglichen Überleben beschäftigt. Aber es gibt hier auch Bereiche, in denen ich als orientalische Frau gegenüber österreichischen Frauen benachteiligt bin. Das kommt natürlich immer darauf an, welche Bereiche ich nehme. Im Alltag spüre ich es nicht, aber wenn ich zum Beispiel als Schriftstellerin um Literaturunterstützung ansuche, ist mein Name sicher nicht etwas, was mir dabei helfen wird.

Ich habe hier auch Klischeebilder von mir als orientalischer Frau erlebt – bestimmt auch dadurch, dass man sehr wenig von der Kultur dort weiß. Das führt dann zu Vorstellungen wie: Man lebt im Zelt, und die Kamele streifen davor. Das war bei vielen mehr verbreitet, als ich gedacht hatte. Und auch die Vorstellung, dass man als Frau automatisch unterdrückt ist. Also diese zwei Vorstellungen gab es. Darauf stoße ich jetzt, was die Unterdrückung der Frau betrifft, mehr, was die Zelte betrifft, weniger.

In den arabischen Ländern gibt es ebenso Klischeevorstellungen von europäischen Frauen. Das Klischeebild von Menschen, die gar nicht in Europa waren, ist, dass hier die absolute sexuelle Freiheit besteht. Ich kann mich erinnern, wie mich einmal ein Mann gefragt hat, ob er in Europa zu jeder Frau, die ihm sympathisch ist, oder die ihm gefällt, hingehen und sie küssen kann. Und das weitere Klischee ist, dass hier kein Familienzusammenhalt besteht, dass jeder macht und tut, was er will, und sozusagen nicht eingebettet ist in eine Familienstruktur. Ein positives Klischee ist, dass du als Individuum sehr viel Freiheit hast, dass du alles ausleben kannst, was du dir wünschst.

Ich sehe es sicher nicht so, dass es hier nur Vorteile für die Frauen gibt. Was ich hier natürlich als Freiheit empfinde, ist, dass ich mich bewegen kann, wie ich möchte. Aber da spielen ja verschiedene Kontexte eine Rolle. Ich komme aus Kriegsregionen, und da ist die Unfreiheit auf Männer und auf Frauen bezogen. Was ich auch ganz wichtig finde, ist die Bildung und ist die Menschenwürde. Diesbezüglich ist es natürlich in manchen arabischen Ländern für die Frauen sehr schwierig, weil es viel ausgeprägtere patriarchalische Strukturen gibt als hier.

Aber wenn ich hier arbeiten gehe, und ein Mann für dieselbe Arbeit mehr verdient als ich – das alleine ist schon etwas, wo mir die Luft wegbleibt. Das ist in den arabischen Ländern nicht so. Du bekommst für dieselbe Arbeit dasselbe Geld. Du kannst vielleicht in manchen Ländern schwerer arbeiten, aber wenn du arbeitest, kriegst du den selben Lohn. Also, das ist ein Punkt, wo ich jedes Mal sehr baff bin, und wo es ja in Österreich besonders schlimm ist, was das betrifft. Andere Vorteile dort sind, dass die Frauen in den Familien Halt finden und dass sie auch Richtlinien haben. Dass sie nicht die Bitterkeit der Einsamkeit und der Isolation erleben. Und dafür haben sie aber auch nicht diese Freiheiten, die hier bestehen – also, es ist ein Abwägen.

Ich habe das große Glück, dass ich beide Kulturen kenne, in beiden gelebt habe und vielleicht auch die Wahl treffen kann. Wenn man hier aufgewachsen ist, hat man nicht die Wahl, und wenn man dort aufgewachsen ist, auch nicht. Ich meine, man hat im Grunde hier und dort die Wahl, nur wenn man anders sein möchte, ist es immer mit Aufwand und mit Kampf verbunden.

➤ In orientalischen Ländern liebe ich besonders die Herzenswärme, und dass es nicht peinlich ist, wenn ich über die Herzenswärme rede. Dass es nicht peinlich ist, wenn ich über die spirituelle Seite rede, die ja sehr eingebettet ist im Alltagsleben. Dass das ganz normal und natürlich ist. Und ich finde, als Mensch nähre ich mich sowohl von der materiellen Welt als auch von der spirituellen Welt. Das ist etwas, was ich sehr schätze. Und was mir noch gut gefällt, ist, dass auch viel Wert aufs Nichtstun gelegt wird. Auf alle Fälle integriere ich diese Aspekte in meinem Leben hier, weil ich gar nicht mehr ohne sie leben kann. Nur ist das etwas Anderes – hier ist es sozusagen auf mich persönlich bezogen und auf mein Haus, meinen Familienbereich und natürlich auf die Menschen, die auch diesen Weg gehen, aber es ist nicht von der Gesellschaft getragen.

Meine Wünsche? Ich hätte gern ein Haus mit Garten – wegen der Kinder. Aber so wirkliche Wünsche in dem Sinne habe ich nie so ausgeprägt gehabt. Ich habe immer das Gefühl gehabt in meinem Leben, dass ich nicht entscheide, wo ich hinkomme, und was ich mache, sondern dass sich das immer ergeben hat. Und das ist halt ein großes Glück, dass ich einfach dieses Vertrauen ins Leben habe.

Ich bin fast süchtig nach Freiheit

Gespräch mit
Shams Asadi
geb. 1963 in Tabriz/Iran, Städteplanerin, lebt seit 1989 in Wien

Ich verbrachte meine Kindheit und Jugend in Tabriz, einer Stadt im Nordwesten des Iran in der Provinz Aserbeidschan. Ich bin in den 60er Jahren aufgewachsen, es war noch die Schahzeit, die Zeit der Modernisierung Irans, des Übergangs von einer feudalen zu einer industriell geprägten Gesellschaft. Meine wichtigsten Stationen und prägendsten Erfahrungen würde ich insgesamt aufteilen in die Kindheit und in die Zeit, in der ich mich als Jugendliche betrachten kann. In der Kindheit waren diese riesig großen Einladungen prägend, diese vielen unbekannten Gesichter. Ich habe nicht gewusst, dass wir am nächsten Tag Gäste haben werden – vielleicht haben meine Eltern nicht die Zeit gehabt, mit uns über solche Sachen zu reden. Auf jeden Fall, auf einmal siehst du, dass es ein Fest gibt. Oder im Sommer siehst du im Hof oder im Garten, dass zu einem Frühstück so viele Leute kommen, die du überhaupt nicht kennst. Ich glaube, ich war die Einzige in der Familie neben meinem Vater, die diese Einladungen so gern hatte. Ich habe es genossen – am Abend wieder ein riesig großer Tisch! Ich war ja neugierig, ich habe in meinem Leben immer unbekannte Sachen so geliebt. Ich wollte Leute kennen lernen, ich wollte Leute sehen, ich wollte andere Kulturen und Sprachen kennen lernen. Wir hatten auch viele ausländische Gäste, und ich habe mit denen immer geplaudert, mit meinen wenigen kindlichen englischen oder französischen Wörtern. Das waren Geschäftspartner von meinem Vater, Onkeln oder Cousins, Cousinen, die in einem anderen Land lebten, und die sind mit ihren Männern oder Frauen nach Persien gekommen, und auf jeden Fall haben sie bei uns Station gemacht – unser Haus war einfach wirklich offen für jeden. Und jeder wusste, egal wann er kommt, er kann eine Unterkunft und zu essen bei uns bekommen. Für mich war das ein Abenteuer – es war wahnsinnig schön.

Ich kann mich ziemlich gut daran erinnern, dass mein Vater diese Herrenrunden hatte, und ich durfte auch daran teilnehmen. Mein Vater hat mich immer gerufen und hat gesagt: „Ich möchte euch meine Tochter mal vorstellen!" Von fünf Kindern war ich das Einzige, das zu diesen Herrenrunden reingehen und etwas erzählen oder sich mit allen unterhalten durfte. Das ist meine ganz bildhafte Erinnerung – ich habe geredet oder mit meinen Puppen und mit kleinen Tieren Theater gespielt, und die Leute haben sich totgelacht. Das war für mich auch eine Plattform.

Unser Haus war auch stark so wie ein Refugium für Jugendliche. Cousins und Cousinen sowohl von väterlicher Seite als auch von mütterlicher Seite waren im Sommer wochenlang bei uns. Bei uns gab es jemanden fast in jeder Altersgruppe. Meine Mutter war sehr liberal – das hat sicher auch eine Rolle gespielt –, und für meinen Vater waren Gäste immer willkommen.

Aber dadurch haben meine Eltern auch einfach weniger Zeit für uns gehabt in meiner Erinnerung. Die Wintertage mit meiner Mutter waren intensiver als die Sommertage, da hat sie sich mehr Zeit genommen. Aber im Sommer haben wir jeden Tag Besuch gehabt, und meine Mutter war zwar da, aber sie war für uns nicht da.

Dann ist meine Erinnerung sehr intensiv mit der Schule und der Schulzeit verbunden. Ich bin früh – schon mit fünf Jahren – in die Schule gegangen. Ich habe gesehen, dass die größeren Kinder und meine Schwestern in die Schule gehen, und dann wollte ich auch. Und dadurch, dass ich, schon bevor ich in die Schule ging, lesen und schreiben konnte, habe ich bereits mit fünf Jahren viel gelesen – das war auch so ein Schritt zur Selbstständigkeit. Ich habe auch ziemlich früh begonnen – und ich habe darauf bestanden –, dass ich alleine in die Schule gehe, alleine meine Wege mache, ins Geschäft gehe, meine Hefte hole. Ich wollte viel sehen, ich wollte vieles erleben, und ein Teil von diesem Neugierigsein war auch, die Stadt einmal zu erforschen. Ich habe sehr gerne Abenteuerreisen in die Stadt gemacht und ich wollte immer – das war fast wie ein Tick – in eine Straße gehen und sehen, wo diese Straße beginnt, und wo sie endet. Ich bin auch regelmäßig verloren gegangen, und dann habe ich nach dem Weg gefragt, und die Leute haben mich nach Hause zurück gebracht oder geschickt, je nach dem. Vielleicht wäre das in einem kleinen Ort kein Problem gewesen. Aber Tabriz war die zweitgrößte Stadt von Persien, die Gefahren von einer Großstadt gab es damals auch, und ich habe mich einfach sehr frei bewegt, und manches Mal konnte diese Freiheit auch ein Problem sein. Ich war für diese Kultur ein bisschen fremd, weil ich dem typischen Mädchenbild nicht entsprochen habe. Obwohl es in nichtreligiösen Familien zwischen der Stellung von einem Mädchen und einem Buben keinen Unterschied gab, hat dich die Gesellschaft immer wieder so richtig begrenzt. Von der Familie hast du die Freiheit gehabt, aber die Gesellschaft hat dir diese Grenzen gezeigt: „Du bist ein Mädchen!" Bei mir war das Untypische dieses Neugierigsein. Oder in der Schule war ich auch nicht ein Mädchen, das sich alles gefallen lässt. Wenn die Lehrerinnen und Lehrer mir etwas gesagt haben, was ich nicht akzeptierte, hat das oft zu Diskussionen geführt, und die haben immer wieder zu Hause angerufen. In den allerersten drei Jahren war ich in einer französischen Schule, in einer ganz konservativen Schule, und dort war Laufen oder Ballspielen – einfach alles war für Mädchen nicht so gern gesehen. Für mich war es dann überhaupt nicht verständlich, warum zum Beispiel Ball spielen oder auf Bäume klettern für Buben erlaubt ist, und für Mädchen nicht. Das waren solche Grenzen. Nachher, in einer ganz normalen Schule, war es auch nicht viel anders.

Wichtig war für mich dann der Wechsel von Tabriz nach Teheran 1979. Für mich war Teheran interessant, weil die Stadt einfach größer ist, und natürlich begann damit auch ein neuer Abschnitt meines Lebens: Ich war mit der Schule fertig, sollte mein Studium beginnen. Mein Vater wollte immer, dass ich Ärztin werde, aber ich habe daran wenig Interesse gehabt. Ich wollte ihn dann nicht verletzen, und Pharmazie könnte für ihn auch in Frage kommen – als Geschäftsmann war er sicher, dass gar nichts schief gehen kann, wenn man eine Apotheke besitzt –, und ich habe dann begonnen, Pharmazie zu studieren.

Zuerst sollte ich bei den Eltern meiner Mutter wohnen, aber ich habe gemerkt, dass ich mit meiner Großmutter unmöglich zusammen leben kann. Und als ich gesagt habe, ich komme zurück nach Tabriz, hat mich mein Vater wirklich unterstützt und gemeint: „Nein, Teheran ist besser, du bleibst dort, ich kaufe dir eine Wohnung." Er hat sie auch wirklich gekauft, und er hat mich damals oft besucht. Am Anfang war es ein ganz eigenartiges Gefühl, von so einem Haus, wo wahnsinnig viel los war, raus zu kommen und in Teheran allein in einer Wohnung zu leben. Sie war in einem der neuen Stadtteile im Nordwesten. Die Straße war natürlich belebt, aber im privaten Bereich war ich allein, es war so ruhig. Die allerersten Nächte habe ich überall Lichter eingeschaltet – ich habe mich einfach nicht sicher gefühlt. Obwohl ich müde war, konnte ich nicht einschlafen, weil jedes Mal, wenn ich einen Schlüssel gehört habe, dachte ich, jemand kommt rein in die Wohnung. Und dann haben mich die Eltern besucht, gemeinsam oder mein Vater oder meine Mutter alleine. Langsam habe ich mich auch daran gewöhnt, allein zu leben und habe mich dann wohl gefühlt, aber die allerersten Monate waren doch schwierige Monate. Damals war ich sechzehn.

Und in diesem Jahr, 1979, dem Jahr meiner Matura und der Übersiedlung nach Teheran, war ja auch die Revolution im Iran – ein Übergang von Jahrzehnten Diktatur zu einem System, das noch unbekannt war. Politik war immer ein wichtiges Thema für mich – auch schon in den Schuljahren. Die Revolution hat eigentlich vor 1979 begonnen, ich kann mich noch sehr gut erinnern, schon 1977 hat es Unruhen gegeben. Tabriz entwickelte sich zu einer Stadt, wo die Linksradikalen und auch die Mujaheddin ihren wichtigsten Standort hatten. An einem Tag zum Beispiel – ich glaube, das war '77 – bin ich aus dem Haus raus gekommen, und die ganze Straße war voll von Slogans gegen den Schah. Das waren die allerersten Erfahrungen. Natürlich hat man auch von ausländischen Radios vieles mitgekriegt, und ich habe mir damals auch viele englische Sendungen angehört. Irgendwie war schon in der Luft, dass etwas kommt. Unmittelbar nach der Revolution sollten Religion und Politik getrennt sein. Es war so ausgemacht, wenn Khomeini nach Persien zurückkommt, wird er seine Domäne in Ghom haben, die Regierung wird säkular sein, und es wird kein Königreich, sondern eine Republik geben. Alle Leute, die ein bisschen denken konnten und wollten, haben sich in dieser Zeit gefreut, dass wir endlich einmal in unserer Geschichte eine Republik haben werden, dass wir eine demokratische Regierung aufbauen werden, dass von allen gewählt wird. Das Zurückkommen von vielen Intellektuellen, die davor vor dem Schah geflüchtet waren, war ein sehr gutes Zeichen – es war eine Aufbauphase. Wir waren alle – alt oder jung und egal welche religiöse Zugehörigkeit wir hatten – begeistert von dieser großen Veränderung und „unserer Revolution"!

Das war so eine Zeit – jeder war irgendwie aktiv. Es hat auch kaum Studenten gegeben, die nur studiert haben und politisch nicht tätig waren. Wir haben gedacht, das Studium kann man immer machen. In Teheran gab es Standorte, wo sich Intellektuelle versammelt haben, es hat Diskussionen gegeben, Bücher wurden auf der Straße verkauft. Und in dieser Zeit waren die Sachen, die man auf der Straße gelernt hat, viel wertvoller als Latein oder Pharmazie oder Anatomie. Wir hatten Anwesenheitspflicht auf der Universität, und ganz bewusst haben viele von uns nur wenige Stunden genommen, damit wir für Politik mehr Zeit hatten. Ich habe in dieser Zeit auch sehr viel gelesen – der Markt war voll mit Büchern, die bis dahin vom Schah-Regime verboten waren.

Einschränkungen seitens der Regierung und eine Situation, die uns Angst gemacht hat, sind erst nach 1980 gekommen, weil dann die Fronten nicht mehr so klar waren. Die Leute, die festgenommen worden waren, haben reihenweise die anderen verraten. Grund genug war zum Beispiel, ein Buch gelesen oder an einer Diskussion teilgenommen zu haben oder bei irgendeinem Vortrag gewesen zu sein. Deswegen konntest du, wenn du Pech hattest, ins Gefängnis kommen oder ohne Prozess auch umgebracht werden. Am Anfang hat es Massenhinrichtungen gegeben. Ununterbrochen habe ich Namen von meinen Mitschülern, Mitschülerinnen und auch von Studenten und Studentinnen gelesen, die umgebracht worden waren, ohne irgendeinen Gerichtstermin. Das war diese Zeit, in der das Land wirklich keine Gesetze hatte, in der es von der Schah-Diktatur in eine andere Phase der Diktatur gegangen ist.

Ich war damals zu jung, um so richtig Angst zu haben, zu überlegen, was mir passieren könnte, wenn ich festgenommen werde. Aber ich glaube, dass meine Eltern Angst gehabt haben, dass sie ihr Kind verlieren. Wahrscheinlich hat Sterben und Leben noch nicht die Bedeutung, wenn man so jung ist. Ich glaube, ich habe das auch als Erfahrung gesehen: Das wäre also eine neue Erfahrung, ins Gefängnis zu kommen. Aber ob du überhaupt aus dem Gefängnis raus kommst und wie du raus kommst – ich habe damals nicht so weit gedacht.

➢ Welche Erwartungen die iranische Gesellschaft an Frauen stellt?
Die iranische Gesellschaft gibt es nicht, würde ich einmal sagen. Es gibt ländliche Gesellschaften, urbane Gesellschaften, es ist davon abhängig, welche wirtschaftliche Lage ein Familie hat, welchen Beruf du hast – das ist so eine diverse Sache, da kann man gar nicht von einer iranischen Gesellschaft reden. In der Gesellschaft und in der Familie, in der ich aufgewachsen bin, wäre meine Rolle – wenn ich im Iran geblieben wäre, oder beziehungsweise wenn ich mein Studium fertig gemacht hätte und zurückgekommen wäre – sicher in erster Linie, dass ich eine ganz erfolgreiche berufstätige Frau bin. Nur eine Hausfrau zu sein, ist unvorstellbar. Und auf jeden Fall müsste ich Auto fahren können, weil das ein Schritt zur Unabhängigkeit wäre. Du bist dann nicht angewiesen, öffentliche Verkehrsmittel in Anspruch zu nehmen, was für dich als Frau Unsicherheit bedeutet. Und wenn ich einen lieben Mann und natürlich ein Kind, beziehungsweise höchstens zwei Kinder hätte, dann wäre es noch toller. Das sind die Erwartungen, die meine Familie, die Gesellschaft um mich herum an mich haben könnte.

In meiner Familie war Arbeitsauftilung zwischen Sohn und Töchtern dadurch, dass wir im Haushalt nicht helfen mussten, nie ein Diskussionsthema. Bei uns waren Leute, die den Haushalt gemacht haben. Mein Bruder konnte genauso spielen oder machen, was er wollte, wie ich und meine Schwestern. Und mein Bruder ist der Einzige von uns fünf, der keine universitäre Ausbildung hat. Irgendwie war es bei uns so, dass jeder macht, was ihm Spaß macht – das Geschlecht hat hier keine große Rolle gespielt. Nur war es halt von meiner Mutter sehr, sehr erwünscht, und sie hat uns auch in dieser Richtung aufgezogen, dass du als Mädchen wirklich eine gute Ausbildung haben sollst. Meinem Vater war das alles nicht so wichtig – er hat immer gesagt: „Das ist mir egal, was sie in der Schule machen – ich möchte gesunde Kinder." Es war also die Aufgabe von meiner Mutter, dass sie schaut, dass wir in der Schule weiterkommen. Wenn die anderen Mütter sie zum Beispiel gefragt haben, ob wir kochen oder nähen können, hat sie gesagt: „Für eine gescheite Ausbildung gibt es eine gewisse Zeit. Und wenn man diese Zeit verpasst, kann man das nicht nachholen. Mit über dreißig gehst du wahrscheinlich nicht mehr zur Uni, aber mit über dreißig kannst du einen Kochkurs machen oder einen Nähkurs, wenn du das brauchst."

Ich denke daher auch, indirekt hat mich meine Mutter besonders gefördert, indirekt, weil ich mich mit meinem Vater besser verstanden habe. Sie hat ja immer gesagt: „Geh in die Schule, ja keinen Haushalt, und wenn du nichts lernst, dann hast du nachher gar nichts." Sie hat mir das so richtig eingeimpft, als ich klein war – ein Mädchen muss einfach in die Schule und zur Uni.

Sie selber hat einen Kindergarten aufgebaut, damit war sie sicher zehn, zwölf Jahre beschäftigt, und danach hat ihn Anfang der 80er Jahre meine Schwester übernommen. Sie musste nicht wegen dem Geld arbeiten, das war kein Thema bei uns in der Familie, aber sie hat Kinder so gern gehabt, und dieser Kindergarten war absolut ihr Projekt. Sie war auch sehr karitativ und hat zum Beispiel viele Mädchen finanziell unterstützt, damit sie in die Schule gehen können – sie hat so ein unglaubliches Herz für Mädchen gehabt. Sie war ein Mensch, der nie Ruhe hatte. Sie hat nicht nur in ihrer eigenen Welt gelebt, sie wollte immer helfen. Sie hat nie Geld gehabt, alles, was sie hatte, hat sie hergegeben – so einen Menschen habe ich kaum gesehen.

Ich weiß nicht, ob meine Eltern bei der Kindererziehung wirklich eine Arbeitsaufteilung hatten oder nicht. Vielleicht haben sie Grundsätze miteinander ausgemacht – wir haben das nicht mitgekriegt. Aber sie haben auch nie uns gegenüber eine Meinungsverschiedenheit gehabt. Mein Vater war einfach wenig präsent. Er hat immer gearbeitet. Er war Geschäftsmann – er hat Teppichfabriken gehabt und später auch eine Schuhfabrik. Gleichzeitig sind andere größere Geschäfte und Handel zum Beispiel mit Baumwolle und Leder parallel dazu gelaufen. Als ich ganz klein war, hat er viele Reisen gemacht, und ich habe ihn nicht oft zu Hause erlebt. Und nachher, meine Erinnerungen sind geprägt davon, dass er sogar am Freitag bis mittags gearbeitet hat. Er hat aber in der Früh mit uns gefrühstückt – er hat selber Brot geholt und hat geschaut, dass wir frühstücken. Die einzige freie Zeit, die er hatte, war Freitag Nachmittag, und da haben wir entweder Besuch gehabt, oder er sollte seinen älteren Bruder oder einen Kranken im Spital besuchen – solche halb offizielle Pflichttermine hatte er. Ab und zu hat er mich freitags in die Fabriken mitgenommen, oder am Freitag Nachmittag sind wir als Kinder manchmal aus der Stadt rausgefahren. Abendessen im Winter war auch ein Bestandteil vom Familienleben, oder nach dem Abendessen ist man zusammen gesessen und hat ein bisschen geplaudert. Aber komischerweise habe ich sehr viel mit meinem Vater telephonisch ausgemacht. Vielleicht war es gerade bei mir ein bisschen anders. Mein Vater und ich, wir haben uns viel besser als ich und meine Mutter verstanden. Wenn man so denkt, ich bin in der Mitte, eine Schwester ist zehn Jahre älter als ich, dann kommt noch eine Schwester, die acht Jahre älter ist, und nach mir sind Zwillinge, ein Bruder und eine Schwester, und die sind zwei Jahre jünger. Sie waren immer so schutzbedürftig, und meine Mutter war mehr für die Kleinen da. Wahrscheinlich hat sie so ein Vertrauen zu mir gehabt, dass ich das schaffe. Keine Ahnung, wie es mir psychisch damals gegangen ist, aber wahrscheinlich habe ich ihr das als Kind ziemlich übel genommen, dass sie von mir diese Selbstständigkeit erwartet hat – aber das analysiere ich jetzt! Ob das so richtig ist oder falsch ist, kann ich nicht sagen. Ich habe dann vielleicht unbewusst so reagiert, dass ich mich näher zu meinem Vater gefühlt habe.

Vorbild war für mich nicht ein einziger Mensch, sondern mehrere Charaktereigenschaften von unterschiedlichen Menschen haben mir gefallen. Was zum Beispiel Kontinuität anbetrifft, hat mir mein Vater sehr gut gefallen. Wenn er sich etwas in den Kopf gesetzt hat, dann hat er es erreicht. Das habe ich auch ziemlich mitgenommen in meinem Leben. Bei meiner Mutter habe ich später, als ich dann von Tabriz weg war, auch so einige Sachen entdeckt – ihr Liberalsein, ihren Respekt für andere. Für meinen Vater ist Liberalität kein großes Wort – er hat eine Meinung, und was ihm nicht passt, das ist nicht gut. Aber meine Mutter hat immer gesagt, dass ein richtiges Wort auch von einem fünfjährigen Kind kommen kann, nur muss man zulassen, dass die Leute ihre Meinungen sagen. Und ich versuche zumindest in meinem Leben, offen zu sein, Vorurteile abzubauen und sie nicht zu haben – das habe ich von meiner Mutter. Ich habe mich mit ihr dann sehr gut verstanden, als ich allein in Teheran war. Sie besuchte mich, wir waren zu zweit und haben viel miteinander gesprochen. Und als ich dann aus dem Iran weggehen wollte, war mein Vater die erste Person, die ich überzeugen musste – und es hat fast ein halbes Jahr gedauert, bis er endlich überzeugt war –, aber meine Mutter hatte sofort ein offenes Ohr. Das hat mich ziemlich nachdenklich gemacht - was sind jetzt die Rollen der beiden? Und dann habe ich mich mehr und mehr meiner Mutter nahe gefühlt, aber es war keine Mutter-Tochter Beziehung, sondern eine Beziehung zwischen zwei erwachsenen Frauen, ohne irgendeine Last von früher, auf einer ganz offenen Basis.

Wie ich mir damals ein erfülltes Leben als Frau vorgestellt habe? Das war ganz interessant – damals habe ich mich nicht so sehr als Frau identifiziert. Ich habe mich als Mensch gefühlt, und das Geschlecht ist mir erst später bewusster geworden. Bei uns war es damals nicht so ein großes Thema, eine Frau zu sein oder ein Mann zu sein. Ich habe meine allererste Frauenveranstaltung in Wien besucht. Und mein Weggehen vom Iran habe ich auch nicht so sehr als Frau wahrgenommen – ich habe nicht gedacht, dass ich als Frau nicht in einer Gesellschaft mit so vielen Einschränkungen leben will. Dort war ich ein Mensch, und dieser Mensch wollte sich nicht eingeschränkt fühlen, dieser Mensch wollte frei sein. Meine Vorstellung von einem erfüllten Leben war zuerst einmal das Abc von Freiheit. Und ganz banal, das Allererste war, du gehst hin, wohin du möchtest. Einfach eine Reise machen, meinen Koffer nehmen und sagen: „Jetzt möchte ich reisen, jetzt möchte ich weg!", aber ohne: „Wohin gehst du? Warum gehst du dorthin?" Und dafür brauchst du einen Reisepass. Freiheit war das Allererste. Und jetzt bin ich auch so – fast süchtig nach Freiheit. Erst danach ist dann die Frage mit dem Kopftuch gekommen. Da war für mich erstmals dieser Gegensatz Mann – Frau spürbar. Und durch das Kopftuch als Symbol von Einschränkung der Freiheit ist dort erstmals für mich Frausein dann auch ein Thema geworden.

➤ Für mich war das Wichtigste dann wegzukommen von Persien – das war ´84. Ich hatte nur eineinhalb Jahre ordentlich studiert und nachher unterbrochen, weil die Universitäten wurden nach der sogenannten Kulturrevolution 1981 geschlossen und haben erst ´83/´84 wieder aufgesperrt. Meistens wurden sie stufenweise geöffnet, und es wurde bei allen Studenten geschaut, was sie vorher gemacht hatten, wer sie waren. Sehr viele, die mit mir studiert hatten, waren nicht mehr da. Viele Leute waren verschwunden, viele Leute waren umgebracht worden – es war dann alles nicht mehr wie früher. Ich weiß nicht, ob ich den Weg zurück zur Uni überhaupt wieder geschafft hätte – ob ich überhaupt rein komme, wann ich reinkomme, war gar nicht klar. Das hieß vielleicht weitere verlorene Jahre – und ich hatte ja bereits drei Jahre verloren!

Außerdem wollte ich nicht weiter Pharmazie studieren. Einer von meinen Kinderträumen war, Städte zu bauen – das war auch mein Lieblingsspiel. Egal, was ich gefunden habe, Legosteine, kleine Verkehrszeichen – mit allem habe ich eine Stadt gebaut. Wie ich dann herausgefunden habe, dass es in Ankara eine Studienrichtung gibt, die Stadt- und Regionalplanung heißt, hat mich das wahnsinnig fasziniert – wunderbar, dass man so etwas auch studieren kann! Und dass ich die Aufnahmeprüfung geschafft habe, hat mich natürlich unglaublich gefreut. Zuallererst war also mal in meiner Vorstellung, mein Leben in Richtung Stadtplanung zu orientieren, und ehrlich gesagt, ich habe nicht so sehr geplant, was ich nachher alles machen möchte. Ich wusste schon, jetzt muss ich studieren, ich muss dann eine Arbeit suchen, und ich kann nicht jede Arbeit annehmen, das muss Hand und Fuß haben, sonst muss ich zurück nach Persien. Und was ich mir auch ziemlich sicher war – ich werde fast lebenslang woanders wohnen und wahrscheinlich nicht zurückkommen. Ich habe mir vorgenommen, dass ich lebe, wo es mir gefällt, und nicht, wo es mir vorgeschrieben wird. Ich habe mich bewegt, ohne irgendeine Vorstellung von meinem zukünftigen Land zu haben. Ich habe mir das ganz offen gelassen. Und ich wusste, die Türkei ist auch eine Phase meines Lebens, und ich werde dort nicht sehr lange leben.

Ich war dann von ´84 bis ´89 an der Middle East Technical University in Ankara, und das war für mich eine unglaublich glückliche Zeit. Weißt du, auf der einen Seite hatte ich meine Aufgabe, nämlich zu studieren, und das habe ich bestens getan. Die Universität war sehr renommiert. Jeder wusste, wenn man dort studiert, muss man auch viel lernen – das war mir von Anfang an klar. Ganz bewusst war es eine englischsprachige Universität – das passte ausgezeichnet zu meinen weiteren Zukunftsplänen. Und ich konnte an dieser internationalen Universität auch Studenten aus Afrika, Kanada, Deutschland und England kennen lernen. Es war nicht so international in dem Sinn, dass man denkt, dass sich die ganze Welt dort trifft, aber diesen internationalen Touch hat es schon gegeben. Und ich hatte auch sehr gute türkische Freunde, die mir bis jetzt erhalten geblieben sind.

Dann war das Leben in der Türkei am Anfang meines Aufenthaltes auch billig, und mit dem Geld, das ich zur Verfügung hatte, konnte ich mir viele Reisen leisten. Und dadurch, dass die Universität einen Monat im Februar und drei Monate im Sommer geschlossen war, hatte ich auch zeitliche Möglichkeiten, mich zu bewegen. Ich habe fast die ganze Türkei gesehen, außer dem Osten – leider war es mir damals durch die Unruhen nicht möglich, dorthin zu kommen – und alle Nachbarländer der Türkei.

Aber auch das Alltagsleben war für mich interessant: Am Anfang habe ich in einem noblen Wohnviertel gelebt, wo viele Botschafter wohnten, und es war so ein ziemlich isoliertes Leben. Und dann ist die Türkei seit ´87 teurer geworden, und ich habe eine Wohnung in einem Stadtgebiet genommen, wo Arbeiter und untere Mittelschichten und Studenten, vor allem aus Zypern und Afrika, gelebt haben – das war so wirklich eine multikulturelle und eine nicht versnobte türkische Wohnbevölkerung. Und dadurch, dass ich dort auch Fremde war, war ich eben Teil von dieser Gesellschaft, aber doch nicht ganz. Ich habe mich dann zugehörig gefühlt, wenn ich wollte, und nicht zugehörig, wenn ich nicht wollte. Ich hatte diese Freiheit. Und ich habe einfach unglaubliche Erfahrungen mit diesen Leuten dort gemacht. Die Nachbarschaftshilfe hat zum Beispiel sehr gut funktioniert. Dadurch, dass diese Wohnumgebung so schnell gewachsen war, gab es nicht genug Wasser für fünfunddreißig Leute, und wir hatten Wasser oft zu unmöglichen Zeiten. Meine Nachbarin hatte meinen Schlüssel, und wenn ich nicht zu Hause war, hat sie mein Geschirr oder die Badewanne mit Wasser gefüllt, und ich hatte es dann nachher zur Verfügung. Oder du hast dich auf den Balkon gesetzt, niemand hatte viel Geld, aber einer hat eine Zeitung gekauft, hat sie gelesen und weitergegeben – es war richtig ein Austausch.

Ich habe auch diese Transformation von einer Provinztürkei zu einer westlichen Türkei miterlebt. '84 bis '87 war die Türkei eine richtige Provinz, irgendwo in Asien, und nach '87 ist diese Integration in die westliche Kultur gekommen, die in der Türkei mit sehr vielen Spannungen verbunden war. Durch meine politische Bildung, allgemeine Bildung, die ich in meiner persischen studentischen Zeit erworben hatte, konnte ich auch analysieren, in welche Richtung die Regierung in der Türkei geht, und das war auch politisch für mich eine spannende Zeit.

Ich habe dann mein Studium 1989 fertig gemacht, für mich war innerlich dieser Abschnitt des Lebens in der Türkei zu Ende gekommen, und ich musste mir überlegen, welchen Schritt ich danach mache. Es war mir klar, ein Bachelor in Stadt- und Regionalplanung, ein vierjähriges Studium, ist nicht alles, was ich wollte – ich muss noch weiterstudieren. Ich habe mit einer Universität in Amerika Kontakt aufgenommen für meinen Master, und gleichzeitig habe ich herausgefunden, dass ich als Aserbeidschanerin aus Persien die Möglichkeit habe, von Russland in Moskau für eine englischsprachige Universität ein Stipendium zu bekommen. Für beides hatte ich noch fast ein dreiviertel Jahr Zeit – im Sommersemester sollte ich mich dann entschieden haben. Und in dieser Zeit wollte eine türkische Freundin ihren Bruder in Wien besuchen, hier vielleicht auch studieren und mich mitnehmen, damit sie sich nicht einsam fühlt. Mein Ziel war es, mit ihr nach Wien zu kommen, ein paar Wochen zu bleiben und dann weiterzufahren. Ich wollte mir mal die Schweiz anschauen – ein Onkel von mir hat in der Schweiz gelebt – und Deutschland und vielleicht Ungarn. Aber dann habe ich mich in Wien verliebt und dachte mir, es zahlt sich aus, ein paar Monate hier zu bleiben, und ich habe die Pläne für meine Reise ruhen lassen. Die Freundin ist nach zwei Wochen in die Türkei zurückgefahren, und ich habe mir die Stadt angeschaut. Ich habe keinen Menschen hier gekannt, ich war ganz allein. Aber ich habe mich bewegt und mir gedacht, ich möchte einmal ein bisschen Deutsch lernen, das ist auch eine schöne Sprache. Ich habe mir eigentlich fast ein Jahr Zeit gegeben, Deutsch zu lernen. Und dann habe ich gedacht, gut, dann kann ich meinen Master hier machen und vielleicht mein Doktorat wo anders. Aber nie war so eine Absicht dahinter, dass ich in Wien bleiben werde – immer war ich Gast.

Mittlerweile ist meine Freundin aus Ankara wieder zurückgekommen, und wir haben gemeinsam begonnen, unser Studium an der Technischen Universität anrechnen zu lassen. 1991 gab es eine Exkursion von der TU in die Schweiz, und wir haben daran teilgenommen, und dabei bin ich in eine österreichische studentische Gruppe hineingekommen – bis jetzt treffe ich die Leute aus dieser Zeit noch. Dann habe ich auch in der ÖH in der ausländischen Studenten- und Studentinnenberatung gearbeitet, so dass mein Leben – ohne dass ich viel dafür gemacht hätte – wie ein Rad richtig in Bewegung gekommen ist. Ich hatte Freunde, ich konnte reisen – in dieser Zeit habe ich auch viele Reisen gemacht – und ich hatte das Gefühl, ich habe mich hier noch nicht so richtig satt gelebt.

Bis Ende '91 habe ich fast alle Prüfungen in Raumplanung an der TU abgelegt und musste für die Beendigung des Studiums ein Praktikum in Wien nachweisen, und das habe ich im Sommer '92 in der Gebietsbetreuung im 16. Bezirk gemacht. (Die Gebietsbetreuung berät zum Beispiel HausbesitzerInnen in Sanierungsfragen, HausbewohnerInnen bei mietrechtlichen Angelegenheiten und die BewohnerInnen eines bestimmten Viertels ganz allgemein bei stadtplanerischen Fragen. In den letzten Jahren engagieren sich die insgesamt vierzehn Gebietsbetreuungen in Wien vermehrt auch im sozialen Bereich – zum Beispiel bei der Vermittlung in interkulturellen Konflikten. E.B.) Diese Institution hat mich ziemlich fasziniert. Als Stadtplanerin konnte ich neben meinen Planungstätigkeiten auch in Kontakt mit Menschen kommen – meine Türkischkenntnisse haben mir in Ottakring und im Viertel um den Brunnenmarkt sehr genützt. Es war also keine reine Büroarbeit oder Zeichenarbeit, es ging auch um das Soziale und Menschliche.

Ende 1992 ergab sich ein Austauschprogramm mit einer Universität in Amerika, und ich war dann einige Monate dort. Davor hatte ich Gerhard kennen gelernt, meinen jetzigen Mann, und in dieser Zeit habe ich mich sehr intensiv mit meiner Zukunft beschäftigt und mit der Frage, wo ich weiterleben möchte. Amerika hat mich dann aber nicht so besonders fasziniert – ich war an der Michigan State University und ich unternahm mehrere Reisen innerhalb der USA und nach Kanada – und ich bin nach Wien zurückgekommen und war ziemlich froh, dass ich damals nicht direkt von Ankara nach Amerika gegangen war. Ich habe dann mit meiner Diplomarbeit angefangen, ich wollte schnell fertig werden. Kurz danach habe ich einen Brief von der Gebietsbetreuung erhalten – sie hätten Projekte, ob ich dort weiterarbeiten möchte –, und ich habe sofort ja gesagt. Noch im gleichen Jahr, 1993, habe ich meine Diplomarbeit abgeschlossen. Ich hatte also eine Arbeit, die mir sehr gut gefallen hat, ich hatte einen österreichischen Freund – das war auch wichtig, dass er ein „Einheimischer" ist, das bedeutet mehr Verbundenheit mit dem neuen Land – und ich hatte einen Freundeskreis. Und die Liebe zur Stadt war auch noch immer da, und dann hatte ich das Gefühl – ich suche jetzt nichts mehr, ich fühle mich wohl.

Obwohl, gerade in dem Jahr hatte ich große Schwierigkeiten mit meinem Aufenthalt hier. Das Aufenthaltsrecht hat sich im Juli verändert. Ich war bei der Fremdenpolizei, und sie haben mir gesagt, sie werden nicht mehr zuständig sein, sondern der Magistrat, aber es ist egal, wenn ich mal kurz ohne Visum da bin – das war so diese Zeit mit großen Veränderungen und Unklarheiten. Für mich war es eine wahnsinnig negative Erfahrung, dass du ohne Visum in einem Land bist und jederzeit ausgewiesen werden kannst. Ich bin frisch von der Uni gekommen und auf einmal, obwohl ich eine Arbeit hatte, hatte ich kein Aufenthaltsrecht. Und bis ich mein Visum gekriegt habe – ich habe auch nur ein Visum für ein halbes Jahr bekommen –, musste ich mit dem Arbeitsamt verhandeln und ich habe bemerkt, wie schwach ein Mensch in der Fremde sein kann. In meinem Heimatland könnte mir so etwas nie passieren. Egal, was ich vorhatte, immer hatte ich Leute – meine Eltern oder Freunde von denen oder Freunde von Freunden, einfach dieses Netzwerk. Und auf einmal so wirklich auf dich angewiesen zu sein und anonym zu sein – das hat auch schwere Seiten. Auf der einen Seite genieße ich die Anonymität hier, weil ich so freier bin als in Persien, aber auf der anderen Seite habe ich mal so richtig mit Haut und Knochen gespürt, wie schwierig anonym zu sein auch sein kann. Und wie die Leute dann mit dir umgehen am Arbeitsamt … Für meine Arbeitsbewilligung haben sie eine Aufenthaltsbewilligung verlangt und für die Aufenthaltsbewilligung haben sie eine Arbeitsbewilligung verlangt, das war dieser Teufelskreis – bis meine Firma einen Brief geschrieben hat, dass sie mich brauchen, und ich in Österreich bleiben muss. Das war für mich meine allererste Erfahrung, wie unangenehm es sein kann, so in der Luft zu schwimmen, ohne irgendeine Rückendeckung zu sein. Aber ich habe auch gesehen, du schaffst deinen Weg, ohne dass die Leute dich kennen. Du hast zwar finanzielle Hilfe von deinen Eltern bekommen, aber du hast deinen Weg geschafft, und du hast ihn gestaltet, wie du wolltest. Das würde ich auch als Erfolg sehen, dieses Bestehen in der Anonymität. Andere Erfolge? Ich denke mal, Fuß fassen, Freunde gewinnen, arbeiten und auch sein, wie ich selber bin. Ich kann nicht sagen, dass ich hundertprozentig alles von Österreich genommen habe, integriert oder assimiliert habe, das will ich auch nicht. Ich finde es wichtig, zu wissen, woher du kommst und zu wissen, wo du lebst. Da gehört auch dazu, dass ich eine andere Aussprache habe. Aber ich verstecke meine Aussprache nicht, weil ich denke, das ist okay, mein Gott, ich habe eine fremde Sprache gelernt, und mit dieser Sprache arbeite ich, und mit dieser Sprache schreibe ich und lese ich, und das ist auch, wie ich bin, und so müssen mich die Leute halt akzeptieren. Das ist für mich ein Zeichen von Erfolg und das möchte ich auch meiner Tochter mitgeben – dass Anderssein nicht schlecht ist. Sie ist jetzt mit sechs gerade in einer Phase, in der sie kein Wort Persisch mit mir reden will. Aber ich spreche es weiter mit ihr, und ich hoffe, dass sie nicht wieder sagt: „Mama, red nicht so laut mit mir auf Persisch, andere Kinder hören das."

➤ Ob meine Entwicklung als Frau von der österreichischen Gesellschaft beeinflusst wurde? Ich denke, meine Entwicklung als Frau ist so wie eine Kette. Da ist meine Ausbildung, dann die türkische Gesellschaft, und jetzt mein wienerisches Leben, und alle diese Schritte haben zur jetzigen Situation geführt. Und der österreichische Abschnitt meines Lebens ist eben auch ein Teil von dieser Entwicklung, und ohne diesen Teil hätte ich auch meine jetzige Sicht nicht gehabt. Hier bin ich mir der Frauenthemen so richtig bewusst geworden – in Wien habe ich zum ersten Mal an einer Frauentagung teilgenommen. Aber ich glaube, spätestens wenn man selber Mutter wird, wird man sich seiner Rolle als Frau bewusst. Auch durch meine Arbeit in der Gebietsbetreuung habe ich mit Frauen, mit Migrantinnen, mit Alltagsgeschichten von Frauen zu tun gehabt. Und dann hat ein Thema die Tür für ein anderes geöffnet, und dieses Gebiet hat sich für mich so spannend immer weiterentwickelt! Ich arbeite jetzt als Stadtplanerin beim Magistrat und beschäftige mich da auch mit dem Thema Gendermainstreaming in der Stadtplanung und Stadtentwicklung. Ich schaue da ganz bewusst, wie das Alltagsleben von beiden Geschlechtern ist, und welche Rolle stadtplanerische Entscheidungen für Frauen und Männer spielen.

Wenn man so vom alltäglichen Leben spricht, kann ich hier sicher bestimmte Dinge als Frau verwirklichen, die im Iran schwerer wären. Zum Beispiel am Abend, in der Nacht, wenn du von irgendwo allein zu Fuß nach Hause kommst, wenn man an so etwas denkt – ja, das ist schwierig im Iran. Aber wenn ich an Job und Karriere und

Vereinbarkeit von Familie und Beruf denke, nein. Da wäre kein großer Unterschied. Aber ich sage wirklich immer wieder, dass ich hier meine Freiheit als Frau im alltäglichen Leben genieße. Ich gehe einfach am Abend raus, ich spiele mein Basketball und dann komme ich nach Hause. Oder Rad fahren, ganz banale Geschichten, dich fortbewegen nicht unbedingt mit dem Auto, mit dem du dort als Frau fahren solltest. Auch in der Nacht die Freiheit, dass du auf dein Fahrrad steigst oder von zu Hause eine Laufrunde machst – solche Sachen. Das ist für mich eine wahnsinnige Lebensqualität, die es auch gerade in Wien gibt. Das hat auch mit dem Sicherheitsaspekt zu tun, der in den Großstädten Amerikas fehlt, und der jetzt langsam auch in europäischen Metropolen verloren geht.

Ich habe zwar nicht das Gefühl, dass es Bereiche in Österreich gibt, wo ich als iranische Frau gegenüber österreichischen Frauen benachteiligt bin, aber ich bin in der österreichischen Gesellschaft schon mit Klischeebildern konfrontiert. Wenn die Leute mich zum Beispiel nicht kennen, und wenn sie meinen Namen und meinen Titel sehen, denken sie, dass ich ein Mann bin. Also bei allen Sachen mit Diplomingenieur, wo nicht das Geschlecht und ein orientalischer Name darauf steht, glauben alle automatisch, es kommt ein Mann und nicht eine Frau, wenn Shams Asadi kommt. Ich ärgere mich überhaupt nicht, ich denke, mein Gott ja, das kann passieren. Immer wieder werde ich auch gefragt, ob Frauen bei uns Alkohol trinken. Oder, das ist wirklich so das Klischeebild, dass Frauen im Orient auf den privaten Raum beschränkt sind. Dass die Frauen dort arbeiten gehen, oder dass Frauen außerhalb der Wohnung oder der Häuser anzutreffen sind, das ist für viele unvorstellbar. Und wenn du erklärst, dass einfach mehr als die Hälfte der Studenten in Persien Frauen sind, dass du auch in allen Berufsbereichen sowohl Frauen als auch Männer findest, oder dass diese 25 Prozent, die die Frauen in Industrieländern und vor allem auch in Österreich weniger verdienen, dort überhaupt kein Thema sind, und dass Frauen genauso viel wie Männer verdienen, dann sind sogar die Feministinnen hier verblüfft. In Persien fehlen auf der einen Seite zwar einfache Frauenrechte, aber auf der anderen Seite ist vieles, wofür die Frauen in westlichen Industrieländern noch immer kämpfen, dort eine Selbstverständlichkeit. Du hast einen Zugang zum Beruf, ohne dass es eine gläserne Decke für Frauen gibt. Wenn du gut bist, wenn deine Ausbildung zum Jobprofil passt, dann kriegst du den Job, egal, welches Geschlecht du hast. Hier ist das immer noch schwieriger. Ich würde auch sagen, dass es ein Nachteil von jungen Frauen in Österreich ist – nicht nur im universitären Bereich, sondern auch im Lehrlingsbereich –, dass sie oft auf Klischeejobs wie Friseurinnen oder Lehrerinnen beschränkt sind. So etwas sehe ich bei iranischen Mädchen nicht. Vor allem auch im technischen Bereich sind in Persien mehr als die Hälfte der Studierenden junge Frauen. Es ist auch ein Nachteil hier, dass die Entscheidungsträger meistens Männer sind, oder dass es an den Universitäten wenige Professorinnen gibt. Jetzt soll mit wahnsinnigem EU-Druck erreicht werden, dass Frauen bei einer Stellenausschreibung bevorzugt werden, sodass sie auch zu Führungspositionen kommen.

Ein Vorteil hier ist sicher die Bewegungsfreiheit. Unter der jetzigen Regierung in Persien muss auch ihr Mann unterschreiben, damit eine Frau einen Reisepass bekommt – das ist doch eine wahnsinnige Beschränkung! Auf der einen Seite kannst du jeden Job kriegen, wenn du ihn machen kannst. Und auf der anderen Seite bist du zweite Präsidentin von Persien, aber wenn du eine Auslandsreise machst, dann muss dein Mann – wenn du verheiratet bist – für dich unterschreiben. Ich finde, das ist absurd. Oder wenn sich Eltern scheiden lassen, erzieht die Mutter die Kinder bis sieben Jahre, und dann gehören sie dem Vater. Auch sonst gibt es bei der Scheidung gewisse Nachteile für Frauen. Die Scheidungsrate ist zwar fast so hoch wie in Österreich, aber trotzdem bist du halt als geschiedene Frau in der Gesellschaft sehr viel schwächer. Und allein dass die Frauen unbedingt ein Kopftuch tragen müssen, ist natürlich eine Beschränkung.

Sicher gibt es im Iran auch Klischeebilder über europäische Frauen. Wenn man dort zum Beispiel über solche Sachen wie finanzielle Benachteiligung der Frauen bei der Arbeit in Österreich redet, oder dass hier auf den technischen Universitäten erst jetzt langsam die Zahl der Studentinnen gestiegen ist im Vergleich zu vor zehn Jahren, dann können die Leute das gar nicht glauben. Dort gibt es in der Gesellschaft einfach diese Vorstellung von der Gleichstellung der Geschlechter im Westen, und wenn man hier lebt, merkt man, dass sie noch nicht wirklich erreicht ist. Und in einer ganz konservativen Schicht glauben die Leute vielleicht, dass Europäerinnen ganz billige Frauen sind, weil sie ohne zu heiraten Geschlechtsverkehr haben. Ich denke, das hängt davon ab, aus welcher Schicht du kommst und ganz allgemein vom Ausbildungsniveau und auch von deinen Kontaktmöglichkeiten. Je mehr Kontakte du mit ausländischen Leuten hast – das ist ja auch in Wien nicht anders –, desto weniger sind auch diese Berührungsängste und Klischees da.

➢ Was ich in Persien mag, ist der Umgang der Menschen miteinander. Du gehst in ein Geschäft, du machst Smalltalk, das gehört dazu, und es ist egal, ob du den anderen kennst oder nicht. Das Leben ist einfach anders strukturiert. Natürlich haben die Menschen jetzt auch weniger Zeit füreinander als früher, in meiner Kindheit und Jugend, aber das individuelle Leben ist dort noch nicht so ausgeprägt. Die Generation, die jetzt Einzelkinder beziehungsweise nur zwei Kinder hat, beginnt wahrscheinlich langsam, eine ganz individualisierte Gesellschaft zu werden, viel zu arbeiten, aber ich denke, allein die Nachbarschaftsbeziehungen sind noch stärker. Das hängt auch vom Stadtteil und der Stadt ab und das kann mal schön sein und ein anderes Mal auch lästig, aber gerade, wenn man Familie hat, kann die Belastung durch Nachbarschaftshilfe erleichtert werden. Diese institutionalisierte Hilfe, die es jetzt hier gibt, ist dort noch durch die Familie, durch Freunde, durch Nachbarn abgedeckt – Kinderbetreuung, Elternbetreuung, solche Sachen. Ich finde das positiv. Und wir fangen ja jetzt auch in Wien wieder an, darauf zu schauen, wie Nachbarn miteinander umgehen. Wir sprechen zum Beispiel von „Gemeinwesenarbeit" oder „Grätzelmanagement" und schauen, dass diese Anonymität im Grätzel verschwindet, oder wir versuchen untereinander Frauenhilfe. Wir möchten das, was es in östlichen oder orientalischen oder noch nicht industrialisierten Gesellschaften noch gibt – wie lange noch, weiß ich nicht, weil Veränderungen auch dort passieren – nochmals hierher bringen. Und ich denke in meinem Beruf, in der Stadtentwicklung, kann man auch Elemente von diesen anderen Gesellschaften hereinnehmen. – Und das, was ich dort mag, gebe ich auch meinem Kind weiter – dass man Freunde hat, dass man Leute einlädt, größere Einladungen, kleinere Einladungen, und dass das schön ist, dass wir Besuch haben. Oder dass du auch Pflichten gegenüber deiner Familie hast, dass du zum Beispiel deine Großeltern besuchen sollst. – Ich weiß auch nicht, ob ich das mache, weil ich Iranerin bin. Ich weiß, dass ich von einer anderen Kultur komme, aber ich identifiziere mich auch nicht so stark mit meinem Herkunftsland. Ich denke, ich bin ein Mensch, woanders aufgewachsen. Die schönen Sachen nehme ich von dort, und einen Teil meines Lebens habe ich auch weder in meinem Herkunftsland noch in meinem Gastgeberland gelebt – ich habe auch von der türkischen Kultur, von türkischen Nachbarn und Freunden sehr viel gelernt. Deswegen möchte ich die schönen Seiten von allen Kulturen nehmen und sie in mein jetziges und zukünftiges Leben, in meine Person integrieren.

Ich wünsche mir, offen zu sein, mehr zu lernen, meine Neugierde nicht aufzugeben und auch zu schauen, das, was ich als positiv sehe, meinem Kind weiterzugeben. Sie soll genau so neugierig sein, offen sein für unterschiedliche Kulturen und auch mal woanders leben und sehen, wie das Leben sein kann, wenn man vom eigenen Land weggeht. Für mich wird es wahrscheinlich eines Tages schwierig sein, wenn meine Tochter zu mir kommt und mir sagt, dass sie jetzt alleine weggehen will, aber ich werde sie unterstützen, weil ich selber sehr gute Erfahrungen gemacht habe.

Ich finde, das ist sehr schade, diese Trennung nur wegen der Religion

Gespräch mit
Uzzala Martha Rosario
geb. 1970 in Dhaka/Bangladesch, Altenpflegerin und Sängerin, lebt seit 1992 in Wien

Am wichtigsten war für mich in Bangladesch meine Familie – das Leben mit meinen Eltern, mit meinen Geschwistern, das war wirklich schön. Wir sind vier Geschwister – drei Schwestern und ein Bruder –, und ich bin die Jüngste. Wir haben alle nur zwei Jahre Altersunterschied, wir waren so nahe beieinander, und wir hatten eine wunderbare Zeit miteinander. Und jetzt ist eine Schwester in Belgien, ich bin seit elf Jahren hier in Wien, und wir vier waren seither nie mehr zusammen. Das ist mein größter Wunsch, dass wir uns einmal alle wieder treffen. Wenn ich jetzt nach Hause fahre, versuche ich, das wieder so zu erleben, wie das früher war, unser Zusammensein so schön zu machen wie damals. Das war nicht so ein stressiges Leben wie jetzt. Das war anders, das war ein ruhiges Leben bei uns. Meine Tochter ist dreieinhalb, sie geht jetzt in den Kindergarten, und ich denke manchmal, ich kann ihr nicht genug Zeit geben. Aber meine Mutter war immer zu Hause, und das war irgendwie auch schön für kleine Kinder, wenn die Mutter da ist und Zeit für sie hat. Das ist hier fast nicht möglich. Das Leben ist so teuer – man kann nicht so einfach zu Hause bleiben. Wenn man ein bisschen ein besseres Leben haben will, müssen beide arbeiten, sonst schafft man das nicht.

Wir haben mitten in der Stadt gewohnt. Es hat damals schon viel Verkehr gegeben, aber ich habe das nicht gespürt. Erst letztes Mal, wie ich zu Hause war, ist mir das so richtig aufgefallen. In unserem Wohnviertel leben auch sehr viele Menschen – es ist eigentlich nie ruhig. Auf der Straße war es gefährlich für uns Kinder und wir haben immer auf dem Dach gespielt. Das Haus gehört eigentlich uns, es ist vierstöckig, und wir haben die anderen Stockwerke vermietet. Die Kinder von den Mietern sind auch nach oben gekommen, und wir waren dann sicher immer so zehn bis zwölf Kinder und haben miteinander gespielt. Ich habe eine wirklich lustige Kindheit gehabt, ich habe es nie langweilig gefunden. Wir haben auch die Leute im ganzen Gebäude gekannt. Hier ist das nicht möglich, ich sehe das bei meiner Tochter – wenn sie vom Kindergarten kommt, ist sie einfach zu Hause, oder wenn ich mit ihr in den Hof oder in den Park gehe, spielt sie dort. Es gibt sonst keine Möglichkeiten, dass sie andere Kinder trifft – wir haben auch nicht so gute Kontakte mit meinen Nachbarn.

Ich kann mich erinnern, wir haben jedes Jahr ein schönes, großes Fest gefeiert, und zwar den Hochzeitstag von meinen Eltern. Das ist nicht bei allen Familien so, aber wir haben das immer wie eine richtige Hochzeit gefeiert. Ich habe meine Mutter geschminkt – das habe ich sehr gerne gemacht –, und wir haben die ganze Wohnung dekoriert und unsere Verwandten eingeladen und zusammen gegessen und auch gesungen. Wir Kinder haben verschiedene Süßigkeiten und Schokolade bekommen. Meine Verwandten haben alle im Dorf gelebt, und manche, die von sehr weit kamen, sind länger geblieben und sie waren dann eine Woche oder sogar zwei Wochen bei uns.

Auch zu den Hochzeiten haben wir sie immer alle getroffen. Wenn jemand von ihnen geheiratet hat, sind wir zu ihnen gefahren, oder wie meine ältere Schwester geheiratet hat – da war ich elf Jahre –, war auch ein großes Fest, und alle meine Verwandten waren bei uns. Die Wohnung war ganz voll, und alle haben auf dem Boden geschlafen, aber das war auch sehr schön. In der Nacht vor der Hochzeit haben wir die Wohnung geschmückt. Der Braut haben wir mit einem gelben Gewürz den ganzen Körper eingerieben, und am nächsten Tag hat sie noch hübscher ausgeschaut. Und eigentlich hat in dieser Nacht keiner geschlafen – wir haben gesungen und getanzt und geplaudert und viele Süßigkeiten gegessen. Bei dieser Hochzeit war ich ja noch klein, und Musiker von draußen sind gekommen, aber letztes Mal, wie meine Schwägerin geheiratet hat, habe ich die ganze Nacht gesungen.

Die Hochzeiten sind bei uns eigentlich die wichtigsten Feste. Die Leute geben dafür auch sehr viel Geld aus, weil wir glauben, du heiratest nur einmal. Manche heiraten schon ein zweites Mal, aber die erste Hochzeit möchten alle so schön wie möglich machen. Zweihundert bis fünfhundert Leute werden eingeladen – die Nachbarn, die Verwandten, alle kommen.

Unser Neujahrsfest ist auch ein wichtiges Fest. Das Neue Jahr beginnt am 14. April (das ist das buddhistische Neujahr. E.B.), und die Feiern dauern ungefähr eine Woche. Wir feiern das an einem Fluss, die Straßen in der Nähe werden gesperrt, und dort gibt es dann viele Verkaufsstände. Zum Neuen Jahr kommen immer neue Bücher heraus, und die werden dann dort verkauft und verschiedener Schmuck und alles Mögliche. Eine ganze Woche werden Konzerte aufgeführt, und es gibt auch Spiele für die Kinder.

Ich kann mich auch noch gut an meine Ferien erinnern – da haben wir immer Reisen gemacht. Ich war vier Mal mit meinen Eltern und mit meinen Geschwistern in Indien, und wir waren auch am Meer. Und wenn wir nicht irgendwo anders hingereist sind, sind wir in den Sommerferien in unser Dorf gefahren, wo mein Onkel und meine Tante leben – die Verwandten von meiner Mutter. Das Dorf ist nicht so weit weg – ungefähr zwei Stunden von Dhaka entfernt –, und ich bin dort immer zwei, drei Wochen geblieben. Ich hatte viel Kontakt mit meiner Cousine und mit meiner Tante. Manchmal bin ich mit den Geschwistern hingefahren, aber manchmal auch alleine, weil meine Cousine gleichaltrig war, und es war auch sehr schön mit ihr. Im Dorf hat es kein Licht gegeben, keinen Strom, und alle sind schon um sechs oder sieben Uhr am Abend ins Bett gegangen und ganz früh um fünf Uhr waren sie schon wach. Das war ein großer Unterschied für mich, weil in der Stadt sind wir immer spät schlafen gegangen und auch ein bisschen später aufgestanden. Aber ich war sehr gerne im Dorf. Wir hatten viel Platz zum Spielen, und auf der Straße brauchte man keine Angst zu haben – es war eigentlich kein Verkehr.

Und dann war in meiner Kindheit noch etwas wichtig – ich habe schon als Kind sehr gerne gesungen. Meine Eltern wollten eigentlich, dass wir alle singen lernen. Wir vier Geschwister haben alle zusammen mit dem Unterricht angefangen, aber die anderen haben aufgehört, und nur ich habe weitergemacht. Ich habe mit sechs Jahren angefangen, zu singen und Harmonium zu spielen – wir lernen Gesang immer mit Harmonium, das gehört zusammen. Ich war in der Musikschule, und ich hatte auch einen Privatlehrer, und ich habe klassische bengalische und indische Musik gelernt, aber auch Volkslieder und moderne Lieder – ich habe das sehr gemocht. Ich war seit meiner Kindheit immer schwach in Sport, ich habe nie gerne Sport gemacht, aber die kulturellen Dinge habe ich immer interessant gefunden. Ich habe zum Beispiel Volkstanz gemacht, aber mit fünfzehn damit aufgehört. Mir ist es dann lieber gewesen, zu singen, als zu tanzen. Oder ich habe Gitarre gelernt und dann auch ein bisschen Theater gespielt. Ich wollte mir das alles der Reihe nach anschauen, und das hat mir wirklich Spaß gemacht. Meine Eltern haben mich da auch unterstützt, und meine Mutter fragt mich bis jetzt, ob ich noch singe, und wie es mir damit geht.

Besonders gefördert hat mich aber meine ältere Schwester. Sie ist sechs Jahre älter als ich und sie war immer bei mir, sie hat mich immer unterstützt und zu mir gesagt: „Weiter, mach weiter, was du angefangen hast!" Ich habe zum Beispiel Gitarre gelernt, und nach zwei Jahren habe ich damit aufgehört. Wie ich nicht mehr gespielt habe, hat sie gefragt: „Wieso hörst du auf? Du musst weiter machen!" Ich bin eigentlich immer so ein bisschen unruhig. Ich war auch ein unruhiges Kind. Zwei, drei Jahre habe ich etwas gemacht, dann habe ich wieder mit etwas Neuem begonnen. Aber das Singen ist immer geblieben – damit habe ich nie aufgehört. Ich hatte eigentlich kein Vorbild, aber ich wollte irgendwie von Kindheit an bis jetzt immer berühmt sein. Ich wollte irgend etwas Besonderes machen, was andere nicht machen, damit die Leute mich kennen. Ich bin auch hier in Wien sehr glücklich, dass alle von unserer Community mich kennen, weil ich singe.

Nach der Schule war ich zwei Jahre im College und dann habe ich ein Jahr die Uni besucht und Betriebswirtschaft studiert. Mit einundzwanzig habe ich geheiratet. Das ist ein ganz übliches Heiratsalter bei uns. Sobald die Tochter auf die Uni geht und studiert, machen sich alle Eltern schon Sorgen und suchen einen netten Mann für sie. Solange sie nicht verheiratet ist, fragen die Leute: „Wieso verheiratet ihr eure Tochter nicht? Sie ist schon groß." Und da müssen sich die Eltern auch von den Verwandten viel anhören. Beim Sohn ist es eigentlich nicht so, aber die Mädchen sollen bis zwanzig oder fünfundzwanzig – höchstens siebenundzwanzig – verheiratet sein. Danach wird es sicher kritisch, dass sie noch einen Mann finden.

Normalerweise sind die Eltern auch sehr wichtig bei der Auswahl des Partners, aber mein Mann und ich haben einander selber kennen gelernt. Wir sind beide katholisch, und unsere Gemeinschaft ist nicht so groß. Wir kennen einander alle, wir treffen uns in der Kirche, sehen uns dort. Und ich war öfter in der Gegend, wo er gewohnt hat, weil dort auch eine Freundin von mir lebte. Ich habe sie besucht und ihn auch gesehen – so war das. Ich habe dann Probleme gehabt – seine Eltern waren beide ganz gegen eine Ehe, und wir haben heimlich geheiratet. Das war irgendwie auch eine Dummheit von uns. Mein Vater hat's dann schon gewusst und er wollte unbedingt eine kirchliche Hochzeit für uns vorbereiten. Wir haben auch kirchlich geheiratet, aber meine Schwiegereltern haben mich nicht akzeptiert. Mein Mann ist ihr einziger Sohn, und sie wollten selber eine Frau für ihn aussuchen.

Ich war erst im ersten Jahr auf der Uni, mein Mann war im zweiten Jahr – er ist nur ein Jahr älter als ich. Wir sollten noch fünf, sechs Jahre studieren, und es war dann sehr schwer. Wir konnten nicht arbeiten, weil dort ist das nicht so einfach, du musst vorher einen Uni-Abschluss fertig machen. Wir haben nicht gewusst, was wir machen sollen. Wir wollten weiterstudieren, aber es war schwer für uns, dort zu leben. Wenn die Familie von meinem Mann unsere Ehe nicht so abgelehnt hätte und meinen Mann unterstützt hätte, wären wir sicher dort geblieben. Mein Vater wollte uns helfen, aber wir wollten aus eigener Kraft etwas machen. Und deswegen habe ich meinen Vater dann gebeten, wir wollen irgendwo hinfliegen, egal wohin – wir wollten nur fort aus unserem Land. Und dann sind wir 1992 hierher gekommen. Wir haben 1991 geheiratet und ich war 1998 das erste Mal wieder zu Hause, und erst dann hat mein Schwiegervater mich akzeptiert. In diesen sieben Jahren hat er nicht mit mir geredet, überhaupt nicht, auch keinen Kontakt mit meiner Familie gehabt. Er hat ab und zu mit seinem Sohn telefoniert, aber nicht mit mir. Wir haben von hier aus langsam eine Versöhnung vorbereitet, und meine Schwiegermutti hat ebenfalls versucht, ihren Mann zu beruhigen. Sie hat viel mit ihm geredet, und langsam hat sich etwas bei ihm geändert. Sieben Jahre sind natürlich eine lange Zeit, mein Mann ist der einzige Sohn, und es war klar, wenn es so weitergeht, dann ist das für keinen von uns gut. Mein Schwiegervater ist auch schon alt, es konnte ihm etwas passieren, und das Problem musste irgendwie eine Lösung finden. Und 1998 hat er dann gesagt: „Okay, kommt alle." Das war für mich am Anfang auch eine sehr schwere Zeit, wie ich dann das erste Mal bei meinen Schwiegereltern wohnen musste. Ich war einen Monat dort. Ich habe diese Leute überhaupt nicht gekannt, sie waren ganz fremd, aber irgendwie ist es gegangen, und sie waren eigentlich nett. Mein Schwiegervater hat dann ein großes Fest gemacht, ein zweites Hochzeitsfest.

➤ Die Frauen hatten bei uns immer eine wichtige Rolle. Ich habe das bei meiner Mutter gesehen – sie war die wichtigste Person in meiner Familie. Wir haben auch immer von ihr unser Taschengeld bekommen, sie hat alles für uns gemacht, was wir gebraucht haben. Wenn irgendetwas kaputt war, hat sie die Leute gerufen, damit sie es reparieren. Oder für Verwandte – wenn jemand etwas gebraucht hat, hat sie sich um alles gekümmert. Mein Vater hatte nicht so viel Zeit, und meine Mutti hat eigentlich die Macht gehabt. Man kann sagen: Der Vater arbeitet und verdient Geld – den Rest machen die Frauen.

Ich habe mit meinem Vater nur ganz wenig Zeit verbracht. Ich war eigentlich immer ein bisschen traurig und wütend, dass er so viel arbeitet, und ich ihn nur ganz selten sehe. Er war Geschäftsmann und ist sehr früh weggegangen und erst spät nach Hause gekommen. Wenn er zu Hause war, war ich immer irgendwo versteckt, weil ich nicht an ihn gewöhnt war. Meine Geschwister hatten ein bisschen eine bessere Beziehung zu ihm, aber ich bin die Jüngste – vielleicht war ich deswegen weiter weg von ihm.

Meine Mutter hat auch nicht so oft mit uns gespielt, weil sie viel zu tun hatte, aber ich habe gewusst, dass sie immer bei mir ist, und das war eine Beruhigung. Sie musste kochen und schauen, was wir einkaufen müssen, was die Familie braucht, aber wir hatten diesen Dienstbuben, und er hat die Lebensmittel gekauft. Frauen sind damals nicht so oft draußen einkaufen gegangen. Aber jetzt, wie ich zu Hause war, habe ich gesehen, dass das nicht mehr so ist.

In der Generation von meiner Mutter waren nur ganz wenige Frauen berufstätig – fast alle waren Hausfrauen. Auch solange ich noch in Bangladesch war, war eine Frau glücklich, wenn sie einen lieben Mann bekommt, der gut verdient. Dann braucht sie nicht zu arbeiten, sie kann zu Hause bleiben – so ein Leben wollten alle Frauen. Damals habe ich das auch gewollt, aber jetzt nicht mehr. Ich habe zwar studiert, aber ich wollte damals auch nicht arbeiten. Ich wollte zu Hause bleiben und Kinder haben – so habe ich mir mein Leben als Frau vorgestellt.

Aber in den letzten zehn Jahren, seitdem ich in Wien bin, hat sich dort auch viel geändert. Jetzt machen viele Frauen in der Stadt einen Uni-Abschluss und wollen einen Beruf ausüben. Meine Schwägerin arbeitet, meine Schwester ist Lehrerin – dort ist das Leben jetzt auch schwierig, wenn nur einer verdient. Und die Männer haben sich auch sehr geändert. Früher wollten sie nicht, dass die Frauen raus gehen und arbeiten. Sie haben gedacht, dann bekommen die Kinder nicht genügend Zeit von der Mutter.

Im Haus machen Männer bei uns eigentlich nichts – Männer sind wie Könige dort –, und nur die Frauen arbeiten im Haushalt. Ich habe meiner Mutter auch nur ein bisschen geholfen, aber mein Bruder hat gar nichts gemacht. Er durfte gar nicht in die Küche gehen. Wenn Männer bei uns kochen oder Geschirr abwaschen, lachen alle – das ist nicht Männersache, das müssen Frauen machen. Da hat sich bis jetzt nicht so viel geändert, aber vielleicht helfen sie jetzt zumindest ein bisschen im Haushalt – wenn die Frauen arbeiten, haben sie dafür auch nicht mehr so viel Zeit wie früher.

➤ Mein Mann und ich haben dann überall versucht, einen Studienplatz zu bekommen. Wir wollten in kein bestimmtes Land – einfach weg, egal wohin. Dann haben wir es hier geschafft, hier sind unsere Papiere akzeptiert worden, und wir sind als Studenten hergekommen. Bevor ich in Wien war, hatte ich keine Vorstellung vom Leben als Frau hier. Am Anfang war es sehr schwer. Erstens konnte ich die Sprache überhaupt nicht, und ich kannte auch keinen Menschen hier. Wir haben zuerst in einem kleinen Raum im 19. Bezirk gewohnt. Das war ein privates Zimmer, jemand von unseren Landsleuten hat uns diesen Raum gegeben. Mein Mann hat gleich versucht, zu arbeiten. In den ersten zwei, drei Wochen hat er Zeitungen verkauft. Es war Winter, und wir hatten auch keine Heizung in der Wohnung. Ich vergesse das nie – das war schwer für uns beide, diese erste Zeit. Nach einem Jahr haben wir dann eine andere Wohnung genommen. Das größte Problem war für mich die Sprache. Ich wollte von Anfang an selbstständig sein. Mein Mann hat auch keine Zeit gehabt für irgendwelche Ämter oder die Bank – das habe alles immer ich gemacht, und deswegen wollte ich unbedingt zuerst die Sprache lernen. Es war schon schwer, überall mit den Leuten zu reden, aber irgendwie ist es gegangen.

Ich habe dann drei Semester einen Deutschkurs besucht, aber mein Mann hat nicht weiterstudiert. Mein Vater wollte ihm Geld schicken, aber er wollte das nicht annehmen, und ich war eigentlich auch dagegen. Ich wollte, dass wir unser eigenes Geld verdienen, und deswegen hat mein Mann sofort angefangen, zu arbeiten.

Eigentlich haben wir dann großes Glück gehabt. Wir sind im Jänner gekommen, und im April war ein großes Fest von unserer Community in der International School in Kagran – das war unser Neujahrsfest –, und ich habe dort gesungen und habe bei dieser Gelegenheit viele Leute kennen gelernt. Sie waren begeistert von meinen Liedern und wollten uns helfen, weil wir ganz neu waren, und weil wir niemanden hier gekannt haben. Einer hat meinem Mann einen Job in einem Restaurant vermittelt. Ein anderer – ein guter Freund von uns bis jetzt – arbeitet in der UNO und er hat dann nach sechs Monaten versucht, meinen Mann irgendwie rein zu bringen. Er hatte dann einen Job für ihn, einen ganz kleinen, und hat ihn dorthin gebracht. Mein Mann arbeitet bis jetzt noch in der UNO, er ist jetzt in der UNOP, das ist die Briefabteilung. Eigentlich läuft hier jetzt alles gut. Wir haben bis jetzt gute Freunde. Wenn wir ein Problem haben, reden wir mit ihnen, und sie haben uns immer geholfen.

Ich habe dann diese Altenpflegeausbildung gemacht, das hat zwei Jahre gedauert. Eigentlich wollte ich weiterstudieren, aber ich habe gesehen, alles, was mich interessiert hat, dauert sechs bis sieben Jahre, und nachher gibt es auch keine Garantie, dass ich einen Job bekomme. Und ich wollte meinem Mann helfen – ich wollte nicht, dass er alleine arbeitet. Nach der Ausbildung habe ich Glück gehabt – ein Kloster im fünfzehnten Bezirk hat eine Pflegerin gebraucht, und ich habe gleich eine Arbeitsbewilligung bekommen, und seit zwei Jahren bin ich jetzt in einem Pflegeheim im 23. Bezirk. Der Job ist eigentlich schön, die Atmosphäre mit allen Kollegen ist dort gut, aber es ist körperlich sehr anstrengend. Ich arbeite dreißig Stunden und wenn ich nach Hause komme, bin ich total müde – ich habe überhaupt keine Kraft mehr.

2000 ist dann meine Tochter zur Welt gekommen. Ich wollte zuerst meine Ausbildung fertig machen, arbeiten und dann ein Kind, und eigentlich hat das alles so geklappt, wie ich es gewünscht habe.

Und sie war unser Wunschkind – wir wollten immer ein Kind, und ich bin jetzt sehr glücklich.

Mit dem Gesang ist es ist bis jetzt auch gut weitergegangen. Ich habe Djiwa kennen gelernt (Mariam Djiwa Jenie, ebenfalls im Buch vertreten, gründete in Wien das „Ensemble pour la paix" mit KünstlerInnen aus dem Kongo, Nepal, Thailand und Uzzala Rosario und ihrem Mann Edward. E.B.) und mit ihr habe ich viele Konzerte gemacht. Es war auch schön, dass ich sie getroffen habe, sonst hätte ich nicht so viele Chancen gehabt, Leute kennen zu lernen. Und bis jetzt will ich meine eigene CD produzieren – ich arbeite schon daran - mit meinem Gesang und mit der Musik von meinem Mann. Er spielt Tabla (indische Doppelhandtrommel. E.B.) und wenn wir auftreten, treten wir immer gemeinsam auf. Meine Musik ist sehr, sehr wichtig für mich, für mein Leben – ohne Musik kann ich es mir nicht vorstellen. An erster Stelle liebe ich meine Tochter und danach liebe ich meine Musik. Irgendwie beruhigt sie mich. Wenn ich traurig bin oder über irgendetwas wütend, und wenn ich dann singe oder Musik höre, macht mich das ganz gelassen und ich fühle mich wieder wohl. Und wenn ich einmal eine Woche nicht singe, dann vermisse ich etwas, irgendetwas stimmt mit mir nicht. Weil ich arbeite, kann ich nicht immer regelmäßig singen und darüber bin ich eigentlich auch unglücklich. Manchmal macht mich das sogar sehr traurig, dass ich nicht so viel Zeit für meine Musik habe. Aber wenn ich den ganzen Tag arbeite und dann nach Hause komme, bin ich wirklich müde. Zwei, drei Mal in der Woche singe ich, nicht öfter – also, wenn ich frei habe.

Aber ich bin stolz darauf, dass ich eine Sängerin bin und dass ich auch auftrete. Und ich bin sehr stolz, dass ich arbeite, weil wir haben hier nur ein paar Frauen aus Bangladesch, die arbeiten. Die meisten bleiben zu Hause. Ich arbeite, ich verdiene mein Geld und ich kann auch Deutsch. Viele sagen, hier ist es so langweilig, aber so etwas habe ich bis jetzt nicht gefühlt. Mir ist hier nie langweilig – ich habe viele Freunde und ich bin immer beschäftigt.

➢ Manchmal denke ich, ich bin wirklich glücklich, dass ich hier gelandet bin. Ich habe gute Freunde hier. Viele habe ich in der Schule kennen gelernt, manche durch das Singen, und ich habe gute Kollegen von der Arbeit. Meine Mentalität hat sich jetzt auch sehr geändert. Irgendwie sind die Leute hier offener, man sagt hier alles direkt. Das gefällt mir – bei uns ist das nicht so. Und wenn ich zu Hause geblieben wäre, wäre ich sicher viel fauler, aber hier bin ich selbstbewusst und selbstständig. Ich bin jetzt nicht wie früher – ich bin jetzt ganz anders. Österreichische Frauen haben sicher viele Vorteile. Das müssen unsere Frauen auch lernen, diese Selbstständigkeit – das gibt es noch nicht so oft bei uns. Viele Frauen in Bangladesch brauchen noch nicht so über Geld nachzudenken, sicher nicht. Wenn eine Frau nicht verheiratet ist, bleibt sie bei den Eltern. Die Eltern versorgen sie mit Essen, Kleidung, mit allem. Und wenn sie heiratet, tut der Mann alles. Sie muss nur zu Hause bleiben und sich um die Kinder kümmern. Das ist auch ein bisschen locker – sie braucht sich nicht zu sorgen. Das ist einerseits ein Vorteil, aber das macht die Frauen auch faul. Obwohl sie schon studiert haben, sitzen viele nur zu Hause. Das macht mich manchmal auch so wütend hier – diese Frauen, die immer nur kochen, einkaufen, zu Hause plaudern oder zu Einladungen gehen, sonst tun sie nichts. Die Mehrzahl der Frauen aus Bangladesch in Österreich lebt so. Die meisten wollen nicht arbeiten oder die Sprache lernen. Sie bleiben immer abhängig von ihrem Mann. Ich denke, das ist schlecht. Die Frau darf nicht weiter vom Mann abhängig sein, sie muss selbst denken, und sie soll auch machen, was sie will. Sie muss auch den Mann nicht überallhin mitnehmen. Ich bin darüber froh, dass ich meinen Mann nicht überall hin mitzubringen brauche – ich kann alles alleine machen. Deswegen bin ich dankbar, dass ich hierher gekommen bin. Zu Hause hätte ich es vielleicht auch anders gemacht.

Ob ich hier gewisse Dinge verwirklichen konnte, die ich in Bangladesch nicht machen könnte? Hier kann ich in der Nacht ruhig spazieren ohne Angst, aber wenn es bei uns dunkel ist, gehen die Frauen nicht auf die Straße, auch in Gruppen nicht. Sie können von Männern überfallen werden oder mit Gewehren bedroht werden – das ist gefährlich bei uns. Und für mich persönlich ist die Frage der Sicherheit auch als Katholikin schwierig. Ich fühle mich hier insgesamt sicherer. Meine Familie ist katholisch, und wir sind eine ganz kleine Minderheit – vielleicht ein Prozent der Bevölkerung in Bangladesch ist katholisch. Dort, wo ich gewohnt habe, in unserem Stadtteil, sind wir die einzige katholische Familie, und alle anderen sind Moslems. In dem Viertel, wo mein Mann gelebt hat, sind viele katholisch, dort war die Situation besser, aber wir hatten öfters Probleme. Unser Haus liegt an der Straße, und sie wollten die Straße breiter machen, und keiner hat etwas von seinem Grundstück hergegeben – nur uns hat man unseren Grund weggenommen, und wir sind dafür nicht einmal entschädigt worden. Oder die Sache mit der Mauer. Wir haben um unser ganzes Gebäude herum eine Mauer gehabt, und einmal sind alle Nachbarn gekommen und haben diese Mauer kaputt gemacht. Unser Grundstück war dann ganz offen und ungeschützt, und keiner hat etwas gesagt, alle waren ruhig. Wir hatten öfter Probleme mit diesen Nachbarn, und wir waren hilflos. Wenn wir uns wehren wollten, haben sie uns immer bedroht – sie bringen meinen Vater um oder meinen Bruder. Vom Staat haben wir keine Hilfe bekommen, und wenn wir zur Polizei gegangen sind, hat die auch gar nichts unternommen. Deswegen mussten wir ruhig sein – wir konnten nichts machen. Jetzt sagt mein Mann manchmal: „Kehren wir nach Hause zurück." Er meint, wir sind hier Ausländer. Wir sind zwar Österreicher, aber sicher sind wir trotzdem Ausländer. Ich sage ihm, wenn ich dorthin gehe, bin ich auch Ausländerin, weil ich katholisch bin, und alle sind Moslems. Ich habe dort keine Rechte. Ich fühle mich manchmal schrecklich, dass wir eigentlich überall Ausländer sind – ich fühle mich zu Hause auch wie eine Ausländerin. Ich fühle mich in Bangladesch nicht sicher. Ich habe immer Angst – um meine Tochter habe ich zum Beispiel Angst. Oder ich habe in unserem Haus Angst, dass die Leute meine Eltern rausschmeißen – das ist auch möglich, weil dort gibt es kein Recht. Wir können gar nichts sagen, weil wir sind ganz wenige. Ich will nicht für immer nach Hause gehen – ich will nicht. Obwohl das mein Land ist, fühle ich mich dort nicht wohl. Wenn man jemanden kennen lernt, fragen die Leute sofort, ob ich Moslemin bin oder eine andere Religion habe. Wenn ich sage, dass ich Moslemin bin, dann ist es okay, aber wenn man eine andere Religion hat, dann sieht es anders aus.

Hier in Wien ist das jetzt auch so. Ich denke, ich bin so weit weg von zu Hause, jetzt sollte von der Religion nicht irgendetwas Negatives kommen. Aber die Leute in unserer Gemeinde – also die Leute aus Bangladesch – fragen auch immer, ob du Moslem oder von einer anderen Religion bist. Manche akzeptieren mich, manche nicht. Manche laden mich nicht ein, weil ich eine andere Religion habe – obwohl wir aus dem gleichen Land kommen. Früher war das nicht so stark. Es kann sein, dass das mit dem 11. September zu tun hat, dass die Moslems seither mehr angefeindet werden und deswegen ihre Religion auch stärker verteidigen – es hat erst vor zwei, drei Jahren angefangen. Wie ich gekommen bin, war es ganz locker, es war nicht so streng. Aber jetzt sind unsere Leute sehr fanatisch geworden – die Frauen gehen zum Beispiel öfter mit dem Kopftuch. Mit vielen von ihnen hatte ich einen guten Kontakt, und jetzt wollen sie mit uns nicht reden oder Kontakt haben, weil wir katholisch sind. Vorher waren wir gute Freunde, sie waren öfter bei uns, wir haben Weihnachten zusammen gefeiert, aber jetzt nicht mehr. Irgendwie, man merkt die Distanz – so wenige wollen zu uns nach Hause kommen, wenn ich sie einlade. Oder wenn ich in der Gesellschaft dieser Leute bin und mit ihnen rede, reden sie immer nur über den Islam. Wir sind alle vom gleichen Land, und ich finde, das ist sehr schade, diese Trennung nur wegen der Religion.

Mein Mann will deswegen eher zurück nach Bangladesch, weil er der einzige Sohn ist, und er hat auch eine eigene Wohnung und keiner lebt dort. Seine Eltern arbeiten noch in Saudi Arabien, aber in ein paar Jahren werden sie sicher nach Hause zurückkommen, und keiner ist bei ihnen. Und deswegen denkt er manchmal, wir gehen zurück und leben mit ihnen. Ich will das eigentlich auf keinen Fall, also zumindest jetzt nicht. Wenn ich dort bin, kann ich auch sicher nicht arbeiten. Das ist für mich sehr schwer. Ich habe dort keinen Uniabschluss gemacht und finde daher sicher kaum einen Job. In dem Bereich, in dem ich jetzt bin, müsste ich wieder weiter ein Diplom machen, und dieser Beruf ist bei uns auch von der Gesellschaft nicht so anerkannt.

Ich habe aber manchmal auch hier das Gefühl, dass ich benachteiligt bin, weil ich aus Bangladesch komme. Das sieht man schon öfter – im Geschäft zum Beispiel –, dass die Leute irgendwie komisch schauen. Ich spüre das. Ich bin nicht von hier, und sie behandeln mich anders. Das macht mich manchmal auch so wütend. Wenn vor mir eine Österreicherin hineingeht, sagen sie „Grüß Gott!", und wenn ich reinkomme, sagt keiner „Grüß Gott!" Das ist öfter passiert. Oder wenn ich in ein teures Geschäft gehe, dann denken manche Leute, dass ich stehlen werde – sie stehen immer hinter mir. Das ist auch nicht so schön. Auch beim Beruf ist es bei uns so – viele alte Leute sind gegen uns. Auf meiner Station sind die meisten Kollegen Ausländer – von den Philippinen, aus Bosnien, Polen, Rumänien, Indien – also aus vielen Ländern. Wir haben zwei Österreicher gehabt, jetzt ist nur noch eine Kollegin Österreicherin. Viele von den alten Leuten denken, wir kommen nur hierher, um Geld zu kassieren, um ihnen ihr Geld wegzunehmen. Und dann sieht man schon, sie sind nicht freundlich, und sie glauben, sie können alles verlangen, was sie wollen. Eine Frau hat mich zum Beispiel gefragt: „Woher kommen Sie?" Und ich habe gesagt: „Ich bin aus Bangladesch." Dann hat sie gefragt: „Wieso sind Sie da?" Sie hat so eine Vorstellung, dort habe ich kein Haus, kein Essen, überhaupt nichts. Und ich bin als Pflegerin hierher gekommen, ich habe bei Leuten gebettelt und einen Job bekommen, und ich arbeite und schicke das Geld nach Hause, und davon leben alle meine Leute. Ich habe dann mit ihr geredet: „Schauen Sie, das stimmt nicht für alle. Für manche schon, aber nicht für alle. Und denken Sie nicht, dass wir von Ihnen betteln. Sie haben eine falsche Vorstellung – wir arbeiten hier und wir sind nicht Ihre Sklaven. Wir müssen auch eine Grenze setzen bei unserer Arbeit. Wenn Sie so viel verlangen, können wir das nicht machen." Viele Leute verlangen zu viel – wie von einem privaten Pfleger. Sie haben kein Verständnis dafür, dass man auch Zeit für die anderen braucht – sie denken nur an sich selber –, und viele haben ein schlechtes Bild von uns. Ich sage manchmal: „Sie müssen Gott danke sagen, dass wir da sind. Sonst müssen Sie ohne Essen, ohne Pflege sterben. Wer wird

Sie pflegen? Keiner!" Das macht mich auch manchmal traurig. Wir arbeiten so hart, aber wenn wir so etwas hören, dann habe ich eigentlich keine Lust, weiterzumachen. Aber manche sind so nett – das kann man gar nicht beschreiben. Wenn ich komme, sind sie froh und fragen: „Wie geht's? Wie war es heute? Was macht die Kleine?" Man kann sagen, die Hälfte ist wirklich lieb, und den Rest kann man schon vergessen.

Ich weiß es nicht, ob die österreichische Gesellschaft auch bestimmte Klischeebilder von mir als asiatischer Frau hat, aber ich glaube, die Leute denken, unsere Frauen sind zu Hause und werden von den Männern unterdrückt. Es ist nicht überall so, aber teilweise stimmt es auch. Manche sagen, dass unsere Frauen sich verstecken, nicht offen sind, dass sie konservativ sind und keinen Kontakt mit anderen haben wollen. Es gibt auch wirklich Frauen, die immer nur in ihrer eigenen Gruppe bleiben wollen. Bei meiner Arbeitsstelle denken alle, dass ich ganz anders bin, weil ich zum Beispiel mit einem Badeanzug schwimmen gehe – von unseren Frauen geht keine mit Badeanzug schwimmen. Oder ich trage eine kurze Hose oder eine ärmellose Bluse, und mein Mann sagt gar nichts. Meine Kollegen meinen immer: „Du bist ganz anders, nicht wie deine Landsleute."

Bevor ich hergekommen bin, habe ich auch Klischeebilder von europäischen Frauen gehabt – eigentlich schlechte Bilder, weil bei uns denkt man, dass die Frauen hier ganz locker sind und irgendwie mit Männern ganz offen. Bei uns haben die Frauen immer Angst, wenn der Mann alleine ins Ausland geht. Sie denken, er kehrt sicher nicht zurück, weil die Frauen hier so schlecht sind. Aber wenn eine Frau dann hierher kommt, sieht sie, dass alles anders ist – es ist nicht so, wie wir unten denken.

➤ Was ich in Bangladesch mag und hier vermisse? Ich vermisse meine Familie, weil ich hier keine Verwandten habe. Ich habe jetzt schon Freunde, aber richtige Verwandte habe ich keine. Und ich vermisse das Essen aus Bangladesch. Hier finde ich nicht alle unsere Speisen, oder ich muss sie kochen, und ich kann auch nicht besonders gut kochen. Wie ich zu Hause war, habe ich meiner Mutter nur beim Gemüseschneiden geholfen oder bei solchen Arbeiten, aber ich habe nie allein gekocht. Das habe ich eigentlich hier gelernt, und deswegen kann ich unser typisches Essen nicht zubereiten. Wenn ich in Bangladesch bin, kocht meine Mutti dann immer, oder meine Schwiegermutter kocht auch sehr gut.

Und wenn ich nach Hause gehe, kann ich alle sehen, alle sind sehr freundlich, es ist sicher wärmer. Die Leute bei uns haben so ein warmes Herz. Wenn irgendein Fremder kommt, geben wir ihm so schnell Nähe. Hier ist das für die Gesellschaft nicht so einfach, einen Fremden anzunehmen. Oder wenn jemand zur Mittagszeit oder zur

Abendzeit zu uns nach Hause kommt, dann muss er mit uns zusammen essen, wir laden ihn immer ein. Ich habe vielleicht kein Essen zu Hause, aber ich will irgendetwas für dich tun, ich will dir irgendetwas geben. Eigentlich tue ich das auch hier, wenn jemand zu mir kommt. Ich tue das Gleiche wie unten, obwohl die Leute hier das nicht machen. Aber das ist eine Gewohnheit von uns.

Meine Wünsche für die Zukunft? Für meine Tochter hoffe ich, dass sie hier eine gute Zukunft hat. Für mich wünsche ich mir eigentlich nichts Besonderes. Ich möchte nur mit meinem Gesang gerne weitermachen. Ich weiß, das ist sehr schwer in einem fremden Land, aber ich werde es versuchen. Wie weit ich kommen kann, weiß ich nicht. Ansonsten habe ich nicht so viele Wünsche – nur ein ruhiges Leben.

Es gibt sehr wenige Leute in Europa, die wirklich wissen, wer wir sind, wie wir sind, welche Wünsche wir haben, wie wir uns selbst sehen

Gespräch mit
Viola Raheb
geb. 1969 in Bethlehem/Palästina, Theologin, Pädagogin und Autorin, lebt seit 2002 in Wien

Ich bin in der Milchgrottestraße in Bethlehem geboren und aufgewachsen. Das ist direkt neben der Geburtskirche, und zu Weihnachten war es für mich immer eine sehr prägende Erfahrung zu sehen, wie das israelische Militär seine Wachposten vor unserer Haustür aufschlägt und 24 Stunden dort bleibt und jeden kontrolliert, der am Heiligabend in die Messe gehen will, aber auch jeden, der zu uns nach Hause auf Besuch kommen will. An vielen Weihnachten war das israelische Militär sogar auch bei uns auf der Terrasse, weil wir direkt gegenüber vom Eingang der Geburtskirche wohnten. Und das drei Mal – zum westlichen Weihnachten, zum östlichen Weihnachten und zum armenischen. Dezember und Jänner war so eine Zeit, die ich nicht gerne mochte, weil meine Bewegungsfreiheit beschränkt war – wenn auch nur für jeweils 24 Stunden.

Dann ist für mich eine der prägendsten Erfahrungen in Palästina die gewesen, als zwei meiner Schulkameraden Mitte der 80er Jahre für ein Jahr in israelische Administrativhaft gesteckt wurden – ohne Gerichtsverhandlung und ohne Anklage und nur deswegen, weil sie palästinensische Literatur gelesen hatten, was damals verboten war. Und bei diesem Fall habe ich mich zum ersten Mal entschlossen – da war ich fünfzehn –, mich öffentlich zu diesem Thema zu äußern, was ebenfalls verboten war. Und so habe ich meinen ersten Auftritt im deutschen Fernsehen gehabt, ohne zu wissen, welche Folgen das für mein Leben haben wird. Ich glaube, das war für mich der Beginn meines Engagements, und das war entscheidend für den Weg, den ich später genommen habe.

Was natürlich auch für mich persönlich sehr wichtig war, war dieser ganze Prozess von Hoffnung auf Freiheit und Frieden und von der Erfahrung der Zerstörung dieser Hoffnung, die wir als palästinensisches Volk erlebten und immer noch erleben: Die erste Intifada, die im Dezember 1987 ausbrach, war sozusagen der Beginn einer Hoffnung, dass sich etwas ändern wird. Intifada heißt im Arabischen Abschüttelung, und ich glaube, das ist zutreffend für das, was geschah. Man wollte die israelische Besatzung von sich abschütteln. Als der Nationalrat der PLO am 15. November 1988 in Algerien den Palästinastaat ausgerufen hat, waren wir alle unter Ausgangssperre, durften nicht aus dem Haus raus. Der Strom war abgekappt, und ich weiß noch, ich saß mit meinem Bruder und mit meiner Mutter, und wir hatten so ein ganz kleines Radio, das mit Batterien funktioniert, und wir haben dann die Rede von Arafat gehört, wo er sagt: „Im Namen Gottes und des palästinensischen Volkes rufen wir hiermit den Staat Palästina aus." Ganz Bethlehem war ohne Strom, die Leute haben keinen Zugang zu Fernsehen oder zu Radio gehabt, aber alle hatten Batterien. Und genau an der Stelle der Rede, genau in dem Moment – du konntest das sehen – haben die Leute angefangen, zu singen, und einige sind auf die Dächer gegangen, um zu tanzen. Es war so ein Moment des Aufatmens – unser Leben wird nicht bei der Besatzung stehen bleiben. Das war die Hoffnung, die mit der ersten Intifada begann.

Dann die Friedensverhandlungen – ich war damals zwar nicht in Palästina, aber ich weiß, dass gerade '93 bei der Unterzeichnung von Oslo I die Mehrheit der Menschen mit Olivenzweigen auf die Straße ging und die israelischen Soldaten damit beschenkte, weil diese Sehnsucht nach Freiheit, nach einem normalen Leben, danach, als Mensch anerkannt zu werden, so groß war. Dass die Friedenshoffnungen zunichte gemacht wurden, das ist eine sehr schleppende Erfahrung gewesen. Man muss sich vorstellen – zwischen '93 und 2000, wo die zweite Intifada losging, sind zig Verträge unterschrieben worden, wo jeder eigentlich eine Verschlechterung des vorigen davor war. Und bei jedem Vertrag, bei jedem neuen Abkommen wussten wir, dass der Friedensprozess gescheitert ist. Die zweite Intifada war am Anfang ganz ähnlich wie die erste Intifada, auch eine Massenbewegung, und die Brutalität, mit der Israel dagegen vorgegangen ist, hat uns einfach völlig überrascht. In den ersten paar Wochen, wo es noch keine Attentate gab – es waren nur Massendemonstrationen –, sind prozentual gesehen viel mehr Menschen durch die israelische Politik ums Leben gekommen als in der Zeit danach. Und da haben wir auf einmal erkannt, dass auch das, was wir bis dahin erzielt hatten – obwohl das sehr wenig war – eigentlich eine Illusion ist. Wir haben zwar eine Autonomie, aber eine Autonomie, die jede Sekunde wieder von Israel entzogen werden kann.

Und dann war im Jahr 2002 die vierzigtägige Belagerung Bethlehems auch so eine prägende Erfahrung für mich: Vierzig Tage lang eingesperrt zu sein, abgekapselt von der Welt und keine Kraft zu haben, am Morgen aufzustehen, weil es keinen Sinn gemacht hat, aufzustehen, weil der Tag nichts mit sich bringen würde. Im April 2002 hatte das israelische Militär meine Wohnung besetzt und als Militärstützpunkt benutzt, und ich war anderthalb Kilometer entfernt, aber nicht in der Lage, in meine Wohnung zu gehen. Ich war bei meinem Bruder, wir waren sieben Personen in einem Haus – in einem der am schwersten umkämpften Teile Bethlehems – und haben versucht, einfach am Leben zu bleiben, während um uns herum die ganze Zeit bombardiert und geschossen wurde. Wir haben versucht, nicht zu verzweifeln, auch wenn Telefon und Strom und Wasser und alles abgekappt wird. An manchen Tagen zurecht zu kommen, auch wenn man nur ein paar Stück trockenes Brot hat. Eine Hoffnung für mich war, dass viele Freunde – wenn das Telefon dann eine Zeitlang ging – angerufen haben und gesagt haben, dass sie an uns denken und dass sie uns Kraft wünschen, da durchzugehen. Aber im Nachhinein kannst du viel sagen, in der Situation drin ist es sehr schwierig, noch irgendeinen Sinn zu finden für all das, was du durchmachst. Wir haben nur die Nachrichten verfolgt – wird jetzt weiterverhandelt oder wird nicht verhandelt über die rund zweihundert Leute, die in der Geburtskirche eingesperrt sind? Was wird aus ihnen werden? Werden sie freigelassen oder werden sie im Gefängnis landen? Wird die Ausgangssperre aufgehoben oder nicht? Diese ständige Auseinandersetzung mit Sachen, die nicht in deiner Hand liegen, macht es so schwer, irgendwo noch einen Bewegungsfreiraum für dich zu entdecken, zu sehen, dass du noch irgendetwas von deinem Leben kontrollieren kannst, selbst bestimmen kannst.

Aber meine ganzen Erlebnisse, die ich in Palästina hatte, seitdem ich meine Umwelt und mich selbst wahrnehme, waren immer von der Besatzung geprägt, und für mich war eine sehr entscheidende Frage schon sehr früh – wie begreife ich mich in diesem Ganzen? Begreife ich mich als Opfer, und kann ich mit diesem Selbstverständnis leben, oder begreife ich mich als jemand, der auch Einfluss auf die Gesellschaft und sein eigenes Leben hat? Ich fand für mich immer die emotionale Befreiung darin, dass ich in ganz konkreten Situationen die Gleichung umdrehen konnte. Ich habe oft zu Soldaten, die mich schikaniert haben – gerade auf dem Weg zu meiner Arbeit in Jerusalem – gesagt: „Ihr könnt alles machen, ihr könnt mich schlagen, mich zurückschicken, mich einsperren. Ihr könnt machen, was ihr wollt. Eins werdet ihr nie machen können – mich dahin zu bringen, euch zu hassen. Die Macht darüber habe ich und ich werde sie nicht aus der Hand geben." Ich habe deshalb auch in der Zeit der Belagerung einen Brief an die Soldaten in meiner Wohnung geschrieben – als einen Akt der Befreiung von all den negativen Gefühlen, die sich in mir fest gemacht hatten.

Wenn ich jetzt zurückblicke in meinem eigenen Leben, dann ist es am schmerzvollsten zu erkennen, dass einem Jahre geraubt wurden, dass einem die Kindheit geraubt wurde, dass einem das Leben wirklich geraubt wurde. Ich habe nur wenige Erinnerungen an Tage, wo ich gespielt habe, oder wo ich einen Ausflug gemacht habe, oder wo wir irgendwas Lustiges unternommen haben. Aber trotzdem habe ich schöne Erfahrungen gemacht. In der Straße, in der ich aufgewachsen bin, haben viele ältere Leute gewohnt, die keine Kinder hatten. Und ich weiß, dass ich immer, wenn ich von der Schule gekommen bin, zuerst nach Hause gegangen bin und geschaut habe, was meine Mutter gekocht hat. Wenn's mir nicht gefallen hat, dann bin ich über die Dächer zu den Nachbarn gegangen und habe geschaut, was die zum Mittagessen hatten. Wenn es mir gefiel, dann blieb ich, und wenn nicht, dann ging ich weiter über die Dächer, und irgendwo habe ich ein Gericht gefunden, das mich angesprochen hat, und dann habe ich dort zu Mittag gegessen. Das sind so Erinnerungen, die ich sehr stark mit mir trage. Dieses Bild von dem kleinen Mädchen, das über die Dächer geht. Und bis jetzt – wenn ich in Bethlehem bin und meine Nachbarn besuche, benutze ich die Leiter und gehe einfach über die Dächer rüber. Es ist mir zu umständlich, auf der Straße zu gehen und dann zu klingeln und die Treppen hoch zu steigen.

▶ Die Erwartungshaltungen der palästinensischen Gesellschaft an Frauen sind ganz gemischt – es gibt dazu nicht wirklich so eine einheitliche Perspektive. Die Situation und die Rolle der Frau hängen sehr davon ab, aus welcher Familie du stammst, was die Eltern gemacht haben, ob du auf dem Dorf oder in einer Stadt gelebt hast, zu welcher Schule du gegangen bist, wieweit du studiert hast. Aber grundsätzlich wird eine Frau in der arabischen Welt insgesamt und in Palästina nicht anders dann als volle Frau angesehen, wenn sie eine Ehefrau ist, eine Mutter und vor allem eine Mutter von Söhnen. Das heißt, du kannst auch Staatspräsidentin werden, aber du hast für die Gesellschaft dennoch nicht das erlangt, was eine Frau ausmacht – und das hat wiederum mit unserem Kontext zu tun. Die Kinder sind das Sozialversicherungsnetz, das fehlt, und deshalb ist es wichtig, Kinder zu haben. Oft haben mich die Leute gefragt: „Wer wird sich um dich kümmern, wenn du alt bist? Wer wird für dich da sein?" Dein Frausein gelingt dir also primär durch die Ehe und die Mutterschaft. Und dann kannst du politisch aktiv sein, und du kannst studieren und arbeiten – viele Frauen in Palästina sind berufstätig. Dabei ist aber das Problem, dass die Mehrheit in frauendominierten Berufen arbeitet. Es gibt auch welche, die es in männerdominierten Berufen geschafft haben, aber das sind eher die Ausnahmen. Lehrerin, Krankenschwester, Sekretärin, Kindergärtnerin – das sind Berufe, die von der Gesellschaft für die Frauen eine hohe Akzeptanz haben.

Politisch waren die palästinensischen Frauen schon sehr früh aktiv. Bereits 1917 hat die erste Frauenunion Palästinas landesweit zu einer Versammlung aufgerufen, das heißt, noch zu der Zeit des britischen Mandats, und das ist auch verglichen mit Europa sehr früh. Die politischen Parteien und die Gesellschaft haben von den Frauen erwartet, dass sie sich der Widerstandsbewegung anschließen und aktiv mitarbeiten an der Errichtung eines palästinensischen Staates. Und die Frauen haben in einer Euphorie, dass mit der nationalen Befreiung auch eine Frauenbefreiung kommt, der politischen Frage immer eine Priorität gegeben gegenüber ihrer Frauenfrage. Das war meiner Meinung nach einer der strategischen Fehler.

Vielleicht habe ich selbst mich genau deshalb so entwickelt, weil der gesellschaftliche Druck, mich in eine fest definierte Rolle zu setzen, mich so bedrückt hat, dass ich mich davon befreit habe. Diese Rolle hätte so ausgeschaut, dass ich nach meinem Abitur heiraten hätte sollen – das war ein Thema von der Großfamilie, nicht von meiner kleinen Familie –, eine Familie aufbaue und Kinder bekomme. Ich weiß, dass sich meine Mutter oft mit der Frage gequält hat, was sie falsch gemacht hat, dass ich so geworden bin, wie ich geworden bin, dass ich für meinen Beruf lebe, und dass ich immer unterwegs bin auf Vorträgen.

Insgesamt bin ich aber wirklich glücklich über meine Familie und darüber, wie sie mit mir als Mädchen umgegangen ist. Mein Vater hat mit siebenundfünfzig das erste Mal geheiratet. Als ich zur Welt kam, war er vierundsechzig, und er war ein Mann in einer arabischen Gesellschaft, die immer auf männliche Nachkommen orientiert war. Er wollte aber ein Mädchen. Ich kannte ihn zwar kaum, weil er starb, als ich viereinhalb war, aber das ist etwas, was mich sehr geformt hat – die Erzählungen der Leute, wie mein Vater reagiert hat, als ich zur Welt kam.

Ich habe dann eine Patentante bekommen, die eine katholische Nonne war, und die, solange sie lebte – also bis zu meinem siebzehnten Lebensjahr –, jeden Tag für mich in der Geburtskirche eine Kerze angezündet hat, mit der Bitte, dass Gott mir die Kraft geben möge, dass niemand über mich herrschen kann, oder dass mich niemand kontrollieren kann. Und das ist ein Bild, das auch bei mir geblieben ist. Ich war oft mit ihr in der Kirche, und ich weiß, es gab immer eine Diskussion zwischen ihr und meiner Mama, weil meine Mutter gesagt hat: „Du betest, dass sie stark wird, und wir müssen letztendlich damit zurecht kommen." Meine Patentante ist mit Sicherheit eine Frau gewesen, die sehr bewusst und sehr dominant und sehr stark mich als Mädchen gefördert hat. Sie hat das wirklich ihr Leben lang gezielt durchgezogen.

Meine Mutter hat gearbeitet. Sie war eine allein erziehende Mutter mit zwei Kindern, die jung verwitwet wurde und viel geleistet hat, um mir und meinem Bruder eine gute Schulbildung zu ermöglichen und uns später dann ins Ausland zu schicken, damit wir studieren. Sie hat bis zur Ehe als Blindenlehrerin gearbeitet und später, als mein Vater starb, in einer Nudelfabrik – eigentlich fast, bis ich mein Abitur abgelegt habe. Ich fand es schon spannend, dass meine Mutter berufstätig war, bevor sie geheiratet hat, und zwar in einer Zeit, wo es nicht so selbstverständlich war, dass Frauen berufstätig sind. Sie hat in einem unkonventionellen Beruf gearbeitet, und sie hat auch gestreikt, was Heiraten angeht – sie hat erst sehr spät geheiratet, weil sie eher für ihren Beruf leben wollte. Zwischen uns gab es immer eine Diskussion, und zwar wenn sie sagte: „Du musst jetzt heiraten, du bist jetzt in dem Alter", da habe ich gesagt: „Du hast auch nicht in dem Alter geheiratet." Auch wenn sie's mir nie wirklich so als Erziehung mitgegeben hat, aber in ihrer Person war für mich eine Lehre, die ich für mich gezogen habe. Das sind alles Erfahrungen, die entscheidend dafür waren, wie ich letztendlich geworden bin, und welche Rolle ich auch für mich entwickelt habe.

Ich habe auch in jeder Lebensphase Leitfiguren gehabt. Für mich sind das Leute, die mich dazu gebracht haben, mein Leben und meinen Weg anders zu sehen, andere Sachen zu versuchen. Mein Vater ist so eine Person, obwohl ich meinen Vater nicht kenne, aber vor allem zwei Geschichten, die ich über ihn gehört habe, waren für mich so richtungsweisend. Erstens haben mir alle erzählt, dass er immer gesagt hat: „Tu das, woran du glaubst, und kümmere dich nicht so sehr darum, was die Leute sagen, denn die Leute werden sowieso über dich reden. Und sie werden irgendwann auch wieder aufhören, zu reden." Das hat mich stark beeinflusst in meinem Leben, weil ich oft Dinge gemacht habe, mit denen die Mehrheit nicht einverstanden war. Und ich habe auch erfahren, das ist tatsächlich so – die Leute haben geredet und gelästert, und dann haben sie sich wieder beruhigt beziehungsweise sich einem anderen Thema gewidmet, aber ich konnte damit leben, weil es meine Entscheidung war. Die zweite Sache von meinem Vater ist, dass er daran geglaubt hat, dass der Mensch im Kerninneren gut ist – auch wenn wir ihn als Feind oder als Gegner empfinden –, und dass wir es nie aufgeben dürfen, dieses Gute im anderen zu suchen. Und auch das ist etwas, was mir sehr geholfen hat bei meiner Arbeit bezüglich Israel – Palästina.

Mein Bruder ist auch eine der Personen, die für mich Leitfiguren sind. Er ist mein Bruder, er ist mein Vater, er ist mein Freund. Er ist sieben Jahre älter als ich. Als mein Vater starb, war er gerade elf, und er hat sehr viel Verantwortung übernehmen müssen. Mein Vater hatte eine Bibliothek und eine Buchhandlung, die er selbst aufgebaut hat. Nach seinem Tod ist mein Bruder morgens in die Schule gegangen, und nach dem Unterricht hat er dann noch fast ein Jahr lang die Buchhandlung betreut. Er hat viel im Haus mitgeholfen, aber er ist auch früh ins Ausland gegangen, um zu studieren – damals war ich elf. Und als er dann zurückkam, bin ich ins Ausland gegangen.

Ich teile mit ihm so viel, ich bin mit ihm seelisch, nicht nur verwandtschaftlich sehr verwandt. Wir sind einander in vielen Sachen ähnlich – in der Art und Weise, wie wir die Umwelt und unsere Arbeit wahrnehmen, welche Verantwortung wir für uns selbst definieren. Wir glauben beide, dass wir einen Auftrag haben, etwas zu leisten, eine Veränderung einzubringen, und dass es möglich ist, in unserer Heimat in Frieden zu leben – vielleicht nicht mehr in unserem Leben, aber vielleicht für die Generation unserer Kinder oder Kindeskinder, und dass wir deswegen genau jetzt und hier handeln müssen.

Meine Vorstellung von einem erfüllten Leben als Frau, bevor ich nach Deutschland gegangen bin? Ich wollte studieren, ich wollte mein Leben selbst entwickeln, für mich selbst die Entscheidungen treffen können, ja, und die Welt kennen lernen – das waren so die Sachen, die mich bewegt haben. Ehe und Kinder und Familie standen für mich überhaupt nicht zur Diskussion, deshalb habe ich mich auch dagegen gewehrt, zu heiraten. Ich habe mich dagegen entschieden, aber nicht nur, als ich zwanzig war, ich habe auch mit dreißig gesagt: „Ich will nicht heiraten, ich will etwas für die Gesell-

schaft machen, ich will etwas aufbauen, ich will meine Aufgabe für Palästina in Europa wahrnehmen."
➤ Ich habe '87 mein Abitur abgelegt und habe dann die Uni Bethlehem besucht. Nach drei Monaten begann die erste Intifada, die Universitäten wurden geschlossen, und ich habe über ein Jahr als Kindergärtnerin gearbeitet. Die Schulen und Kindergärten waren ebenfalls per Militärgesetz geschlossen worden, aber es gab eine Bevölkerungsinitiative, die Kinder in Häusern, in Kirchen, in Gemeindezentren zu unterrichten.

'89 bin ich dann nach Deutschland gegangen. Ich war davor schon in Deutschland, es hat mir sehr gut gefallen. Ich habe eine Liebe zur deutschen Sprache gehabt – ich hatte etwas Deutsch in der Schule, aber es war nicht wirklich so gut, dass ich mich damit auch im Alltag bewegen konnte – und ich habe ein Stipendium von Deutschland bekommen. Ich habe fast sechs Jahre in Heidelberg verbracht und Theologie und Erziehungswissenschaften studiert.

Ich habe mich bewusst dafür entschieden, in Heidelberg zu studieren, weil es dort keine große arabische Studentengemeinschaft gibt. Ich habe viele Praktika in Altersheimen und in psychotherapeutischen Institutionen gemacht. Ich habe in WGs nur mit Deutschen gemeinsam gelebt – ich wollte wirklich Einblick in die deutsche Gesellschaft haben. Das Studium war an sich sehr spannend und gleichzeitig so schwierig, weil das deutsche System eigentlich ein System ist, das gut dazu geeignet ist, dass die Leute sich darin verlieren. Du fängst an, zu studieren, niemand sagt dir, welche Sachen relevant sind, welche Seminare du zuerst nehmen sollst. Am Anfang war es auch schwer für mich, überhaupt mit den anderen auf einen gleichen Stand zu kommen. Egal jetzt, über welches Thema wir geredet haben – die ganze westliche Kultur, die Geschichte, die lateinische Sprache –, all das war für meine Kollegen bereits von der Schule her ein Begriff, und ich musste es nachholen, während ich schon studiert habe. Dieses Studium zu schaffen, war für mich eine Herausforderung, und ich hab's auch so angesehen. Und das nicht in zwanzig Jahren zu schaffen, sondern wirklich in der vorgesehenen Zeit. Ich habe mich selbst unter Druck gesetzt, ich dachte, ich will mir etwas beweisen – heute würde ich das viel lockerer nehmen.

Die Gesellschaft war für mich am Anfang auch schwierig. Ich weiß bis jetzt einige Sachen, die mich sehr bewegt haben – zum Beispiel dieses individualistisch geprägte, auf sich zentrierte Verhalten, das ich von zu Hause nicht kannte, war für mich so irritierend. Manchmal, wenn ich für Mitstudenten gekocht habe, haben sie sich gefragt, was ich von ihnen wollte, oder wie viel sie zahlen sollten. Sie konnten damit nicht zurecht kommen, und ich war nicht gewohnt, alleine zu essen – das war die Kultur, aus der ich kam! Es war auch eine ganz schwierige Erfahrung zu erkennen, wenn man krank ist, da ist niemand, da ist wirklich keine Gemeinschaft, die einen mitträgt. Es war hart, fünfeinhalb Jahre weg von der Familie zu sein, in einer völlig anderen Umwelt zu leben. Und noch dazu war ich während des ersten Golfkriegs in Deutschland. Das war eine höllische Zeit – alle Palästinenser waren verdächtig, bei vielen wurden die Wohnungen durchsucht, sie mussten sich bei der Polizei melden.

Und dennoch – im Nachhinein sage ich, mein Aufenthalt in Deutschland war für mich eine der wichtigsten Erfahrungen. Er hat mich bis jetzt sehr geprägt. Ein Teil von mir ist deutsch, und ein Teil von mir ist palästinensisch, und beide gehören untrennbar zu mir. Das ganze systematische Denken ist in Deutschland so forciert worden. Oder ich habe einen anderen Umgang mit Zeit gelernt. In Palästina lachen die Leute immer, wenn ich bei einer Sitzung oder bei einem Vortrag meine Uhr vor mich hinlege.

Natürlich ist auch meine Entwicklung als Frau von der deutschen Gesellschaft beeinflusst worden. Es gibt zum Beispiel starke Frauenfiguren, die mich sehr angesprochen haben wie Dorothee Sölle als eine Frau, die in der Lage war, über die Zäune hinweg zu schauen, sich für eine andere Welt, nicht nur in ihrem Umfeld, sondern auch weltweit einzusetzen. Sie hatte diese solidarische Gemeinschaft begriffen. Auch die Trümmerfrauen haben mich beeindruckt, und gleichzeitig habe ich die Parallelen zu unserer Situation erkennen können – dass nach politischen Veränderungen die Frauen oft gut sind für die Trümmerarbeit, aber nicht, wenn es um politische Positionierungen geht.

Ich bin '95 nach Palästina zurückgegangen und war dort bis September 2002. Ich wollte nach meinem Studium wieder zurück, das war für mich immer klar. Ich habe zuerst in Bethlehem im Internationalen Begegnungszentrum gearbeitet. Ich war bei dem Team, das es aufgebaut hat, und habe dort vor allem Frauenarbeit und Erwachsenenbildung gemacht. Ein paar Monate später wurde ich von der Kirche kontaktiert, ob ich nicht in die Schulverwaltung gehen will, und habe dann für die Schulen gearbeitet. Ich war von '95 bis '98 stellvertretende Schulrätin für die lutherischen Schulen in Palästina und Jordanien, und '98 bin ich Schulrätin geworden – das entspricht der höchsten Stelle im Landesschulrat – und habe die Schulen bis September 2002 geleitet. Ich war die erste Frau, die an diese Stelle gelangt ist, und ich war sehr jung - ich war fünfundzwanzig –, und das war für die Gesellschaft einfach unvorstellbar. Die Schulleiter, für die ich verantwortlich war, waren alle Männer, waren alle über fünfzig, und das hat nicht in ihr Bild passen können. Und trotzdem sind sie ein Stück mit mir gegangen und mit langem Atem meinerseits war letztendlich eine Anerkennung da.

Ehrenamtlich habe ich weiterhin im Zentrum in Bethlehem gearbeitet – hauptsächlich im Bereich Frauenarbeit und ich habe die Abteilung für Erwachsenenbildung und interkulturelle Arbeit sieben Jahre lang geleitet. Wir haben mit verschiedenen Ländern kooperiert. Am Anfang war der deutschsprachige Raum ein Schwerpunkt, vor allem Deutschland und die Schweiz. Wir haben viel mit den USA gemacht und später auch sehr viel Süd-Süd-Austausch. Das war immer von der politischen Situation abhängig – wer darf einreisen, an welchen Veranstaltungen können unsere Leute im Ausland teilnehmen. Am Anfang war es einfacher, in den letzten drei Jahren ist dieser internationale Austausch fast unmöglich geworden. Und das ist die Aufgabe, mit der ich mich identifiziert habe, wo ich in der Gesellschaft das machen konnte, was ich mir immer gewünscht habe, und es fiel mir am schwersten, diese Arbeit aufzugeben.

Ich bin jetzt seit September 2002 in Wien. Ich bin hierher gekommen, nachdem ich Marwan kennen gelernt habe und mich für diese Beziehung entschieden habe. Die Entscheidung, meine Heimat zu verlassen, ist die schwierigste meines Lebens gewesen. Am Anfang war das für mich sehr hart – ich habe meinen Beruf verlassen, ich habe meine Familie verlassen, und ich kam hierher und fiel erst in ein großes Loch.

Im Moment lerne ich wieder wie ein Kind Sachen, die ich verlernt habe. Dass ich mein eigenes Leben wieder planen kann. Dass ich wieder Dingen nachgehen kann, die mir Freude machen – kulturelles Leben zum Beispiel. Dass ich wieder in meinem Leben vorkomme als Person. Natürlich mache ich mir Sorgen um meine Familie, und es ist schwer verkraftbar, dass ich weiß, ich bin jetzt in einem gesicherten Zuhause und meine Familie nicht. Aber ich kann mich jetzt frei bewegen und viel mehr unterwegs sein in Sachen Palästinas, als ich es unten war. Und das gibt mir wieder Kraft und die Hoffnung, dass mein Hier-Sein nicht eine Trennung ist von dem, was mir am Herzen liegt. Ich habe seit September 2002 viele Vortragsreisen in ganz Europa gemacht, ich habe viel publiziert. Bis jetzt sind meine Hauptwirkungsgebiete Deutschland und die Schweiz und immer wieder punktuell Österreich. Einerseits braucht es noch Zeit, um hier etwas aufzubauen. Andererseits ist Palästina hier kein Thema, die Leute wissen so wenig drüber – und die Mehrheit will auch nichts wissen. Dafür ist die Auseinandersetzung mit der eigenen Geschichte zu belastend, und es lebt sich natürlich einfacher, wenn man sich mit dieser Geschichte nicht auseinandersetzt, und wenn man nicht durch andere daran erinnert wird oder dazu aufgefordert wird, eine Position zu beziehen. Das ist ganz anders als in

Deutschland, wo ein geschichtlicher Prozess im Gange war, und die Menschen erkannt haben, dass sie Verantwortung für die Geschichte tragen, und dass sie eben nicht Opfer waren. Am Anfang wurde in Deutschland Palästina auch ausgeklammert, weil es in der ersten Auseinandersetzung hauptsächlich um die Frage der Juden ging und um die Frage des Staates Israel. Die Entwicklung hin zum Interesse an Palästina ist eine Entwicklung der letzten zehn, fünfzehn Jahre, aber die war nur möglich, weil vorher eine geschichtliche Auseinandersetzung, was die eigene Situation anging, stattgefunden hat.

Aber ich finde Österreich auch sehr interessant, ganz anders als Deutschland, in vielerlei Hinsichten. Österreich hat einen anderen Rhythmus. Das merkt man, wenn man auf der Straße geht und sieht, dass die Leute nicht so hektisch sind, was nicht heißt, dass sie weniger arbeiten, sondern dass sie einfach die Zeit anders wahrnehmen. Immer wenn ich an diesen Straßencafés vorbeigehe, erinnere ich mich an die kleinen Cafés im arabischen Raum, wo die Leute Zeit verbringen, um miteinander zu reden. Ich finde, Österreich ist für mich sehr einladend als jemand, der neu hier einsteigt, der aber die Sprache kann. Das ist für mich eine wirklich erstaunliche Erfahrung gewesen, dass die Österreicher viel eher honorieren, wenn ein Ausländer die Sprache spricht als es in Deutschland der Fall ist. Und die Vielfalt, die Märkte – dieses interkulturelle Leben in Wien ist faszinierend.

Meine Erfolge? Als Erfolg würde ich bezeichnen, dass ich mich trotz der Erfahrungen von Gewalt für Gewaltlosigkeit einsetze. Natürlich war es schwierig für mich, unter Besatzung und Erniedrigung geboren und aufgewachsen zu sein und Demütigung fast Tag für Tag zu erleben. Aber dennoch nicht an den Punkt der Verzweiflung zu gelangen, ist gerade das, was diese schwierigen Erfahrungen wiederum so bereichernd macht. Und dann ist es auch ein Erfolg, dass ich jetzt erkannt habe, wenn ich in meinem Leben vorkomme, und wenn ich mein persönliches Leben bejahe, dann ist es nicht eine Verneinung des Eintretens und des Engagements für die palästinensische Sache.

➢ Ich glaube nicht, dass ich in Österreich gewisse Dinge als Frau verwirklichen kann, die mir in Palästina nicht möglich waren. Ich habe sehr viel in Palästina verwirklichen können, was in Österreich vielleicht viel schwieriger wäre. Ich weiß nicht, ob es in Österreich so einfach ist, eine fünfundzwanzigjährige Schulrätin einzusetzen. Ich glaube auch nicht, dass ich hier im Gegensatz zu dort mein Privatleben ohne große Beeinflussung durch die Umgebung leben kann – es geschieht hier einfach anders. Auch hier nehmen die Leute teil am persönlichen Leben und natürlich wissen sie, warum ich hier bin, und dass ich nach der Ehe hierher umgezogen bin, und mit wem ich verheiratet bin, und was mein Mann macht. Und alle wollen wissen, wie ich ihn kennen gelernt habe – das heißt, diese Abschottung des persönlichen Lebens ist auch hier nicht gegeben. Was Rechte angeht – hier habe ich kein Recht, zu wählen – das ist etwas, was ich eindeutig verloren habe. Dort habe ich eine Stimme, ich habe einen Pass – hier wird meine Staatsbürgerschaft als Palästinenserin nicht anerkannt. Für die Behörden bin ich, was meine Staatsbürgerschaft angeht, nicht einzuordnen.

Aber es ist mir auch klar, dass ich hier einen Vorteil habe, und das ist, dass ich in politischer Sicherheit lebe, und dass ich nicht mehr so viel Energie auf ganz banale, kleine Alltagssachen zu verwenden brauche, wie ich das dort gemacht habe.

Ich würde nicht sagen, dass es bestimmte Bereiche in Österreich gibt, wo ich als palästinensische Frau benachteiligt bin, aber als Ausländerin denke ich schon. Manchmal nehmen sich die Leute nicht die Zeit, zu wissen, wer du bist, ob du die Sprache sprichst. Manchmal wirst du eingeordnet aufgrund deines Aussehens. Was ich schade finde, ist, dass es zu wenige echte Begegnungen gibt, wo die Vielfalt, die hier existiert, wirklich positiv für die Entwicklung dieses Landes eingesetzt wird. Zum Beispiel gibt es wenige Frauenorganisationen, die interkulturell mit den verschiedenen Frauengruppierungen arbeiten, ohne dass es jetzt Sozialarbeit ist. Es wäre zum Beispiel eine Bereicherung, die Frauen aus den verschiedenen Ländern, die hier sind, zusammenzubringen, damit sie gemeinsam darüber nachdenken, was Feminismus für sie heißt. Und dann müsste man überlegen: Was können wir mit dieser Vielfalt machen, was die Situation der Frau hier verbessert? Es gibt zahlreiche Möglichkeiten, es fehlt an einem politischen Willen, das wirklich umzusetzen.

Bevor ich aus Palästina weggegangen bin, hatte ich schon Klischeebilder von europäischen Frauen. Ich habe immer gedacht, die europäischen Frauen haben es viel besser als wir, was ihre Rechte angeht, was ihre Rolle angeht. Und davon war ich geheilt nach meinem Studium in Deutschland, weil ich gelernt habe und erfahren habe, dass es gar nicht wirklich besser ist, und dass das ein Vorurteil ist, das in unseren Köpfen hauptsächlich durch die Medien präsent ist, und dass man da ganz differenziert hinschauen muss. Zum Beispiel dachte ich immer, was Fragen der Arbeit von Frauen angeht, da sind die europäischen Frauen privilegierter als wir. Erst durch die Einsicht in die Gesellschaft habe ich verstanden, das Problem mit den frauendominierten Berufen ist in Europa genauso präsent. Das erkennen wir aber nicht, weil wir keinen tiefen Einblick in die Gesellschaft haben. Oder die ganze Frage, ob es die Definition des Lebens durch die Ehe- und Mutterrolle ist, die bei uns den Frauen ihre Freiheit und ihre Möglichkeiten wegnimmt. Hier können die Frauen sich zwar entscheiden, nicht zu heiraten, in einer Partnerschaft zu leben oder allein erziehend zu sein, aber dafür haben sie ja genauso gesellschaftliche Fesseln. Eine allein erziehende Mutter muss hier sehen, wie sie wirtschaftlich überlebt, wie sie trotzdem beruflich Karriere machen kann, während sich bei uns keine verheiratete Frau mit Kindern mit diesen Fragen auseinandersetzen muss. Im Kern unterscheidet sich das wirklich nicht so sehr.

Ich glaube auch auf jeden Fall, dass man von mir als palästinensischer, als arabischer Frau Klischeebilder hat. Das hat mein Leben in Deutschland stark geprägt und auch meine Erfahrungen hier. Viele Leute, die mir jetzt zum Beispiel auf einer öffentlichen Veranstaltung begegnen, die werden mit einem Bild konfrontiert, mit dem sie nicht viel anfangen können. Da haben wir eine Frau, die ist Christin, die ist in Europa ausgebildet, sie spricht deutsch, sie weiß etwas von der Gesellschaft hier, engagiert sich in der Öffentlichkeit – so richtig mich irgendwo einzuordnen, ist sehr schwierig. Dann nimmt man eher an, ja gut, das ist eine Ausnahme – so erlebe ich das oft.

Ich sage immer, es gibt drei Zugänge zu arabischen Frauen in Europa. Für die einen sind wir Exoten, und man verbindet mit uns 1001 Nacht. Für die anderen sind wir die armen, unterdrückten, nicht feministischen Frauen, die mit Kopftuch oder verschleiert mit gewölbtem Bauch hinter dem Herd stehen. Die dritten wissen nicht wirklich, was sie mit uns anfangen können und stehen uns gegenüber völlig gleichgültig. Es gibt sehr wenige Leute in Europa, die wirklich wissen, wer wir sind, wie wir sind, welche Wünsche wir haben, wie wir uns selbst sehen. Und weil sie wenig von uns wissen, sind sie so in Vorurteilen verhaftet, dass sie nur das Negative sehen und denken, dass sie viel besser dran sind. Aber die Mehrheit der DozentInnen an den Unis bei uns sind Frauen und nicht Männer. Das ist hier noch ein männlich dominierter Beruf. In Palästina sind die Frauen sehr gut ausgebildet, eigentlich weitaus besser ausgebildet als die Männer. Die Anzahl der Akademikerinnen ist höher als die Anzahl der Akademiker. Oder, „Gleicher Lohn für gleiche Arbeit!" ist hier ein Thema, während das bei uns kein Thema ist, weil bei uns alle gleich entlohnt werden, unabhängig, ob sie Mann oder Frau sind. Arbeitende Mütter können auf die Großfamilie vertrauen, um berufstätig zu sein. Palästinensische Frauen sind zum Beispiel oft in Frauenbasisbewegungen organisiert, um sich für ihre Rechte einzusetzen und sie konnten so für sie negative Beschlüsse, die von politischer Seite kamen, verändern.

Was das persönliche Statusrecht anbetrifft, gibt es hier natürlich weit mehr Vorteile für Frauen als in den arabischen Ländern und in Palästina – zum Beispiel was das Scheidungsrecht, Erbschaft, Kinderfürsorge und all diese Sachen angeht. Und gleichzeitig weiß ich nicht wirklich, ob das für mich so etwas ist, worauf ich mich freuen kann. Zum Beispiel sind Kinder für mich keine Frage von irgendwelchem Eigentum, wo man per Gesetz abhakt, wer die Fürsorge für sie hat, sondern da sind zwei Leute, die Kinder in die Welt gesetzt haben und die die Verantwortung gemeinsam tragen müssen, auch wenn sie nicht mehr in einer Gemeinschaft leben. Für mich geht es nicht so sehr um die Gesetzgebung, sondern vielmehr um den Platz des Menschen in der Gesetzgebung.

➢ Was ich in Palästina besonders schätze? Ich würde sagen, du lernst den Wert der Dinge kennen, wenn du mit etwas anderem konfrontiert bist. Mir ist durch mein Leben in Deutschland, in der Begegnung mit den anderen meine palästinensische Identität bewusst geworden, und ich habe gelernt, welche Elemente dieser Identität ich schätze und beibehalten möchte – zum Beispiel mein Temperament. Was mich in Deutschland oft aufregt – im Westen insgesamt, aber in Deutschland extremer – ist der rationale, anti-emotionale Zugang zu Sachen. Man distanziert sich von allem und man kann ganz locker über alles reden. Das kann ich nicht. Ich bin emotional, und ich will es auch nicht aufgeben, emotional zu sein, und manchmal lauter zu sprechen, und manchmal meine Hände zu benutzen, und manchmal Begriffe zu verwenden, die sich in einem öffentlichen Vortrag nicht gehören.

Oder ich will den Sinn für die Familie, für eine Gemeinschaft beibehalten – dass es nicht nur darum gehen kann, was mir gut tut, sondern was uns gut tut. Dieser Gemeinschaftssinn hat sich bei mir in Deutschland sehr verstärkt, weil die Leute letztendlich für sich leben. Als ich in Altersheimen Praktika gemacht habe, hat mich das so schockiert, zu sehen, es gibt alte Leute, deren Kinder leben zwei Straßen weiter, die haben sie einmal in dieses Altersheim gebracht, und sie kamen nie wieder. Dieses Leben für mehr als ein Ich, das ist etwas, was ich beibehalten will, beibehalten habe.

Oder ich habe in einer psychotherapeutischen Anstalt für Magersüchtige ein Praktikum gemacht – ich wusste nicht, dass es so eine Krankheit gibt. Es war mir ein Rätsel, dass so etwas existieren kann – jetzt kann ich's viel besser verstehen aus der inneren Erkenntnis der Gesellschaft. Aber ich will die weibliche Rundheit beibehalten, eines der Schönheitsideale in Palästina und in der arabischen Welt und eben nicht diese Kleidergröße 34, die jetzt überall vermarktet wird und uns auch aufgesetzt wird. Ich habe in Deutschland auch erfahren, wenn eine Frau Karriere macht, dann beinhaltet es stückweise eine Aufgabe der Weiblichkeit – für mich ist es wichtig, beides zu haben.

Was schätze ich sonst noch besonders in Palästina? Dass die Leute trotz dem unmöglichen Leben am Leben festhalten. Dass sie trotz der Gewalt und dem Leid in der Lage sind, das Leben zu feiern, sofern sie nur irgendwie die Möglichkeit dazu haben. Manchmal denkt man, wir sind schizophren, weil wir so von Leid beladen sind und von Gewalt-Erfahrungen und Verletzungen – und gleichzeitig, wenn man bei einer unserer Hochzeiten ist oder bei einem gemütlichen Beisammensein, können die Leute so von Herzen lachen. Ich schätze, dass die Menschen, obwohl alles so düster ist, in der Lage sind, auf ein Morgen zu vertrauen und zu hoffen – und hier stehen die Leute in einem gesicherten Land mit so vielen Ressourcen und Möglichkeiten dem Morgen so skeptisch gegenüber. Dass Frauen in der Lage sind und Familien in der Lage sind, zu sagen: „Wir wollen Kinder." – auch wenn sie nicht wissen, wie diese Kinder leben können, ob sie überleben werden. Und hier entscheiden die Leute sich eher gegen Kinder, obwohl sie alle Möglichkeiten haben, weil Kinder die persönlichen, individuellen Lebensmöglichkeiten beschränken werden. Ich glaube, diese Kraft in der palästinensischen Gesellschaft kommt aus der solidarischen Gemeinschaft, dem Zusammenhalt, der menschlichen Liebe. Du kannst immer darauf vertrauen, dass jemand für dich da ist.

Das sind Sachen, die ich an Palästina sehr schätze, und ich kann sie für mich integrieren. Die sind auch ein Teil von mir. Ich möchte nur nicht dabei bleiben. Ich möchte gerne, dass das auch sichtbar ist für meine Umgebung, in der ich jetzt lebe. Ich bin jetzt hier in dieser Gesellschaft, und ich möchte ein Teil dieser Gesellschaft sein, der nicht nur mitläuft, sondern der auch aktiv zur Gestaltung beiträgt. Und deshalb möchte ich gerne das, was ich in Palästina liebe, auch hier mit einbringen. Vielleicht gibt das einige Anhaltspunkte für eine Neuorientierung, für eine Umwandlung der Perspektive. Eine österreichische Freundin von mir sagt oft: „Ich habe niemand gesehen, der wirklich immer so herzhaft lachen kann wie du, auch wenn gerade die Welt zusammenbricht." Dass sie das erkannt hat, das ist für mich schon ein Stück zur Verwirklichung von diesem Wunsch.

Ansonsten wünsche ich mir, dass es möglich wird, mein Leben in Partnerschaft auch in Palästina zu führen, und dass ich nicht mein Leben lang in der Diaspora leben muss. Dass es für Marwan möglich ist, Palästina zu betreten. Als Palästinenser, der im Libanon zur Welt gekommen ist, ist es schwierig für ihn, eine Einreiseerlaubnis zu bekommen – Israel hat das Recht, jeden Visumantrag abzulehnen oder zu akzeptieren. Ich möchte gern, dass er meine Wohnung sieht, meine Freunde kennen lernt, weiß, in welchen Straßen ich mich bewegt habe. Er wird vieles von mir besser verstehen können, wenn er auch meine Umgebung kennen lernen kann. Wir werden immer an mehrere Orte – an Österreich, Palästina und den Libanon – gebunden sein. Das heißt, wir werden ein Leben zwischen diesen Welten führen, aber es soll bestimmt sein von unseren freiwilligen Entscheidungen und nicht von den politischen Zwängen. Und ich wünsche mir, dass ich hier in Österreich Fuß fassen kann, mich dieser Gesellschaft öffnen kann, in dieser Stadt zu Hause sein kann, und das auch als einen Teil von mir empfinde.

Resümee

Probleme beim Aufbau des Lebens in Wien

„Wenn ich jetzt zum Beispiel daran denke, dass ich nach Frankreich gehe und dort lebe und die Sprache lerne und dann studiere, ein Leben dort aufbaue – das kommt mir wie ein Riesenberg vor." In diesem Satz Banu Yeners klingt einiges von der Mühe an, die es kostet, in einem fremden Land ganz von vorne zu beginnen. Worin diese konkret besteht, untersucht das erste Kapitel der Zusammenfassung.

Schwierigkeiten am Anfang

Sieben der sechzehn befragten Frauen erzählen, dass sie teilweise einen wirklich harten *Kampf um ihre finanzielle Existenzsicherung* führen mussten: Chunah Urban-Chao berichtet, dass sie neben ihrem Musikstudium auch noch dolmetschte und Klavier unterrichtete, um Geld zu verdienen. Daher blieb ihr zum Üben – sie studierte Klavier – nur wenig Zeit. Mariam Djiwa Jenie lehnte bessere Stipendienangebote aus anderen Städten ab und begnügte sich mit einem ganz kleinen Stipendium der Caritas, um sich ihren Traum eines Musikstudiums in Wien erfüllen zu können. Mitra Shahmoradi-Strohmaier erzählt auch, dass sie am Anfang nur wenig Geld zur Verfügung hatte. Reema Bistas finanzielle Mittel, die sie von zu Hause mitnahm, hätten nur maximal für ein Jahr gereicht. Sie bemühte sich daher sofort um einen Job als Aupair und danach um ein Stipendium. Gülay Olt-Sahiner erzählt, dass sie in Wien sogar Hunger kennen lernte. Rita Patell zwang die finanzielle Not, für mehrere Monate in einem Frauenwohnheim der Caritas Zuflucht zu nehmen. Und Uzzala Rosario und ihr Mann froren nach ihrer Ankunft in Wien in einem unbeheizten Zimmer und konnten beide ihr Studium nicht fortsetzen.

Sieben Frauen nennen als die massivsten Anfangsschwierigkeiten *Gefühle von Fremdsein* sowie das *Heimweh nach der Familie*: Anita Sahni sagt, dass sie im ersten halben Jahr fast jeden Tag weinte. Ihr Mann war mit seiner neuen Arbeit beschäftigt, und sie kannten beide niemanden in Wien. Bis jetzt hinterfragt sie noch manchmal ihre

Entscheidung, weit weg von der Familie zu leben, und zwar wenn sie selbst in Krisensituationen ist, oder wenn die Familie in Indien Schwieriges durchmacht. Anna Varosyan wurde kurz nach ihrer Ankunft in Wien krank und fühlte sich in diesem Moment besonders allein. Nach wie vor vermisst sie ihre Familie sehr. Chunah Urban-Chao litt am Anfang so massiv unter Heimweh, dass sie sogar einen Psychologen aufsuchte. Mitra Shahmoradi-Strohmaier und Uzzala Rosario erwähnen ebenfalls, dass fremd zu sein beziehungsweise niemanden zu kennen für sie eines der Probleme am Anfang ihres Lebens in Wien war. Reema Bista empfand gewisse Schwierigkeiten – wie zum Beispiel Liebeskummer – umso stärker, weil ihr die Unterstützung der Familie fehlte. Viola Raheb setzte die Trennung von ihrer Familie zu Beginn ihres Studiums in Deutschland genauso zu wie bei ihrem Neustart Jahre später in Wien.

Ebenfalls sieben Frauen empfanden in der Anfangsphase in Wien Schwierigkeiten mit der *Sprache* als besonders störend. Anita Sahni sagt, dass für sie das Leben hier erst begann, nachdem sie den ersten Deutschkurs besucht hatte. Banu Yener spricht von einer „Passivierung" dadurch, dass sie die Sprache nicht beherrschte. Bernadette Acas-Subido fühlte sich ohne Sprachkenntnisse „hilflos und frustriert", und Mitra Shahmoradi-Strohmaier sieht im Erlernen der Sprache auch eine der schwierigen Etappen des Eingewöhnungsprozesses. Rita Patell litt darunter, dass sie in der eigenen Familie ausgeschlossen war, wenn sich die anderen, die schon länger in Österreich lebten, untereinander auf Deutsch unterhielten. Und Uzzala Rosario erzählt von den Problemen bei der Bewältigung des alltäglichen Lebens – wie zum Beispiel Behördengängen – ohne Sprachkenntnisse. Ihr war es daher das wichtigste Anliegen, zuerst Deutsch zu lernen.

Ein weiterer wichtiger Problemkreis, den fünf Frauen thematisieren, ist das *Zurechtfinden mit dem Klima und der Mentalität in Wien*: Rosina-Fawzia Al-Rawi beschreibt die Kälte des Klimas und die Kälte der Menschen als das Prägendste, was sie hier am Anfang erlebte. Gülay Olt-Sahiner spricht von der Tendenz in Österreich, „eine Mauer aufzubauen". Sie fühlte sich in dieser Atmosphäre oft kalt, wie sie es ausdrückt. Auch Viola Raheb schildert ihre Probleme als ein Mensch, der aus einer auf Gemeinschaft hin orientierten Gesellschaft kommt, mit der individualistisch geprägten westlichen Gesellschaft. Banu Yener bringt die Mentalität der Menschen in Wien in einen direkten Zusammenhang mit der Sonnenlosigkeit und dem Klima, und Mitra Shahmoradi-Strohmaier formuliert so schön, dass die Kälte sie immer „gebissen" hat.

Vier Frauen erzählen von *Schwierigkeiten beim Studium*: Chunah Urban-Chao und Reema Bista begannen beide aus rein rationalen

Gründen mit ihrem Studium, und es kostete sie dann viel Kraft, es abzuschließen. Mariam Djiwa Jenie entschied sich, bei dem Professor zu studieren, der als der strengste von allen galt. Sie genoss es auf der einen Seite, räumt aber ein, dass sie vor allem am Anfang auch eine schwere Zeit hatte. Viola Raheb schildert, dass das Zurechtfinden in einer völlig neuen Kultur nicht nur das Alltagsleben, sondern auch das Studium zu einer wirklichen Herausforderung macht.

Zwei Frauen beschreiben ihre *Probleme mit der Aufenthaltserlaubnis*: Rita Patell blieb zunächst nur der Weg in die Schwarzarbeit, weil sie keine Aufenthaltserlaubnis hatte. Erst nach sechs Jahren bekam sie zunächst eine unbefristete Aufenthaltserlaubnis und nach mehr als sieben Jahren Leben in Österreich endlich die Staatsbürgerschaft. Erst dann hatte sie das Recht auf Zugang zum staatlich geförderten Wohnen. Davor war sie trotz ihrem geringen Einkommen auf den teuren privaten Wohnsektor angewiesen. Shams Asadi fand zwar sofort nach Abschluss ihres Studiums einen Arbeitsplatz. Dann änderte sich aber im Jahr 1993 plötzlich die Rechtslage, und sie hatte keine Aufenthaltsbewilligung mehr. Sie geriet in der Folge in den üblichen Teufelskreis, dass sie keine Arbeitsbewilligung bekam, weil sie die Aufenthaltsbewilligung nicht hatte und umgekehrt. Und dann empfand selbst sie, die als Einzige der interviewten Frauen zunächst nur deshalb in Wien geblieben war, weil sie sich in die Stadt verliebt hatte, und die sonst von keinem Problem der Eingewöhnung berichtet, wie schwer das Leben in der Fremde sein kann. Plötzlich fehlt das soziale Netzwerk, das man normalerweise in seinem Heimatland hat.

Gerade bei den Schwierigkeiten, die mit der Einsamkeit und der Sehnsucht nach der Familie zusammenhängen, ist es auch wichtig, sich vor Augen zu halten, dass zwölf dieser Frauen in Großfamilien mit mehreren Generationen aufwuchsen, oder dass sie zumindest in kinderreichen Familien lebten. Sie beschreiben das Zusammensein mit Kindern der Verwandten, NachbarInnen, den eigenen FreundInnen und den FreundInnen der Eltern als wichtige Erfahrung. Und sie erzählen, dass große Einladungen und Feste und ein Haus, das für Besuche immer offen war, ihre Kindheit prägten.

Auch die restlichen vier befragten Frauen wuchsen nicht in dem in Österreich dominierenden Familienmodell von Eltern und maximal drei Kindern auf. Anna Varosyan, die in Jerewan zwar nur mit ihrer Mutter und einer Schwester lebte, beschreibt die enge Beziehung zu den zwei Tanten, die die Nichten mit aufzogen. Viola Rahebs Vater starb, als sie erst viereinhalb Jahre alt war. Sie wuchs nur mit ihrer Mutter und ihrem einzigen Bruder auf, spricht aber auch von der Existenz der Großfamilie zusätzlich zu ihrer Kernfamilie.

Banu Yeners Kindheit in der Türkei war geprägt von häufigen Umzügen aufgrund des Berufs ihres Vaters, der als Offizier oftmals versetzt wurde. In der frühen Kindheit hat sie aber Erinnerungen an gemeinsame Aktivitäten mit dem acht Jahre älteren Bruder und der Cousine, die in der Zeit für sie wie eine Schwester war. Chunah Urban-Chao, die in Hongkong aufwuchs, hat zwei Brüder, lebte ab vierzehn im Internat und sagt, dass sie – abgesehen von der Haft – in Wien erstmals alleine war.

Benachteiligung als asiatische Frau in Wien

Zehn der sechzehn Interviewpartnerinnen sprechen von einer gewissen Benachteiligung für asiatische Frauen in Wien. Fünf von ihnen beziehen diese *Benachteiligung auf den beruflichen Bereich*:

Rita Patell ist überzeugt, dass es für sie in Indien beruflich leichter gewesen wäre – hier fühlt sie sich aufgrund der Sprache etwas benachteiligt. Inday Eva Pozsogar ist sich sicher, dass sie als philippinische Frau Nachteile gegenüber Österreicherinnen hätte, wenn sie nicht als Schmuckdesignerin selbstständig wäre. Sie glaubt, dass sie viele Arbeiten – abgesehen von der als Krankenschwester – unabhängig von der Qualifikation nicht bekommen würde, nur weil sie eine andere Hautfarbe hat. Anna Varosyan fühlt sich als Armenierin – und damit Nicht-EU-Bürgerin – und als Studentin ganz allgemein – gegenüber EU-BürgerInnen benachteiligt. Sie würde automatisch als Asylantin und somit als nicht arbeitsberechtigt eingestuft. Rosina-Fawzia Al-Rawi meint, dass ihr als Schriftstellerin ihr arabischer Name beim Ansuchen um Literaturunterstützung nicht gerade förderlich ist. Mitra Shahmoradi-Strohmaier glaubt, dass sie es beruflich im Iran leichter gehabt hätte, erfolgreich zu sein. In Teheran hatte sie bereits während ihres Kunststudiums gearbeitet, kannte schon Leute, hatte ihre Kreise aufgebaut. In Wien musste sie sich wieder ganz neu orientieren. Aber sie meint, diese beruflichen Schwierigkeiten hätten nicht nur damit zu tun, dass sie Ausländerin ist. Das sei auch ein allgemeines Problem, mit dem sie als Frau und als Künstlerin in Berührung kommt.

Drei Frauen sprechen von *Benachteiligung aufgrund* ihres *ausländischen Aussehens*: Viola Raheb fühlt sich nicht als Palästinenserin benachteiligt, aber als Ausländerin schon. - Manchmal wird sie aufgrund ihres Aussehens eingeordnet, ohne dass sich die Leute die Zeit nehmen herauszufinden, ob sie deutsch spricht. Uzzala Rosario erzählt, dass es ihr öfters passiert, dass man eine Österreicherin, die vor ihr ein Geschäft betritt, begrüßt, sie aber nicht. Als noch beleidigender empfindet sie die Überwachung durch Verkaufspersonal in teuren Geschäften, das sie als potentielle Diebin betrachtet. Auch Chunah Urban-Chao berichtet von Situationen, in denen sie sich als chinesische Frau benachteiligt fühlt – und zwar wenn sie sich Nebenbemerkungen anhören muss, die sie nicht nur kränken, sondern vor allem auch ärgern.

Banu Yener beschreibt das Gefühl der Benachteiligung als *Passivierung*, die zunächst aufgrund mangelnder Sprachkenntnisse begann, und die sich dann als vorsichtigere, zurückgezogenere Lebenshaltung, als sie sie in der Türkei hat, fortsetzte. Gülay Olt-Sahiner empfand *Benachteiligung* als türkische Frau *beim Kontakt mit Behörden und vor allem mit Frauenhilfeeinrichtungen*. Gemäß ihrer Erfahrung unterstützen diese Frauenorganisationen türkische Frauen nur dann, wenn sie sie sozusagen als sichtlich arme, bemitleidenswerte, unterdrückte orientalische Frauen wahrnehmen. Sie sind aber nicht bereit, ihnen auf einer gleichberechtigten, solidarischen Ebene entgegenzukommen.

Sechs der sechzehn befragten asiatischen Frauen fühlen sich gegenüber österreichischen Frauen nicht benachteiligt, wobei sich fünf explizit auf den beruflichen Bereich beziehen:

Anita Sahni meint, dass sie als Inderin in ihrem Beruf als Krankenschwester sogar eine Sonderstellung hat und keineswegs benachteiligt ist. Reema Bista und Bernadette Acas Subido, die immer in einem multikulturellen Arbeitsumfeld tätig waren, erlebten ebenfalls keine berufliche Benachteiligung. Kyoko Adaniya-Baier fühlt sich als japanische Künstlerin in Wien deswegen nicht benachteiligt, weil Textilkunst in Österreich insgesamt nicht sehr geschätzt wird, und weil es auch nicht ihr Ziel ist, berühmt zu werden oder viel Geld zu verdienen. Die Pianistin Mariam Djiwa Jenie sieht die Situation ebenfalls sehr differenziert. Sie sagt einerseits, dass es für sie jetzt in Indonesien zwar leichter wäre, auch große Konzerte zu geben, weil sie dort mittlerweile sehr bekannt ist. Aber gleichzeitig betont sie, dass sie sich hier als asiatische Künstlerin nicht benachteiligt fühle – Publikum und Kritiker hätten sie immer geschätzt. Sie glaubt, sie hätte als Pianistin vielleicht mehr erreicht, wenn sie nicht auch getanzt hätte. Aber es war ihr eben beides wichtig – die Musik und der Tanz. Shams Asadi gibt ganz allgemein an, dass sie sich in keinem Bereich gegenüber Österreicherinnen benachteiligt fühlt.

Wien als multikulturelle Stadt?
Eine zeithistorische Bestandsaufnahme

Dieses Kapitel setzt sich mit der Frage auseinander, wie die hier befragten asiatischen Frauen Wien als „Ausländerinnen" erleben. Dabei stoßen wir auf zwei interessante Ergebnisse: *Einerseits bezeichnen fünf von ihnen gerade die Multikulturalität Wiens als entscheidenden Vorteil ihres Lebens in dieser Stadt. Andererseits berichten acht Frauen, dass sie in den letzten Jahren verstärkt Fremdenfeindlichkeit erfahren haben.*

Multikulturalität als Vorteil des Lebens in Wien

Bernadette Acas Subido erhielt durch ihren Besuch einer internationalen Handelsschule in Wien erstmals die Chance, mit Menschen aus verschiedenen Ländern zusammen zu sein. Sie erlebte das als sehr gute Erfahrung und bewertet es überhaupt als Erfolg ihres Lebens in Wien, hier die österreichische und auch andere Kulturen kennen gelernt zu haben. Sie meint, auf den Philippinen hätte sie dazu sicher nicht die Möglichkeit gehabt. Sie betont auch, dass sie durch diese Erfahrung toleranter wurde: Auf den Philippinen vermittelten ihr die Nonnen, die sie unterrichteten, dass Moslems minderwertige und schlechte Menschen sind (auf den Philippinen gibt es zehn Prozent Moslems im Süden des Landes). In Österreich hatte sie dann die Möglichkeit, mit diesen „schlechten Menschen" Freundschaften zu schließen, wie zum Beispiel mit einer türkischen Arbeitskollegin. Jetzt denkt sie, dass es eigentlich völlig egal ist, welcher Religion man angehört, „wir sind alle (...) die gleichen Menschen." Genau in dieser Entwicklung hin zu mehr Toleranz sieht auch Reema Bista ihren Erfolg in Wien: Durch den Deutschkurs und vor allem durch das Afro-Asiatische Institut, von dem sie ein Stipendium bekam, lernte sie Menschen aus unterschiedlichen Kulturen kennen. Sie meint, sie war davor sehr streng, hatte eine sehr strenge Moral. Durch dieses Leben in einem multikulturellen Umfeld in Wien lernte sie, Menschen zu nehmen, wie sie sind, selbst wenn sie eine Verhaltensweise nicht versteht. Auch Banu Yener beschreibt das Afro-Asiatische Institut wegen der Kontaktmöglichkeiten mit vielen Leuten aus unterschiedlichen Ländern als wichtige Station ihres Lebens in Wien – ihre Multikulturalität hätte dort angefangen. Gülay Olt-Sahiner sieht es als den entscheidenden Vorteil ihres Lebens in Wien an, dass sie hier Menschen – darunter auch KünstlerInnen – aus der ganzen Welt treffen konnte, was für sie sowohl persönlich als auch künstlerisch sehr bereichernd war. Sie meint, die Chance zu diesen multikulturellen Begegnungen hätte sie in der Türkei nicht gehabt. Genau in diesem Punkt stimmt Mitra Shahmoradi-Strohmaier mit ihr überein, die das Kennen-Lernen von vielen verschiedenen Frauen und auch KünstlerInnen aus der ganzen Welt als die schöne Seite ihres Lebens in Wien und als Erfolg bezeichnet.

Erfahrungen mit Fremdenfeindlichkeit

„Was ich von Österreichern auf der Uni gespürt habe, war, dass sie sich ein bisschen distanzieren, weil ich für sie irgendwie unheimlich bin. Ich hatte das Gefühl, dass ich für sie unerreichbar bin, das schon. Deswegen haben sie auch – nicht alle, aber der eine oder andere – sicher mit mir weniger gesprochen. Sie haben vielleicht gedacht, wenn sie mit mir sprechen, werden sie etwas Neues kennen lernen, und sie müssen zusätzliche Energie aufwenden." Reema Bista liefert mit diesem Satz eine aufschlussreiche Begründung für die Tendenz vieler ÖsterreicherInnen, sich nicht auf die Begegnung mit Menschen aus anderen Kulturen einzulassen – sie scheuen aus Trägheit davor zurück. Distanziertheit ist also einer der Haltungen, auf die so genannte „AusländerInnen" – auch wenn sie schon längst die österreichische Staatsbürgerschaft besitzen – in Wien stoßen. Aber die Reaktionen erreichen auch ganz andere Dimensionen, wie acht der befragten Frauen schildern.

Anita Sahni musste sich als Krankenschwester zwar nur einmal eine abfällige Bemerkung eines Patienten anhören. Sie stellt aber fest, dass sich die Situation in Bezug auf Fremdenfeindlichkeit insgesamt sehr negativ entwickelt hat. In den letzten zehn Jahren seien die Leute viel „mutiger" geworden, offen aggressiv zu sein – vielleicht weil mehr Menschen ausländischer Herkunft in Wien leben, aber auch, weil die Arbeitslosigkeit und damit die Frustration gestiegen sind. Für Uzzala Rosario, die als Altenpflegerin arbeitet, gehört Fremdenfeindlichkeit zum Berufsalltag, ist also ein chronisches Problem. Auf ihrer Station besteht – mit einer einzigen Ausnahme – das gesamte Pflegepersonal aus „AusländerInnen", und sie sind täglich mit Anfeindungen von ungefähr fünfzig Prozent der alten PatientInnen konfrontiert. Rita Patell berichtet, dass sie an einem Arbeitsplatz für behinderte Menschen in der ersten Woche als Ausländerin sehr angefeindet wurde. Sie war schneller und besser als ihre KollegInnen, und diese hatten Angst vor der Konkurrenz durch sie. Bei ihr beschränken sich derartige negative Erlebnisse nicht auf den Arbeitsbereich. Eine der Nachbarinnen in ihrer Wohnanlage weigerte sich so lange, ihren Gruß zu erwidern, bis sie schließlich auch aufhörte, sie zu grüßen.

Bernadette Acas Subido beschreibt ähnlich wie Anita Sahni, dass AsiatInnen einerseits im Straßenbild von Wien viel üblicher geworden sind als in der Vergangenheit: Vor zwanzig Jahren, als sie herkam, war die übliche Reaktion der Menschen, dass sie sie neugierig anstarrten. Aber damals erlebte sie es nicht, dass AusländerInnen in öffentlichen Verkehrsmitteln beschimpft werden wie jetzt. Sie ist wachsam, versucht sich zu schützen, indem sie zum Beispiel Diskussionen mit Betrunkenen ausweicht, um von ihnen nicht angegriffen zu werden. Einmal passierte es ihr, dass ein Mädchen sich weigerte, sich im Bus neben sie zu setzen – sie wollte nicht neben einer „Ausländerin" sitzen, sagte sie zur Lehrerin. Ebenfalls in einem Autobus erlebte Kyoko Adaniya-Baier ihre erste ausländerfeindliche Beschimpfung in Wien – allerdings schon im Jahr 1969, und es blieb leider nicht dabei. Sie hatte noch mehrmals mit xenophoben Ausfällen zu tun. Sie sorgt sich auch um die Situation anderer AusländerInnen in Wien – zum Beispiel der AfrikanerInnen – und nimmt an, dass diese unter ihrer Unerwünschtheit sicher noch mehr leiden als sie als Japanerin. Chunah Urban-Chao datiert das Einsetzen von ausländerfeindlichen Bemerkungen in Wien mit Ende der 80er, Anfang der 90er Jahre. Früher sei es keinerlei Nachteil gewesen, Chinesin zu sein. Die Leute hätten nur positive Bemerkungen über chinesische Geschichte, Kultur und Philosophie gemacht. Aber seither gibt es diese „Nebenbemerkungen", die sie versucht, so schnell wie möglich zu vergessen. Sie erinnert sich auch an eine Situation im Jahr 1991, als ein Autofahrer ihr gegenüber fast handgreiflich wurde. Mariam Djiwa Jenie erlebte Fremdenfeindlichkeit ebenfalls im Alltagsleben. Sie sagt, dass sie erst in den letzten zwei Jahren überhaupt merkte, dass sie hier Ausländerin ist, weil sie zwei Mal auf der Straße unflätig beschimpft wurde.

Das traumatischste Erlebnis mit Menschen, denen ein multikulturelles Wien ein Dorn im Auge ist, machte Banu Yener: Sie war kurz nach dem 11. September 2001 mit einer Gruppe türkischer Freunde unterwegs und wurde von einem vorbeikommenden Mann so stark ins Gesicht geschlagen, dass ihre Lippe blutete, und sie im AKH verarztet werden musste. Der alkoholisierte Schläger schrie auch noch: „Genug mit euch, genug mit dem Terror!" Sie sagt, dass es für sie einerseits ein Schock war, diesen Hass und diese Gewalt körperlich zu erleben. Andererseits war sie wütend auf „diese stimmungsschaffenden Medien", die seit dem 11. September Menschen aus islamischen Ländern ganz allgemein zum Feindbild stempeln. Enttäuscht war sie auch vom österreichischen Rechtssystem, das den Mann, der sie geschlagen hatte, überhaupt nicht strafte, obwohl die Polizei seine Personalien aufgenommen hatte.

Klischeebilder von asiatischen Frauen in Wien

„Ich sage immer, es gibt drei Zugänge zu arabischen Frauen in Europa. Für die einen sind wir Exoten, und man verbindet mit uns 1001 Nacht. Für die anderen sind wir die armen, unterdrückten, nicht feministischen Frauen, die mit Kopftuch oder verschleiert mit gewölbtem Bauch hinter dem Herd stehen. Die dritten wissen nicht wirklich, was sie mit uns anfangen können, und stehen uns gegenüber völlig gleichgültig." Dieser Satz von Viola Raheb gibt bereits Hinweise auf zwei Klischeevorstellungen, mit denen nicht nur arabische Frauen konfrontiert sind. Mit der Ausnahme von Inday Eva Pozsogar und Mariam Djiwa Jenie sagen alle anderen *vierzehn Gesprächspartnerinnen*, dass sie *persönlich als asiatische Frauen in Wien mit Klischeebildern konfrontiert waren oder sind*. Das *häufigste Klischeebild*, das von acht Frauen genannt wird, ist *das von der schwachen, unterdrückten Frau*: Wie Viola Raheb erklärt sich Rosina-Fawzia Al-Rawi dieses Klischee damit, dass die Menschen hier wenig von orientalischer Kultur wissen. Sie erzählt, dass sie auf die Vorstellung, dass Frauen in orientalischen Ländern automatisch unterdrückt sind, jetzt sogar noch häufiger stößt als bei ihrem ersten Wienaufenthalt in den 80er Jahren. Banu Yener erlebt hier ebenfalls immer wieder, dass Menschen ganz offen sagen, dass Frauen in islamischen Gesellschaften unterdrückt sein müssen. Selbst Leute, die anderen Kulturen gegenüber aufgeschlossen sind, haben ihrer Erfahrung nach insgeheim diese Gedanken.

Auch die zwei indischen Gesprächspartnerinnen erzählen von dem sehr negativen Klischee, das ÖsterreicherInnen von indischen Frauen haben: Anita Sahni berichtet, dass sie immer wieder mit der Vorstellung konfrontiert ist, dass Frauen in Indien „als letzter Dreck behandelt" werden. Einen wesentlichen Grund dafür sieht sie in Fernsehberichten, die immer wieder das Thema Mitgiftmorde aufgreifen. Sie bestreitet keineswegs, dass es derartige Morde gibt. Aber sie kritisiert, dass sich die Medien nur auf dieses Phänomen stürzen, das eben nur ein Teil der Wahrheit und nicht die ganze Wahrheit über die Situation der indischen Frauen ist. Rita Patell stört es auch, dass die Medien sich in ihren Berichten nur auf die negativen Seiten ihres Landes – vor allem auf die Armut – konzentrieren, und dass die Leute automatisch annehmen, dass sie als Inderin das tun muss, was ihr Mann anordnet.

Uzzala Rosario bestätigt ebenfalls, dass in Österreich allgemein angenommen wird, dass die Frauen aus Bangladesch von den Männern unterdrückt werden. Sie räumt aber ein, dass das teilweise stimmt. Bernadette Acas Subido sagt, sie ist überzeugt davon, dass sie als asiatische Frau als schwach eingeschätzt wird. Und Reema Bista meint zwar, dass sie persönlich es ganz allgemein in Österreich nicht erlebte, dass man sie als schwach und unterdrückt ansieht. Ihr Mann und sein Bruder würden aber ihr Bemühen um Harmonie in der Familie als Unterordnung unter ihren Vater interpretieren.

Ein *Bild, das dem der schwachen, unterdrückten Frau sehr ähnlich ist, ist das der gehorsamen, liebevollen asiatischen Frau*. Davon erzählen drei der Gesprächspartnerinnen aus Ost- und Südostasien:

Chunah Urban-Chao sagt, dass ihr Mann über das Wiener Klischee, dass asiatische Frauen „absolut gehorsam und sehr liebevoll sind" oft schmunzelt. Ihr selbst hätte man immer wieder vorgeworfen, dass sie ihm zu wenig Streicheleinheiten gibt. Ein ähnliches Klischeebild erlebte Kyoko Adaniya-Baier als Japanerin auf den verschiedensten Ebenen: Angefangen von ihrem ersten Mann, über eine Professorin auf der Hochschule für Angewandte Kunst bis hin zu den Mitgliedern der Schrebergartenanlage, in der sie eine Parzelle hat, erwarten alle, dass sie „eine liebe Japanerin" ist, „die alles tut." Inday Eva Pozsogar erzählt, dass sie selbst zwar dieses Vorurteil nicht zu spüren bekommt. Ihr Mann ist aber immer wieder mit der Meinung konfrontiert, er hätte deswegen eine philippinische Frau geheiratet, weil sie weniger emanzipiert ist als eine Österreicherin. Sie sagt, dass sie auch beobachtet hat, dass sich gerade thailändische Frauen aufgrund dieses Vorurteils in Wien oft unwohl fühlen.

Fünf Frauen erwähnen das *Bild von der asiatischen Frau als Exotin*: Viola Raheb spricht davon in dem bereits erwähnten Zitat. Anna Varosyan stellte fest, dass „Frauen mit dunklen Haaren und dunklerer Haut" von europäischen Männern mehr Aufmerksamkeit bekommen. Dieses Bild von der asiatischen Frau als Exotin hat aber nicht nur den Nimbus von besonderer erotischer Attraktivität. Es ist auch verbunden mit in westlichen Augen „unmodernen" Lebensformen: So stieß Rosina-Fawzia Al-Rawi – früher mehr als jetzt – immer wieder auf die Vorstellung, dass sie als orientalische Frau wohl in einem Zelt lebte, vor dem die Kamele streiften. Gülay Olt-Sahiner erzählt, dass sie in den 70er Jahren häufig von Frauen mit den Fragen bedrängt wurde, ob ihre Mutter eine Kopftuch trägt, wieso sie selbst kein Kopftuch trägt, was sie isst usw. Auch Mitra Shahmoradi-Strohmaier erlebt als Iranerin Erstaunen darüber, dass sie raucht, trinkt oder sich wie eine westliche Frau anzieht.

Ein weiteres Klischee, das in der österreichischen Gesellschaft von asiatischen Frauen existiert, ist ihre *Beschränkung auf den häuslichen Raum*, von dem zwei Frauen erzählen: Shams Asadi stellt fest, dass es für viele Leute hier unvorstellbar ist, dass Frauen im Orient arbeiten gehen oder überhaupt außerhalb des Wohnbereichs anzutreffen sind. Uzzala Rosario meint, dass das für Bangladesch teilweise tatsächlich zutrifft.

Besonders negativ sind die zwei folgenden Klischeevorstellungen – und zwar einerseits, dass *alle AusländerInnen AsylantInnen* sind und daher ein ganz *niedriges Lebensniveau* haben, wie es Anna Varosyan erlebt, und andererseits die Idee, dass *alle Asiatinnen Prostituierte* sind. Über thailändische Frauen habe sie das besonders von Männern sehr oft gehört, berichtet Bernadette Acas Subido. Sie selbst machte als Filipina auch derartige negative Erfahrungen.

Ein interessantes *Phänomen*, über das drei Frauen erzählen, ist, dass sie sozusagen als die „*Ausnahmeasiatinnen*" gelten, da sie als modern und emanzipiert wahrgenommen werden. Damit behelfen sich Leute, die Viola Raheb bei öffentlichen Veranstaltungen als kompetenter Rednerin begegnen, genauso wie diejenigen, die Gülay Olt-Sahiner „als eine besondere Türkin, die sich sehr entwickelt und zivilisiert hat" sehen. Auch die ArbeitskollegInnen von Uzzala Rosario meinen immer, sie sei ganz anders als ihre Landsleute.

Gerade die Tatsache, dass die Existenz des Klischees von der schwachen, unterdrückten, gehorsamen, nicht emanzipierten, auf den häuslichen Raum beschränkten asiatischen Frau aus den Interviews so eindeutig ableitbar ist, macht es umso spannender, dieser Vorstellung die konkreten Biographien gegenüber zu stellen. Sie dokumentieren ein besonderes Maß an Eigenständigkeit und Autonomie in den verschiedensten Lebensbereichen:

Drei der in diesem Buch porträtierten Frauen verließen in frühester Jugend ihr Elternhaus in Provinzstädten, um in den Hauptstädten weiterzustudieren:

Die iranische Malerin Mitra Shahmoradi-Strohmaier ist bis heute darüber erstaunt, dass sie bereits mit fünfzehn die Weichen für ihren heutigen Beruf stellte und sich aus eigenem Antrieb heraus dazu entschied, aus dem weit südlich gelegenen Abadan nach Teheran zu ziehen, um dort eine Zeichenschule besuchen zu können. Am Anfang – bevor ihre Familie nachkam – war sie bei Verwandten untergebracht.

Inday Eva Pozsogar verließ ebenfalls bereits mit fünfzehn die Kleinstadt, in der sie aufwuchs, um in der Millionenmetropole Manila Mathematik zu studieren. Sie wohnte zunächst bei Verwandten, die ihr natürlich nicht so nahe standen wie die Eltern. Zu Beginn fühlte sie sich ziemlich verloren in der neuen Umgebung. Nur ein

Jahr älter – nämlich sechzehn – war Shams Asadi, als sie vom Elternhaus in Tabriz alleine nach Teheran zog, wo sie ihr Pharmaziestudium begann. Die ersten Monate in einer eigenen Wohnung – gerade weil sie aus einem Haus mit sehr regem sozialen Leben kam – waren für sie eine schwierige Zeit.

Zehn der sechzehn befragten Frauen verließen im Alter von sechzehn bis vierundzwanzig ihre Heimatländer, um ihr Leben in einem völlig neuen Umfeld, nämlich in Wien (mit der Ausnahme Kyoko Adaniya-Baiers, Shams Asadis und Viola Rahebs, die zunächst in den USA, der Türkei und in Deutschland studierten) *zu beginnen.* Viele von ihnen waren dabei ganz auf sich alleine gestellt:

Bernadette Acas Subido kam mit sechzehn im Zuge einer Familienzusammenführung von den Philippinen nach Wien. Sie wohnte dann mit dem drei Jahre älteren Bruder und der sechs Jahre älteren Schwester ohne die Unterstützung von Erwachsenen. Rosina-Fawzia Al-Rawi musste mit siebzehn wegen des Bürgerkriegs im Libanon ihre Familie verlassen. Sie kam nach Wien, um hier die Matura zu machen und lebte bei ihrer Tante. Kyoko Adaniya-Baier studierte ab achtzehn in den USA. Ab diesem Zeitpunkt war sie auch finanziell großteils auf sich selbst gestellt, da ihre Eltern sie nur mit einem kleineren Geldbetrag unterstützen konnten. Anita Sahni war neunzehn, als sie ihrem indischen Ehemann zunächst für drei Monate nach Deutschland folgte und sich danach gemeinsam mit ihm ein Leben in Wien aufbaute. Chunah Urban-Chao kam mit neunzehn alleine nach Wien, um hier Musik zu studieren. Im ersten Jahr litt sie stark an der für sie ungewohnten Einsamkeit. Viola Raheb zog mit zwanzig für ihr Studium von Bethlehem nach Heidelberg. Sie wählte absichtlich eine Stadt, in der es keine große arabische Gemeinde gibt, um wirklich Einblick in die deutsche Gesellschaft zu gewinnen. Reema Bista verließ Nepal mit zwanzig, um in Wien mit Hilfe eines Stipendiums Elektrotechnik zu studieren. Auf der TU in Wien war sie eine der wenigen Frauen, die dieses Fach belegten. Für Mariam Djiwa Jenie war die Möglichkeit, in Wien das von ihr so innig ersehnte Musikstudium absolvieren zu können, der Grund, warum sie mit zweiundzwanzig aus Indonesien wegging. Die ganze Familie war äußerst besorgt, dass gerade sie als die Schüchternste ins Ausland wollte. Ebenfalls mit zweiundzwanzig kam Uzzala Rosario mit ihrem knapp älteren Ehemann aus Bangladesch nach Wien. Sie hatten beide ihr Studium in Bangladesch nicht abschließen können und bauten sich in Wien ganz eigenständig ihr Leben auf. Banu Yener zog mit vierundzwanzig Jahren von Istanbul nach Wien, um hier ihr Archäologiestudium fortzusetzen und um mit ihrem österreichischen Freund leben zu können.

Aber nicht nur, dass sie das Elternhaus früh verließen, ist ein Zeichen für die Selbstständigkeit der hier interviewten Frauen. *Jenen drei Frauen, die ihre Heimatländer erst später verließen, gelang es, trotz äußerst schwieriger äußerer Umstände, ihr Leben mit eigener Kraft und Initiative aufzubauen:*

Gülay Olt-Sahiner verlor mit sechzehn ihren Vater und war ab diesem Zeitpunkt verantwortlich für den ganzen Umgang mit Ämtern und Behörden. Bis dahin war das Aufgabe des Vaters gewesen, die die Mutter nach dessen Tod nicht übernahm. Sie war auch diejenige, die nach dem Umzug ihrer Familie von Istanbul nach Wien – damals war sie sechsundzwanzig – die Hauptlast bei der finanziellen Versorgung trug. Anna Varosyan war zwanzig, als sie ihren Sohn zur Welt brachte. Sie schaffte es trotz widrigster Umstände – Trennung vom Vater ihres Kindes sowie politischer und wirtschaftlicher Krisensituation in Armenien – ihr Philosophiestudium in Jerewan zu beenden. Rita Patell kam mit neunundzwanzig nach Österreich und erlebte die schlimmste Odyssee von allen interviewten Frauen – bis hin zu Anzeige wegen Schwarzarbeit, äußerst mühsamen und oft nicht freiwilligen Wohnungswechseln, finanzieller Not und schwerer Krankheit. Jetzt ist sie stolz darauf, dass sie und ihr Mann ihre Probleme alleine lösen konnten.

Zwei der Gesprächspartnerinnen engagierten sich schon sehr früh politisch: Chunah Urban-Chao war mit dreizehn die jüngste politische Gefangene Hongkongs und über sieben Monate lang in britischer Isolationshaft. Wie ihre politisch bewussten Eltern hatte sie sich für die Unabhängigkeit Hongkongs eingesetzt. Viola Raheb äußerte sich mit fünfzehn erstmals öffentlich politisch – was verboten war –, als zwei ihrer Schulkameraden Mitte der 80er Jahre ohne Gerichtsverhandlung und ohne Anklage und nur deswegen, weil sie palästinensische Literatur gelesen hatten, für ein Jahr in israelische Administrativhaft gesteckt wurden. Diesen für sie so riskanten ersten Auftritt im deutschen Fernsehen sieht sie als prägend für ihr weiteres politisches Engagement.

Klischeebilder von westlichen Frauen in Asien

„Bevor ich hergekommen bin, habe ich auch Klischeebilder von europäischen Frauen gehabt – eigentlich schlechte Bilder, weil bei uns denkt man, dass die Frauen hier ganz locker sind und irgendwie mit Männern ganz offen. (...) Aber wenn eine Frau dann hierher kommt, sieht sie, dass alles anders ist – es ist nicht so, wie wir unten denken." Dieser Satz von Uzzala Rosario verweist einerseits auf das negative Hauptklischee von westlichen Frauen in asiatischen Ländern.

Ihre Schlussfolgerung, dass sie in der direkten Begegnung mit österreichischen Frauen und durch ihre ganz konkreten Lebenserfahrungen in Wien die Chance hatte, ihren Vorurteilen auf die Spur zu kommen, findet sich in abgewandelter Form in vielen Interviews. *Zehn Frauen berichten, dass sie selbst negative Klischees von Europäerinnen hatten, oder dass diese in ihren Herkunftsländern existieren. Zwölf Frauen erwähnen, dass sie sich auch übertrieben positive Vorstellungen von Europäerinnen und vom Leben der Frauen in Europa machten, beziehungsweise dass diese in ihren Herkunftsländern existieren.* Die Klischees von asiatischen Frauen in Wien – abgesehen vielleicht von dem der liebevollen Asiatin – sind dagegen überwiegend negativ.

Negative Vorurteile gegenüber europäischen Frauen

An erster Stelle bei den negativen Vorurteilen asiatischer gegenüber europäischen Frauen liegt die *Vorstellung von der sexuellen Freizügigkeit der Europäerinnen.* Darüber berichten neun der befragten Frauen. Für Bangladesch wurde diesbezüglich bereits Uzzala Rosario zitiert. Das Klischee von den sexuell offenen Europäerinnen, die ihre Partner schnell wechseln, und die auch sonst einen lockeren Lebenswandel führen, indem sie trinken und rauchen, existiert laut Anita Sahni und Rita Patell auch in Indien. Für den Iran bestätigen es Mitra Shahmoradi-Strohmaier und Shams Asadi. Letztere begrenzt es aber auf konservative und ungebildete Schichten der iranischen Bevölkerung, die nicht die Möglichkeit zum Kontakt mit Ausländerinnen haben. Rosina-Fawzia Al-Rawi veranschaulicht das Klischeebild von der absoluten sexuellen Freiheit in Europa, das Menschen in der arabischen Welt haben, die noch nie hier waren, mit einer Anekdote: Sie wurde einmal von einem arabischen Mann gefragt, ob er hier tatsächlich zu jeder Frau, die ihm gefällt, hingehen und sie küssen kann. Banu Yener macht vor allem die tägliche Propaganda der türkischen Medien verantwortlich für das Klischee von der blonden, schönen westlichen Frau, die vor allem sexuell lockerer ist als die Türkinnen. Gülay Olt-Sahiner bestätigt die Existenz dieser negativen Vorstellungen von europäischen Frauen in der Türkei, die man als nicht treu und in außereheliche Beziehungen involviert wahrnimmt. Auch in Indonesien wird die sexuelle Freizügigkeit westlicher Frauen, und ihre lockere Art, sich zu kleiden, verurteilt. Mariam Djiwa Jenie verweist aber darauf, dass in Bali zum Beispiel tatsächlich Touristinnen oben ohne am Strand liegen.

Ein weiteres negatives Vorurteil, von dem vier der befragten Frauen erzählen, ist die *Annahme, dass europäische Frauen nicht imstande sind, familiäre Beziehungen zu pflegen und der Familie die nötige Wärme zu geben*: Anna Varosyan meint, dass nicht nur armenische, sondern ganz allgemein Frauen aus Asien und Afrika davon überzeugt sind, dass sie dem Ehemann und den Kindern mehr Wärme geben können als Europäerinnen. Gülay-Olt Sahiner, Rosina-Fawzia Al-Rawi und Anita Sahni bestätigen die Existenz der Vorstellung, dass Europäerinnen der Familiensinn fehlt, für die Türkei, die arabischen Länder und Indien.

Positive Vorurteile gegenüber europäischen Frauen

Positive Vorurteile gegenüber europäischen Frauen betreffen zunächst einmal die *Vorstellung, dass Europäerinnen im Vergleich zu asiatischen Frauen grundsätzlich selbstständiger, emanzipierter und stärker sind*, die von fünf Frauen erwähnt wird. So berichtet Rita Patell, dass InderInnen annehmen, dass europäische Frauen sehr selbstständig sind, ihre eigene Meinung haben, selber arbeiten können, und dass die Männer nicht für sie verantwortlich sind wie teilweise noch in Indien. Anita Sahni fügt hinzu, dass gemäß der indischen Auffassung die Europäerinnen sogar zu selbstständig sind.

Inday Eva Pozsogar erzählt, dass sie sich österreichische Frauen auch als stolz, selbstbewusst und selbstständig vorgestellt hatte. Dieses Bild von der westlichen Frau, die emanzipiert ist und mehr zu sagen hat als die Japanerinnen, existierte in den 60er Jahren auch in Japan. Dabei dachte man bei einer westlichen automatisch an eine amerikanische Frau. Mariam Djiwa Jenie berichtet, dass es auch in Indonesien das Klischee von der Stärke westlicher Frauen gibt. Als sie dann hier war, stellte sie fest, dass die indonesischen Frauen keineswegs schwächer als die Europäerinnen sind.

Dann gibt es die *Vorstellung, dass die Geschlechter im Westen gleichgestellt sind, oder dass die Frau gegenüber dem Mann sogar im Vorteil ist*. Davon sprechen fünf der befragten Frauen. Für die Philippinen bestätigt Inday Eva Pozsogar das Bild von der gleichberechtigten Position der westlichen Frau. Shams Asadi führt zur iranischen Haltung aus, dass man sich im Iran gar nicht vorstellen kann, dass Frauen in Österreich bei der Arbeit finanziell benachteiligt sind, oder dass erst in den letzten zehn Jahren die Zahl der Studentinnen an den technischen Universitäten langsam gestiegen ist. Die Annahme, dass die Frau gegenüber dem Mann sogar im Vorteil ist, ist einer Aussage von Mitra Shahmoradi-Strohmaier zu entnehmen. Sie meint, dass die Leute im Iran vielleicht denken, dass die Frauen alle Vorteile haben, und der Mann nichts zu sagen hat. Viola Raheb hatte selbst die Vorstellung, dass europäische Frauen viel besser dran sind als Frauen aus dem arabischen Raum, was zum Beispiel ihre Rolle angeht. Reema Bista erzählt, dass sie gedachte hatte, dass das Problem mit den frauendominierten Berufen in Österreich viel weniger besteht als in Nepal. Sie hatte auch angenommen, dass viel mehr Frauen beruflich und politisch in Spitzenpositionen sind, und dass die Männer im Haushalt mehr helfen. Die Realität war dann eine Enttäuschung.

Dann existieren noch weitere, seltener genannte Klischees: In Japan gibt es laut Kyoko Adaniya-Baier die Vorstellung, dass die *Männer im Westen – ganz im Gegensatz zu japanischen Männern – zu den Frauen besonders höflich* sein müssen. Rosina-Fawzia Al-Rawi berichtet von dem Klischee in der arabischen Welt, dass *Frauen und Männer im Westen* sehr viel individuelle Freiheit haben, dass sie quasi *alles ausleben können, was sie sich wünschen*. In der Türkei werden laut Gülay Olt-Sahiner *EuropäerInnen ganz allgemein bewundert und überhöht*. Dabei gibt es durchaus wie erwähnt auch negative Klischees von europäischen Frauen. Diese fehlen hingegen auf den Philippinen aufgrund des amerikanischen Einflusses völlig: *Westliche Frauen* werden dort in die Nähe von *Hollywood-Stars* gerückt, erzählt Bernadette Acas Subido. Als Hongkong noch britische Kronkolonie war, dachte man bei *westlichen Frauen* automatisch an englische Frauen, und die galten damals als *schick und reich*. Auch dieses Bild wurde durch die Realität zurecht gerückt: Als Chunah Urban-Chao nach Wien kam, stellte sie fest, dass viele der Frauen hier ein ganz durchschnittliches Leben führen.

Frauenleben in Asien, vermittelt von asiatischen Frauen

Die Entwicklung der Berufstätigkeit der Frauen in Asien ab den 50er Jahren und gesellschaftliche Erwartungshaltungen an Frauen

„Ich kenne keine einzige Frau, die nur zu Hause bleibt, die nur den Haushalt macht. Aber es ist so, dass die indonesische Struktur das auch ermöglicht. Die wohlhabenderen Familien können Hilfen haben, die bei ihnen wohnen und alles für sie tun. Dadurch kann die Frau natürlich leichter weggehen. Und die Familie hilft auch, zum Beispiel bleibt die Großmutter zu Hause und passt auf die Kinder auf." In diesem Satz von Mariam Djiwa Jenie sind bereits zwei Gründe genannt, warum asiatische Frauen – im Gegensatz zu dem, was man sich hier, vorstellt – sehr häufig jenseits des Privatbereichs anzutreffen sind. *Elf der sechzehn befragten Frauen erzählen, dass bereits ihre Mütter berufstätig waren!* Von den fünf Müttern, die Hausfrauen waren, verfügten nur vier über keine berufliche Ausbildung. Drei von ihnen stammen aus Südasien, wo die Berufstätigkeit der Frauen insgesamt am spätesten einsetzte. Geographisch lassen sich dabei folgende Unterschiede feststellen:

Am frühesten setzte die Berufstätigkeit der Frauen im hoch kapitalistischen *Hongkong* ein. Chunah Urban-Chao sah in ihrer Kindheit und Jugend in den 50er Jahren, dass nicht nur Frauen aus ärmeren, sondern auch aus reicheren Familien gearbeitet haben. Es gab damals selbst in der Oberschicht nur sehr wenige Frauen, die sich nur um Haushalt und Kindererziehung kümmerten. Ihre eigene Großmutter war zu Beginn des 20. Jahrhunderts eine der ersten Universitätsabsolventinnen in China. Ihre Mutter studierte Landwirtschaft und war beruflich als Lehrerin, Journalistin und danach als Dolmetscherin für Englisch und Japanisch tätig.

Südostasien steht an zweiter Stelle bei der Entwicklung der Berufstätigkeit der Frauen. Mariam Djiwa Jenie beschreibt für *Indonesien*, dass viele Frauen bereits in den 50er Jahren als Händlerinnen tätig waren. Sie kauften verschiedene Waren günstig in Singapur ein, die sie dann in Indonesien teurer absetzen konnten. Im heutigen Indonesien kann in ArbeiterInnen- und Angestelltenfamilien das Leben von einem Gehalt alleine gar nicht bestritten werden, und daher ist die Erwerbsarbeit der Frauen eine ökonomische Notwendigkeit. In vielen Fällen würden die Frauen sogar besser als ihre Männer verdienen, sagt Mariam Djiwa Jenie. Sie selbst kommt aus einer Volksgruppe mit matriarchaler Struktur, mit der sie auch die starke Persönlichkeit ihrer Mutter begründet. Diese verdiente zunächst ihr eigenes Geld mit Geschäften in Singapur. Nach der Scheidung machte sie eine Ausbildung als Notarin, um damit das Studium ihrer Kinder finanzieren zu können.

Auf den *Philippinen* begannen die Frauen ihre Handelsaktivitäten in den 60er Jahren: Inday Eva Pozsogar schildert, dass sie als Kind sah, wie die Frauen anfingen, nach Hongkong zu fliegen und dort Dinge einzukaufen, die sie auf den Philippinen weiterverkauften. Gegen 1980 erwartete die Gesellschaft auf den Philippinen dann von einer Frau, dass sie erstens gut verdient, und dass sie zweitens auch noch ihre Aufgaben als Mutter und Hausfrau ohne Mithilfe des Mannes erfüllt. Heutzutage würden sich philippinische Frauen schon eher gleichberechtigt mit den Männern fühlen, meint Inday Eva Pozsogar. Ihre eigene Mutter arbeitete wie die anderen Frauen ihrer Generation noch nicht. Sie hatte aber eine Ausbildung als Opernsängerin. Die Mutter von Bernadette Acas Subido war eine ausgebildete Turn- und Tanzlehrerin. Sie verließ im Gegensatz zu den meisten anderen Frauen ihrer Generation, die sich um ihre vier bis fünf Kinder kümmerten, die Philippinen bereits 1969 ohne ihre Familie. Sie führte zunächst drei Jahre mit ihrer Schwester in den USA einen Kindergarten und arbeitete danach in verschiedenen Bereichen in Europa.

Im *Nahen und Mittleren Osten* war die Berufstätigkeit der Frauen im *Iran* bis zur Revolution 1979 eher auf die städtische Mittel- und Oberschicht begrenzt: 1936 kam die Anordnung von Reza Schah, Vater des späteren Mohammed Reza Schah, dass die Frauen keinen Schleier mehr tragen durften. Ab diesem Zeitpunkt und verstärkt ab der Regierungszeit von Mohammed Reza Schah in den 50er Jahren begannen Frauen langsam im Berufsleben Fuß zu fassen. Mitra Shahmoradi-Strohmaier erklärt aber, dass die ärmeren und religiöseren Schichten – vor allem auf dem Land – die Töchter nicht gerne studieren oder arbeiten ließen, weil sie sie nicht dem Einfluss der für sie zu modernen Gesellschaft aussetzen wollten. Nach der Revolution 1979 haben sich diese Familien dann geöffnet, und Frauen aus allen Gesellschaftsschichten besuchten die Universitäten. Jetzt ist der Prozentsatz weiblicher StudentInnen höher als der männlicher, und Frauen arbeiten in viel mehr Berufen als früher, obwohl sie nach der Revolution beschränkt wurden. Laut Shams Asadi erwartet die obere Mittelschicht heutzutage von Frauen, dass sie auf jeden Fall beruflich erfolgreich sein sollen – zusätzlich zu ihrer Rolle als Mutter von ein bis höchstens zwei Kindern. Die Mutter Mitra Shahmoradi-Strohmaiers arbeitete zunächst als Kindergärtnerin und später als Schneiderin, und sie erteilte auch Nähunterricht. Die Mutter Shams Asadis gründete einen Kindergarten, den später eine ihrer Töchter übernahm. Darüber hinaus waren beide Frauen äußerst engagiert ehrenamtlich tätig.

Für die *arabische Welt* beschreibt Rosina-Fawzia Al-Rawi das je nach den politischen Bedingungen sehr unterschiedliche Bild von der Rolle der Frau in den drei arabischen Ländern, in denen sie lebte:

Im *Irak* finanzierte die Regierung mit Hilfe des Erdöleinkommens zwischen Ende der 60er bis Ende der 70er Jahre eine Umwälzung weg von einer Stammesgesellschaft hin zu einer parteitreuen Gesellschaft. Die Frauen bekamen dabei eine Schlüsselrolle. Sie wurden sowohl auf der Bildungsebene, als auch in der Arbeitswelt in das gesellschaftliche Leben außerhalb des Hauses integriert, und sie erhielten die Möglichkeit, beruflich auch auf höchste Ebenen ohne Rücksicht auf das Geschlecht aufzusteigen. Die Rolle der Frau im *Libanon* bezeichnet Rosina-Fawzia Al-Rawi dagegen als sehr puppenhaft –

die Frau soll vor allem schön sein. Heutzutage arbeiten libanesische Frauen zwar in allen Bereichen; die Universitäten werden zum größeren Teil von Studentinnen besucht, aber Frauen kommen beruflich nicht wirklich in Spitzenpositionen. In *Palästina* wurden frauenemanzipatorische Probleme – bis heute – immer zugunsten der nationalen Befreiung zurückgestellt. Die primäre Erwartung an die Frau ist, dass sie heiratet und eine gute Mutter ist. Palästinensische Frauen konnten zwar beruflich durchaus auch höhere Positionen erreichen, aber keine Toppositionen. Viola Raheb bestätigt, dass die Mehrzahl der Palästinenserinnen in frauendominierten Berufen tätig ist. Sie begründet die Wichtigkeit der Mutterrolle mit dem fehlenden Sozialversicherungsnetz. Die einzige soziale Sicherheit liegt also in den Kindern, und dabei wiederum vor allem in den Söhnen. Die Frauen sowohl in der Familie Rosina-Fawzia Al-Rawis als auch Viola Rahebs waren berufstätig: Bei Al-Rawi war bereits ihre freiheitsliebende Großmutter (Jahrgang 1914!) Schuldirektorin. Viola Rahebs Mutter war in den 50er Jahren bis zu ihrer Ehe als Blindenlehrerin tätig, also in einer Zeit, als es insgesamt nicht selbstverständlich war, dass Frauen in Palästina berufstätig waren. Nach dem Tod ihres Mannes zu Beginn der 70er Jahre arbeitete sie in einer Fabrik, um ihren zwei Kindern eine gute Ausbildung zu ermöglichen.

In der *Türkei* begannen die Frauen auch ab Mitte der 70er Jahre, berufstätig zu sein. Gülay Olt-Sahiner erzählt, dass es in der Generation und in der Oberschichtgesellschaft, in der sich ihre Mutter bewegte, noch ganz unüblich war, dass Frauen arbeiteten. Die meisten waren – wie ihre Mutter auch – Hausfrauen, deren Aufgabe es war, sich mit Hilfe von Personal um Haus, Garten und Kinder zu kümmern. Die Erwartung des Vaters von Banu Yener, eines Offiziers, an ihre Mutter war zu Beginn der 60er Jahre dementsprechend, dass sie sich um den Haushalt und um die Kinder kümmert. Zehn Jahre später begann sie, sich mit Malerei zu beschäftigen und ist seither als Künstlerin aktiv.

Noch später als im Nahen und Mittleren Osten setzte die Berufstätigkeit der Frauen in *Südasien* ein: Anita Sahni berichtet, dass es noch zu Beginn der 70er Jahre in *Indien* geradezu als Schande betrachtet wurde, wenn Frauen arbeiten gingen. Ab Ende der 70er Jahre begann sich diese Einstellung in den indischen Großstädten zu ändern. Heute wird viel Wert darauf gelegt, dass Mädchen auch gut ausgebildet und selbstständig sind. Viele Inderinnen studieren und sind jetzt in allen Berufsbereichen vertreten. Anita Sahni erklärt das damit, dass die Familien zwar immer noch ungern, aber jetzt doch eher bereit sind als früher, einer Scheidung zuzustimmen, wenn sie sehen, dass die Töchter in einer Ehe wirklich unglücklich sind. Deswegen sind sie auch mehr daran interessiert, sie in Richtung Selbstständigkeit zu erziehen.

Die Mutter Anita Sahnis kümmerte sich mit Hilfe von Personal um die große Familie. Ihre Schwiegermutter gehörte zu der ganz kleinen Gruppe von Frauen, die damals schon Hochschulprofessorinnen waren. Nach der Heirat wäre es gesellschaftlich nicht akzeptiert worden, dass sie weiter ihrer Berufstätigkeit nachging.

Am Land begannen die Frauen in Indien ab den 90er Jahren zu arbeiten. Rita Patell erzählt, dass das noch in den 80er Jahren unerwünscht war. In den letzten zehn Jahren seien jetzt aber viel mehr Frauen als früher berufstätig – zum Beispiel in Schulen oder in Fabriken. Ihre eigene Mutter kümmerte sich mit der Unterstützung von Personal um Haushalt und Kinder.

In *Bangladesch* setzte die Berufstätigkeit der Frauen wie in den indischen Dörfern in den 90er Jahren ein. Uzzala Rosario wuchs in der Hauptstadt Dhaka auf. Sie berichtet, dass es in der Generation ihrer Mutter, in der fast alle Hausfrauen waren, sogar noch unüblich war, dass Frauen einkaufen gingen. In ihrer Familie erledigte ein Angestellter diese Arbeit. Ihre Mutter war zuständig für Kochen und Kindererziehung. Noch in den 80er Jahren wollten die meisten Frauen – auch wenn sie studierten – primär heiraten und danach zu Hause bleiben. Jetzt hingegen möchten viele Frauen in der Stadt nach dem Studium einen Beruf ausüben.

Auch in *Nepal* haben zumindest in der Hauptstadt Katmandu Frauen in den letzten Jahren begonnen, zu arbeiten. Laut Reema Bista nimmt die Zahl der berufstätigen Frauen zwar zu, aber immer noch sind Frauen wenig ausgebildet und haben dementsprechend weniger berufliche Möglichkeiten. Gleichzeitig erwartet man auch von Frauen, die Vollzeit arbeiten, dass sie den Haushalt alleine bewältigen. Reema Bistas Mutter war eine Ausnahme, da sie bereits ab den 70er Jahren als Krankenschwester arbeitete. Noch zehn Jahre später war sie damit selbst in Katmandu die einzige Frau in der ganzen Nachbarschaft – abgesehen von einer Ausnahme –, die berufstätig war.

Trotz dem hohen Grad an Industrialisierung *in Japan* schildert Kyoko Adaniya-Baier die Lage der japanischen Frauen als besonders benachteiligt: Auf den Universitäten sind zwar 51 Prozent der Studierenden weiblich. Aber selbst gut ausgebildete Frauen können kaum Karriere machen und man erwartet, dass sie aufhören zu arbeiten, wenn sie heiraten oder Kinder bekommen. Teilzeitarbeit ist zwar möglich, aber dann fällt jeglicher Versicherungsschutz weg. Aufgrund der derzeitigen Wirtschaftskrise werden selbst viele Männer ab fünfzig entlassen, und die Situation für Frauen am Arbeitsmarkt ist natürlich besonders schlecht. In letzter Zeit kann man feststellen, dass viele junge Frauen nicht mehr heiraten und Kinder bekommen wollen. Der Mutter Kyoko Adaniya-Baiers gelang es aber trotz dieser Beschränkungen, ihr Leben selbstständig zu gestalten. Sie studierte und arbeitete als Musik- und Handarbeitslehrerin, bevor sie Kinder bekam. Später wurde sie Textilkünstlerin, Professorin an einem Institut für Kimonokunde und schrieb ethnologische Arbeiten über ihre Heimatinsel.

In *Armenien* ist aufgrund der Wirtschaftskrise wie in Japan sogar ein negativer Trend hinsichtlich der Berufsmöglichkeiten für Frauen zu verzeichnen: Anna Varosyan berichtet, dass es zu Sowjetzeiten ganz üblich war, dass Frauen arbeiten konnten, wie zum Beispiel ihre eigene Mutter, die Deutschlehrerin war. Heutzutage haben nur noch ganz junge Frauen zwischen zwanzig und dreißig die Möglichkeit, einen Job zu finden. Sie räumt aber ein, dass es auch in der Generation ihrer Mutter teilweise von den Männer erwartet wurde, dass die Frauen zu Hause bei den Kindern blieben. An dieser Betonung der Mutterrolle hat sich bis heute nichts geändert.

Erwartungshaltungen der Familien der Interviewpartnerinnen an die Töchter

„Meine Eltern wollten auf jeden Fall, dass wir studieren, arbeiten, Geld verdienen, irgendetwas machen. Das war schon sehr wichtig, selbstständig zu sein." Diese Erwartungen, die die Eltern Mitra Shahmoradi-Strohmaiers hatten, sind repräsentativ für die Erwartungshaltung der Mehrzahl der Eltern der befragten Frauen. *Bei elf der sechzehn Interviewpartnerinnen wünschten die Eltern, dass sie studieren, beziehungsweise eine gute Ausbildung machen und danach arbeiten. Drei der Frauen, wo die Eltern zwar wollten, dass die Töchter studieren, aber nicht arbeiten, stammen aus Südasien. Dort setzte die Berufstätigkeit der Frauen insgesamt später ein.*

Chunah Urban-Chao erzählt, dass ihre Eltern sie ganz stark in Richtung Selbstständigkeit und eigenständiges Denken prägten. Wie ihre Brüder wurde sie dahingehend beeinflusst, dass sie studieren sollte. Im Mittelpunkt der Erziehung der Tochter stand immer, selbstständig etwas zu machen, ohne auf den Mann zu warten. Gleichzeitig betonten ihre Eltern aber auch die Wichtigkeit der Ehe – auch bei Problemen sollte sie sich nicht von ihrem Mann trennen.

Mariam Djiwa Jenie berichtet, dass es ihrer Mutter deswegen so wichtig war, dass alle ihre Söhne und Töchter ein Universitätsstudium abschlossen, weil das damals – und daran hat sich bis jetzt im Grunde nichts geändert – in Indonesien eine fast zwingend nötige Bedingung für eine gute Stelle war. Der Vater Inday Eva Pozsogars erwartete, dass seine Söhne beruflich und geschäftlich erfolgreich sind. Die Töchter sollten gute Männer heiraten. Dabei machte er aber bei der Ausbildung zwischen Mädchen und Burschen keinen Unterschied – insgesamt ist den Eltern auf den Philippinen eine gute Ausbildung der Kinder ein primäres Anliegen. Der Vater stellte sich auch für die Töchter vor, dass sie nach dem Studium arbeiten sollten, aber es wurde von ihnen sozusagen nicht explizit gefordert. Bernadette Acas Subido betont ebenfalls, dass das Studium auf den Philippinen von vorrangiger Bedeutung ist. Auch von ihrer Mutter, die dann in Wien ihre Ausbildung an einer internationalen Handelsschule bezahlte, wurde ihr vermittelt, dass sie unbedingt selbstständig sein sollte.

Im Fall von Shams Asadi lag vor allem ihrer Mutter eine gute schulische Ausbildung der Töchter am Herzen. Ihr Credo lautete folgendermaßen: Sie sollten in die Schule und zur Universität gehen und sich vom Haushalt tunlichst fernhalten. Bei Mitra Shahmoradi-Strohmaier war es auch – wie bereits zitiert – ganz klarer Wunsch der Eltern, dass die Töchter genauso wie die Söhne studieren und arbeiten. Das war in der südiranischen Stadt, in der sie aufwuchs, in den 70er Jahren noch keineswegs selbstverständlich: Sie sagt, sie kannte genug Mädchen, die nach der Matura so lange zu Hause blieben, bis sie heirateten. Rosina-Fawzia Al-Rawi bekam bereits in frühester Kindheit von ihrer irakischen Großmutter vermittelt, dass eine Frau sich Bildung aneignen und außerhalb des Hauses arbeiten soll. Auch die Eltern prägten sie dahingehend, dass sie die Schule beenden und studieren sollte. In Palästina hingegen war die Erwartung von Seiten der Großfamilie – aber nicht seitens ihrer Kernfamilie – an Viola Raheb, dass sie nach der Matura eine Familie gründet. Ihre Entscheidung zugunsten einer beruflichen Karriere wurde als problematisch eingestuft. Im Fall von Gülay Olt-Sahiner waren die Erwartungen der Eltern an sie sehr unterschiedlich: Ihre Mutter konnte sich nicht vorstellen, dass ihre Tochter berufstätig sein würde. Ihr Vater hingegen wünschte sich, dass sie Architektin wird. Banu Yener erzählt, dass ihre Eltern sie bei der Wahl ihres Studiums gar nicht beeinflussten, aber dass sie erwarteten, dass sie studiert und arbeitet.

Bei den drei Interviewpartnerinnen aus Indien und Bangladesch war es hingegen von Seiten der Eltern nicht erwünscht, dass die Töchter berufstätig werden: In der Familie Anita Sahnis war zwar Studieren überhaupt kein Problem. Nach dem Studium sollte sie aber nicht arbeiten, sondern heiraten, was sie mit neunzehn auch machte. Da junge Paare in den seltensten Fällen sofort ausziehen und meistens noch mit der Familie des Mannes leben, ist in Indien auch nach wie vor das Einverständnis der Eltern zur Hochzeit sehr wichtig. Im Falle Anita Sahnis war es gegeben. Auch Rita Patell konnte bis einundzwanzig Wirtschaft studieren. Als sie aber danach ein Magisterstudium anschließen wollte – was im Dorf nicht möglich gewesen wäre –, lehnte ihr Vater das ab. Nach der Eheschließung würde sie ja sowieso zu Hause bleiben. Eine Fortsetzung des Studiums sei daher nicht nötig. Sie war dann bis zur Heirat im Hause der Eltern, die ihr auch ganz deutlich vermittelten, dass eine Scheidung für sie nicht akzeptabel wäre. Uzzala Rosario schildert eine ganz ähnliche Situation für Bangladesch: Dort beginnen die Eltern ebenfalls ab dem Zeitpunkt, wenn die Töchter studieren, nach einem passenden Heiratskandidaten Ausschau zu halten. Sie wollen auf ihr Recht, den Partner, beziehungsweise die Partnerin der Kinder zumindest mitzubestimmen, nicht verzichten. Uzzala und ihr Mann Edward Rosario bezahlten für ihre Entscheidung, gegen diese Regel zu verstoßen und gegen den Willen seiner Eltern zu heiraten, ziemlich teuer: Sie konnten ihr Studium in Bangladesch nicht fortsetzen und sahen in der Auswanderung nach Wien den einzigen Ausweg.

In Nepal denken Eltern generell, dass die Töchter heiraten und in eine andere Familien gehen werden. Man sieht sie daher als etwas an, was einem quasi nicht selber gehört. Daher besteht die Tendenz, nur wenig in ihr Ausbildung zu investieren. Im Fall von Reema Bista lag jedoch – für nepalesische Verhältnisse völlig ungewöhnlich – gerade ihrem Vater ihr schulischer Erfolg besonders am Herzen. Danach gelang es ihr, ihren Berufswunsch, nämlich Ingenieurin, durchzusetzen, obwohl ihr Vater für sie lieber ein Medizinstudium gesehen hätte. Auch bei der Heirat entschied sie eigenständig. Wie Uzzala Rosario heiratete sie nicht einen Mann, den die Eltern zumindest mitbestimmt hatten, sondern einen Polen, den sie in Österreich kennen gelernt hatte. Sie nahm deshalb auch einen Konflikt mit den Eltern auf sich, die einen nepalesischen Ehemann bevorzugt hätten.

Kyoko Adaniya-Baier hatte Glück, dass sie in Japan, einem Land, das sie selbst als Frauen gegenüber sehr repressiv beschreibt, von liberalen Eltern erzogen wurde. Sie ist sich nicht ganz sicher, aber vermutet, dass ihre Eltern wünschten, dass sie Lehrerin wird, weil sie beide selbst LehrerInnen gewesen waren.

Anna Varosyans Mutter – die selbst in Jerewan gearbeitet hatte und ihren Beruf liebte – vermittelte ihren Töchtern hingegen, dass Mutter zu sein das Wichtigste im Leben einer Frau ist.

Rollenverteilung zwischen Knaben und Mädchen in der Familie und Hilfe im Haushalt durch Personal

„In meiner Familie war Arbeitsaufteilung zwischen Sohn und Töchtern dadurch, dass wir im Haushalt nicht helfen mussten, nie ein Diskussionsthema. Bei uns waren Leute, die den Haushalt gemacht haben." Dieser Satz von Shams Asadi weist auf eine Situation hin, die in Österreich sicher wesentlich seltener ist: *Neun der sechzehn befragten Frauen geben an, dass die Familien auf die Hilfe von Personal zurückgreifen konnten. Nur in einem einzigen Fall war die Mutter alleine für den Haushalt zuständig.* Die restlichen Mütter hatten Unterstützung eben durch Personal, durch die Kinder und in zwei Fällen auch durch ihre Ehemänner. Bei der Rollenverteilung zwischen Söhnen und Töchtern in Bezug auf Mithilfe im Haushalt ergibt sich folgendes Bild: Wenn man davon ausgeht, dass Bernadette Acas Subido ab ihrem sechsten Lebensjahr bei ihrer Tante lebte, und Anna Varosyan ohne Brüder aufwuchs, und daher bei ihnen für diese Frage die Vergleichsbasis fehlt, kann man sagen, dass *nur bei sechs der befragten Frauen (vier von ihnen kommen aus Südasien) von den Töchtern mehr Mithilfe im Haushalt erwartet wurde als von den Söhnen.*

Chunah Urban-Chao erzählt, dass sie im Gegensatz zu ihren Brüdern, die in späteren Jahren sehr wohl im Haushalt mithelfen mussten, davon immer verschont blieb. Das hatte sie vor allem der Philosophie ihrer Mutter zu verdanken, die meinte, dass Frauen später sowieso die Verantwortung für den Haushalt übernehmen müßten. Ihre Familie hatte Unterstützung durch eine Köchin und ein Kindermädchen.

In vier Familien – und zwar bei Gülay Olt-Sahiner, Mariam Djiwa Jenie, Rosina-Fawzia Al-Rawi und Shams Asadi – befreite das vorhandene Personal sowohl Söhne als auch Töchter von der Notwendigkeit der Mithilfe im Haushalt. Es gab dadurch bedingt keine geschlechterspezifische Rollenaufteilung zwischen den Kindern im Haushalt. In der Familie Banu Yeners ging die völlige Entlastung sowohl von Sohn als auch von Tochter von allen häuslichen Pflichten auf Kosten ihrer Mutter, die sich darum alleine kümmerte.

Eine gleichmäßige Arbeitsaufteilung zwischen Söhnen und Töchtern im Haushalt gab es in zwei Familien: Mitra Shahmoradi-Strohmaier erzählt, dass sowohl Söhne als auch Töchter im Haushalt mitgearbeitet haben. Sie führt als wichtigsten Grund dafür an, dass ihr Vater dabei mit gutem Beispiel voranging. Auch Viola Raheb berichtet, dass ihr Bruder viel im Haushalt half.

In sechs Familien mussten die Mädchen im Haushalt mehr leisten als die Knaben: Das war der Fall bei Inday Eva Pozsogar, wobei aber ihre Familie insofern eine Ausnahme war, als sich ihr Vater mehr als die Väter aller anderen befragten Frauen im Haushalt einbrachte. Er war derjenige, der einkaufen ging und drei Mal täglich für die elfköpfige Familie – und oft auch noch für Gäste – kochte! Die Mutter musste sich nur mit Bügeln und der Kindererziehung beschäftigen. In der Familie Rita Patells entließ ihre Mutter, als sie ungefähr dreizehn Jahre alt war, das Hauspersonal und erwartete von den beiden Töchtern Mitarbeit im Haushalt. Den Brüdern war aber keineswegs Nichtstun gegönnt. Von ihnen wurde erwartet, dass sie nach der Schule dem Vater in der Tabakfabrik halfen. Anita Sahni erzählt, dass ihre Mutter zwar Personal zur Verfügung hatte, trotzdem war es aber „gerne gesehen", dass die Töchter zum Beispiel kochen lernen. An der privilegierten Rolle von Söhnen und Männern im Haushalt hätte sich in Indien bis jetzt nichts geändert. Ihre Brüder zum Beispiel sind bei ihren Wienaufenthalten immer sehr erstaunt, wenn sie sehen, dass ihr Mann im Haushalt mitmacht. Uzzala Rosario zeichnet ein ähnliches Bild für Bangladesch: Ihre Mutter hatte einen Angestellten, der die Einkäufe erledigte. Sie selbst musste auch nicht viel helfen, aber ihr Bruder durfte die Küche nicht einmal betreten. Wenn Männer in Bangladesch kochen oder Geschirr abwaschen, würden alle lachen, und daran hätte sich bis jetzt nicht viel geändert. Auch in Nepal ist Hausarbeit Frauensache, wie bereits erwähnt wurde. In der Familie Reema Bistas gab es kein Hilfspersonal. Ihr Vater half maximal beim Einkaufen oder machte kleinere Reparaturarbeiten. Sie selbst musste daher schon relativ früh kochen und auf ihre Geschwister aufpassen, um die berufstätige Mutter zu entlasten. Sie sagt, dass es ihr und ihrer Schwester immer wichtig war, dass sie gleich behandelt wurden wie ihr Bruder. Teilweise konnten sie sich durchsetzen. Teilweise mussten sie aber mehr machen als er - mit dem Hinweis, dass er der Jüngere ist. Kyoko Adaniya-Baier erzählt ebenfalls, dass es in ihrer Familie – wie in Japan allgemein üblich – eine klare Rollenaufteilung zwischen Töchtern und den von Geburt an privilegierten Söhnen gab. Ihr Bruder musste gar nichts machen, aber die Mädchen mussten helfen. Daran hätte sich bis jetzt nichts geändert.

Väter und Kindererziehung

„Ich hatte einen engen Kontakt zu meinem Vater", sagt Kyoko Adaniya-Baier. Wie sie erzählen *zehn von fünfzehn Frauen* (der Vater Viola Rahebs starb, als sie erst viereinhalb Jahre alt war – zu klein, um sich bewusst an ihn zu erinnern), dass sich ihre *Väter aktiv in die Kindererziehung einbrachten.*

Der Vater Chunah Urban-Chaos kümmerte sich um die Erziehung seiner Kinder, indem er zum Beispiel lange Gespräche mit ihnen führte, wenn sie Probleme hatten, oder indem er sie bei der Berufsentscheidung beriet. In besonders guter Erinnerung hat auch Inday Eva Pozsogar ihren Vater, der, wie bereits erwähnt, täglich die Einkäufe und das Kochen für seine große Familie übernahm. Inday Eva Pozsogar ist bis heute noch begeistert darüber, dass ihr Vater gemeinsam mit ihrer Mutter auch bei der Erziehung der neun Kinder das Beste gab. Bernadette Acas Subido hatte ebenfalls eine außergewöhnliche Beziehung zu ihrem Vater: Ihre Mutter verließ die Philippinen erstmals, als sie selbst drei Jahre alt war. Ihr Vater blieb mit ihr und den drei Geschwistern alleine zurück und kümmerte sich hingebungsvoll um sie. Der Vater Shams Asadis war als Geschäftsmann beruflich sehr eingebunden. Die Zeit, die er mit der Familie verbringen konnte, war daher begrenzt auf Freitag nachmittags und vor allem auch das Abendessen im Winter. Aber trotzdem hatte sie eine innige Beziehung zu ihm und fand einen Weg, um mit ihm oft zu kommunizieren, indem sie mit ihm viel telephonisch besprach. Ein Ausnahmevater war der Vater Mitra Shahmoradi-Strohmaiers, weil er bereits bei der Betreuung der Kleinkinder mithalf, indem er sie zum Beispiel badete. Als die Kinder dann älter waren, hatte er Freude daran, sie zum Tanzen, Essen oder ins Kino auszuführen – er blieb ihnen also auch später nahe. Der Vater Gülay Olt-Sahiners vermittelte seinen Kindern vor allem Selbstvertrauen und schenkte ihnen Vertrauen. Sie hatte von frühestem Alter an eine enge Beziehung zu ihm. Der Vater Anita Sahnis konnte als Geschäftsmann nur den Sonntag mit seiner Familie und FreundInnen verbringen. Aber auch das Abendessen war immer ein Moment, in dem die ganze Familie zusammenkam. Der Vater nahm an der Kindererziehung teil, indem er sich zum Beispiel für die schulischen Leistungen der Kinder interessierte. Rita Patell sagt ganz explizit, dass sich ihr Vater um die Erziehung der Kinder kümmerte, sich für sie Zeit nahm und nach ihrem Wohlergehen fragte. Im Falle von Reema Bista bezog sich die Mitwirkung des Vaters an der Kindererziehung vor allem darauf, dass er auf die Ausbildung seiner Sprösslinge viel Wert legte. Dabei war ihm wiederum Reemas schulischer Erfolg ein besonderes Anliegen. Der Vater Kyoko Adaniya-Baiers hatte zu allen seinen Kindern eine enge Beziehung. Ihr half er vor allem, sich künstlerisch zu entwickeln.

Fünf Frauen schildern, dass sich die Väter aus unterschiedlichen Gründen wenig oder gar nicht um die Kindererziehung kümmerten: Mariam Djiwa Jenies Vater hatte fast nie Zeit, sich seiner Familie zu widmen, so lange er noch mit ihr lebte, weil er als Arzt sehr viel arbeitete. Aber immerhin erlebten sie doch manchmal gemeinsame Ausflüge ins Kino, oder der Vater sang mit den Kindern oder spielte mit ihnen Karten. Am meisten Kontakt hatte sie mit ihm dadurch, dass er sie regelmäßig zu nächtlichen PatientenInnenbesuchen mitnahm. Das alles fiel dann weg, als sich die Eltern scheiden ließen. Rosina-Fawzia Al-Rawi sagt, dass ihr Vater nicht wirklich in die Kindererziehung einbezogen war. Im Irak hatte sie zu allen Mitgliedern der Großfamilie enge Beziehungen. Danach, im Libanon, war ihre Mutter die Hauptbezugsperson. Uzzala Rosario beschreibt die Beziehung, die sie als kleines Kind zu ihrem Vater hatte, als sehr distanziert, weil er als Geschäftsmann viel arbeiten musste. Er war daher kaum zu Hause, und sie konnte keine Nähe zu ihm aufbauen, worunter sie damals litt. Der einzige Vater, der sich seinen väterlichen Pflichten völlig entzog, war der Anna Varosyans: Sie war vier Jahre alt, als er die Familie verließ. Ab diesem Zeitpunkt kümmerte er sich nicht mehr um die zwei Töchter aus seiner ersten Ehe.

Vorteile des Frauenlebens in Österreich und in asiatischen Ländern

„In traditionellen Gesellschaften gibt es immer Rollenverteilungen, und es hängt davon ab, wie man das sieht. Was gewinnen die Frauen dadurch und was verlieren sie – das muss man vergleichen." Im folgenden Kapitel geht es um diese Fragestellung Banu Yeners: Was empfinden asiatische Frauen als die Vorteile des Lebens in Österreich und was empfinden sie als die Vorteile des Lebens in Asien? Als Menschen, die längere Zeit in beiden Welten gelebt haben, haben sie die Möglichkeit, beide sozusagen von innen zu sehen und sich ihre Meinung nicht nur über Medien oder andere dazwischen geschaltete Instanzen zu bilden.

Vorteile als Frau in Europa

Als wichtigste Vorteile in Wien nennen die befragten Frauen *mehr Freiheit* – sie genießen die *moralische Freiheit, Bewegungsfreiheit und „Kleidungsfreiheit"* – sowie *bessere Möglichkeiten zur individuellen Entfaltung und Selbstständigkeit.* Sie nennen auch *mehr Sicherheit vor Überfällen, politische Sicherheit und Rechtssicherheit für Frauen* und *mehr*

Gleichberechtigung der Geschlechter vor allem in Bezug auf Arbeit im Haushalt und Bildung.

Sieben Frauen loben die *größere Freiheit* in Österreich:

Vier der Befragten erwähnen die *größere moralische Freiheit* in Österreich positiv: Mariam Djiwa Jenie sieht es als großen Vorteil, dass Frauen in Österreich vor der Ehe mit einem Mann zusammenleben können, um herauszufinden, ob man den Alltag miteinander bestreiten kann. In Indonesien wagen emanzipierte Frauen jetzt langsam auch diesen Schritt. Inday Eva Pozsogar meint, dass es auf den Philippinen zwar möglich wäre, unverheiratet mit einem Mann zu leben. Es ist aber nach wie vor gesellschaftlich nicht akzeptiert. Hier hingegen konnte und kann sie als freier Mensch ohne Einmischung der Gesellschaft in ihren privaten Bereich leben. Diesen Punkt des ehelosen Zusammenlebens erwähnt auch Banu Yener als Vorteil ihres Lebens in Wien. In der Türkei hätte sich in dieser Hinsicht zwar vieles geändert. Zu Beginn der 90er Jahre wäre das aber sowohl gesellschaftlich als auch für sie persönlich wesentlich schwieriger gewesen. In die Kategorie der größeren moralischen Freiheit gehört auch ein Aspekt, den Mitra Shahmoradi-Strohmaier anspricht, wenn sie sagt, dass sie die Möglichkeit auf der Akademie, vom Aktmodell zu malen, besonders geschätzt hat.

Drei Frauen genießen die größere *Bewegungsfreiheit* in Wien: Shams Asadi weist auf das Phänomen hin, dass es im Iran unter der jetzigen Regierung ein Gesetz gibt, wonach bei einer verheirateten Frau ihr Mann unterschreiben muss, damit sie einen Reisepass bekommt. Reema Bista stellt die Bewegungsfreiheit in Wien in der Nacht der Situation in Indien und Nepal gegenüber, wo Frauen öfter sexuell belästigt werden als hier. Rosina-Fawzia Al-Rawi genießt als jemand, der in Kriegsregionen wie dem Libanon und Palästina lebte, die Bewegungsfreiheit in Wien sehr bewusst. Sie fügt aber hinzu, dass die Einschränkung der Bewegungsfreiheit im Kriegsfall sowohl Männer als auch Frauen betrifft.

Die beiden iranischen Interviewpartnerinnen erwähnen beide als positiv, dass sie hier über die *Freiheit* verfügen, *sich zu kleiden*, wie sie wollen. Im Iran hingegen maßt sich die derzeitige Regierung an, den Frauen diesbezügliche Vorschriften zu erteilen.

Bessere Möglichkeiten zur individuellen Entfaltung und Selbstständigkeit sehen sechs Frauen als Vorteil in Österreich:

Chunah Urban-Chao meint, dass die Möglichkeit zur individuellen Entfaltung österreichischen Frauen das Privileg gibt, nicht so viel Härte und Leiden aushalten zu müssen wie asiatische Frauen. In Asien würden sich zum Beispiel nach wie vor weniger Frauen scheiden lassen. Anna Varosyan sieht den Vorteil europäischer Frauen darin, dass sie eher lernen, auch ein Leben für sich selbst zu haben. Die Frauen in Armenien dagegen sind immer noch stark geprägt von den Ideen Familie und Kinder.

Bernadette Acas Subido meint, dass sie ihre Selbstständigkeit als Frau auf den Philippinen vielleicht nicht bekommen hätte. Auch Uzzala Rosario und Kyoko Adaniya-Baier sehen in der Selbstständigkeit der Frauen in Österreich einen Vorteil, den es in Bangladesch und Japan noch nicht so häufig gibt.

Banu Yener betrachtet die Sache sehr differenziert: Sie sagt, dass es zwar ein Vorteil österreichischer Frauen ist, dass sie in gewisser Hinsicht selbstständiger sein können. Auch sie selbst versucht, in ihrer Beziehung frei und emanzipiert zu sein, die Entscheidungen selbst zu treffen. Aber sie gibt zu bedenken, dass sie dieser Selbstständigkeit zuliebe auch auf angenehme Dinge verzichten muss, die die Rollenverteilung, die es in traditionellen Gesellschaften gibt, Frauen bietet. Sie nennt folgendes Beispiel: Ihr Mann nimmt sie als selbstständige Frau wahr und würde nicht daran denken, sie spät in der Nacht irgendwohin zu begleiten. In einem türkischen Umfeld hingegen würde man eine Frau nachts nie ohne männlichen Schutz gehen lassen.

Sechs Frauen schätzen die *größere Sicherheit* :

Inday Eva Pozsogar gehört zu den vier Frauen, die die größere *physische Sicherheit* in Wien als positiv erleben. Sie kann sich ohne Angst vor Überfällen auf der Straße bewegen. Auf den Philippinen dagegen müssen selbst Menschen, die nur ein bisschen wohlhabender als der Durchschnitt sind, bereits um ihre Sicherheit bangen. Die drei anderen Gesprächspartnerinnen beziehen das größere Sicherheitsgefühl in Wien vor allem darauf, dass sie sich als Frauen alleine in der Nacht bewegen können: Uzzala Rosario sagt, dass Frauen in Bangladesch selbst in Gruppen aus Angst vor Überfällen nicht auf der Straße unterwegs sind, sobald es dunkel ist. Reema Bista schildert eine ähnliche Situation für Nepal und schwärmt daher auch von der Situation in Wien. Genau in diesem Aspekt des Lebens in Wien – dem Sicherheitsaspekt - sieht Shams Asadi ebenfalls einen entscheidenden Vorteil: Sie genießt ihre Freiheit als Frau im alltäglichen Leben – zum Beispiel bei der abendlichen Laufrunde. Die Sicherheit in Wien ist für sie eine Lebensqualität, die es mittlerweile in den amerikanischen und zunehmend auch europäischen Großstädten nicht mehr gibt.

Die politische Sicherheit in Wien schätzen bezeichnenderweise vor allem zwei Frauen, die in einer der politisch unsichersten Gegenden der Welt – nämlich in Palästina – gelebt haben. Rosina-Fawzia Al-Rawi und Viola Raheb beschreiben ihre Erleichterung darüber, dass sie jetzt nicht mehr nur mit dem täglichen Überleben – sowohl hinsichtlich der Organisation des Alltags, als auch im wirklichen Sinne des Wortes – beschäftigt sind und in einem politisch sicheren Land leben.

Mariam Djiwa Jenie gehört zu den fünf Frauen, die in der größeren *rechtlichen Sicherheit für Frauen* in Österreich – vor allem ehemäßig, wie sie sagt – einen Vorteil sehen. Den besseren rechtlichen Schutz für Frauen im Scheidungsfall greifen auch Mitra Shahmoradi-Strohmaier und Shams Asadi auf: Demnach ist es rechtlich im Iran zum Beispiel so geregelt, dass im Scheidungsfall Kinder ab dem siebenten Lebensjahr dem Vater zugesprochen werden. Und trotz hoher Scheidungsrate ist die Stellung einer geschiedenen Frau im Iran gesellschaftlich immer noch prekär. Viola Raheb stellt ebenfalls fest, dass das persönliche Statusrecht in den arabischen Ländern für Frauen – zum Beispiel was das Scheidungsrecht, Erbschaft oder Kinderfürsorge angeht – nachteilig ist. Uzzala Rosario fühlt sich auch noch als Katholikin in Österreich rechtlich sicherer. Sie wuchs in Bangladesch auf, gehörte damit einer ganz kleinen Minderheit an und machte die schmerzhafte Erfahrung von völliger Rechtsunsicherheit – bis hin zu Todesdrohungen durch NachbarInnen, falls es die Familie wagen sollte, ihre Rechte zu verteidigen.

Mehr Gleichstellung mit dem Mann nennen sechs Frauen als Vorteil: Rosina-Fawzia Al-Rawi macht die ausgeprägteren patriarchalen Strukturen dafür verantwortlich, dass Frauen in manchen arabischen Ländern viel schlechtere Bildungsmöglichkeiten haben als in Österreich. Auch Anita Sahni sieht den Nachteil der Frauen in Indien darin, dass am Land im Vergleich zu den Großstädten die Bildungschancen für Mädchen noch immer schlechter sind. Daher würden die Frauen am Land nach wie vor oft von den Männern unterdrückt. Rita Patell führt als weiteres Indiz für diese mangelnde Gleichstellung zwischen den Geschlechtern in Indien an, dass die Familie des Mannes bei der Heirat teilweise immer noch Geld und Gold verlangt.

Reema Bista kommt zu der erfreulichen Schlussfolgerung, dass sie hier in die Tat umsetzen konnte, wie sie schon früher sein wollte – nämlich unabhängig und in sehr vielen Hinsichten gleichberechtigt. Als Beispiel für ihre Gleichberechtigung in der Beziehung führt sie an, dass sie von ihrem Mann erwarten kann, dass er im Haushalt genauso viel wie sie macht, und dass er bereit ist, in der Zukunft auch in Karenz zu gehen und bei den Kindern zu bleiben. In Nepal wäre das unmöglich. Kyoko Adaniya-Baier stellt ebenfalls fest, dass im Vergleich zu Japan die Gleichberechtigung von Frauen hier viel mehr verwirklicht ist, und nennt die Mithilfe des Mannes im Haushalt als Indiz dafür. Gülay Olt-Sahiner spricht ganz allgemein davon, dass der Vorteil der Frauen hier darin besteht, dass sie dem Mann fast gleichgestellt sind.

Weitere, seltener genannte Argumente sind folgende: Inday Eva Pozsogar fühlt sich als *Frau in Österreich mehr geschätzt* als auf den Philippinen. Auch Rosina-Fawzia Al-Rawi sieht die Menschenwürde der Frau hier mehr geachtet als in einem Teil der arabischen Welt. Chunah Urban-Chao schildert, dass es sehr viele Frauen in Hongkong, Singapur und in Japan gibt, die unverheiratet bleiben, wenn sie Karriere machen wollen. *Karriere und Familie zu vereinbaren* ist schwieriger als hier, ist ihr Fazit.

Vorteile für Frauen in Asien

Als wichtigsten Vorteil des Lebens in asiatischen Ländern nennen die befragten Frauen den *stärkeren familiären Zusammenhalt*, der gerade auch Müttern die Möglichkeit gibt, berufstätig zu sein. Sie *schätzen bestimmte berufliche Vorteile wie gleicher Lohn für gleiche Arbeit, das Wegfallen der gläsernen Decke, und dass Frauen in technischen Berufen und Studienzweigen mehr vertreten sind* (das gilt allerdings nicht für alle Länder!).Außerdem nennen sie die *starke Stellung der Frauen in der Familie,* weil sie die Finanzen kontrollieren und im Inneren dominieren, und den *Erhalt der Weiblichkeit.*

Sieben Frauen schätzen den *stärkeren Familienzusammenhalt* in Asien.

Interessanterweise betont die Mehrzahl von ihnen den Aspekt, dass sie dadurch leichter berufstätig sein können: So sagt Viola Raheb, dass arbeitende Mütter auf die Großfamilie vertrauen können, um berufstätig zu sein. Bei nepalesischen oder indischen Familien, die im Ausland leben, ist es laut Reema Bista ganz üblich, dass Mütter, die berufstätig sein wollen, ihre Kinder zu den Großeltern nach Indien oder Nepal schicken, bis sie drei, vier Jahre alt sind, oder dass die Großmütter ihrerseits kommen. Ihre eigene Mutter zum Beispiel lebte zunächst ein halbes Jahr mit der Familie von Reemas Schwester in England, weil diese ein kleines Kind hatte und Vollzeit arbeiten wollte. Danach nahm die Mutter das Enkelkind nach Nepal mit, um es dort zu betreuen. Reema Bista selbst erlebte dieses Modell auch als Kind: Sie wuchs zunächst in der Großfamilie mit den Verwandten väterlicherseits auf. Ihre Schwester war bei den Großeltern mütterlicherseits untergebracht. Ihre Mutter machte in dieser Zeit drei Jahre lang ein berufliches Training, und Reema sah sie nur am Wochenende. Den gleichen Vorteil betont Bernadette Acas Subido für philippinische Frauen. Abgesehen von der gegenseitigen finanziellen Unterstützung unter Familienmitgliedern, die sie auch erwähnt, sieht sie in der Hilfe weiblicher Familienmitglieder, die dafür extra von den Philippinen anreisen, eine wichtige Unterstützung für hier berufstätige Filipinas. Sie zählt auch zu den Frauen, die diese Solidarität im Verwandtenkreis selbst erlebte: Als ihre Mutter die Philippinen verließ, um in Europa zu arbeiten, lebte sie ab ihrem sechsten Lebensjahr bei ihrer Tante. Anna Varosyan, die in der Wärme, die die Familie ihnen geben kann, den wichtigsten Vorteil für armenische Frauen sieht, genießt ebenfalls diese Unterstützung: Ihr Sohn war zehn Jahre alt, als sie 2002 für ihr Doktoratsstudium nach Wien kam. Seither kümmert sich ihre Tante um ihn. Sie selbst erlebte es als Kind auch, dass die Schwestern ihrer Mutter einsprangen und sie und ihre Schwester zum Beispiel in den Kindergarten brachten, wenn ihre Mutter früh unterrichten musste. Mariam Djiwa Jenie nennt die Hilfe der Familie – und zwar nicht nur der Kernfamilie, sondern der Großfamilie – für berufstätige Mütter ebenfalls als wichtigen Faktor, der es Frauen in Indonesien ermöglicht, ihrer Arbeit außer Haus nachzugehen.

Rita Patell bezeichnet den starken Familienzusammenhalt als entscheidenden Vorteil für indische Frauen, ohne ihn in Zusammenhang mit der Berufstätigkeit der Frauen zu bringen. Rosina-Fawzia Al-Rawi sieht das Positive der familiären Solidarität für orientalische Frauen vor allem darin, dass sie dadurch einen Halt und Richtlinien finden, und dass sie nicht „die Bitterkeit der Einsamkeit" erleben. Dafür hätten sie aber auch nicht die Freiheiten europäischer Frauen.

Fünf Frauen nennen gewisse *berufliche Vorteile* in asiatischen Ländern:

Gleicher Lohn für gleiche Arbeit wird von vier Frauen als Vorteil in ihren Herkunftsländern genannt – und zwar von Shams Asadi, die sagt, dass die 25 Prozent, die die Frauen in Industrieländern und vor allem auch in Österreich weniger verdienen, im Iran überhaupt kein Thema sind. Frauen verdienen dort genauso viel wie Männer. Rosina-Fawzia Al-Rawi und Viola Raheb erklären übereinstimmend, dass auch in den arabischen Ländern das Gehalt nicht vom Geschlecht abhängt, und dass Männer und Frauen gleich entlohnt werden. Rosina-Fawzia Al-Rawi räumt aber ein, dass es in manchen arabischen Ländern für Frauen insgesamt schwerer ist, zu arbeiten, als hier. Auch Inday Eva Pozsogar verbucht als Vorteil für die Philippinen, dass Männer nicht mehr als Frauen verdienen.

Zum Thema *gläserne Decke für Frauen* konstatieren genau die vier Frauen, die sich zum Prinzip gleicher Lohn für gleiche Arbeit geäußert haben, folgendes: Shams Asadi stellt fest, dass Frauen im Iran Zugang zum Beruf ohne diese gläserne Decke haben, und dass sie eine Spitzenposition bekommen, wenn sie dafür qualifiziert sind. Sie empfindet es im Vergleich dazu in Österreich als Nachteil, dass die Entscheidungsträger meistens Männer sind, oder dass es an den Universitäten zum Beispiel wenige Professorinnen gibt. Rosina-Fawzia Al-Rawi konstatiert das Fehlen der gläsernen Decke – zum Beispiel im technischen wissenschaftlichen Bereich – für den Irak ab den 70er Jahren. Viola Raheb weist darauf hin, dass die Mehrheit der DozentInnen an den palästinensischen Universitäten Frauen und nicht Männer sind, während das hier ein männlich dominierter Beruf ist. Inday Eva Pozsogar stellt für die Philippinen fest, dass Frauen sogar mehr in Toppositionen vertreten sind als Männer. Sie erwähnt dabei aber auch etwas Negatives: Frauen würden in diese Spitzenpositionen oft nicht aufgrund ihrer Qualifikationen, sondern aufgrund ihres guten Aussehens und ihrer Beziehungen kommen.

Sowohl im Iran, als auch in Indien und Nepal ist *die Zahl der Frauen, die technische Richtungen studieren, höher als in Österreich*: Im Iran sind mehr als die Hälfte der Studierenden auch im technischen Bereich junge Frauen. Reema Bista sagt, dass es zu Beginn der 90er Jahre, als sie anfing, in Wien Elektrotechnik zu studieren, sogar in Nepal oder auch in Indien mehr Elektrotechnikerinnen als in Österreich gab.

Vier Gesprächspartnerinnen betonen die *starke Stellung der Frau in der Familie:*

Chunah Urban-Chao erklärt, dass die Frau in China traditionell die graue Eminenz in der Familie war, und dass das auch in Hongkong nach wie vor der Fall ist. Frauen sind einerseits die Stütze in der Familie und andererseits auch diejenigen, die die Finanzen in der Hand haben. Kyoko Adaniya-Baier beschreibt das Phänomen, dass die Frauen die Kontrolle über die Finanzen haben, auch für Japan: Japanische Männer liefern ihr Gehalt bei ihren Ehefrauen ab, die damit die Ausgaben der ganzen Familie bestreiten und dem Mann ein Taschengeld aushändigen.

Uzzala Rosario und Anita Sahni betonen die starke Rolle der Frauen in Südasien im Innenbereich. Uzzala Rosario schildert, dass ihre Mutter die wichtigste Person in ihrer Familie war. Anita Sahni nennt die Macht der Frau im Haus und in der Familie als den entscheidenden Vorteil indischer und überhaupt asiatischer Frauen.

Gerade in diesem Zusammenhang ist es interessant, dass sich vier Frauen an ihre Großmütter als sehr dominierende Persönlichkeiten erinnern: In der Familie von Anita Sahni war die Großmutter die letzte Instanz. Auch ihr Vater wagte nicht, etwas gegen eine Entscheidung seiner Mutter einzuwenden. Bis heute hat sich an diesem Respekt für die Großmutter in der Familie nichts geändert. Anita Sahnis Mutter, die jetzt in dieser Rolle ist, maßt sich allerdings keine Entscheidungen mehr über das Leben von Kindern und Enkeln an. Auch die zweite indische Gesprächspartnerin, Rita Patell, schildert ihre Großmutter als die Ordnungshüterin in der Familie. Der Großvater dagegen behandelte die Enkel immer nur sanft. Bei Banu Yener fiel der Großmutter ebenfalls der dominierende, dem Großvater der etwas zurückhaltendere Part zu. Rosina-Fawzia Al-Rawi gibt als Erklärung für die starke Rolle ihrer irakischen Großmutter an, dass in einer traditionellen Gesellschaft immer die Ältesten das letzte Wort haben. In ihrer Familie war eben die Großmutter die Älteste.

Den *Erhalt der Weiblichkeit* in asiatischen Ländern schätzen vier Gesprächspartnerinnen:

Banu Yener sieht einen der Vorteile in der Türkei und in traditionellen Gesellschaften allgemein darin, dass die Frauen weiblicher sind; dass sie etwas haben, was sie als „selbstverständliche Weiblichkeit" bezeichnet. Die Österreicherinnen kommen ihrer Meinung nach mit dieser Weiblichkeit nicht zurecht. Gülay Olt-Sahiner pflichtet ihr da völlig bei: Auch sie empfindet es als Nachteil, dass die meisten Frauen in Österreich ihr Frausein nicht genießen, und sie bedauert, dass die Begeisterung für Frauen, die es in Asien gibt, hier fehlt. Für Chunah Urban-Chao ist einer der Punkte, die sie in Hongkong und in Asien ganz allgemein schätzt, ebenfalls, „dass die Frauen noch sehr fraulich sind." Und Viola Raheb erlebte in Deutschland, dass Frauen ihre Weiblichkeit teilweise aufgeben, wenn sie Karriere machen wollen. Ihr ist es wichtig, beides verbinden zu können.

Chunah Urban-Chao nennt als weiteren Vorteil für Frauen in Asien die *Möglichkeit, sich Hilfspersonal zu nehmen*, wenn sie es sich leisten können. Hier sei das nicht so üblich, und Frauen, die im Beruf sind, müssen zusätzlich noch die Arbeit im Haushalt machen. Diesen Punkt spricht auch Mariam Djiwa Jenie an: Der Nachteil hier sei, dass man „von einer Frau viel zu viel verlangt." In Indonesien können berufstätige Frauen aus wohlhabenderen Familien abgesehen von der Unterstützung durch die Großfamilie auch auf Hilfen im Haushalt zurückgreifen.

Kyoko Adaniya-Baier sieht den Vorteil der Japanerinnen darin, dass sie *mehr Zeit haben* – zum Beispiel um sich zu bilden –, *weil die meisten nicht voll berufstätig sind*. Auch Uzzala Rosario sagt, dass das Leben vieler Frauen in Bangladesch, die zuerst finanziell von den Eltern und dann von ihrem Mann versorgt werden, zu einem gewissen Grad auch lockerer und sorgenfreier ist als das einer selbstständigen, berufstätigen Frau, die vielleicht zusätzlich noch Kinder hat. Der Nachteil besteht natürlich in der Abhängigkeit vom Mann.

Frauenprobleme als globale Probleme und Klischeebilder als Ablenkungsmanöver

"Und meiner Meinung nach ist es auch ein Vorurteil – das die Europäer sehr gerne haben wollen –, dass die asiatischen Frauen und die Frauen woanders stark unterdrückt sind. Die Männer haben überall Macht, Herrschaft, sie wollen mächtig sein, Machos sein – diese Gefühle haben sie durch die Erziehung. Diese Beobachtung habe ich in der Türkei gemacht und hier gemacht." Gülay Olt-Sahiner spricht so ganz klar an, worin der *Sinn des Klischees* liegt, *dass nur die Frauen in Asien und in anderen Teilen des Südens unterdrückt werden: Letztlich geht es darum, von der Existenz patriarchaler Strukturen im eigenen Umfeld abzulenken.*

Mitra Shahmoradi-Strohmaier weist auf dasselbe Phänomen hin, wenn sie sagt, "dass die Welt weiterhin in der Hand von Männern ist, aus, fertig." Es gebe zwar heute schon mehr Frauen in wichtigen Positionen, aber trotzdem sei der Prozentsatz viel geringer als bei den Männern. Frauen sollten sich nicht täuschen lassen, wenn ihnen eingeredet wird, dass ihre Situation sich grundsätzlich unterscheidet, auch wenn es in bestimmten Bereichen durchaus graduelle Unterschiede zum Besseren oder Schlechteren geben kann.

Viola Raheb macht vor allem die Medien für das weltweite Vorurteil verantwortlich, wonach die Frauen im Westen grundsätzlich eine vorteilhaftere Rolle und mehr Rechte haben als die Frauen im Rest der Welt. Sowohl die fast durchwegs negativen Klischeebilder von asiatischen Frauen in Österreich, als auch umgekehrt die durch die Interviews für Asien nachgewiesene massive Präsenz positiver Klischeevorstellungen vom Leben als Frau in Europa bestätigen die Wirksamkeit dieser Medienarbeit. Viola Raheb gesteht ein, dass sie selbst auch diese positiven Vorurteile hatte. Durch ihr Leben in Deutschland erkannte sie dann, dass zum Beispiel das Problem mit den frauendominierten Berufen – die eben nie wirkliche Karriereberufe sind – in Europa genauso existiert wie in der arabischen Welt. Und sie sah anhand der Biographien der deutschen Trümmerfrauen, dass Frauen weltweit gut für die Aufbauarbeit sind, aber nicht gefragt, wenn es um wichtige politische Positionen geht. Die Enttäuschung Reema Bistas darüber, dass es das Problem mit den frauendominierten Berufen sowie mit der geringen Präsenz von Frauen in beruflichen und politischen Spitzenpositionen in Österreich genauso wie in Nepal gibt, wurde bereits erwähnt. Auch Shams Asadi kommt zu dem Schluss, dass man, wenn man hier lebt, merkt, dass die Gleichstellung der Geschlechter noch nicht erreicht ist, wie die Menschen im

Iran das annehmen. Anna Varosyan verweist noch auf die Existenz einer weiteren, und zwar geistigen Hürde für Frauen, denen erfolgreich eingeredet wird, dass die besten WissenschaftlerInnen und KünstlerInnen Männer sind, und dass alles, was von Frauen gemacht wurde, nicht ganz gut sein könne. Dieses Bild, das Frauen weltweit vermittelt wird, bringt sie dazu, geringschätzig über ihre eigenen Fähigkeiten zu denken. Anna Varosyan sagt, sie hat vor kurzem das Wort Göttin gelesen, und das helfe ihr jetzt, diesen Gedanken abzulegen.

Um diesen globalen Charakter von Frauenproblemen noch zu verdeutlichen, möchte ich noch einmal Mitra Shahmoradi-Strohmaier zu Wort kommen lassen: Sie erzählt, dass sie durch ihre Frauenaktivitäten in Wien, durch die sie sowohl Österreicherinnen, als auch Frauen aus vielen anderen Ländern der Welt kennen lernte, ganz klar erkannte, dass viele Probleme, die sie als Frau erlebt, frauenspezifischer und nicht länderspezifischer oder kulturspezifischer oder einfach rein persönlicher Natur sind.

Abgesehen von den bereits erwähnten Problemen wie *frauendominierten Berufen, Ausschluss der Frauen aus beruflichen und politischen Spitzenpositionen, Defiziten bei der Gleichstellung der Geschlechter und der Vermittlung eines Weltbildes, das nicht zum weiblichen Selbstbewusstsein beiträgt,* greifen mehrere Gesprächspartnerinnen eine weitere Schwierigkeit auf, mit der Frauen weltweit konfrontiert sind, und zwar die *Vereinbarkeit von Familie und Beruf:*

Auch wenn Chunah Urban-Chao sagt, dass die Vereinbarkeit von Familie und Beruf für Frauen in Japan, Hongkong und Singapur noch schwieriger ist als für Österreicherinnen, und dass viele von ihnen, die Karriere machen wollen, völlig auf Familie verzichten müssen, schildern sieben der befragten Frauen dieses Thema als problematisch – sei es durch eigene Erfahrungen oder durch Beobachtung. Mitra Shahmoradi-Strohmaier erzählt, dass es ihr Wunsch war, Familie und Beruf gleichwertig zu führen. In der Praxis hat sie dann gesehen, dass das nicht so einfach ist für eine Frau, und dass es sie sehr viel Energie kostet. Für sie steht für ihre Generation – sie ist Jahrgang 1955 – und für Frauen, die noch etwas älter sind als sie, die Vereinbarkeit von Beruf und Familie und der Druck, beides gleich gut machen zu müssen, um es behalten zu können, an erster Stelle der Schwierigkeiten als Frau. Sie meint, dass die große Hilfe bei der Lösung dieses Problems darin besteht, dass sich die Männer genauso wie Frauen für Haushalt und Kindererziehung zuständig fühlen. Sie sieht da bei der jüngeren Generation durchaus schon Schritte in diese Richtung – jüngere Männer seien viel eher bereit, sich in diesen Bereichen partnerschaftlich zu verhalten. Viola Raheb kam durch ihr Leben in Deutschland zu dem Schluss, dass das Problem der Vereinbarkeit von Kindern und Karriere sowohl in Palästina, als auch in Deutschland existiert, nur in unterschiedlichen Ausformungen: Hier müssten sich oft allein erziehende Mütter und in Palästina verheiratete Frauen mit Kindern mit dieser Frage auseinandersetzen. Reema Bista meint ganz hellsichtig, dass sie zwar bis jetzt eine ideale Arbeitskraft ist, aber nicht weiß, wie das sein wird, wenn sie Kinder hat und weniger arbeiten würde. Banu Yener ist ihr da einen Erfahrungsschritt voraus. Sie war nämlich zum Zeitpunkt des Interviews bereits schwanger und spricht von ihrer Enttäuschung darüber, dass ihre Vorgesetzte, obwohl sie eine Frau ist, gerade diejenige war, die ihr nur die Schwierigkeiten der Vereinbarkeit von Berufstätigkeit und Mutterschaft aufzeigte und sie nicht dabei unterstützte, ihren Job zu behalten. Sie ist sich sicher, dass sie nicht wegen des Kindes zu Hause bleiben will, weiß aber nicht, ob sie diesbezüglich ein schlechtes Gewissen haben soll. Zwei Frauen, deren Töchter noch relativ klein sind, schildern genau dieses Problem mit dem schlechten Gewissen, unter dem sie als berufstätige Mütter leiden – nämlich Bernadette Acas Subido und Uzzala Rosario. Sie befürchten beide, dass sie ihren Kindern nicht genügend Zeit geben können. Diese Schwierigkeiten, Mutterrolle und Beruf zu vereinbaren, liegen bei Kyoko Adaniya-Baier nun schon Jahre zurück, waren aber auch Teil ihres Lebens in Wien: Für sie war es in Japan seit ihrem achtzehnten Lebensjahr klar gewesen, dass sie auf keinen Fall die klassische Rolle der japanischen Hausfrau spielen will. Dann hatte sie nach Abschluss ihres Kunststudiums und der Geburt ihrer zwei Kinder relativ knapp hintereinander aber niemanden, der sie unterstützte. Sie litt unter dieser Hausfrauenrolle, in der sie sich plötzlich fand, so sehr, dass sie schwer erkrankte. Es ging ihr dann wieder gut, als die Kinder älter waren, und sie mit vierzig endlich künstlerisch tätig sein konnte.

Alte und neue Werte

„Ich glaube, das Bereichernde für mich waren gerade die zwei Kulturen, und dass ich nicht hier bin und nur mit meiner Vergangenheit lebe, sondern dass ich beides habe. Ich glaube, das hat mich vor allem weitergebracht. Dadurch habe ich das, was dort ist, wahrscheinlich besser verstanden, und das, was hier ist, sehr gut nützen können." Dieser Satz von Mitra Shahmoradi-Strohmaier drückt wunderbar aus, was das Leben mit zwei Kulturen bewirken kann: Es versetzt Menschen in die glückliche Lage, die Stärken beider klarer zu erkennen und für sich zu verwenden.

Werte, die gekommen sind

Als Werte, die sie durch ihr Leben in Österreich für sich persönlich kennen lernen und verwirklichen konnten, nennen die befragten Frauen, dass sie *im Denken und Handeln selbstständiger geworden* sind und dadurch auch mehr *Selbstbewusstsein* gewonnen haben. Dazu kommen *mehr Freiheit, Offenheit und Toleranz im Denken und Handeln*, *mehr Interesse an Frauenthemen* sowie ein Bezug zur *Pünktlichkeit* und *systematisches Denken*.

Acht Frauen nennen als wichtigste Veränderung durch ihr Leben in Österreich die Entwicklung von mehr *Eigenständigkeit im Handeln und auch im Denken* und als Folge davon mehr *Selbstbewusstsein*:

Anita Sahni sieht das als Resultat davon, dass sie bis neunzehn unter der Obhut ihrer Familie lebte. Alle Entscheidungen, die ihr Leben betrafen, wurden damals zumindest mit und teilweise sogar von der Familie getroffen. In Wien hingegen hatte sie die Möglichkeit, selbst zu entscheiden. Einen ähnlichen Prozess schildert Uzzala Rosario: Sie sei hier selbstbewusst, selbstständig und auch unabhängig von ihrem Mann geworden, was ihr vermutlich in Bangladesch nicht gelungen wäre. In ihrer Ehe zum Beispiel ist sie diejenige, die seit Beginn ihres Lebens in Wien für sämtliche Behördenwege oder auch die Bankgeschäfte zuständig ist. Diesen Aspekt, dass sie durch ihr eigenständiges Leben als Frau in Österreich mehr Selbstbewusstsein entwickeln konnten beziehungsweise können, nennen zwei weitere Frauen: Banu Yener meint, es gab ihr ein Selbstsicherheitsgefühl, dass sie sich in Wien als Frau alleine in der Nacht bewegen konnte. Anna Varosyan sagt, dass sie jetzt durch das Alleine-Leben in Wien auch die Chance hat zu lernen, sich trotz ihrer Fehler so zu nehmen, wie sie ist. Durch die Erziehung in der Sowjetunion, die immer eher das in den Mittelpunkt stellte, was noch nicht perfekt und verbesserungsbedürftig ist, war ihr genau das nicht möglich.

Bernadette Acas Subido fasst die Beeinflussung durch die österreichische Gesellschaft so zusammen, dass für sie Selbstständigkeit und Berufstätigkeit ganz selbstverständlich wurden. Inday Eva Pozsogar nennt neben der Fähigkeit, eigene Entscheidungen zu treffen, auch Fleiß und Zielorientierung als Dinge, die sie durch ihr Leben in Österreich noch verstärkt entwickelte. Mariam Djiwa Jenie meint, dass es ihr sicher geholfen hat, in Österreich die Selbstständigkeit und den Willen der Frauen, sich durchzusetzen, zu sehen – vor allem im privaten Bereich. In Indonesien würden viele Frauen, die in unglücklichen Ehen leben, vor einer Scheidung aus Angst davor,

„was die Leute sagen", zurückscheuen. Sie berichtet, dass sie auch ihr österreichischer Ehemann immer darin bestärkt hat, frei zu denken und ihre Meinungen und Vorstellungen durchzusetzen.

Rosina-Fawzia Al-Rawi setzt den Schwerpunkt dessen, was sie sich hier zu eigen machte, nicht so sehr auf das eigenständige Handeln, sondern auf die Qualität des eigenständigen Denkens. Sie lernte auch das Hinterfragen schätzen, nämlich „so weit zu hinterfragen, dass man sozusagen jenseits aller Dogmen steht."

Vier Frauen geben an, dass sie sich dadurch, dass sie aus einer Gesellschaft mit vielen Regeln und Tabus weggingen und in einer offeneren Gesellschaft leben, *in Richtung von mehr Freiheit, Offenheit und Toleranz im Handeln und Denken* entwickeln konnten:

Kyoko Adaniya-Baier beschreibt die japanische Gesellschaft als höchst kompliziert und von Gesetzen und Regeln bis ins kleinste Detail bestimmt. Durch ihr Leben in Österreich ist sie diesem Regelwerk entkommen. Mittlerweile genießt sie durch ihren langen Aufenthalt im Ausland und dadurch, dass sie Künstlerin ist, auch in Japan selbst so etwas wie Narrenfreiheit. Reema Bista kommt als Nepalesin ebenfalls aus einer Gesellschaft, wo es viele Regeln gibt. Sie führt die Entwicklung ihrer Toleranz – wie bereits erwähnt – vor allem auf das multikulturelle Umfeld in Wien zurück. Die Toleranz ihres Wiener Lebensumfelds betont auch Chunah Urban Chao – sie hätte sich so frei entfalten können. Uzzala Rosario bewertet die größere Direktheit und Offenheit in Wien im Vergleich zu Bangladesch ebenfalls als positiv. Ihre Mentalität hätte sich dadurch auch geändert.

Zwei Frauen nennen *Sensibilisierung für Frauenthemen* als wichtiges Resultat ihres Aufenthaltes in Österreich:

Reema Bista sagt, dass sie hier anfing, an Frauenveranstaltungen teilzunehmen. Dadurch wurde ihr die Situation von Frauen viel wichtiger, und sie entwickelte mehr Interesse daran, als das in Nepal der Fall gewesen wäre. Shams Asadi besuchte ebenfalls in Wien erstmals eine Frauentagung. Danach wurde für sie das Frauenthema in ihrem gesamten Berufsweg zu einem zentralen Thema.

Viola Raheb nennt *systematisches Denken und einen anderen Umgang mit Zeit*, nämlich einen präzisen, als wichtige Lernschritte ihres Aufenthaltes in Deutschland. In letzterem stimmt Bernadette Acas Subido mit ihr überein, die auch sagt, dass ihr Pünktlichkeit erst in Wien wichtig wurde.

Werte, die geblieben sind

Als Werte, die ihnen aus ihren asiatischen Herkunftsländern geblieben sind, nennen die Befragten *solidarisches, statt rein individualistischem Denken und Handeln* und *dadurch mehr Wärme und Geborgenheit in der Gesellschaft*. Dazu kommen *Großzügigkeit und Gastfreundschaft, Kommunikationsfreude und Freundlichkeit im Alltagsleben,* die *Fähigkeit zu Gelassenheit, Nichtstun und Faulsein,* die *Fähigkeit, trotz schwieriger Lebensumstände lachen zu können, Flexibilität* und die Verankerung von *Spiritualität im Alltagsleben*.

Sieben der befragten Frauen geben einem *solidarischen gegenüber einem rein individualistisch ausgerichteten Lebensstil* den *Vorzug*. Diese Solidarität umfasst sowohl die Familie, als auch den Kreis der FreundInnen, die Nachbarschaft und einen weiteren Gesellschaftsrahmen.

Auf die familiäre Solidarität – beziehungsweise den Wert der Familie an sich – beziehen sich folgende Aussagen: Anita Sahni sagt, dass sie in Indien besonders den Familienzusammenhalt liebt. Sie betont, dass in Wien jetzt die FreundInnen statt der Familie die vor allem in Krisenzeiten so dringend erforderliche Unterstützung geben. Rita Patell freut sich darüber, dass sie den Zusammenhalt ihrer indischen Familienmitglieder auch in Wien erfahren kann. Sie bedauert aber, dass er nicht mehr so stark ist wie in Indien. Rosina-Fawzia Al-Rawi spricht vom hohen Stellenwert der Familie im Orient, „man sagt dort ja, die halbe Religion ist die Ehe oder die Familie." Viola Raheb schätzt es, dass die Familien in Palästina trotz der extrem unsicheren politischen und wirtschaftlichen Situation in der Lage sind, sich für Kinder zu entscheiden, was die Menschen hier zwecks individueller Entfaltung seltener tun würden. Shams Asadi vermittelt auch ihrer Tochter Familiensinn als einen der Werte, die ihr durch ihr Aufwachsen im Iran wichtig wurden.

Von einem Verpflichtungsgefühl für eine Gemeinschaft über den familiären Rahmen hinaus zeugen folgende Aussagen: Reema Bista schätzt in Nepal, dass die Menschen für andere – ob für FreundInnen oder für Verwandte – wirklich da sein können. Sie kritisiert, dass es vielen Menschen in Österreich nur darum geht, dass sie sich selbst wohl fühlen. NepalesInnen dagegen sind bereit, dem Gemeinwohl zuliebe auf eigene Wünsche zu verzichten. Genau in diesem Sinne argumentiert auch Viola Raheb, wenn sie sagt, „dass es nicht nur darum gehen kann, was mir gut tut, sondern was uns gut tut." Shams Asadi meint, dass es im Iran zwar im Vergleich zu ihrer Kindheit und Jugend schon Veränderungen hin zu einer individualistischen Gesellschaft gibt. Diese sei aber immer noch nicht so ausgeprägt wie in Österreich. Die hier staatlicherseits institutionalisierte Hilfe für Kinder und Eltern wird dort noch durch die Familie, die FreundInnen und die NachbarInnen abgedeckt. Und sie konstatiert, dass man ja jetzt auch in Wien wieder anfängt, darauf zu achten, wie NachbarInnen miteinander umgehen, oder dass die Anonymität im Grätzel verschwindet. So würde versucht, das, was es in östlichen oder orientalischen oder noch nicht industrialisierten Gesellschaften noch gibt, nochmals hierher zu bringen. Von diesem positiven Beitrag, den asiatische Lebensformen mit ihrer Betonung des kollektiven Wohls in Wien leisten können, spricht auch Chunah Urban-Chao. Sie sagt, dass man gerade in dieser Hinsicht als Asiatin in der Wiener Gesellschaft viele positive Impulse einbringen kann. Immer wieder hört sie zum Beispiel Lob auf asiatische Schwiegertöchter, die sich um die österreichischen Schwiegereltern kümmern.

Es ist sicher dieses gemeinschaftlich ausgerichtete Lebensgefühl, das sechs Frauen – in unterschiedlichen Worten – sagen lässt, dass sie die *Wärme und Gefühlsbetontheit* in den Ländern, in denen sie geboren wurden, besonders schätzen: Rosina-Fawzia Al-Rawi erzählt von ihrer Liebe zur „Herzenswärme" in den orientalischen Ländern und davon, dass es dort nicht peinlich ist, über die Herzenswärme zu reden. Anna Varosyan spricht von der „Wärme Armeniens". Banu Yener bezeichnet das, was sie in der Türkei besonders schätzt, und was es hier nicht gibt – jenseits von Sonne und Meer, die es auch nicht gibt – als „Seele". Gülay Olt-Sahiner gefällt es, dass in der Türkei die Gefühle offen gesagt und gezeigt werden. Das vermisst sie hier genauso wie Viola Raheb, die in Deutschland lernte, ihren emotionalen Zugang zur Welt zu bewahren und ihn nicht völlig zu versachlichen, wie man das von ihr gerne gehabt hätte. Und Uzzala Rosario spricht vom „warmen Herzen" der Menschen in Bangladesch, mit dem sie auch Fremde viel schneller aufnehmen können als die meisten ÖsterreicherInnen.

Vier Frauen schildern *Großzügigkeit und Gastfreundschaft* als Werte, die sie in ihren Herkunftsländern schätzen:

Gülay Olt-Sahiner erzählt, dass Großzügigkeit zu den Dingen gehört, die sie in der Türkei besonders liebt. Sie fügt etwas Interessantes hinzu – nämlich dass die Menschen dort deswegen großzügig geben können, weil sie Vertrauen in die Zukunft haben statt Angst, die hier sehr präsent ist. Auch Banu Yener sagt, dass „familiär zu sein, gastfreundlich zu sein, offen und warm" Verhaltensweisen sind, die sie sich aus ihrem Leben in der Türkei bewahrt hat. Uzzala Rosario beschreibt Gastfreundschaft als „Gewohnheit" aus Bangladesch, die sie auch hier nicht abgelegt hat. Und Shams Asadi gibt die

Liebe zu Einladungen, die sie in ihrer Kindheit im Iran so sehr genoss, auch an ihre Tochter weiter.

Kommunikationsfreude und ein freundlicher Umgang der Menschen miteinander im Alltagsleben sind Verhaltensweisen, die drei Frauen positiv bewerten:

Shams Asadi und Mitra Shahmoradi-Strohmaier heben die Kommunikationsfreudigkeit der Menschen im Iran positiv hervor: Ob das jetzt zum Beispiel beim Einkaufen ist oder bei einer Taxifahrt - die Leute nehmen sich einfach Zeit für eine Unterhaltung auch mit jemandem, den sie nicht kennen. Kyoko Adaniya-Baier vermisst in Wien die Freundlichkeit und Höflichkeit, mit der man in Japan im Alltagsleben behandelt wird. Sie stellt aber auch fest, dass die Menschen in Österreich am Land freundlicher sind.

Gelassenheit, Nichtstun, Faulsein – ganz insgesamt ein weniger hektischer Lebensstil – sind Qualitäten, die drei Frauen hier abgehen:

Rosina-Fawzia Al-Rawi spürt die Schnelligkeit in Wien – obwohl Wien für eine Großstadt noch relativ gemütlich ist, wie sie sagt. Sie glaubt aber, dass Schnelligkeit den Menschen nicht gut tut, und schätzt daher in orientalischen Ländern, „dass auch viel Wert auf´s Nichtstun gelegt wird." Genau „diese Gelassenheit, dieses Faulsein, einfach Nichtstun" liebt Inday Eva Pozsogar auf den Philippinen. Sie meint, die Menschen dort hätten so weniger Stress, und ihr Ziel sei es jetzt, auch faul sein zu können. Rita Patell hat ebenfalls Sehnsucht nach dem ruhigeren Leben in dem indischen Dorf, in dem sie aufwuchs. Sie musste aber bei ihrem letzten Besuch dort feststellen, dass die Leute jetzt auch weniger Zeit füreinander haben.

Drei der befragten Frauen sprechen von der *Fähigkeit, trotz schwieriger Lebensumstände mehr lachen zu können* – was ja auch viel mit Gelassenheit zu tun hat – als etwas, was sie in Asien kennen- und schätzen gelernt haben:

Mitra Shahmoradi-Strohmaier stellt bei den IranerInnen fest, dass sie trotz so vieler Probleme das Lachen nicht verloren haben. Sie bezeichnet sie daher als wahre „LebenskünstlerInnen". Viola Raheb konstatiert das gleiche Phänomen für die Menschen in Palästina, das man zum Beispiel bei Hochzeiten oder anderen gesellschaftlichen Ereignissen beobachten könnte. Mariam Djiwa Jenie wiederum sagt, dass sie erst jetzt, wo sie weiß, „dass dadurch das Leben akzeptabler ist", versteht, warum ihr Bruder Aldi früher sogar über ernste Sachen gelacht hat. Auch sie schätzt in Indonesien das durch diese Fähigkeit zum Lachen „etwas leichtere Leben."

Zwei Frauen fehlt hier die *Flexibilität,* die sie aus Asien kennen: Banu Yener mag die „runden Ecken" in der türkischen Gesellschaft. Sie meint damit die Flexibilität, mit der man dort immer nach einem

Weg sucht, auch unmöglich Erscheinendes möglich zu machen. Chunah Urban-Chao bezieht diese Flexibilität vor allem auf das wirtschaftliche Verhalten: Ihrer Meinung nach fehlt den Menschen hier vielfach der Mut, wirtschaftlich etwas ohne die Unterstützung des Staates zu unternehmen.

Rosina-Fawzia Al-Rawi schätzt im Orient, dass die *Spiritualität im Alltagsleben* eingebettet ist. Für sie war der Materialismus im Westen einer der Gründe, warum sie lange zögerte, von Jerusalem nach Wien zu ziehen.

Vielleicht ist es genau diese Dominanz des Materiellen, die vielen oben beschriebenen Wertvorstellungen in unserem Teil der Welt die Existenzgrundlage abgeschnitten hat. Wenn das Materielle absoluten Vorrang hat, zählen Werte wie Solidarität, Großzügigkeit, Zeit füreinander und sogar für Nichtstun natürlich wenig. An die Stelle einer gewissen Leichtigkeit und Grundvertrauen ins Leben treten dann Angst und Skepsis, die auch die beste Versicherung nicht beseitigen kann.

Aus dem Verlagsprogramm

SCHRIFTENREIHE GESELLSCHAFTSKRITIK
Gesellschaftskritische und -perspektivische Literatur

Anita C. Schaub
FrauenSchreiben

Abenteuer, Privileg oder Existenzkampf?
Gespräche mit 17 österreichischen Autorinnen
2004, 226 S., engl. Broschur, ISBN 3-902300-14-0, € 25,30

> *„Solange die Norm männlich, also in der patriarchalischen Kultur begründet ist, liegen die Bewertungskriterien für Kunst beim Männlichen. Und das Männliche wird alles, was Frauen hervorbringen, immer verachten bzw. gering schätzen. Das Patriarchat vergötzt die Frau nur als Mutter oder als schöne Ikone, aber auch als solche verachtet sie das Patriarchat letztlich."*
> — Elfriede Jelinek

In diesem, zeitgleich mit dem Bekannt-Werden der Vergabe des Literaturnobelpreises an Elfriede Jelinek erschienenen, hochaktuellen Buch führt die Wiener Germanistin und Frauenforscherin Anita C. Schaub Gespräche mit österreichischen Autorinnen zu den persönlichen Situationen, zur Einstellung zum Schreiben, zu Problemen und Perspektiven der Literatur.

Zu Wort kommen *Barbara Frischmuth, Petra Ganglbauer, Elfriede Gerstl, Elfriede Hammerl, Elfriede Haslehner, Eva Jancak, Elfriede Jelinek, Hilde Langthaler, Friederike Mayröcker, Anna Mitgutsch, Christa Nebenführ, Barbara Neuwirth, Christine Nöstlinger, Hilde Schmölzer, Brigitte Schwaiger, Marlene Streeruwitz* und *Renate Welsh*. Jedem Dialog folgt ein Text der jeweiligen Autorin.

Cristina Maier
Echo des Schweigens

Stimmen der Betroffenheit zur Genitalverstümmelung
bei afrikanischen Immigrantinnen in Wien
Vorwort: Christine Binder-Fritz
2003, 168 S., engl. Broschur, ISBN 3-902300-06-X, € 24,20

Monika Höglinger
Verschleierte Lebenswelten

Zur Bedeutung des Kopftuchs für muslimische Frauen
Vorwort: Andre Gingrich
Nachwort: Barbara Frischmuth
2002, 148 S., engl. Broschur, ISBN 3-902300-03-5, € 24,20

Ausgezeichnet mit dem Bruno-Kreisky-Preis 2003

Weitere Informationen zum Programm der
EDITION ROESNER

❧ SCHRIFTENREIHE PHILOSOPHIE
Philosophische und kulturwissenschaftliche Schriften

❧ SCHRIFTENREIHE GESELLSCHAFTSKRITIK
Gesellschaftskritische und -perspektivische Literatur

❧ LITERATUR
Belletristik und Kunst

finden Sie auf unserer Homepage
www.edition-roesner.at